浙江省普通高校"十三五"新形态教材

电子政务理论与实务

姚 莉 主编

浙江工商大学出版社
ZHEJIANG GONGSHANG UNIVERSITY PRESS
·杭州·

图书在版编目(CIP)数据

电子政务理论与实务 / 姚莉主编. —杭州:浙江工商大学出版社,2020.6(2023.8重印)

ISBN 978-7-5178-3870-8

Ⅰ.①电… Ⅱ.①姚… Ⅲ.①电子政务—教材 Ⅳ.①D035-39

中国版本图书馆 CIP 数据核字(2020)第083430号

电子政务理论与实务
DIANZI ZHENGWU LILUN YU SHIWU
姚 莉 主编

责任编辑	张 玲	
封面设计	叶泽雯	
责任印制	包建辉	
出版发行	浙江工商大学出版社	
	(杭州市教工路198号 邮政编码310012)	
	(E-mail:zjgsupress@163.com)	
	(网址:http://www.zjgsupress.com)	
	电话:0571-89995993,89991806(传真)	
排 版	杭州朝曦图文设计有限公司	
印 刷	浙江全能工艺美术印刷有限公司	
开 本	787mm×1092mm 1/16	
印 张	23.25	
字 数	480千	
版 印 次	2020年6月第1版 2023年8月第3次印刷	
书 号	ISBN 978-7-5178-3870-8	
定 价	45.00元	

FOREWORD
前　言 ————————— ➤ ≫ ➤

　　在大数据、云计算、移动互联网、物联网等新技术发展日趋成熟的背景下,电子政务建设上升为国家战略。中共中央办公厅、国务院办公厅在其发布的《国家信息化发展战略纲要》中指出,持续深化电子政务应用,着力解决信息碎片化、应用条块化、服务割裂化等问题,以信息化推进国家治理体系和治理能力现代化。"互联网+电子政务"被写入政府工作报告,各地各级政务部门近年来在电子政务方面也在不断进行探索和创新。在此背景下,亟须在教材和课程中全面剖析我国电子政务发展的最新进展,并探讨建设中的不足之处,反映政府变革的前沿动态。

　　本书面向对国内外电子政务理论和改革前沿有兴趣的本科生,特别是公共管理、工商管理、管理信息系统等管理学、管理科学与工程类本科生。课程突出实践性和操作性,普及和强化学生对"互联网+政务服务"、智慧政府、政府数据开放等内容的理解,使学生树立政府与互联网、信息技术、大数据等新技术融合的政府改革理念,知晓改革实践前沿动态,达到学生认知电子政务实践现状和发展前景之目的。

　　本书的内容体系除电子政务概念、发展、建设等一般理论和知识外,更突出电子政务G2G、G2C、G2B三种模式的改革前沿和具体应用,围绕政府信息门户、电子公文处理、电子税务、电子审批、电子采购等应用,让学生了解电子政务的整体形态,政府内部管理与外部管理和服务等各个电子政务系统运行的方式。本书分为8章,分别为电子政务概述、国内外电子政务的发展、电子政务顶层设计、政府门户网站、G2G电子政务与应用、G2B电子政务与应用、G2C电子政务与应用、新技术与电子政务。作为新形态教材,本书提供了丰富的视频、案例和实验操作资源,师生可使用教材进行线上线下的混合式教学。教材的每章节以课堂讨论的形式配套教学重点和难点为基础的教学活动设计,便于师生展开相关知识点的讲授和学习。

　　本书在编写的过程中,参阅了大量著作、文献、案例和网络资源,实验操作资源主要来自南京奥派信息产业股份公司电子政务实验教学平台的部分实验项目,在此一并表示感谢。

姚　莉

2020年3月13日于杭州

CONTENTS
目 录 ⟶ ≫ ›

第一章 电子政务概述

初步掌握电子政务的基本理论;明确电子政务的概念、功能和应用模式;解释和识别电子政务多种含义的不同侧重点;明确电子政务与信息技术发展的内在联系;能辨析电子政务与电子商务的异同,归纳电子政务的内部功能;举例说明电子政务的外部功能;能够分析电子政务的主要应用模式。

随着互联网和计算机技术的发展,政府不仅在内部办公中使用政务系统,而且还利用政府服务网站、政务 App 等平台为公民提供电子化公共服务。电子政务与我们日常生活的关系越来越紧密。电子政务作为一个新生事物,许多人对它有不同的理解。

在这一章中将回答以下问题:

◎什么是电子政务?

◎电子政务和电子政府、电子治理、电子商务的区别是什么?

◎电子政务和传统政务有什么不同?

◎电子政务在不同发展阶段的功能是什么?

◎电子政务的应用模式有哪些?

引 例

政府非税收入收缴和财政电子票据管理改革是山东省财政厅"4+11"流程再造首批推出的重点事项。通过再造一体化业务流程,真正实现缴费取票"最多跑一次"或"零跑腿"的服务新模式,为优化营商环境、建设服务型政府提供了有力支撑。

山东省财政厅坚持一体布局、流程重构,再造便捷缴费模式。通过设立全省统一的非税收入项目识别码和缴款识别码,启用财政部统一的缴款码渠道,将以往缴款人到执收单位领取纸质票据、到银行办理缴费、返回执收单位盖章确认的"分散式"流程,调整为缴款人根据执收单位推送的电子缴款告知单,自主选择线上线下多种便捷渠道缴费、线上领取电子票据的"一体化"流程。以省级部门某执收项目为例,业务流程重构后,企业办证缴费流程可由原来的"六步走"缩短为"最多跑一次"。

创新票据管理模式。一是以电子票据代替纸质票据,建立在线申领、实时核发流程,变"工厂印制"为"系统生成",一份票据原来由计划申请到印制完成时间跨度近半年,现在可以线上申领核发,点击鼠标轻松生成,既提高效率,又节约成本。二是以网络通信代替人工传递,建立在线流转、实时获取流程,变"群众跑腿"为"信息跑路",让缴费人线上缴款后,足不出户即可获取电子票据,并能即时查验。三是以电子载体代替实物仓储,建立在线归档、实时查验流程,变存储实物为存储数据。以山东省中医院为例,该医院两年产生700余万份、近3500箱票据存根,存放需要堆满两间仓库,如今电子票据信息存储仅需要一块容量134G的硬盘就能轻松解决,存储期限也由5年延长为最高30年。

截至2019年12月25日,山东全省共1585家单位上线,开具财政电子票据近33.82万份,收缴资金10.72亿元,节约印刷成本约28万元,在提高办事效率、降低行政成本的同时,极大提升了群众的获得感和满意度。[①]

第一节　电子政务的概念

现在我们经常接触电子政务,如在政府网站上查阅信息、提出政务服务申请、参与政府调查等。但是,如果要问电子政务是什么,人们一般能够说出上述具体的服务或事项,却难以予以概括。从字面看,电子政务由"电子"和"政务"两个词语组成,简单地说,所谓电子政务,就是运用电子信息技术所进行的政务活动,电子政务概念的内涵很大程度上取决于我们对电子信息技术和政务活动的理解,其中"政务"明确了概念的范围,"电子"说明了概念的载体。二者结合则意味着政府公共事务管理机制、方式、流程等的深刻变化。

---

① 山东省财政厅:《政府非税收入收缴和财政电子票据一体化流程再造成效明显》,http://czt.shandong.gov.cn/art/2019/12/26/art_21859_8479785.html。

一、电子政务的含义

(一)政务的基本内涵

政务(Government Affairs)一般指政府的事务性工作,泛指国家的管理工作、行政事务等。政务具有两层含义:一是指政府各部门依据法律规范赋予的权利与义务,为实现其职能而需要处理的事务;二是指处理上述事务的活动及其过程。狭义的政务是行政事务,中义的政务是国家事务,广义的政务是公共事务。上述概念主要从政务组织结构和范围的角度出发,做出对政务理解的一般概括,具体到不同国家政治体制和政府组织结构,政务的主体和范围皆有所不同。

西方现代资本主义国家是按照"三权分立"原则建立起来的,立法、行政、司法三者之间互相平衡、互相制约。"三权分立"不具普遍意义,但从政府的组织结构来考察,西方学者将政府分为小政府和大政府两种。相应地,政务也应分为两个层次:首先,从小政府的角度看,政务就是政府组织中行政部门所管理的公共事务或所提供的公共服务。其次,从大政府的角度看,政府就是政府组织中包括立法、行政和司法三大部门在内的机构所管理的公共事务或所提供的服务。

我国的政治行政体制不同于西方国家,所以,政务的主体和范围也有所不同。中国共产党是我国的执政党,担负着制定国家重大方针、政策、战略的职责,其管理的公共事务理应纳入政务的范畴。此外,按照我国《公务员法》的界定,公务员的范围涵盖政党、人大、政协等机关,上述机关管理的公共事务也应纳入政务的范畴。《国家信息化发展战略纲要》中明确提出,适应国家现代化发展需要,更好地运用信息化手段感知社会态势、畅通沟通渠道、辅助科学决策;持续深化电子政务应用,以信息化推进国家治理体系和治理能力现代化。它的主要内容包括信息化要服务于党的执政能力建设、服务于密切人大代表同人民群众的联系、服务于"科技强检""智慧法院"等。学者徐晓林、杨兰蓉认为,政务是与政权有关的公共事务。它除了包括政府行政机关的行政事务外,还包括立法部门、司法部门、政党、社会团体以及其他各种公共组织管理的事务,如村务、检务、审务、社区事务等。

对我国政务的理解可以分为三个层次:一是以行政部门即政府为主体的公共事务;二是以执政党、人大、法院、检察院和政协等为主体的公共事务;三是公共组织、社会团体、社区等的公共事务。通常情况下,本书主要分析以行政部门为主体的电子政务。

专栏1.1

湖南红网的云端党务

湖南红网借助腾讯云大数据及云端能力,打造区域性、生态级、智能化的智慧党务云。基于大数据能力,红星云实现面向全省基层党支部和党员的教育管理服务信息化平台,通过开设信息推送窗口和网上支部、指尖党校、云端服务、驻村在线等功能,力求为每个基层党支部提供一个网上活动阵地,每名党员提供一个网上学习园地,每名用户提供一个网上服务窗口,每名驻村书记提供一个网上交流平台,打造党员随时随地随身接受教育管理服务的"掌上云平台"。

(二)电子信息技术

21世纪以来,整个世界被信息裹挟,发生重要变化。信息社会以电子信息技术为基础,在这里,电子信息技术是指以通信、计算机、自动化和光电等技术为基础,产生、存贮、转换和加工图像、文字、声音及数字信息的一切现代技术的总称,主要包括感测技术、通信技术、计算机及智能技术和控制技术等。电子政务真正作为一个独立的概念出现,是在电子信息技术相对成熟和普及之后。这是因为,只有在电子信息技术出现之后,大量政务信息的实时共享和双向交流才在技术上成为可能,从而使传统的政务开展方式发生了根本性改变。从这个意义上说,电子政务的物质基础是电子信息技术,它的发展经历了办公自动化系统、管理信息系统、决策支持系统和互联网技术四个发展阶段。

1. 办公自动化系统

办公自动化(Office Automation,OA)作为一个术语,是由美国通用汽车公司哈特(D. S.Hart)于1936年首次提出,并于20世纪50年代在美国兴起。早期的办公自动化只具有数据处理的簿记功能,局限于一些简单的设备,如打字机、复印机等,它们代替了人们一大部分手工劳动。随着科学技术的进步,办公自动化不断增加新的内容,特别是计算机技术、通信技术、信息技术、管理科学和行为科学的引入,以及新型办公设备的大量增加,赋予了办公自动化新的生命,直到70年代后期形成涉及多种技术的新型综合学科——办公自动化。

所谓办公自动化,是指借助技术手段,将人的部分业务转移给各种设备来处理,并由这些设备和办公人员共同完成办公业务。我国国务院电子振兴领导小组办公自动化专业组所下定义为,办公自动化是应用计算机技术、通信技术、系统科学和行为科学等先进科学技术,不断使人们的部分办公业务借助于各种办公设备,并由这些办公设备与办公人员构成服务于某种目标的人机信息系统。办公自动化主要有以下三个特点。

一是构成了一个人机信息处理系统。办公自动化采用了先进的科学技术,如计算机技术、影像技术、网络技术、通信技术等,将人、计算机和信息三者综合成为一个办公体系,构成一个服务于办公业务的人机信息处理系统,实现办公信息一体化处理。

二是采用现代化的办公设备。办公自动化的一个显著特点就是采用了现代化的办公设备,如微型计算机、复印机、照相机、通信设备等,将以手工为主的办公改变为应用办公自动化设备的现代办公。

三是提高工作效率,降低差错率。现代办公自动化系统既提高了信息的获取速度,又加快了信息的处理速度,同时可克服时间与空间上的限制,提高了办公效率与质量,减少了工作中的差错,更好地适应了现代办公的需要。

图1.1　办公自动化系统的功能示意图[①]

从计算机系统结构来看,办公自动化系统是一个计算机网络,每个办公室相当于一个工作站。它集计算机技术、数据库、局域网、远距离通信技术、人工智能、声音、图像、文字处理技术等综合应用技术之大成,是一种全新的信息处理方式,包括函电公文的往来,文件档案的保管,数据信息的采集、传输、处理、统计和显示等。办公自动化系统的核心是通信,其所提供的通信手段主要为数据和声音综合服务、可视会议服务和电子邮件服务。办公自动化系统有功能齐全的特点,其基本功能有文字/文件处理、图形/图像处理、声音处

---

① 胡小强:《办公自动化设备教程》,北京邮电大学出版社2015年版,第3页。

理、信息查询、网络通信、决策支持和行政管理七个方面(见图1.1)。从办公自动化系统的功能看,它与管理信息系统(Management Information System,MIS)、决策支持系统(Decision Support System,DSS)既各自基本独立,又相互交叉耦合,其相互耦合的深度既取决于三大系统相互作用的方式,又取决于具体环境与背景。三大系统的耦合使办公自动化系统的功能更趋完整,其作用亦得以极大增强。

专栏1.2 **地方财政部门办公自动化系统建设**

办公自动化系统和业务生产系统是财政信息化的"一体两翼"。目前我国大部分财政厅(局)建成办公自动化系统,在内部实现"无纸化"办公,财政系统文件采用电子化方式传输,并逐步建立了与行政管理和财政业务系统之间的连接,在智能文件流转、促进业务协同等方面应用效果明显。

各省、市办公自动化系统都承载了各自财政公文流转制度,构建了财政公文运转体系。其将实际工作中公文的起草、审核、签发、印制、收发等流程进行定制,实现了文档电子化管理,并以电子签章等安全技术为保障,简单快捷地实现了公文流转的痕迹追踪、督查督办、信息传达等智能管理,在提高财政工作效率的同时,也进一步规范了财政公文处理行为。

---

2. 管理信息系统

办公自动化是纯粹的技术应用,较难满足管理系统化的需要,因此一种新的技术产生了,那就是管理信息系统。早在20世纪50年代中期,人们就提出了建立管理信息系统的设想,但由于当时技术落后,管理信息系统的开发效果并不明显。进入20世纪80年代以后,随着信息技术的迅速发展,管理信息系统也得到进一步的发展。

所谓管理信息系统,是指一个由人和计算机软硬件资源组成的人机系统,能进行管理信息的收集、传递、加工、保存、维护和使用,提供信息以支持组织的运行、管理和决策的功能。其内涵主要包含人机系统、集成化、社会技术系统和为管理者提供信息服务四个方面的内容。

人机系统。 管理信息系统是融合人的管理能力和计算机强大的处理、存储能力为一体的协调、高效的人机系统。该系统为开放式系统,在此系统中真正起到执行管理的作用,对组织的人力、财力、物力、资金流和物流等进行管理和控制的主体是人。计算机充当的角色自始至终都是辅助管理的有力工具。

集成化。 所谓集成化是指对系统内部的各种资源设备进行统一规划,以确保资源的最大利用率。利用数据库技术,集中、统一规划中央数据库的运用,可使系统中的数据实现一致性和共享性。系统各部分应该协调一致,并高效、低成本地完成组织日常的信息处理业务。

社会技术系统。管理信息系统的研究涉及管理学、信息学、心理学、运筹学等多个学科,不是一种理论或观点可以笼统概括的,其主要涉及技术方法和行为方法两大领域。技术方法处理的是信息系统的规范数学模型,支持技术方法的学科有计算机科学、管理科学、经济科学以及运筹学。行为方法处理的是不能用技术方法的规范模型来表达的部分。例如,社会学家重视信息系统对群体、组织和社会的作用,经济学家关心的是信息系统对社会或组织产生的经济效益,心理学家关注的是个人对信息系统的反应和人类推理的认知模型。行为方法不忽视技术,而技术又是产生行为问题的因素,因此,管理信息系统是一个社会技术系统。

为管理者提供信息服务。以企业为例,管理信息系统处理的对象是企业生产经营全过程,其通过反馈为企业管理者提供有用的信息。管理信息系统强调利用信息来分析企业或生产经营状况,利用各种模型对企业生产经营活动的各个细节进行分析和预测,控制各种可能影响企业目标实现的因素,以科学的方法,最优地分配各种资源,如设备、任务、人力、资金、原料和辅料等,并合理地组织生产。

3. 决策支持系统

决策支持系统是在管理信息系统的基础上发展起来的。管理信息系统是利用数据库技术实现各级管理者的业务管理,在计算机上进行各种事务处理工作。决策支持系统是把数据处理的功能和各种模型等决策工具结合起来,以帮助、支持管理者决策的计算机信息处理系统。决策支持系统是要为各级管理者提供辅助决策的能力,它能够在复杂的、迅速变化的外部环境中,给各级管理人员或决策者提供有关的信息资料,并协助决策者制定和分析决策。从广义上看,决策支持系统是指可以辅助人们进行决策的任何计算机化的系统。狭义地讲,决策支持系统是一种高度灵活且具有良好交互性的、用于对非结构化问题的决策提供辅助的信息技术系统。它是以决策者为行动主体的系统,是"支持"而不是"代替"决策者进行决策。决策支持系统一般是由数据库、模型规则库以及一个人机交互子系统组成的计算机系统。这种系统的特征:一是以处理半结构化管理问题为主;二是系统本身具有灵活性;三是为人机交互式操作系统。

决策支持系统将决策者和信息技术提供的特定的支持功能联系在一起,信息技术的优势是高速、可以存储大量信息以及具有复杂的处理能力,能帮助决策者产生决策所需的有用信息;而决策者的技能体现为经验、直觉、判断能力,以及有关决策因素的知识。虽然信息技术提供了强大的功能,但作为决策者来说,要想得到问题的解答,还必须清楚到底需要哪类信息以及如何处理这些信息。事实上,决策支持系统的主要功能就是通过加强决策者的洞察力来对决策者提供帮助,改善决策者的决策效果。决策者的知识技能与信息技术的强大功能相结合,使决策者能更高效地管理资源。

因此,决策支持系统是结合与利用计算机强大的信息处理能力和人的灵活判断能力,以人机交互方式来支持决策者对半结构化和非结构化的决策问题求解的计算机信息系统,是信息系统发展的高级阶段。决策支持系统通过融合计算机科学、信息科学、管理科学及系统科学等多种学科知识,并从多个角度和模型方法结合起来制定多个解决方案,从而帮助决策者进行科学决策。

传统决策支持系统大多是通过模型和数据库组合辅助决策支持的方法,为组合成更大的模型将模型库不断地进行修改和组合,且通过数据库获取大量的数据,综合采用不同的分析技术对问题解决方案进行多角度的处理、分析、评估和判断,从而达到辅助决策的目的。作为一个独立的系统,决策支持系统并不具有管理控制的功能,但是,它将管理领域知识与数据库处理、数学模型应用和优化结合起来后,具有了为管理者解决更复杂的管理决策问题的能力。它虽然不是管理信息系统,却使管理信息系统发展得更加完善,成为管理信息系统发展的高级阶段。

专栏1.3 **深圳市公交管理决策支持系统**

公交管理决策支持系统可综合利用数据融合和挖掘算法,将公交 IC 卡、车载 GPS 大数据转化为公交客流指标和出行特征,并提供不同时间粒度、不同空间维度的查询分析功能,为公交线网优化和行业监管考核提供依据。主要由客流分析子系统(分析客流规模、空间分布、时间分布等)、网络评估子系统(分析不同区域线网长度、密度等)、营运评估子系统(评估、监测公交线路发车班次、发车间隔、单车客运量等)、异动监测子系统、TOCC 公交信息显示支持子系统构成。

---

4. 互联网技术

20世纪90年代中期,互联网进入了飞速发展阶段,万维网技术在互联网/内联网上得到广泛应用。互联网的构想主要来源于美国计算机专家利克莱德(Licklider)在《人与计算机共生》中提出的"思维中心"的概念,即通过网络合作解决共同技术难题的新的人机交互方式。1969 年,美国国防部先进研究计划局(The US Defense Department's Advanced Research Projects Agency)根据兰德公司提出的以封包交换技术(Packetswitching Communication Technology)为基础的通信系统和麻省理工学院发明的分组交换技术,研发了世界上第一个电脑网络——"阿帕网"(ARPANET)。这个系统使网络可以独立于指挥与控制中心而运作,所有信息单位会沿着网络寻找自己的路径,并在网络上的任何一点重新组合成有意义的信息。此后,随着网络从军事用途转为科学研究、电子邮件程序的加入,以及互联网软件基础协议传输控制协议/互联网协议(TCP/IP)的确定,各种不同的网络(如用于军事用途的MILNET、用于科学交流的CSNET以及供非科学界学者使用的BITNET等)被连接了起来,及至20世纪90年代网景公司推出浏览器软件,万维网(World Wide Web)或互联网(Internet)逐渐变成了网络(Net或Network)的同义词。

简而言之,网络是建立在通用技术标准和协议基础上的信息发送和接收的线路或线路集合。互联网是由多个网络互连而成的计算机网。联合网络委员会(The Federal Networking Council)在技术上给互联网的界定是,互联网指的是全球性的信息系统,包括三层含义:一是通过全球性的唯一的地址逻辑连接在一起,这个地址是建立在互联网协议(IP)或今后其他协议基础之上的;二是可以通过TCP/IP,或者今后其他接替的协议或与IP兼容的协议来进行通信;三是能够提供、使用或者访问公共或私人的高级信息服务,这些通信服务是构建在这些通信协议和相关的基础设施之上的因特网。可见,互联网是采用TCP/IP协议的一种国际互联网。只有在互联网技术的基础上,电子政务的发展才成为可能。

(三)电子政务的概念

电子政务是伴随着信息技术手段在政府领域运用的不断深入而出现的一个新名词,该词是由美国研究机构国家绩效评论(The National Performance Review)和政府信息技术委员会(The Government Information Technology Service Board)在1997年的一份联合报告《通往美国:应用信息技术重塑政府》中引入的。国外对电子政务概念的界定形成以下两种观点的。

一种观点认为,电子政务是基于互联网和电子计算机技术提供在线服务和相关活动。如穆恩(Moon)认为,电子政务是指政府应用电子计算机技术提供服务;威斯特(West)认为,电子政务是指政府通过互联网和其他数字化手段提供在线的信息和服务;斯尔科克(Silcock)认为,电子政务是指运用信息技术改善政府服务的获取与提供,使公民、企业与政府工作人员受益。电子政务创建了一种新的公共服务模式,所有公共组织为公民提供现代化的、综合的和无缝化的服务。

另一种观点认为,电子政务不仅提供电子化公共服务,更重要的是促进了政府治理变革。如胡(Ho)指出,电子政务包括所有信息和通信技术的应用,以推动政府行政的发展,具体而言,电子政务是互联网驱动的活动,它帮助公民获取政府信息、服务和知识,使公民参与到政府治理过程中,并对政府治理过程做出满意评价。它是一项政府通过先进的、低成本的、高效率的服务、信息和知识以改善公民与公共部门之间关系的长期任务。电子政务是应用网络技术重塑政府,对传统官僚体制进行变革的一种新范式。经济合作与发展组织(Organization for Economic Cooperation and Development,OECD)认为,电子政务是通过信息技术、通信技术、互联网技术的采用,使之成为一种有效工具来提高政府治理能力。世界著名的市场研究公司高德纳公司(Gartner Group)给电子政务下的定义是,通过网络能动化运作、信息和通信技术的应用来改变公共部门内部和外部的关系,以优化政府服务的传递、选民的参与以及政府的治理。

我国对电子政务概念的认识是随着它的发展而不断深化的。在办公自动化时期,电子政务被界定为政府业务的自动化,即打破传统的业务操作流程而实现信息化、无纸化办公。在管理信息系统和决策支持系统时期,电子政务被认为是快速发展的现代电子信息技术与政府改革相结合的产物,是借助电子信息技术而进行的政务活动,它应用现代信息技术和管理理论,对传统政务进行持续不断的革新和改善,以实现高效率的政府管理和服务。

目前,我国学界对电子政务概念的界定分为三种观点。第一种观点认为,电子政务是利用信息通信技术来提高政府的效率和效能,使公众更加容易得到政府的服务,让更多的公众可以获得信息,促使政府对公众负责。有研究认为,电子政务是指内部和外部的管理和服务职能通过整合、重组、优化后到网络上完成,打破时间、空间以及部门分隔的制约,为社会公众以及自身提供一体化的高效、优质、廉洁的管理和服务。第二种观点认为,电子政务就是利用信息技术和其他相关技术,来构造更适合信息时代的政府结构和运行方式。电子政务就是公共机构应用现代信息技术进行政务活动的一种治理方式。这两种观点与国外研究类似,即把电子政务看作提供电子化公共服务的过程,以及将其看作政府治理体系的变革。第三种观点则认为电子政务应该是前述两种观点的融合,如认为电子政务是一个运用网络技术,强化政府管理绩效、提升政府决策质量、优化业务流程、倡导公共服务的综合性概念。

从电子政务发展的趋势来看,政府利用电子信息技术提供公共服务是其活动的直接体现或外在表现形式,但如果要提高效率和获得公众认可,就要涉及政府决策、职能、组织、流程等诸多领域的变革,推动政府治理模式的转变。因此,电子政务是指政府利用电子信息技术以及互联网+、大数据、物联网、云计算等新技术,以提供电子化公共服务为载体而形成的新的治理方式。此概念包含以下两个方面的内涵。

首先,互联网、大数据、物联网、云计算等新技术深刻影响电子政务的形式和服务载体。以互联网为例,它的发展经历三个不同阶段,都各有特点。在互联网发展初期,是静态超文本标记语言(HTML)的Web时代,也就是所谓的Web 1.0。Web 1.0单纯通过网络浏览器浏览网页。在Web 1.0时代,网络只是一个信息的发布平台,主要由一个个的超文本链接组成,它以门户网站等技术为代表,强调内容的组织与提供,用户可以阅读这些信息。而Web 2.0时代更注重用户的交互作用,用户既是网站内容的消费者,也是网站内容的制造者,在这个阶段网站与用户之间的互动得到了加强。网站内容基于用户提供,网站的诸多功能也由用户参与建设,从而实现了网站与用户双向的交流与参与。到了Web 3.0

时代,网络成为用户需求的理解者和提供者,网络对用户了如指掌,知道用户有什么、要什么以及习惯怎样,并就此进行资源筛选和智能匹配。

互联网发展的三个阶段对电子政务的形式和服务载体也产生了影响。在初期,电子政务的门户网站以提供静态信息为主,即将政府机构的信息放到网络上,供社会了解和使用。Web 2.0技术为政府门户网站与公众的互动提供了技术支持,公众不仅可以直接在网站的互动栏目留言,还可以通过微博、微信实时交流,由此更好地参与到公共事务治理中。Web 3.0为政府政务提供更高支持,即以公众需求为中心,为公众提供个性化服务,政府可以借助所拥有的大量公众数据,进行数据挖掘,实现公共服务的"私人订制"。

> **专栏1.4**
> **基于Web 3.0政府向公众提供个性化服务**
>
> 这是周六的早晨,对于乔茜而言,是一个难得的休息日。但是当她的智能手腕手机的闹钟响起时,她并没有伸手去按止闹按钮。她决定:"完美。我可以骑自行车去商场购物,购物结束后,丢下自行车,再开汽车回家。"乔茜并没有真正拥有一辆自行车或一辆汽车,生活在一个具有丰富共享项目的城市里,她不需要真正拥有这些东西。并且她经营的咖啡店距离她的公寓只有10个街区,她经常步行去上班,如果天气非常恶劣,她会乘坐巴士。她非常自豪,因为她的城市拥有智能交通系统,使用先进的技术,合理分布交通流量,并且效果不错。

其次,电子政务的建设发展与政府治理模式转型存在着密切联系。电子政务离不开信息基础设施和相关软、硬件技术的发展,但它不是政府信息和网络技术的简单组成,而是通过网络技术的应用,使得传统政务活动中难以做到的信息实时共享和双向交互成为可能,使政务处理的透明度和满意度得到极大提高。电子政务最终必须体现为"价值"。这种"价值"可以表现为政府内部效率提高等直接效益,也可以是为企业、公众服务而获得的间接效益。在电子政务中,"电子"只是手段,"政务"才是其真正的目的。只有达到改善和提升政务管理效率的根本目标,才是真正有意义的电子政务。因此,政府需要在组织结构、工作流程、工作方式等方面进行持续变革,当变革达到目标之时,政府治理方式也发生了变化。

二、相关概念辨析

(一)电子政务与电子政府

电子政府(E-Government)是指政府有效利用现代信息和通信技术,通过不同的信息服务设施,对政府机关、企业、社会组织和公民提供自动化的信息和服务,从而建构一个有回应力、有效率、负责任、具有更高品质的政府。电子政府的重点则明确在于"政府"的电子化,意味着政府组织、结构相对于传统政府体制的变革,甚至触及整个政治体系的革新。它是在实现政府政务电子化的基础上,主要由于政务过程电子化、网络化的影响和推动,促使政府机制和体系重组而形成的适应电子化、信息化需求的政府结构形式,实现"政府再造"。电子政府的核心内容是建构一个虚拟状态的政府及其部门结构体系,即一个突破时间和空间限制、24小时在线的、主要存在于电子环境中的、依赖信息技术手段的、虚拟的、高效率的政府。因此,电子政府又称为虚拟政府。

与传统政府形态相比,电子政府的政府行为手段和方式从传统的人工简单机械方式转向电子化、网络化方式,而这只是两种形态最直观的差异。从内容上来看,电子政府包含了电子政务;而从预期的发展来看,构建一个成熟的电子政府体系,其坚实基础必然是成熟的电子政务。因此,政府电子化的必由之路是政务电子化,电子政务是电子政府发展过程中的一个重要环节,是构建比较完全意义上的电子政府的基础,电子政府也正是电子政务建设和发展的方向或目标。言而总之,电子政务是政府自身试图实现功能转换和效率提升的手段,电子政府意味着政府体系构造的根本变革。需要指出的是,本书不对电子政务与电子政府进行严格区分。

(二)电子政务与电子治理

电子治理(E-Governance)概念第一次被提出是在2003年12月印度德里召开的第一届国际电子治理大会(International Conference on E-Governance, ICEG)上。电子治理不是信息技术在公共事务领域的简单应用,而是一种更多地与政治权力和社会权力的组织和利用方式相关联的社会—政治组织及其活动的方式。电子治理涉及公众如何影响政府、立法机关,以及公共管理过程的一系列活动。电子治理是政府的一种信息化管理与服务活动,它脱离了以政府为单独主体的政务模式,对非政府组织和社会公众都赋予政务活动主体的地位。

电子治理的目标是通过信息化技术调动各种社会力量,对公共事务进行共同管理,从而营造一种和平有序、持续繁荣的社会环境。与电子政务主要集中于政府、政府管理和服务范围内的活动不同,电子治理就是更广泛地应用于政治、社会群体相互间关系领域的虚拟政治—社会结构及其相关关系方式,这种结构在不同的情况、条件和应用中,会呈现不同的形式,具有不同的价值和功能。从电子政务到电子治理的转型,要求政府具有更强的信息能力和高水准的责任与绩效,并更多地关注公共利益与公民参与。因此,电子治理是国家利用信息技术对政府、经济社会组织结构重组,业务流程处理再造,从而简化事务处理流程,提高政府和经济社会运行效率,并且通过电子参与提高公民社会政治参与和行政参与程度的治理模式,是国家利用信息技术对政府部门、经济社会和公民社会的综合治理。电子治理由三大块组成,除了电子政府外,还包括电子公民和电子社会。电子公民指允许公民同政府沟通,表达他们真实的需要,参与政府决策,让政府与公民处于一种真正的互动关系,政府从公民那里得到合法性信息,公民从政府那里得到公共服务。电子社会则要通过信息化网络实现真正的社会互动,改善公共机构与其他机构(包括私人机构、非营利机构以及其他公共机构)之间的关系,改善民间机构之间的关系。

❄专栏1.5　**日本社区规划的市民参与**

在日本,针对区域规划、城市开发、社区规划等不同层面的规划参与,有不同的过程和要求。日本利用在线游戏、仿真技术引导市民参与社区规划。比如,日本政府和市民都愿意保护原汁原味的传统建筑。要规划一个保护区,大家自然关心自古以来整个社区的历史风貌,会想知道如何甄别保护区的范围、传统建筑的形式、历史道路的维护方法等。为了便于市民充分参与,规划人员往往要做一个再现历史街区景观的仿真,目的不是要完全恢复,而是让市民理解历史景观,从而积极配合,形成保护区的导则。

(三)电子政务与电子商务

电子商务(Electronic Commerce)是利用电子化手段进行商业贸易活动的一种模式。电子商务以互联网为交易平台,以网上交易的形式来完成买家与卖家之间商品和服务的交换过程,它利用计算机技术、网络技术和远程通信技术,实现整个商务(买卖)过程中的电子化、数字化和网络化。人们不再是面对面的,看着实实在在的货物,靠纸介质单据(包括现金)进行买卖交易,而是通过网上各种各样的商品信息、完善的物流配送系统和方便安全的资金结算系统进行交易(买卖)。电子商务涵盖的业务包括商务信息交换;售前售后服务(提供产品和服务的细节、产品使用技术指南、回答顾客意见)、广告、销售、电子支付(电子资金转账、信用卡、电子支票、电子现金);运输(包括有形商品的发送管理和运输跟踪,以及可电子化传送的产品的实际发送);组建虚拟企业等。

电子政务与电子商务之间存在一定的共性,又存在显而易见的差别。电子政务主要面向政府部门及公共管理组织,而电子商务主要面向企业、社会营利组织和个体,并且两者之间最根本的区别就在于其本质到底是提供服务还是营利。从公共部门衍生出的电子政务是以提供公共服务、满足公众需求为出发点,电子化的手段只是为了更好地履行政府职能,提供更好的公共服务;电子商务则是通过电子化的手段进行经济活动,营利才是其最终目的。互联网交易方式使交易活动不再受地域和时间限制,为企业提供了更多的商机,同时也为消费者提供了更多的选择,网络交易方式使交易双方更加便捷。除此之外,以政府和公共管理组织为主导的电子政务,其业务更多的是限定于政府部门的相关事务;而以企业、社会营利组织及个人为主导的电子商务,其更加关注的是经济活动中的商业交易,面向的是全球的商业公司及消费者。

电子政务与电子商务的联系是肯定的,二者都是以互联网技术为应用基础,不仅如此,电子政务和电子商务在支撑体系、系统防护及管理观念等多个方面都存在相似之处,并且电子政务与电子商务互为服务对象。电子政务从产生开始就注定与电子商务相关联。首先,两者之间拥有相似的起源,都必须借助计算机网络和信息设施等来实现其功能,依赖于网络的普及率和信息技术的发展。其次,信息和数据的安全是电子政务与电子商务都相当关注的部分,要想使电子政务和电子商务能够发挥作用,让公众放心使用并参与其中,安全是最基本的条件。电子商务交易中时常涉及企业机密、支付密码等重要信息,需要利用技术手段来保障各项交易的安全。而电子政务对网络安全性的要求只会更高,因为政府部门的信息,可能涵盖了经济、政治和军事等各个重要方面,特别是对于可能涉及国家安全和机密等的敏感信息,更需要强大的安全技术来保护,防止非法用户侵入。

三、电子政务和传统政务的区别

传统政务的处理方式是以政府机构和职能为中心,企业、社会组织和公众面对面地向政府提出申请办理事务。政府是传统政务处理的主体,业务流程相对复杂,审批环节也较多,议事流程比较漫长,效率较为低下。电子政务的处理方式以公众为中心,政府将"向社会提供高效、优质的政府管理与服务"作为出发点,帮助企业、社会组织和公众办理各种经济与社会事务。信息资源的数字化和信息交换的网络化是电子政务与传统政务最显著的区别,由此导致二者在政务办理介质、机构存在形式、政务办理方式等方面存在诸多的不同,主要区别如下。

(一)政务办理介质和机构存在形式不同

传统政务办公模式依赖于纸质文件作为信息传递的介质,政府机构是以"办公室"为形式的物理实体。"现代政务的执行是建立在文件(案卷)之上——档案保存着原始文件和草案——和建立在一个各种各样的常设官员和文书班子的基础之上的。在一个机关里工作的全体人员和档案机构组成一个办事处。"在互联网时代,政府通过计算机存储介质或网络发布的消息,远比以往通过纸介质发布的信息容量大、速度快、形式灵活。政府机构存在的形式也并非是一种物理空间的组织形态,主要表现为虚拟政府服务厅、虚拟政务办公室等形式。虚拟政府服务厅是政府的某一专业部门基于互联网建立的面向公众的互动式电子政务信息系统,如虚拟办税服务厅、虚拟报关服务厅、虚拟银行等。虚拟政务办公室是政府部门借助于内网及其管理技术和计算机支持的协同工作技术所建立的、面向政府部门内部办公的通用政府办公系统和个性化办公平台。它既是一个能完成特定任务的"虚拟部门",也是提供各种数据资料查询和教育培训服务的"数字图书中心""虚拟会议室",还可以是一个能及时地进行意见反馈的"网络控制中心"。

(二)政务办理方式和时间不同

传统政务的办理有严格的时间和地点的限制。一般而言,人们到政府部门办事,要前往各管辖部门的实体所在地,如果涉及不同部门,则需要在不同部门之间奔波,即使政府办公空间都集中在一个办公大楼;另外,人们还要受到一周五天、每天八小时工作时间的限制。而电子政务处理事务却不受时间和地点的限制,它创造出"虚拟政府"环境,公务处理不受时空限制,个人、企业或组织足不出户,便可同政府联系。政府工作人员也是如此,无论在家、在办公室、在车上还是出差在外,随时随地都可使用便携电脑,通过有线或无线网络通信,登录到自己的办公站点处理事务。

(三)政务管理方式和业务流程不同

传统政务多采取自上而下集中管理的方式,在机构设置上表现为管理层级多,决策与执行层之间信息沟通的速度较慢,费时较多,信息失真率较高,往往使行政意志在执行与贯彻的过程中发生不同程度的偏离,从而影响了政府行政职能的有效发挥,也容易造成机构臃肿膨胀、行政流程复杂、办事效能低下等不良后果。电子政务的发展使信息传递变得快捷,使政府扭转机构膨胀的局面成为可能。实现行政业务流程的集约化、标准化和高效化是电子政务的核心,是与传统政务的重要区别。

此外,传统政务下,政府组织结构是金字塔形的垂直结构,而电子政务下,政府组织结构是网络型扁平化结构。传统政府处理政务的程序是前后串行作业,具有严格的顺序性,是一种线性的工作方式,而电子政务处理事务的程序则是协同并行作业,是一种非线性的工作方式;传统政府的主要议事方式是召开会议,而电子政务的主要议事方式是网络讨论;传统政务下,政府与公众之间以单向沟通为主,交互性较低;电子政务下,政府与公众之间以双向沟通为主,交互性较高;如此等等。总之,电子政务是在一个虚拟的空间中运行的,其运行方式与在物理空间中的运行方式有很大不同,二者的区别见表1.1。

表1.1 电子政务与传统政务的区别

	传统政务	电子政务
政务办理介质	纸质文件	计算机存储介质或网络信息发布
机构存在形式	物理存在	网络虚拟化
政务办理方式	面对面	不受地域限制

	传统政务	电子政务
政务办理时间	有时间限制	不受时间限制
政府组织结构	金字塔形垂直结构	网络型扁平化结构
政务业务流程	相对复杂	集约化、标准化、高效化
政府管理方式	集中管理	分权管理
政务生效标志	公章等	数字签名
政务处理程序	串行作业	协同并行作业
政务工作重心	管理、审批为主	服务、指导为主
政务主要议事方式	会议	网络讨论、视频会议等
政府决策参与范围	政务内容	政府内外部统一
办事透明度	较低	较高
与公众沟通方式	单向沟通、交互性较低	双向沟通、交互性较高

第二节　电子政务的功能和应用模式

电子政务的概念界定以及它与相关概念的辨析主要围绕计算机技术对政府变革和政府对外提供电子化公共服务展开，前者涉及电子政务的内部功能，后者与其外部功能相关。同时，电子政务功能的实现具体体现为不同的应用模式。

一、电子政务的内部功能

电子政务运用电子计算机技术，能够提高办公效率，优化业务流程，促进政府组织扁平化，推进政府决策的科学化水平等。

（一）电子政务有利于提高办公效率

电子政务可以降低政府的办公费用，提高办公效率。电子时代的最大特征就是它的低成本性。比如，政府上网后，一些烦琐的办公环节都可以在网上以快捷的方式进行，以往那种盖一个章跑多个部门的问题会得到极大的缓解。

专栏1.6 天津市公安分局建办公自动化系统提升办公效率

为了使各警种、各部门的信息快速准确地交流和共享,提升公安部门整体作战能力和水平,公安系统迫切需要一套适合公安需要的办公自动化系统,实现公安业务信息的高度共享和高效综合利用。天津市某公安分局采用竞开协同应用平台和竞开协同之星建成了能够满足上述要求的协同办公自动化系统。

公安系统利用竞开协同办公系统(GK-OA),不仅建立了日常办公统一系统平台,而且利用自有的技术平台(竞开协同应用平台)将局里专业应用系统(如户籍系统、刑侦系统、指挥系统等)与该局办公系统进行对接(只是联结而不会对专业系统做任何改变),这样就实现了统一办公平台。

信息资源的数字化和信息交换的网络化提高了政府的办公效率。传统政务办公模式依赖于纸质文件作为信息传递的介质,办公手段落后、效率低。计算机的普及和互联网的广泛应用引发了世界范围的信息革命,一边是个人电脑和其他智能设备进入企业、政府机构和家庭,一边又将全球的信息设备通过网络互联,使人们可以随时传递、交换和共享各种信息资源,加快了信息交换的速度,提高了信息利用的频率,使信息资源的开发利用渗透到经济和社会生活的各个领域,推动了经济、社会的发展。信息技术能提供强大的、开放的信息系统,使不同层级行政单位能摆脱传统层级节制的管理形式,提高行政效率和行政质量,同时也为不同层级行政单位的合作提供新的途径。可以说,互联网在发挥政府职能和实施政府管理方面均能起到非常积极的作用。

(二)电子政务有利于优化政务流程

政府的管理活动具有大量重复性、循环性,它们在一定程度上反映着特定管理活动的内在规律性,总结这些规律性,把在同一条件下、同种管理活动中的最佳步骤与方法确定下来,再把它们运用于以后的所有同类事务的处理中,按这种反映客观规律性的"模式"开展工作,既有效率,又有质量保证。在没有这种模式时,政府事务的处理需要许多部门经手,谁来做、怎么做、何时完成、前后工作的步骤间是什么关系、用什么样的规则处理这种关系、做什么事情需要经过什么手续等都由各个部门根据自身情况确定,有可能导致职责不清、推诿扯皮等问题。由此可见,在政府管理活动中需要形成上述反映工作过程规律性的"模式",这种"模式"便是政务流程。政府可以根据自身需要,适当地减少管理层次,拓宽管理幅度,这不但能保证信息传递的高速度,也能降低成本,大大提高信息传递的准确率和利用率。政府还可以通过优化政府流程,促进大量常规性、例行性事务的电子化,这既可以减轻政府部门人员的管理劳动强度,又可以减少政府内部领导层与执行层之间、各职能部门之间的层级和沟通环节,从而提高行政效率。可见,电子政务利用信息技术对传统政务进行重组优化,有助于解决传统政务流程僵化、分割严重、体系庞杂等问题。电子政务对政务流程的优化主要表现在四方面:一是缩小业务流程规模;二是扩大业务流程范围;三是使流程的中介度减弱;四是实现业务由松散向集成的转变,使业务之间的关联性更加明显。因此,电子政务的实施将从根本上改变传统政府的运作方式,使现代政府办公更加高效、快捷、方便。

(三)电子政务有助于促进政府组织的扁平化

从政府组织结构本身来看,传统政府组织按职能划分结构,有固定的职位、严格的层级关系和层层传递的信息渠道,并且权力集中在上层,这种组织比较刚性、机械,信息、工作指令、意见反馈等按照行政隶属关系逐层级、逐部门地传递。信息在政府部门单一路径流动,一元化的传输体制存在信息在传递过程中失真、信息传递速度慢、信息超载等弊端。而电子政务把组织结构重新构建,促使政府部门信息多路径、多元化传输。信息流动不再严格按照行政隶属关系单一路径向上或向下逐级传输,而是借由互联网平台,通过政务系统、政府信息库等点对点共同传输,在所有个体间平等流动。信息交流可以横向和纵向一起进行。这种组织的特点是具有柔性,其中的工作人员都可以是网络上的某一个节点,相互之间可以在任何时候、任何地点开展交流互动。信息传递中间环节的大量减少让网络信息得以快捷地传递和处理,在使管理的幅度变大的同时,加快了扁平网络化组织结构的实现。

(四)电子政务有助于推进政府决策的科学化

传统政府严格按照规程和流程办理公务,决策权往往掌握在有着一定级别的人手中,下级人员以及社会公众既难以了解相关信息,也难以参与决策。在电子政务环境下,权力系统是一个开放的体系,部门与部门之间、部门上下级之间的权力获取和权力行使具有互动、反馈、公开、制衡与监督的特点,其沟通渠道与方式呈现扁平化和多元化,让行政权力在更加公开、公平、公正的环境下运行。电子政务的实施对传统权力结构造成冲击,它的推行消除了信息源与决策层之间因人为原因造成的阻隔,杜绝了在信息传递中的层级偏差现象,公务员同公众的信息得以直接、迅速、及时传至决策层。决策者也因为网络的虚拟性而不再受到时间、空间及各类现实条件的限制,能够在一个虚拟的环境中对决策对象或目标展开研究。电子政务时代,决策者可以依凭数据库、管理信息系统、决策支持系统和人工智能与专家系统等高科技手段进行科学决策。

> **专栏1.7** 电子政务推动减灾救灾科学化
>
> 　　现代减灾救灾系统由规划与指挥、灾害监测、预报与评估、防灾、抗灾、安置与恢复、保险与援助、宣传与立法等相互联系的系统(或子系统)组成,涵盖对自然灾害的监测、预报、评估、防灾、抗灾、救灾、恢复、教育、保险与综合管理等各个环节,运用地理信息系统、数据管理系统、远程网络通信系统,通过电子政务对应用分析和电子决策指挥组织支持等模式,收集、加工、整理减灾救灾的各种信息,实现决策工作科学化,为减灾救灾提供快捷、及时和针对性强的服务。电子政务主要作用于减灾救灾的指挥、组织和决策层面。比如,金沙江白格堰塞湖临时遥测水情监测,为前方指挥部制定开挖和泄流方案提供决策依据。

二、电子政务的外部功能

　　电子政务的外部功能主要体现了政府在提供电子化公共服务过程中产生的政府与社会、公众之间关系的变化。电子政务的外部功能与其发展阶段紧密相关,在不同阶段主要的功能侧重点和政府与社会、公众之间的关系表现也不同。

　　(一)政府信息网上发布

　　政府信息网上发布是电子政务较为普遍的一种功能,是其早期发展中的主要功能。侧重点是通过政府网页发布静态信息,如法律法规、申请指南、操作手册、政府机构、人员构成、通信联络等。在此功能下,政府基本以自我为中心进行建设,政府与公众是被动/被动的关系。政府发布信息是被动适应互联网技术发展的结果,在我国还要考虑地方政府根据中央政府的要求发布信息等因素;公众也是被动地接受政府发布的信息,基本没有渠道表达自己的信息需求。政府与公众在网上互不联系,并且也不通过其他方式相互沟通。此功能的优点表现为,政府通过互联网让公众了解政府机构的组成、职能、办事章程和各项政策法规,提高办事效率和执法的透明度,促进勤政廉政建设。此功能的缺点在于政府和公众的积极性都没有充分发挥,还未从根本上影响政府的组织、流程和管理方式,公众也较难获得所需信息。

　　(二)网上事务处理

　　政府除了在网上发布与政府服务项目有关的信息之外,还向公众提供某种形式的服务,但是政府不在网上回复公众的各种咨询和要求,这就是网上事务单向处理功能。一个典型的例子是公众可以在网上取得报税表,在网上填完报税表,然后在网上将表发送至税务部门。在此功能下,政府基本还是以自我建设为中心,但政府与公众之间变化为主动/被动的关系。政府顺应信息技术发展,为提高办公效率,主动向公众提供网上服务。但是公众还是被动接受政府提供的服务,不能自主选择所需服务,也不能通过网上咨询的方式提出服务需求。此功能的优点有,电子政务超出了提供信息服务的范畴,而使公众可以享有某种程度的政务服务,就上面的例子而言,用户至少可以不再到有关政府部门去拿表格了。但是这种事务处理还是单向的,限于公众按照政府的服务要求提出事务处理的申请。

(三)提供社会增值服务

所谓社会增值服务,是指政府部门合理利用自身资源优势,建立一个电子化中心开展网上办公业务,将各种证明文件和办事流程电子化、网络化,增加办事服务渠道,减少办事环节,提高办事效率。在此功能下,政府与公众实现了双向互动,公众可以在网上与政府部门通信,政府部门可以通过电子的方式应答用户的要求。政府部门也可以根据需要,随时就某件事情、某个非政治性的项目(如公共工程),或某个重要活动的安排在网上征求公众的意见,使公众参与政府的公共管理和决策。公众也可以就自己关心的问题向政府提出问题或建议,并与政府进行讨论和沟通。例如,税务部门在网上收到企业或居民的报税表并审阅后,在网上完成划账。这样,企业或居民在网上就完成了整个报税过程。

专栏1.8

南京12345添"一号答"新功能

"一号答"主要是指企业和市民有关行政审批事项和政务服务的咨询、诉求,全部通过12345这个号码解答。"一号答"的服务范围:提供行政权力事项和公共服务事项的咨询和协同办理;解答"不见面审批事项和服务事项"的办事流程、所需材料及其他相关事项;接受企业、群众对"不见面审批(服务)事项"的建言评价。

市政务办将通过建立行政审批及政务服务专项知识库、构建扁平化工作机制、设立专门话务席位,将"一号答"打造成为专业、快速、便捷的政务服务在线"总客服",提升"不见面审批"等政务服务效能。

(四)全域数字化服务

伴随着社会的全面信息化,人们的衣食住行都与网络密切相关,电子政务也渗透到人们日常生活的各个领域,政府在管理范围内提供全域数字化服务。其中,典型的代表就是"数字城市"。数字城市是综合运用地理信息系统、遥感、全球定位、智能交通、智能卡、宽带网络等技术,对城市的基础设施、功能机制进行动态监测、优化管理及辅助决策的技术系统。在应用层面上,数字城市是在城市自然、社会、经济等要素构成的一体化数字集成平台上和虚拟环境中,通过功能强大的系统软件和数学模型,以可视化方式再现城市的各种资源分布状态,对现实城市的规划、建设和管理的各种方案进行模拟、分析和研究,促进不同部门、不同层次用户之间的信息共享、交流和综合,为政府、企业和公众提供服务。基于数字城市建成的电子政务服务系统加强了政务服务提供者与使用者之间的沟通和互动,为城市相关部门通过网络服务广大市民和企业提供了新的途径。社会公众通过浏览数字城市建成的城市地图地理信息服务网,可以全方位了解城市社会经济发展状况,便捷查询与日常生活密切相关的信息。有关商家也可借助这个平台便捷、直观地推介商品和服务,提高销售收入。可见,电子政务使政府能够更好地适应信息化社会、市民社会组织、公民和企业对其的挑战。信息化推动了互联网的发展,政府通过互联网办公使政府办公更加透明,也加强了公众对政府的信任,为政府政策顺利实施打下了良好的基础。

　　以上电子政务的外部功能是随着电子政务的发展而逐渐从简单变得复杂。如果以电子政务功能度即政府提供某项服务所需技术功能的难易程度为纵坐标,以电子政务复杂度即某服务的性质和质量所需要的交互程度为横坐标,以电子政务成熟度即与社会需求的匹配度为斜坐标,不同阶段电子政务的外部功能及其特点可以在图1.2中显示。由图可知,政府内部办公自动化系统和政府网页是电子政务发展的初级阶段,其特点就是功能度、复杂度和成熟度都处于最低水平。随着社会发展和技术进步,电子政务发展到中级阶段,提供社会增值服务成为其主要功能,电子政务的技术相对复杂,信息交互程度处于中等水平,已能适时回应公民需求。到了高级阶段,电子政务以满足公民需求为导向,更具个性化和针对性,成熟度高,不断开拓新技术,信息交互程度最高、最复杂。需要指出的是,虽然电子政务外部功能在复杂度、交互性、技术难易程度上有差别,但是它们并不是相互替代的,特别是电子政务发展到高级阶段后,这些功能也不断变得更完备,以适应技术进步和社会发展的需要。

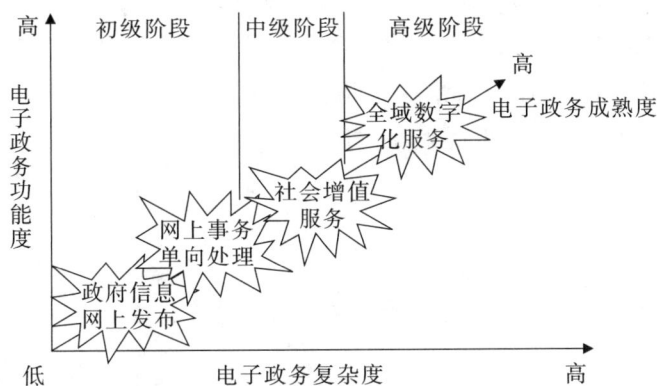

图1.2　电子政务的功能[①]

---

① 黄福玉、翟云:《移动政务》,中国铁道出版社2017年版,第3页。

三、电子政务的应用模式

电子政务所包含的内容极为广泛,几乎可以包括传统政务活动的各个方面。在信息化社会中,与电子政务相关的行为主体主要有政府、企业和居民。电子政务的主要业务模式相应的有G2G、G2B和G2C等三种模式。

(一)政府与政府间电子政务

政府与政府间电子政务(Government to Government,G2G)是上下级政府、不同地方政府、不同政府部门之间的电子政务。该应用模式的具体实现主要包括政府内部网络办公、电子法规政策、电子公文管理、电子司法档案、电子财政管理、电子培训、垂直网络化管理、横向网络协调管理、网络业绩评价、城市网络管理等十个方面,亦即传统的政府与政府间的大部分政务活动都可以通过网络技术的应用高速度、高效率、低成本地实现。在G2G电子政务下还可细分出G2E(Government to Employee)电子政务,它是指政府与政府雇员之间的电子政务,主要是利用内联网建立起有效的行政办公和员工管理体系,提高政府工作效率和政府雇员管理水平。G2E电子政务是政府机构通过网络技术实现内部电子化管理的重要形式,也是G2G、G2B和G2C模式的基础。

(二)政府与企业间电子政务

企业是国民经济发展的基本经济细胞,促进企业发展,提高企业的市场适应能力和国际竞争力是各级政府机构共同的责任。政府与企业间电子政务(Government to Business,G2B)是指政府通过电子网络系统进行电子采购与招标,精简管理业务流程,提高办事效率,方便快捷地为企业提供各种信息、服务,减轻企业负担,促进企业发展。其范围覆盖了从企业产生、执照办理、工商管理、纳税、企业停业破产等整个企业生命周期的信息服务和信息配套。该应用模式的具体实现主要包括以下内容:电子采购与招标、电子化报税、电子证照办理与审批、信息咨询服务等。G2B电子政务的运用有利于企业与政府建立良好的沟通关系,通过互联网,企业在及早了解政府有关政策信息、准确把握国家大政方针的情况下,可以及时准确地根据自身实际对经营管理做出调整,以适应政府政策,提升自身市场价值,减少进入新市场的障碍。

专栏1.9

广州市国税局推进大企业涉税需求扁平化管理

广州市国税局推进大企业涉税需求扁平化管理,推出涉税诉求快速响应、协调解决涉税争议、风险内控体系建设、涉税风险提醒和新政策适用性解读等一系列个性化纳税服务。2017年7月,富士康项目落地广州,10户零部件及材料服务供应商考察投资环境,并就进料加工、税收优惠政策提出政策咨询需求。广州市国税局迅速对问题进行分类,提供相关政策指引,组织业务团队与供应商座谈,面对面地解答企业疑问,并建立供应商税收政策咨询微信群,实时响应企业需求。国税局与企业签订税收服务与遵从合作备忘录,承诺在办税服务和免税管理等方面提供全力支持和服务。

(三)政府与公众间电子政务

政府与公众间电子政务(Government to Citizen,G2C)是指政府以公共利益为目标,以社会公众的客观需求为标准,通过电子网络系统建立和发展广泛的社会回应机制与公共责任机制,为公民提供公共产品和服务,如公民对政府活动的参与和监督,公民在医疗卫生、文化教育、就业、法律、交通、金融、税务等方面的信息获取与交互,等等。该应用模式的具体实现主要包括教育培训服务、公民信息服务、就业服务、交通管理服务、电子医疗服务、公民电子税务服务、社会保险网络服务、电子证件服务等。G2C电子政务是信息技术推动下政府向公众提供公共服务的理想模式,是政府着眼于公共利益,利用信息技术基于互联网平台向公众提供各种服务和信息查询,以满足社会公众的客观需求,保障政府与公众互动交流的一种电子政务形式。G2C电子政务的建设是完善公共服务体系、转变政府服务方式、提高政府工作效率、提升政府服务水平的重要手段。

G2G和G2E电子政务是政府的内部运作系统,而G2B和G2C电子政务则属于政府对外服务的范畴。从电子政务的发展趋势来看,三类应用的区别已不再明显,而是日益紧密地结合,成为政府信息化的一个"整体"。例如一些地方的网上办事,通常是以G2B或G2C形式开设网络服务窗口,受理企业或公众的办事申请。办事申请受理以后传导到后台,相关信息通过G2G电子政务在相关业务部门之间流转,待形成结果后再通过G2B或G2C电子政务反馈给申请人。G2G电子政务的实施是G2B和G2C电子政务开展的基础,G2G电子政务运行的水平在一定程度上影响着G2B和G2C电子政务功能的发挥。为此,如果要提升G2B和G2C电子政务服务水平,就要加快完善G2G电子政务的建设。

专栏1.10

杭州的综合性网上医养护平台

　　杭州市拱墅区试点建设综合性网上医养护平台,针对老人不会上网的问题,社区专门为他们组建小区固定电话虚拟网络。居民可直接拨打短号和隔壁邻居免费通话,电话还连通单元楼门禁系统,楼下有人按门铃,居民可直接用电话对讲开门。萧山区在社区建立健康保健小屋,小屋里的相关仪器可以测体重、血压、体脂肪含量、骨骼、肌肉含量和卡路里。仪器都安装了物联网感应系统,通过一个个终端采集的个人健康信息可以及时传递到健康云服务平台上,当老人的生理指标超出正常范围时,系统会做出异常告警。

小　结

　　电子政务是20世纪90年代出现的新概念,所以目前学界对如何定义电子政务还不能达成共识,本书在充分借鉴国内外学术研究成果的基础上提出这一概念。电子政务是指政府利用电子信息技术以及互联网+、大数据、物联网、云计算等新技术,以提供电子化公共服务为载体而形成的新的治理方式。理解电子政务的概念需从两个方面入手,一是互联网、大数据、物联网、云计算等新技术深刻影响电子政务的形式和服务载体,二是电子政务的建设发展与政府治理模式转型存在着密切联系。

　　电子政务与电子政府、电子治理和电子商务既有区别又存在联系。电子政府主要是由于政务过程电子化、网络化的影响和推动,促使政府机制和体系重组,从而形成适应电子化、信息化需求的政府结构形式。电子治理脱离了以政府为单独主体的政务模式,对非政府组织和社会公众都赋予政务活动主体的地位。电子政务与电子商务的目的不同,所适用的领域也不同,同时,电子政务的发展和完善为电子商务的发展提供服务和保障。

　　电子政务的内部功能主要从电子政务对传统政务的变革中体现,主要表现为提高办公效率、优化业务流程、促进政府组织扁平化、推进政府决策的科学化等。电子政务的外部功能与其发展阶段紧密相关,在不同阶段其功能侧重点和政府与社会、公众之间的表现也不同,主要包括政府信息网上发布、网上事务处理、提供社会增值服务、全域数字化服务。

　　电子政务的应用十分广泛,现在比较成熟的应用模式有G2G、G2B和G2C电子政务。这三种应用模式不是各自独立的,而是相互联系、密不可分的。

关键术语

电子政务;办公自动化;管理信息系统;决策支持系统;电子政府;电子治理;G2G 电子政务;G2B 电子政务;G2C 电子政务

课堂讨论

1. 观看视频《疯狂动物城》片段,讨论在电子政务下,获取车牌信息的流程会有哪些改变?

2. 讨论杭州市政府门户网站(www.hangzhou.gov.cn)和淘宝网(www.taobao.com)的异同,分析电子政务与电子商务的不同之处。

获取
《疯狂动物城》
片段

练习与思考题

1. 阅读案例《互联网时代的美国政治选举》,思考互联网技术是如何影响电子政务的?

2. 阅读案例《网络"六度空间"开启清朗新模式》,思考如何实现政府与公众的互动?

3. 如何理解电子政务的外部功能?

4. 电子政务与传统政务的区别有哪些?

5. 电子政务与电子商务的异同点有哪些?

6. 电子政务应用模式有哪些,并举例说明。

案例 1　互联网时代的美国政治选举[①]

在美国政治选举中有着运用大众传播媒介进行政策宣传的传统。富兰克林·罗斯福是第一个利用广播无线电接触大众的政治家,约翰·肯尼迪是第一个受益于电视媒体的总统。互联网作为当今重要的交互平台,改变了政府领导者与公民、候选人与选民的沟通方式,它以信息传递便捷、快速和具有交互性等优势推动美国政治选举、政治宣传等政治活动从线下向线上转变。

在 20 世纪 90 年代,美国的州长竞选中就出现了运用个人网页宣传政见的竞选方式。杰西·文图拉曾是美国著名摔跤手、电影明星、电视和广播脱口秀节目主持人、畅销书作家。1990 年,他首次涉足政坛,被选为明尼苏达州布鲁克林公园市市长。1993 年,他击败圣保罗市(明尼苏达州首府)市长和前美国副总统儿子两个竞争对手,成为第 38 任明尼苏达州州长。文图拉作为独立候选人,竞选经费有限。为了解决经费不足问题,他组建了一

[①] 刘建辉:《奥巴马:85% 竞选资金来自网络》,http://it.sohu.com/20081104/n260421347. shtml。胡宁钰:《2016 总统竞选:看特朗普如何玩转社交媒体》,https://mp.weixin.qq.com。

支志愿者队伍,在网上销售棒球帽、T恤等运动类滞销品。他用700美元建立了个人网页和竞选论坛,选民能了解他在教育、枪支管理等50个主要竞选议题上的主张,并把竞选路线、活动安排和现场情况的照片实时上传到网上,选民可以在网络论坛自由讨论。到选举活动的最后一周,文图拉网站的点击率达到了120万人次,最终赢得了选举胜利。

时至2008年,美国前总统奥巴马竞选时,他充分利用Web 2.0的优势,成为美国第一个"互联网总统"。奥巴马组建专门团队开发竞选官方网站、博客,在各大门户网站开通个人主页和竞选专栏,采用视频广告、植入式广告、搜索关键词广告等方式进行网络竞选营销。竞选团队将竞选广告植入到受年轻人欢迎的最热门的18款网络游戏中,游戏的各个场景中打出"竞选已经开始"口号,以及奥巴马头像和网站链接。团队还投放了谷歌关键词广告,选民在谷歌的搜索框中输入奥巴马的名字,搜索结果页面的右侧就会出现奥巴马的视频宣传广告,以及奥巴马对油价、金融危机等热门话题的观点和评论。在竞选期间,有200万用户注册为奥巴马个人网站的用户,1300万用户订阅了该网站的通信服务,在脸书(Facebook)上奥巴马拥有230万拥护者,支持者可以通过这些网络渠道,第一时间了解竞选过程和政策。奥巴马团队还把竞选视频上传至油管(YouTube),一个月内的点击率超过500万次。他拒绝使用政府提供的8400万美元公共竞选资金,却利用网络筹集了超过5.2亿美元竞选经费,这些资金超过85%来自互联网,其中绝大部分是不足100美元的小额捐款。他在筹款集会上一般不接受现金,选民只需留下电子邮箱,或者在个人竞选网站上注册,就会收到邮件请求"15美元或更多的捐款",每周一对外公布捐款总额。奥巴马通过网络及时宣传竞选政策,甚至设立反诽谤网站提升形象、传播竞选动态、筹集竞选资金,最终成功竞选为美国总统。

美国前总统特朗普更是运用脸书、推特(Twitter)和照片墙(Instagram)进行选举宣传、推行政府政策的高手。特朗普在推特上拥有3400万粉丝,他的脸书粉丝有1459万。他平均每月要在推特上发371.6条推文,日均12条,是推特上活跃用户数的3倍。每条推特的内容转发量都在2万到20多万不等。特朗普不仅把日常生活发布到照片墙上,而且还聘请了一位29岁的新媒体主管,主要负责将特朗普电视画面重新剪辑组合,加上吸引人的标题后挂到照片墙上。这些小视频大部分都是特朗普对着镜头大吼大叫时的金句集合,获取材料的成本很低,但发挥的作用却是自身价值的几倍。特朗普还将自己的视频宣传扩展到了兴起的直播应用软件Periscope,开通"Q&A特朗普"账号,用短视频的方式回答选民提出的问题。通过这一方式,特朗普成功地将网上话题变成主流媒体的报道。正如特朗普所说,"照片墙等社交媒体上有着那么多粉丝,这是一种巨大的力量。我认为这种优势帮助我赢得了此次大选,他们(竞争对手)花的竞选资金远比我多,但社交媒体有着更大的威力"。除了在流行的社交媒体吸引选民以外,特朗普在选举中还利用大数据分析,精准定位选民,影响他们的心理和行为。在脸书"泄密门"事件中,脸书泄露了5000万用户的个人信息资料,专门为世界各国选举提供服务的英国战略交流实验室公司的子公司"剑桥分析"使用这些信息帮助特朗普赢得大选。剑桥分析的主要任务就是通过研究数据、分析改变选民行为方式,服务于国际政治选举。该公司将美国选民分成了32个类型,选举的广告可以进行精准投送,通过信息轰炸改变选民心理以及投票行为。通过大数据分析,网络社交媒体上至少有90%的人支持特朗普,这跟传统媒体分析的希拉里选举获胜的预测完全不同,最终,特朗普以"超级网红"身份击败"媒体宠儿"希拉里,成为首位"社交媒体总统"。

案例2 网络"六度空间"开启清朗新模式①

六度空间理论和互联网的亲密结合,让网络的社交化、分众化、圈层化新应用层出不穷,给传播和管理带来了巨大挑战,同时也开启了网络"六度空间"的清朗新模式。2016年,中央网信办、国家发展改革委、国务院扶贫办联合印发《网络扶贫行动计划》,发起精准扶贫公益活动。"宽带中国"战略降低了应用成本,让亿万群众用得上、用得起、用得好网络信息服务,在共享互联网发展成果上越来越有获得感。

在优化议题中开启"温度"传播新模式。做强网上正面宣传,必须注重用社会主义核心价值观和人类优秀文明成果滋养人心、滋养社会,还要善于体现时代温度,优化议题以贴近网民,打造队伍并多出作品,全平台精准发力。中央领导同志做出了表率,"撸起袖子加油干""朋友圈""蛮拼的""点赞""拉黑""群主"等网言网语走红朋友圈。一年来,中央网信办等部门开展的"争做中国好网民工程""网络中国节"等活动越来越深入人心,网上正能量充沛、主旋律高昂,身边的感动刷屏的热度和频度越来越高。以江苏连云港为例,其把握时度效,推出了赣榆"爱心工资"、海州"救扶老人,诚信比金钱更重要"、雪中最美女交警等暖新闻,引发了网民共鸣并获得央视新闻、人民日报等主流媒体的关注。

在依法管网中开启"深度"治理新模式。网络空间是亿万民众共同的精神家园。本着对社会负责、对人民负责的态度,中央网信办落实习总书记"网上信息管理,网站应负主体责任,政府行政管理部门要加强监管"指示要求,以"重基本规范、重基础管理,强化属地管理责任、强化网站主体责任"为抓手,全面加强互联网基础建设和管理,实现网上信息协同共治。一年来,国家网信办、最高人民法院、最高人民检察院、公安部、国家工商总局、文化广电等部门发布《互联网信息搜索服务管理规定》《移动互联网应用程序信息服务管理规定》《关于办理电信网络诈骗等刑事案件适用法律若干问题的意见》《互联网直播服务管理规定》《互联网广告管理暂行办法》《公开募捐平台服务管理办法》等法律法规,开展净网、护苗、网址导航网站专项治理行动,重拳打击电信网络诈骗等,深度治理促使网络空间传播秩序更加规范。

在评论引导中开启"广度"团结新模式。习总书记在中央统战工作会议上指出,"要加

---

① 伏祥志:《网络"六度空间"开启清朗新模式》,http://review.jschina.com.cn。

强和改善对新媒体中的代表性人士的工作,建立经常性联系渠道,加强线上互动、线下沟通,让他们在净化网络空间、弘扬主旋律等方面展现正能量"。一个篱笆三个桩,一个好汉三个帮。团结凝聚新媒体中的代表性人士,除了线下活动"促膝谈心"外,线上常态互动"推心置腹"也必不可少。开展线上评论引导,可以顺势而为扩大共识,不断延伸工作"广度",找到网上各类群体的"最大公约数"。新形势下的团结统战工作,需要传统媒体和新媒体共同发力,也需要网友和专家呼应发力,不仅要强化政治意识、问题意识,关注社会现实和工作对象需求,更要"接地气,说人话",讲究论据和事实,这样才能更具说服力和影响力,不断扩大正能量的朋友圈,共绘"同心圆"。

在安全保障中开启"厚度"开发新模式,厚积薄发。习总书记在网络安全和信息化工作座谈会上指出"互联网核心技术是我们最大的'命门',核心技术受制于人是我们最大的隐患",希望我国能"尽快在核心技术上取得突破"。推动网络空间实现平等尊重、创新发展、开放共享、安全有序的目标,让国际网络空间治理的中国声音进一步增强,必须突出核心技术和网络安全保障的重要地位。2016年11月,《中华人民共和国网络安全法》获高票通过,是我国网络安全的"基本法"。突破核心技术,才能持续为关键信息基础设施开发建设和网络安全提供根本保障。

在综合研判中开启"力度"引导新模式。习总书记要求我们各级党政机关和领导干部要学会通过网络走群众路线。网民来自老百姓,老百姓上了网,民意也就上了网。建设良好网络生态,才能充分发挥网络引导舆论、反映民意的作用,也才能更好地定向引导、精准发力。2016年,中办印发关于网络意识形态方面的文件,国办连续发文推进政务公开工作,强化政务舆情回应责任落实。一年来,各级党政机关和领导干部从"被动应对"舆情走向"主动引导"舆论,在分析研判的基础上,快发布,抢占话语定义权;快回应,抓好话题解释权。各级党政机关和领导干部直接上网发声,与网民和群众互动,更具垂直效果,在各级党政部门和网民之间架起桥梁,更好地回应了社会关切。

参考文献

[1]RELYEA H C.E-gov:Introduction and Overview, Government Information[J]. Quarterly, 2002(19):9-35.

[2]MOON M. The Evolution of E-government among Municipalities: Rhetoric or Reality [J]. Public Administration Review, 2002, 62(4): 424-433.

[3]WEST D. E-government and the Transformation of Service Delivery and Citizen Attitudes[J]. Public Administration Review, 2004, 64(1): 15-27.

[4]SILCOCK R. What is E-government?[J]Parliamentary Affairs, 2001(54): 88-101.

［5］HO A. Reinventing Local Government and the E-government Initiatives［J］. Public Administration Review，2002，62（4）：434-444.

［6］LICKLIDER J C R. Man-Computer Symbiosis［J］. IRE Transactions on Human Factors in Electronics，1960（1）：4-11.

［7］竺乾威.公共行政学［M］.上海：复旦大学出版社，2003：1-2.

［8］徐晓琳，杨兰蓉.电子政务［M］.北京：高等教育出版社，2016：2-3.

［9］吴爱明.中国电子政务——理论与实践［M］.北京：人民出版社，2004：12-13.

［10］王志中，张钰，刘然.计算机基础知识与办公自动化应用［M］.北京：中国原子能出版社，2017：149.

［11］胡小强.办公自动化设备教程［M］.北京：北京邮电大学出版社，2015：2-3.

［12］李浪，谢新华，刘先锋.计算机网络（第2版）［M］.武汉：华中科技大学出版社，2017：2.

［13］夏书章.行政管理学（第6版）［M］.广州：中山大学出版社，2018：381.

［14］侯洪凤，王璨，曾维佳.管理信息系统基础［M］.北京：中国铁道出版社，2018：12.

［15］宁涛.管理信息系统设计与实践教程［M］.武汉：华中科技大学出版社，2018：11.

［16］朱伏平，杨方燕.经济管理［M］.成都：西南交通大学出版社，2018：199.

［17］钟雁.管理信息系统（第2版）［M］.北京：北京交通大学出版社，2018：10.

［18］周苏，王硕苹.大数据时代管理信息系统［M］.北京：中国铁道出版社，2017：176-177.

［19］吴庆州.管理信息系统［M］.北京：北京理工大学出版社，2017：127.

［20］卡斯特.网络社会的崛起［M］.夏铸九，王志弘，译.北京：社会科学文献出版社，2003：54.

［21］赵艳霞.公共管理学［M］.哈尔滨：哈尔滨工程大学出版社，2016：253.

［22］熊小刚，廖少纲.电子政府新论［M］.上海：复旦大学出版社，2015：9.

［23］韦伯.经济与社会（下）［M］.北京：商务印书馆，2006：278-286.

［24］叶战备，向良云.电子治理：电子政府发展的必然选择［J］.探索，2007（3）：52-56.

［25］杨国栋，吴江.电子治理的概念特征、价值定位与发展趋向［J］.上海行政学院学报，2015（3）：25-28.

［26］杨兴凯.电子政务［M］.大连：东北财经大学出版社，2007：62-63.

［27］王立华.电子政务概论［M］.西安：西安交通大学出版社，2011：165.

［28］徐建新，王勇，李乃强.数字城市地理空间框架建设研究与实践［M］.徐州：中国矿业大学出版社，2015：4.

［29］黄福玉，翟云.移动政务［M］.北京：中国铁道出版社，2017：3.

第二章 国内外电子政务的发展

初步掌握国内外电子政务发展脉络;明确国外电子政务发展不同阶段的主要内容;了解美国、英国、新加坡、韩国电子政务发展和建设的内容,掌握国外电子政务发展的经验和对中国的启示;了解中国电子政务建设内容,掌握电子政务发展的趋势;明确国内电子政务发展不同阶段的主要内容;掌握国内电子政务发展的前景。

自20世纪80年代电子政务兴起以来,其发展就非常迅速,经济全球化、信息技术更新、电子政务的示范效应是促进电子政务发展的外在动力,政府以电子政务推动自身变革是其发展的内在动因。世界上几乎每一个国家都致力于研究和发展电子政务,借以促进政府管理改革和职能转变,电子政务已成为世界各国政府倡导的首要应用。同样,电子政务也是我国服务型政府建设的重中之重,同时在"互联网+"和"大数据"背景下,电子政务成为建设服务型政府,提高行政绩效的重要路径。

在这一章中将回答以下问题:

◎国外电子政务的发展经历了哪几个阶段?各自的特点是什么?

◎国外电子政务发展过程中有哪些值得借鉴的经验?

◎我国电子政务发展的主要历程是什么?

◎我国电子政务发展的成就和挑战有哪些?

引 例

在数字经济时代,数据已成为驱动经济发展和技术创新的国家基础性战略资源,是衡量国家竞争力的重要标志。当前,政府数据开放是全球普遍潮流,很多国家开始制定专门的数据开放法律法规。美国作为开放政府数据的先行者和引领者,于2019年1月21日通过了最新的《开放政府数据法》,为美国政府数据的开放与利用提供了更有力的保障。

该法规定,联邦政府机构需对收集的数据进行日常审查,除了隐私泄露、安全风险、法律责任、知识产权限制等因素或全面考虑不宜公开外,一般将政府数据开放。同时规定联邦机构应及时了解用户如何评价和使用政府数据,并采取措施促进与非政府机构(包括企业)、研究人员以及公众的合作互动。此外,该法还创立数据优先级制度,规定联邦机构可将涉及公共利益的数据标注为优先开放数据资产,对于已在联邦数据目录中披露的数据资产应建立评估其优先级的计划。该法规定了联邦机构在与白宫管理和预算办公室主任磋商后制定数据存储一般事宜的指引,并开发和维护数据清单,清晰且全面地反映数据资产,同时在创建或识别每个数据资产的90天内更新。

同时,该法提出建立开放政府数据的报告及评估制度。针对此前对政府数据缺乏反馈评估和改进机制的问题,该法特别规定了多层次的报告及评估制度。首先是数据官及其委员会、审计长报告制度,各机构的首席数据官每年、委员会则是每两年应就其工作情况,向国土委员会、参议院政府事务部、众议院监督和政府改革委员会提交报告说明。该法生效后三年内,联邦审计长应向国土安全委员会、参议院政府事务部、众议院监督和政府改革委员会提交报告,就该法实施以来开放数据对公众可利用的价值、是否扩展到公共领域中,以及对其他数据的可利用价值等进行说明。其次还规定了行政管理和预算局报告制度,该法生效后一年内(此后每两年),行政管理和预算局应以电子形式发布各机构执行本法和相关修正案的情况。此外,该法生效后四年内,联邦审计长应就首席数据官委员会所履行职责是否改善了联邦政府相关工作进行评估,并向国会提交报告。

美国的新法案体现了其结合数字经济的发展特点,把推进政府数据开放作为增强国家竞争力、赢取全球资源配置优势的重要战略举措,为人工智能等技术产业发展与创新提供数据资源保障。[①]

第一节　国外电子政务的发展

自20世纪末期以来,电子政务在全球范围内的政府管理与服务模式改革中扮演着十分重要的角色,尤其是一些起步较早的发达国家,已经在电子政务的理论研究和实际应用上取得了辉煌成就,并积累了丰富的"实战经验"。

[①] 沈达、贾宝国:《从最新〈开放政府数据法〉看美国开放政府数据的思路》,https://mp.weixin.qq.com/s/9uwhpCPLyMTZukx94Yc5Kg。

一、国外电子政务发展的历程

电子政务在世界范围内发展历史都不长,但各国政府都进行了不同程度、不同形式的探索。1996年,全球只有不到50个政府网站;2002年,全球开通了5万个政府网站;2005年,有179个国家启动了电子政务建设工程,占联合国成员国总数的94%。目前,电子政务已经列入绝大多数国家的政治日程。国外电子政务的发展大致经历以下三个时期。

(一)电子政务启动期(20世纪80年代末至1999年)

世界各国电子政务的起步时间大致相同,开展的目的大都集中在简化政府管理流程、提高政府工作效率、树立政府形象等方面,出发点基本以满足本国人民对政府经济事务的管理和社会服务等要求为主。

美国是世界上公认的电子政务发展最早、信息化程度最高的国家。美国启动电子政务的主要目标就是提高政府效率,它早在20世纪80年代就加大行政改革力度,为基于对外服务的电子政务奠定了坚实基础。美国电子政务的兴起与前总统克林顿有着密切关系。由于存在高额财政赤字,政府遭到公众猛烈批评,1993年克林顿上台以后,立志把当时最新的互联网技术应用到政府管理中,构建"电子政府",以提高政府效率、降低财政赤字。当时克林顿政府建立了专门机构"国家绩效评估委员会",并出台了一份名为《运用信息技术改造政府》的报告,提出应当用先进的信息网络技术克服美国政府在管理和提供服务方面所存在的弊端,指出实施电子政务将成为政府改革的重要举措之一。这一报告将构建"电子政府"作为美国政府改革的一个重要方向,也揭开了美国电子政务建设的序幕。同年,美国提出"国家信息基础设施行动计划"。1994年,政府提出"全球信息基础设施行动计划"和《政府信息技术服务的前景》报告,明确要建立以客户为导向的电子政府。1995年,克林顿签署《文牍精简法》,要求各部门呈交的表格必须使用电子形式,规定到2003年10月要全部使用电子文件,同时考虑风险、成本与收益,酌情使用电子签名。1996年,美国启动的"重塑政府计划",提出要让联邦机构最迟在2003年全部实现上网。由于实现了政府信息化,自1992至1996年,美国政府的员工减少了24万人,关闭了近2000个办公室,减少开支1180亿美元。在对居民和企业的服务方面,政府的200个局确立了3000条服务标准,作废了1.6万多页过时的行政法规,简化了3.1万多项规定。此外,在这一时期,美国还建立了全国雇主税务管理系统、联邦政府全国采购系统和转账系统等业务系统,不仅节省了大量的人力、财力及物力,而且提高了政务透明度,堵住了徇私舞弊的渠道。1997年,政府制定"走近美国"计划,详细罗列了120余项建设电子政府的任务计划并在2000年前完成,并要求在21世纪初,所有公共服务都实现电子化。1999年,美国加大在信息技术研发方面的投入,政府的年度财政预算专门提出IT21("21世纪的信息技术")方案,计划在2000年,把政府在信息技术方面的投资增加28%,达到3.66亿美元,用于科学、工程和国家计算机技术的研究,用以满足不断增长的对拥有先进信息技术技能的需要,促进信息技术、经济和社会不断进步。

英国的信息技术产业起步虽晚,但已具有相当的基础。20世纪80年代末,政府强调,新经济要取得成功,必须进行一场"数字化革命"。英国提出创建"电子英国"的口号,即以信息化带动英国经济和社会的发展。1994年,英国提出"政府信息服务计划",大规模的政府信息化建设被提上日程。当年,英国政府开始在互联网上建立自己的网站——"英国政府信息中心",进入该网站的用户,可以查询到政府部门、学术机构、企业等的网络地址。1996年底,英国推出"直通政府计划"(Government Direct),宗旨是在"英国政府信息中心"的基础上,进一步利用计算机、因特网等现代信息通信技术,提高办公效率,改善行政管理,加快信息获取,与未来的信息高速公路顺利并轨。1997年,英国制定政府指导计划,责成内阁办公室信息技术中心组负责,组织相关部门具体实施。之后根据该计划推出一系列试点项目,促进信息技术在公共服务中的新运用。1998年,英国政府率先提出"信息时代政府"的建设目标,其宗旨是开发信息与通信技术、改善公共服务,使英国政府成为使用信息与通信技术的世界典范。具体措施包括确立政府电子采购目标、制定政府电子商务计划、加强政府服务与信息电子化。1999年,英国政府正式发布《现代化政府白皮书》,并相继出台《21世纪政府电子政务》和《电子政务协同框架》,将政府信息化建设聚焦于"电子政府计划"——一项全面改革政府和公共服务机构运作方式的专项计划。该计划明确提出,到2008年,政府所有公共服务项目全面实现电子化,建立网上"虚拟政府",提供24小时"无缝"服务,把英国改造为在互联网使用方面世界第一的国家。同年,英国政府颁发了政府网站建立导则。其主要内容有:对各级政府建立网站提出原则性指导意见,详细说明政府网站的结构,包括网站内容、网站设计、网站管理、政策性内容的可用性等;采用手册形式核定政府网站的技术标准,对网站内容、管理等做技术性说明,如在线广告发布、元数据使用和域名注册、HIML标记语言的使用、PDF的使用、脚本、数字电视及XML语言等。在这一时期,因特网对英国家庭的渗透速度快于大多数欧洲大陆国家。

新加坡从1981年开始发展电子政务,是开展电子政务较早的国家。为了推进电子政务的发展,新加坡连续推出电子政务计划和国家信息通信发展规划。1980年的"行政服务计算机程序化"项目(Civil Service Computer Programme),作为国家信息化的一部分,正式启动了新加坡政府服务的信息化进程,该项目旨在实现政府各部门内部人事、财务和相关业务的电脑化。随后,新加坡在1981年实施了国家计算机化规划(The National Computerization Plan),1986年实行了国家信息技术计划(The National IT Plan),1989年开始积极建设科技岛,1992年提出了新加坡IT2000计划。其中,1981年的国家计算机化规划目标是通过有效地使用信息技术来改善政府的公共管理能力,国家重点关注传统政府业务的自动化,减少纸质办公和扩大信息技术在公共服务领域的应用等三方面,"从微小处开始,快速扩大应用范围"(Start Small,Scale Fast)的实施方针对于新加坡信息技术的推广犹如一剂催化剂,帮助新加坡国内信息产业迅速发展。1986年的国家信息技术计划是在新加坡国内信息产业日益成熟的基础上实施的。该计划重点关注跨越政府部门的"一站式"服务,并建成新加坡国土、公众和国防三个数据中心。在该阶段,新加坡主要的政府机构实现了"一站式"服务,如国土使用综合管理系统(Integrated Land Use System,ILUS)、一站式地址报告服务(One-Stop Change of Address Reporting Services,OSCARS)、贸易网络(Trade-Net)、法律网络(Law-Net)和医疗网络(Medi-Net)等。1996年的信息技术2000计划的重点包括通过应用信息技术提高新加坡的生活质量,将信息产业打造成国家经济增长的引擎,利用网络增强新加坡国内工商业国际联系等,从而使新加坡成为全球信息技术的核心之一。"新加坡一号工程"(Singapore One)就是在这个阶段实施的。"新加坡一号工程"实现了全岛宽带网络的建设,推动了交互多媒体的应用和服务更贴近学校、企业和家庭。在公共领域,新加坡政府重点解决各数据中心和服务网络的资源集成和集中计算问题,同时将互联网作为信息和服务传递的主要手段。

专栏2.1
新加坡IT2000计划

新加坡IT2000计划(又称"智能岛计划")由超过200位的各领域专家共同制定。人们将通过电子方式与政府、企业沟通,以及进行交易,如支付账单、提交申请和日常采购,预订体育和文化活动的票,在电子图书馆中阅读,浏览世界最著名的博物馆、展览馆,决定假期旅行等,所有这一切,在"智能岛计划"下都变得更便利。

新加坡IT2000计划的目标是使新加坡成为全球网络中心,成为一个高效的物品、服务、资本、信息和人力资源交换中心。那些具有全球业务的公司和在世界范围内推广自己产品的企业家都将会发现,新加坡是一个优秀的基地。新加坡将会向全世界提供知识和信息密集型服务。

韩国与新加坡启动电子政务的目的大致相同,即提高政府管理的信息化水平和政府办公效率。20世纪70年代后期,韩国政府开始推进行政业务的电算化,1979年制定的《关于行政业务电算化的规定》标志着韩国信息化的开端。1986年,韩国制定了《普及和促进利用网络法》。从1987年起,韩国政府开始实施行政电算网计划。韩国政府投入2亿美元启动第一次国家骨干网——"国家基础信息系统工程"建设,该工程覆盖了韩国政府的多个领域,包括行政、国防、国家安全、财政金融、教育与研究等领域,并优先发展居民、房地产、雇佣、通关、汽车和经济统计等六项业务,并在1991年底实现在线服务。"国家基础信息系统工程"的建设,促使政府简化了诸多办事流程,使公民能够获取各种文件而不受时间、地域的限制,政府的办事效率得到提升。从1992年开始,韩国政府开始进行第二次国家骨

干网建设,通过实施"信息化促进及21世纪电子韩国发展计划",韩国政府的电子政务建设正式起步。在二期骨干网建设过程中,韩国政府把行政计算机网络化项目分为优先开展和重点支援两项工作,其中,公民福利、邮电局综合服务、气象信息管理、海上货物管理、知识产权信息管理、物品目录管理和渔船等七个项目是优先开展的工作,经济通商业务、国际综合管理、农业技术信息管理、环保管理等被定为重点支援的项目。1996年,韩国政府的《促进信息化基本法》和《公共机关情报公开法》为政府各部门提供了法律保障,推进了韩国政府部门之间信息化的发展,基本实现了政府部门之间电子文档的交换、电子邮件的应用。1998年,金大中成为韩国总统,视电子政务为国家发展的重要战略手段,亲自主持国家信息化的最高决策机构——"信息化战略会议",具体指导国家信息化政策、信息化计划制定及监督计划执行的机构——"信息化促进委员会"由国务总理亲自主持,这两个机构在韩国电子政务的发展中起着主导作用。此外,中央政府还着力于统一中央行政机关之间、中央和地方政府之间的不同行政文件系统,制定了标准化格式。1999年韩国先是出台"Cyber Korea 21"计划,以提高行政服务水平,营造促进立法和司法的信息化环境;后又修正《公共机关保护个人情报法》,发布《全国信息化教育计划》,以提升公众的信息素养。到2001年5月,在韩国4800万人口中,使用因特网的人数已经超过了2200万,在所有的37万政府公务员当中,大多数人有电子邮箱地址。韩国政府为了提升国家竞争力,促进社会经济的发展,决定加速推进政府电子化进程。

(二)电子政务快速成长期(2000年至2010年)

在快速成长时期,世界各国主要通过统一的门户网站提供方便、快捷的政务服务,在更复杂的事务处理上实现初步协作。在这个时期,技术复杂程度也逐步提高。全球电子政务的建设主要集中在政府网上服务上。如在线教育、健康在线咨询、电子申办、电子报税、电子采购、电子支付、电子数据库及在线出版、公共信息站等应用。电子政务发展显出四大优势:一是扩大了政府传播信息的渠道;二是扩展了政府提供服务的职能;三是提高效率,降低了成本;四是拉近了公民与政府间的距离。

在这个时期,美国加速推进政府为社会公众服务的平台建设。2000年9月,美国政府开通"第一政府"网站(www.firstgov.gov),旨在加速政府对公民需要的反馈,减少中间工作环节,让美国公众能更快捷、方便地了解政府,在全国范围内实现了网上购买政府债券、网上缴纳税款竞标合同、向政府申请贷款的业务以及进行邮票、硬币买卖等。2001年,小布什政府继克林顿政府的"重塑政府计划"之后,进行了以"总统管理议程"命名的第二次政府改革,确定了战略性人力资本管理、竞争性资源、改进财政管理、扩展电子政府、预算和绩效整合等五项议题,加强电子政务建设是这五个议题的重要组成部分。2002年,小布什政府为了促进经济复苏,把电子政务建设作为刺激国内IT业增长的手段之一,颁布了《电子政府法案》和《电子政府法案实施指南》,政府开始加强对电子政务的统一管理,构建整合的、互操作的联邦电子政务框架,有效协调和简化政府部门的系统建设,加强跨部门的业务协同,从而提升政府运作效率,并以符合用户需求的方式提供信息和服务。小布什政府将电子政务建设的目标确立为建立一个"充满活力而又有限的"政府,使公民有能力以一种更及时、更有效的方式和联邦政府机构进行交流;小布什政府还规定,到2002年底之前,凡是25万美元以上的项目采购,联邦政府各部门都必须使用统一的电子采购门户平台,逐步使电子采购成为联邦政府的采购模式。在这一时期,联邦政府加大了预算投入,电子政务的经费投入都呈持续增长。2001年美国对电子政务建设投入的资金为461亿美元,2004年为593亿美元,2007年为655亿美元,2008年为683亿美元,2009年预算达到709亿美元,这些投入为美国电子政府建设的发展提供了可靠和有效的保障。同时,为保障政府信息化发展,美国联邦政府还制定了《政府信息公开法》《个人隐私权保护法》《美国联邦信息资源管理法》等一系列法律法规,对信息化发展起着重要的保障和规范的作用。

英国是世界上最重视电子政务工程的国家之一,并始终致力于推动"英国在线"战略。2000年,在电子化欧洲行动计划的倡议下,英国发布了电子政府行动方案,提出政府在信息化时代的建设目标:充分运用信息资源,实现对公民、企业的电子服务传递;加强中央与地方各级政府的协同工作,发展政府部门与私营企业的合作关系。12月,政府开通"英国在线"网站(www.ukonline.gov.uk),它不仅将上千个政府网站连接起来,而且把政府业务按照公民需求进行整合,使公民能够全天候地获得所有政府部门的在线信息与服务。此后,政府围绕"上网"进行了一系列筹划,制定了阶段性目标,即2001年实现90%的日常货物采购和25%的政府业务网络化,2002年实现所有图书馆和学校都能联网,2003年"使电子商务的应用在英国国民、商业界以及政府中比在全球任何地方都起到更大的作用",2005年所有的英国人都能上网。为了促进电子政务的发展,英国政府专门制定了全国统一的发展纲要。针对电子政务发展过程中出现的安全、标准和使用推广方面进行了规范和指导,具体包括:建立一个政府部门通用的身份认证方法;出台一份有关电子政务安全的指导原则,提出电子政务建设过程对安全的要求,借鉴电子商务发展中的成功经验,满足必要的安全要求;对网站设计出台统一的指导原则,要求各级政府采用统一方法在网上提供政府信息和服务,使政府网站能在管理和设计上达到最佳效果。在推广电子政务方面,英国政府还制定了相应的鼓励政策,如英国政府规定对网上交税者给予10英镑的优惠;对采用电子方式与政府打交道的人,在回复时间上给予保证和提前;等等。2002年,政府公布《地方电子政务发展国家战略》,规划和指导地方电子政务的发展。2006年,政府先后颁布《〈以技术推动政府变革〉实施计划》《渠道框架:新经济中的政务服务提供》《电子政务互操作框架》《电子政务元数据标准》《安全框架》《电子采购规定》等政策文件,几乎涵盖电子政务建设的所有领域。同时,为进一步促进电子政务的发展,英国政府开始制定网络监控法规,组建"网络警察",防止网络犯罪和滥用网络,还放宽了信息技术人才的引入政策。英国还成立了高级别的服务改革委员会,秘书处设在内阁办公室,作为领导新一轮电子政务公共服务变革的核心部门之一。2009年,政府发布《数字英国》白皮书,明确英国未来在互联网与通信广播产业方面的战略规划,宣布将在2012年建成覆盖全境所有人口的宽带网络,每个家庭至少能享受到2Mbps的宽带服务,同时英国政府承诺拨款4亿美元资助建设高速光纤网络,全面升级数字广播,把模拟信号广播留给小区域电台。该计划主要包括七个方面:推进数字化进程,提升全民参与水平;进一步完善通信基础设施能力;保护数字知识产权,鼓励技术创新;提高数字公共服务的质量;规划数字技术研究和培训市场;确定国家层面的数字安全计划;提升电子政务水平。白皮书建议为政府业务应用设立"政府云服务(G-Cloud)",负责运行公共服务网络,以便能够实现服务器和存储虚拟化以及系统管理的自动化等应用。

专栏2.2

电子化欧洲行动计划

电子化欧洲行动计划于2000年5月制定,目标是用3年左右的时间建设更廉价、快速、安全的互联网,向人和能力投资,推动互联网的应用。主要的途径有三个:

一是加速建立必要的法律框架;

二是支持整个欧洲新的基础设施及服务,基础设施及服务主要依赖于私人投资;

三是应用公开协调和成果对比的方法,以确保采取有效的措施,取得预期的效果,并在所有成员国享有优先权。在每年春季举行的欧洲特别峰会上一起进行成果对比。

在发达信息和通信技术推动下,新加坡政府在2000年发布了"信息通信21世纪规划",其目标是繁荣新加坡的电子经济和信息社会,在21世纪的前5年,把新加坡建设成为一个充满活力的、活跃的全球信息和通信技术国家,使其成为世界上最大的资讯通信枢纽之一,使信息产业成为其最大的经济增长点和提高国家竞争力的行业,提高国民在信息社会的生活素质和水平,同时更好地服务公众,努力提高国家服务的效率和可访问度,最终将新加坡建设成为电子政务发展水平在全球领先的国家,包括"信息通信产业枢纽、企业上网、政府上网、国民上网、信息通信人力资本、有利企业和消费者环境"六项行动计划。此外,政府计划每年为此投入15亿新元作为政府部门引进信息技术的专项经费。2006年,新加坡政府公布了新的五年期电子政务总体规划——"iGov2010"。政府将计划投资20亿新元,转变后台工作流程,提高前台效率和效能,建设"整体政府"(Integrated Government),通过应用信息技术为用户带来便利,并将公众连接起来。在新的规划中,新加坡政府将继续以用户为中心,一切从用户利益出发,实现一个能够智能化地解决用户需求和提供高质量服务的政府。为了实现这些目标,该规划确定了4项战略性推进措施,即提高电子政务服务的可达性和丰富程度,提高公众对政策制定的电子参与,提高政府的能力和协调性,增强国家竞争优势。在"iGov2010"规划里,政府成功地推出了多项新服务并建立了提供和获取这些服务的新渠道。例如,集成地图系统(One Map),使公众可以很方便地查找位置和交通导航等信息;政府官方电子交易系统(REACH),使公众和政府能够更为顺畅地沟通;唯一机构识别号码计划(Unique Entity Number),使在新加坡做生意更为便利。同时,政府通过部署50个共享系统和服务使内部的工作流程得到了改善。例如,使用优秀企业联盟系统的11个政府部门共享人力资源、财务和采购系统的信息,大大提高了工作效率。这些措施有助于公众接受电子政务,2010年,新加坡每10个公民中有9个都对政府的电子服务质量表示满意,而且有超过90%的公民向其他人推荐使用政府的电子服务。

韩国为了积极迎接全球化,政府在2001年颁布《关于实现电子政务和促进行政业务电子化的法律》(又称《电子政务法》)、《缩小数字鸿沟条例》等。《电子政务法》的主要内容是电子政务服务的提供与应用、行政管理电子化、行政信息的共享、电子政务运营基础的强化等,并采取一系列措施提高政府以公民为中心的电子服务水平,并通过扩展政府部门之间的信息共享来实现目标。此外,韩国政府与民间企业和团体联合成立了"电子政府特别委员会",促进政府部门做好电子政务的协同工作,并制定关于电子政务的长远发展规划。"电子政府特别委员会"的成立,意在改变之前以部门为中心推进信息化建设的做法,强调积极听取民间的意见,将"共享和连接已有信息资源,防止重复开发""把各部门的相关业务整合为单一项目"等作为主要任务,推进电子政务建设。从1998年至2001年,政府在信息技术上的投入翻了一番,从5.44亿美元增加到了11亿美元。2002年,韩国政府提出"e-KOREA战略",在该战略实施的各阶段,韩国政府共投入8114亿韩元,完成全国各地区的骨干传输网络建设、主要城市超高速交换网络建设与服务提供;针对10000家以上与教育、研究相关的公共机构提供带宽45Mbit/s的服务,全国144个地区的骨干网络建设、网络传输密度的提升等。政府发布《电子政务规划(2003—2007)》,该规划以建设"世界一流、开放的电子政府"为战略目标,以建设"世界上最好的开放政府"为总体目标,通过互联网、移动电话、政府门户网站、上访中心、部门网站、集成处理平台等多种渠道,促进公众参与决策、获得公共服务,同时提高政府效率和透明度。2004年,韩国公布"u-KOREA战略",旨在建立一个"无处不在"的网络社会,指出"无所不在的网络社会将是由智能网络、最先进的计算机技术以及其他领先的数字技术基础设施组成的技术社会形态。在无所不在的网络社会中,所有人可以在任何地点、任何时刻享受现代信息技术带来的便利"。2007年,政府提出《电子政务计划(2008—2012)》,该计划确立了"建设世界最好的面向民众的数字政府"的愿景,以整合电子政务为目标,采取的关键行动包括:以客户为中心提供服务,促进公众参与度;加强数字政府网络的建设,提供智能的行政服务;增强电子政务的安全性建设,为政府、企业及公众提供实时的公共安全信息网络;关注公众信息的隐私和安全,并加强电子政务基础设施建设。韩国政府在这个时期建立了"一站式"的电子政务门户网站,以"你所希望了解的有关韩国的一切,都可以在韩国门户网站上找到"为理念,向公众提供在线服务,包括生活、健康、金融、福祉、旅游、安全、环境、教育、女性、中小企业等服务项目,并提供脸书、推特、微博三种政府与公众、社会沟通的方式。

(三)电子政务深化发展时期(2011年至今)

在深化发展时期,各国政府受共享经济、数字经济的影响,通过大数据、云计算深化在线政府的改革,通过绩效评估推进电子政务工作,数字服务、数字融合、数字化管理成为各国发展的重点。

云计算以网格计算为基础,以虚拟化与自动化的方式部署和提供信息技术服务。许多国家政府都非常重视云计算的发展与应用,美国政府即是其中之一。2009年,美国总统奥巴马宣布执行一项影响深远的长期性云计算政策,希望借助应用虚拟化来压缩美国政府居高不下的经济支出,随后联邦政府启动了 Aps.gov(lnfo.Apps.Gov)网站,通过它展示并提供得到政府认可的云计算应用,帮助政府机构更好地接受云计算的理念。2012年,政府发布新的电子政务战略——《数字政府:构建一个21世纪平台以更好地服务美国人民》,即数字政府战略。数字政府建设主要包括三大目标:一是使美国人民和流动性加强的劳动力随时、随地、通过任何设备访问高质量的数字政府信息和服务;二是确保美国政府适应新的数字世界,抓住机遇,以智慧、安全和实惠的方式采购和管理设备、应用和数据;三是开发政府数据以刺激全国的创新,提高政务服务的质量。长期以来,美国存在因联邦制导致电子政务建设统筹力度不足的问题,所以,联邦政府非常重视在线建设,重点是跨层级信息共享和业务协同,主要以大门户链接和绩效评估为主要手段,促进联邦政府、州政府和地方政府之间的协同,具体做法是以大门户链接共计1万多个各级网站,形成整体政府。此外,联邦政府通过绩效评估推进电子政务工作,通过数字分析项目,衡量服务有效性,每周对400个行政部门和超过4000个网站进行评价,评价结果向全社会开放。在数字政府建设中,美国注重数字服务层面的数据、平台和应用系统的建设,将其概念模型提炼为"数据+平台+应用系统"。数据层为开放数据和内容,包括原始数据(网络应用数据、地理数据)和二级数据(数据可按领域和机构分类);平台层包括系统、流程、管理和应用程序接口(API),具体包括确定共享和开放内容管理系统(CMS)的解决方案、协助机构开发网络API、启动共享移动应用程序开发项目;应用层包括面向政府、企业和个人的数字服务。美国鼓励第三方开发者开发面向企业和个人的数字服务,从而推动公民参与政府治理,如犯罪地图、街道坑洼、领养消防栓等一系列应用。在此基础上,美国白宫在2015年推出"白宫智慧城市行动倡议"(White House Smart Cities Initiative),宣布通过至少25项新的技术合作帮助当地社区应对关键挑战,如减少交通拥堵、打击犯罪、促进经济增长、解决气候变化影响和提高城市服务质量。

英国倡导电子政务惠及所有人。2011年,英国内阁办公室制定《政府信息通信技术(ICT)战略》,着重阐述了英国电子政务在未来十年如何运用科技改变政府运作方式,并强调政府会以更经济、更智慧、更环保的方式转型,这同时也成为英国电子政务的三个原则。2012年英国开始具体实施"数字政府战略"。2013年,英国政府将24个部级部门的在线服务整合到英国政府网站统一平台上,便于公民获得在线服务。2014年,英国政府通过"数字融合和扩大数字参与计划",耗资950万英镑用于支持近80万人获得基本的数字技能。上述计划的实施,提高了英国政府的效率。根据统计,公众如果使用英国政府所提供的在线服务,英国政府所支付的成本是通过电话办理的1/20、寄纸质材料办理的1/30、窗口办理的1/50,英国政府每年最多可以省下18亿英镑的支出。2015年,英国政府启动"政府即平台"战略。"政府即平台"是建立数字化服务的新途径,旨在创建一套可以共享的组件、服务设计、平台、数据等,使每个政府部门线上服务都可以使用。具体而言,政府提供公共服务的跨部门通用平台,部门和公众可在这些应用和服务上面开发附加应用。这样可以重复利用政府的平台和组件,去设计以用户为中心的服务。英国政府还和数字技术慈善机构"GO ON UK"协同合作,领导跨部门的参与伙伴共同致力于开展数字融合行动。其主要关注点有三个方面:一是打造数字融合战略,使其成为政府政策、项目和数字服务的一部分。二是构建跨政府的、高质量的数字化项目,帮助人们学习如何使用政府提供的数字化服务,特别建立了个人数字融合级别体系,用以测算使用者的数字技术能力等级,明确如何帮助他们掌握基本的数字能力。三是赋予全体公务员数字化能力,以便享受政府服务,提升服务水平。同时建立数据发布基金,帮助公共机构解锁数据。2015年,英国政府出台《数字经济战略(2015—2018)》,旨在通过数字化创新来驱动社会经济发展,通过信息通信技术创新、融合、扩散来提升生产效率和交易效率,并为把英国建设成为数字化强国确立方向。目前,英国政府致力于实现电子政务"默认数字化",即线上服务简便、易操作,公民与政府容易互动。到2020年,英国政府的目标是更好地利用数据,为推动数据战略和进一步提高政府透明度提供支持。

Web 2.0的出现和社交网络工具的广泛使用,使在线交流和互相协作越来越便利,在新的复杂环境下,多元化问题日益增多,为政府与公共部门、公众和私人企业之间的协作创造了契机。在此背景下,新加坡政府推出《电子政务整体规划(2011—2015)》(iGov2015),希望利用电子化的服务方式,将政府服务模式从"向公众提供服务"转变成"联系公众并与之共创服务"。其目标是把政府网络系统、程序服务加以整合、扩展和应用,并由政府内部扩展到政府外部,建立一个"协作型政府",减少政府、公民和私人企业之间共创和协作的困难,为国家和人民创造更大的价值。iGov2015将使新加坡政府在不断发展变化的信息技术和社会发展趋势下,更好地准备迎接未来的挑战,走在未来电子政务领域的前列。在这个阶段,新加坡提出通过机制、架构、云三方面共同保障实现在线服务一站式和不间断(One-Stop,No-Stop)。在组织机制方面,采用一部一局四委员会,资讯通信发展管理局

(IDA)有600余人派驻政府各部门担任首席信息官(CIO),跨部门协同由委员会讨论决定。在总体架构方面,包括业务架构(找到交叉业务)、信息架构(找到共用的数据元素标准)、应用架构(找到可以共享的系统和服务的组件)、技术架构(包括开发步骤、模板、最佳实践)。云服务采用分级战略,将云服务分为四层,即商业云、与公众共享的低保障云、与非政府机构共享的中保障云,以及政府专用的高保障云。统一账号、统一平台、行业平台,成为当前新加坡在线政府主要架构。统一账号包括统一邮箱和统一身份认证;统一平台包括统一网上办事平台、统一数据开放平台和统一交互反馈平台;行业平台包括各领域的统一平台,包括统一地图、医疗共享平台等。为了实现从线下到线上的转变,政府持续不断地致力于开发有用的电子服务,包括基于"一个政府"层面的个性化服务。为此,新加坡政府推出一个一站式安全平台(OneInbox),个人和企业都能使用这个一站式平台,获取来自政府各部门的电子邮件。为了满足数量众多的智能手机用户群日益增长的需求,新加坡政府开设mGov@SG一站式政府移动服务平台,方便个人和企业搜索、发现和访问在特定设备上使用的超过100项的移动政府服务。

专栏2.3
国外"一站式"政府服务机构的类型

第一站模式(First-Stop):向公民提供所需公共服务信息和有关指导,实现方式多种多样。显然,对于公民办理事务来说,第一站模式也许还需要后续服务,即需要"第二站"。

便利店模式(Convenience Store):在一个单一办公室或者网站上集中办理不同的事务,一般是基层政府把职权范围内的办事项目集中到一起为公众提供服务,但是更为复杂、费时的服务该模式则不提供。

"一站式"(True-One-Stop):就像高速公路上的加油站一样,提供司机需要的一切相关服务。真正的"一站式"服务集中了针对特定人群或特定需求的几乎所有相关服务,所以在权限上也往往集中了不同层级甚至更高层级的权限。

随着云计算技术的兴起,韩国政府充分认识到利用云计算技术能够帮助政府有效实现"整合信息资源,实现节能减排"的目标,于2009年提出《云计算全面振兴计划》,为韩国电子政务的未来发展做了新的战略规划。该计划由韩国行政安全部、广播通信委员会和知识经济部三个部门共同制定。以"2014年之前建成世界最高水平的云计算强国"为目标,规划了从政府到企业及全社会利用云计算技术开展信息化建设的宏伟蓝图。其中,行

政安全部主要负责促进政府机构运用云计算技术;广播通信委员会负责为企业提供测试平台资源,促进企业云计算服务;知识经济部则承担了技术开发与标准化推进工作,以及构建智能电网云计算服务平台的任务。韩国政府在2010—2014年的5年时间为该计划共投资6146亿韩元。政府还将云计算应用于教育、气象与邮政业务领域,以提供更为便捷的公共服务。其中,教育科学技术部是应用云计算服务最为积极的部门,该部计划在2013年前使连接公网的1000多台终端桌面虚拟化,将业务网络与公网分离,既提高了政务系统的安全系数,也减少了政府在此方面的投入预算。邮政业务部从2011年开始将业务网络与公网分离,逐步实现桌面虚拟化。韩国政府在这一时期完善了政府在线服务功能,为公民提供迅速准确的在线服务。如政府建立社会保险信息共享系统,对医疗保险、养老金、工伤保险、失业保险四大保险网络进行互联,并在网上进行业务处理;在公共场所设立互联网服务区,实现居民登记、房地产交易、交通车辆管理等政府服务系统之间的信息共享等。公民可通过互联网在线申办的户籍迁出、迁入申请、居住证、不动产证、土地证、所得证明,年金、国税、地方税纳税证明。工商企业登记证明、大学毕业证、出入境证明、外国人登记证明、汽车登记、驾照、兵役信息、签章信息等与商贸、就业等日常生活密切相关的文件证明多达3000多种,公民在家中可自行上网打印包含英文版居住证及户籍证在内的表格证明达到1200多种,而且手续费用也较行政服务窗口更加便宜。此外,韩国还坚持贯彻开放型政府的政策,政府在电子政务网站公开政府公共数据库(开放源代码),鼓励社会各界用于商用及App软件开发,从而进一步拓展了电子政务的惠及领域。电子政务的普及不仅提高了行政服务效率,助益了经济发展,同时在潜移默化间带动了韩国国民信息技术素养的提高,也起到了提高民众政治参与度的效果。

二、国外电子政务发展的经验

虽然从纵向来看,世界各国的电子政务都经历了大致相同的发展阶段,但是它们的发展水平还存在差异。

2000年,国际著名的爱森哲(Accenture)咨询公司就电子政务在22个国家和地区的发展情况做了调查,并将这些国家和地区按电子政务发展的成熟程度依序分为四类:(1)创新和领先的国家:加拿大、新加坡、美国。(2)积极发展的国家:挪威、澳大利亚、芬兰、荷兰、英国。(3)稳步进展的国家和地区:新西兰、法国、西班牙、爱尔兰、葡萄牙、德国、比利时和中国香港。(4)正在打基础的国家:日本、巴西、马来西亚、南非、意大利、墨西哥。2005年,该公司同样考察了22个国家,发现发达国家公民电子政务服务的使用率为64%,发展中国家公民的使用率为43%,新兴市场的使用率为35%。

2014年,联合国经济和社会事务部(United Nations Department of Economic and Social Affairs)通过电子政务发展指数(EGDI)评估各国电子政务的发展水平。其中,只有25个国家的EGDI为"非常高"(大于0.75);大部分国家属于中间一类,62个国家(32%)的

EGDI为"高"(在0.5到0.75之间),74个国家(38%)的EGDI为"中等"(在0.25到0.5之间);另外,有32个国家(17%)的EGDI为"低"(小于0.25)。在2016年,29个国家获得了"极高"EGDI值,在这29个国家中,有25个国家在上一版的调查报告中(2014年)就在这个分组里。新晋"极高"EGDI组的四个国家分别是斯洛文尼亚(排名21)、立陶宛(排名23)、瑞士(排名28)和阿联酋(排名29)。

虽然世界各国电子政务发展存在差异,但从总体情况看,各国在推进电子政务建设方面,都取得了较大成就,这主要得益于政府的整体规划、法治先行、标准统一,以及政府对电子政务建设的资金、资源、人才的大力支持。

(一)政府统筹制定电子政务建设的战略规划

电子政务战略规划是明确政府组织总体目标和任务,确立未来一定时期内的方向性、整体性、全局性的发展目标和制订相应的实施方案。它是电子政务建设的第一步,也是关键环节。纵观各国电子政务发展历程不难发现,电子政务发展比较好、比较快的国家都将电子政务上升到国家战略,统筹电子政务发展规划,以及制定由易到难、分阶段实施的具体计划。

美国从政府战略发展角度开展电子政务建设,电子政务的战略规划历经克林顿政府的"重塑政府"、布什政府的"以公民为中心"、奥巴马政府的"开放政府"。克林顿政府并没有专门针对电子政务制定战略规划,电子政务是克林顿政府改革运动的一个手段,信息技术在其间发挥了核心作用,这个阶段的电子政务战略规划可称为"重塑政府"。如果说克林顿政府的"重塑政府"战略规划强调了"以信息技术为中心",使政府工作效率得以提高,那么布什政府则在前任政府工作基础上加强了政府与公民的互动,更加强调"以公民为中心"。该战略规划的实施使得政府电子政务建设继续向前拓展,为奥巴马政府实施"开放政府"的战略规划打下坚实基础。而"开放政府"战略规划的实施意味着美国电子政务建设进入新阶段,即政府2.0(Government 2.0)阶段,这一战略使美国政府运作与互联网崇尚的开放共享精神日趋融合,调动了公众参与的积极性,政府决策更民主、透明和公正。

英国先后制定了《政府现代化白皮书》《信息时代公共服务战略框架》《21世纪政府电子服务》《数字英国白皮书》等一系列规划,这些规划的实施保障英国信息通信基础设施的高水平建设,并促使其成为信息通信技术(ICT)和电子政务发展的全球领先国家。根据国际无线局域网(Wi-Fi)联盟的数据,英国是世界上认证公共Wi-Fi热点第二多的国家,仅次于韩国。英国安全服务器的数量在欧洲排名第一,在全球排名第二,仅次于美国。2014年联合国经济和社会事务部发布的《电子政务调查报告》显示,英国在全球电子政府发展指数排名中名列第八,公众参与度排名第六。

同样,新加坡电子政务建设十分注重整体规划,电子政务建设全部由政府投资、统一引导。新加坡政府把信息通信策略作为国家发展战略的重要组成部分,电子政务计划也自然地成为国家信息通信策略的一部分,后者为电子政务提供坚实的基础。新加坡基本每3—5年都会制定信息通信基础设施和电子政府发展的战略规划,过去30多年,政府已制定实施了六个国家信息通信战略计划,分别是1981—1985年的"国家计算机计划"、1986—1991年的"国家IT计划"、1992—1999年的"新加坡IT2000计划"、2000—2003年的"信息通信21世纪蓝图"、2004—2006年的"联系新加坡"、2007—2015年的"智慧国2015蓝图"。为了支撑战略计划的实施,政府同时编制了四个电子政务计划:行政事务电脑化计划、电子政府行动计划Ⅰ、电子政府行动计划Ⅱ、整合政府2010计划(见表2.1)。由于信息通信战略规划得以很好地实施发展,新加坡家庭和企业的宽带及移动电话的普及率都获得极大的提高,信息通信已经深入民众,企业和政府的日常工作实现高度信息化。

表2.1 新加坡国家信息通信战略规划①

国家信息通信战略规划		电子政务计划
战略规划名称	主要内容与目的	
国家计算机计划(1981—1985)	开发IT行业及IT人力	行政事务电脑化计划(1980—1999)
国家IT计划(1986—1991)	将政府系统延伸到全社会	
新加坡IT2000计划(1992—1999)	将新加坡建设成为智能岛	
信息通信21世纪蓝图(2000—2003)	建设全球信息通信之都,建设电子经济及电子社会	电子政务行动计划Ⅰ(2000—2003)
联系新加坡(2004—2006)	发挥信息通信潜力,创造新价值,丰富人们的生活,在网上实现"多个部门、一个政府"	电子政务行动计划Ⅱ(2004—2006)
智慧国2015蓝图(2007—2015)	策略:创新、整合与国际化	整合政府2010计划(2007—2010)

(二)设置专门管理机构领导和推行电子政务

从世界各国推进电子政务建设的实践来看,加强组织机构建设,实施强有力的领导,建立相应的管理和协调机制,是顺利推进电子政务建设的重要举措之一。总体上来看,各国电子政务建设的领导与协调机构由决策层和执行层两个层次组成:决策层一般是内阁级的,包括由部长或副部长组成的国家或政府信息化委员会,如韩国的信息化促进委员会等;执行层则是执行决策层的决定,具体负责本国电子政务建设,对各地区、各部门的电子政务建设进行指导和监督,如日本的总务省等。另外,国外普遍在各部门和地区设立首席信息官,负责协助地方政府推进信息化和电子政务建设的相关工作。

美国电子政府管理工作主要由下列机构和人员组成:其一,美国总统管理委员会。美国总统管理委员会作为最高管理机构负责电子政府的宏观协调,包括研究、规划和实施。其

---

① 陈亚辉、蒲非:《电子政务应用与管理》,江西人民出版社2017年版,第28页。

二,政府信息技术小组。政府信息技术小组作为专设机构负责全国的电子政府建设指导工作,包括技术推动、政策法规建议、投资管理、改善服务和业绩评估等。其三,总统行政办公室、行政管理和预算办公室。总统行政办公室、行政管理和预算办公室是两个执行机构,行政管理和预算办公室作为主要的执行机构,负责电子政府具体项目实施。其中,专设一个副主任负责信息技术和电子政务的日常事务。副主任直接对主任负责,主任则向总统管理委员会报告事务进程以及获得相应的授权。其四,各级政府机构的信息管理机构。各级政府机构的信息管理机构主要由各机构的首席信息官、首席财务官、采购总监和人力资源委员会成员组成。首席信息官全权负责本机构的电子政务建设。2005年,联邦政府各机构又设立了机构高级隐私官,目的是加强对美国公民隐私权的保护。机构高级隐私官可以由该机构的首席信息官兼任,或指定一名副部级官员担任。2009年,奥巴马将原美国联邦政府管理和预算办公室、电子政府和信息技术行政官正式更名为联邦政府首席信息官。

　　虽然英国是一个联邦国家,但在电子政务的发展和建设上,政府建立了强有力的领导机构,做到了在全国范围内实现统一、协调的领导。英国首相任命了电子大臣(E-Minister),全面领导和协调国家信息化工作,并由两名官员(内阁办公室大臣、电子商务和竞争力大臣)协助其分管电子政务和电子商务,负责政府信息化的整体进程与全面发展,全面推进电子政务建设。联邦政府各部门都相应地设立电子大臣一职,由联邦政府核心部门的电子大臣组成电子大臣委员会,该委员会为电子大臣提供决策支持。同时,将原设在贸工部的电子特使(E-Envoy)职位调整到内阁办公室,并在内阁办公室下设电子特使办公室,专职负责国家信息化工作,电子特使办公室又下设若干工作组,电子特使与电子大臣一起,每月向首相汇报有关信息化的进展情况,并于年底递交信息化进展年度报告。由联邦政府各部门、授权的行政机构和地方政府指定的高级官员组成国家信息化协调委员会,协助电子大臣和电子特使协调国家信息化工作。不仅如此,英国政府还建立了完善的电子政务评估体系,包括电子特使和电子政府部长每月向首相汇报电子政务整体发展情况,电子特使办公室每半年一次的国家电子政务调查报告,英国与其他国家电子政务的比较分析报告,以及电子商务评估报告等。

　　新加坡的电子政务主要是由中央信息技术组(Central IT Unit)负责推动。政府认识到自己不可能解决电子政务中的所有问题,于是建立了电子政务咨询委员会(E-Government Advisory Panel)。该委员会由行政事务主管负责,其成员来自国内各主要民间机构和公共机构。该委员会有两项职责:一是从全球发展趋势以及对新加坡的影响的角度向政府提供建议;二是对电子政务工程实施的效果给出反馈并提出建议。作为政府主导型的电子政务发展模式,新加坡政府专门设立了"信息通信发展管理局",专事电子政务的全面协调发展。这一机构隶属于新加坡交通与信息科技部,也是促进电子政务系统、电子商务发展和网络信息安全的管理部门,它的主要职能是规划发展蓝图、信息通信网络基础设施技术环境建设、政策法规和信息安全环境建设、鼓励重视创新、在风险环境中创造财富的文化、在蓝图规划下推出相关的行动计划等。新加坡政府专门组织成立了由各部委、局等机构共同参与的、跨部门的委员会,即"国家电子商务行动委员会",统一负责协调和推动实现电子经济、电子政府和电子社会的目标。这一机构的设立,对消除电子政务发展中的各自为政、重复建设的现象起到重要作用,使新加坡各级政府的电子政务发展更加有序。

(三)加强立法,保障电子政务建设过程中有法可依

法律法规是电子政务建设的重要前提和保障,世界各国在电子政务实施过程中都制定了法律法规。这些法律法规覆盖范围比较广泛,既有专门的电子政务法,也有信息基础设施建设、信息资源管理、信息公开、信息安全、隐私权保护、电子签名、缩小"数字鸿沟"等方面的法律法规。各国政府出台的一系列完善电子政府的法律法规,具体可以分为五大类:一是实施电子政府的基础性法律,如美国的《电子政务法案》;二是以信息公开和隐私权保护为主要内容的法律,如日本的《关于公共行政机关所保留的信息的法律》、瑞典的《获取公共管理文件法》、挪威的《信息自由法》等;三是以电子商务为主要内容的法律,如美国的《全球电子商务政策框架》、新加坡的《电子交易法》、欧盟的《欧洲电子商务提案》和《关于内部市场中与电子商务有关的若干法律问题的指令》;四是以计算机安全为主要内容的法律,如新加坡的《滥用计算机法》;五是以知识产权保护为主要内容的法律,如美国的《联邦商标淡化法》《技术转让商业化法》《反电子盗窃法》,欧盟的《著作权、出租权指令》《软件保护指令》等。

美国为了保障政府信息化发展,早在1993年,政府就颁布了《政府绩效和结果法》(GPRA),要求在所有联邦政府机构中发展并使用绩效评估技术;1996年颁布《克林杰—科恩法案》(Clinger-Cohen Act),目的是增强信息技术在政府机构的角色;1998年颁布的《政府文书无纸化法》(Government Paperwork Elimination Act),强化政府利用信息技术向公众提供服务;2002年颁布的《电子政府法案》(E-Government Act),更加明确电子政府的政策和措施。这四部法律基本涵盖了政务公开、网上服务、资源共享、政府内部办公电子化以及提供安全保障等各个方面。这些法律法规从整体上构成了美国电子政府的法律基础和框架。可以说,美国电子政府正是构建在这样一个完整的法律体系之上的,强有力的立法背景为美国电子政府的建设创造了良好的环境。

新加坡政府于1998年修订了1993年出台的《滥用计算机法》,增加了"干预或阻碍合法使用的行为""在授权和未经授权的情况下,进入计算机系统犯案""将进入网络的密码透露,非法获利和使别人受损失"三项新罪名。同时,政府还制定了《信息安全指南》《电子认证安全指南》《电子交易法》《电子交易法执法指南》和《电子交易(认证)条例》等法规,更好地为电子政务发展保驾护航。

(四)以公众需求为核心,不断提升电子化公共服务的质量

国外电子政务发展的阶段虽然不同,但电子政务建设基本上都是以为企业和公众提供高效、快捷、便利、全天候的政府服务为目标。公众需求是政府服务的中心,政府在此基础上,不断改进电子化公共服务提供的方式,提升服务质量。在电子政务启动期,世界各

国非常重视对政府网站的建设,不仅建立了数量庞大的政府网站群,而且政府网站之间体系清晰、分工明确。在快速成长期,各国更加重视提供无所不在的"网上服务",强大的网上服务是各国电子政务建设所追求的目标。在深化发展期,电子政务服务内容由简单的满足公众需求向深入调查和真正理解公众需求转变,服务方式由访问统一门户到个性化推荐转变,服务渠道由单一渠道向多渠道一体化服务转变。

美国政府提出了"以公众为中心、面向结果、基于市场"的三大电子政务建设指导原则。新加坡政府建立了以人生历程为依归的电子政府门户网电子公众中心(E-Citizen Center)。英国政府在各种政策文件中都将"以公众为中心的政府"作为电子政务建设的指导思想,而且认为,除了使公众获取政府的在线服务外,还应该在政策的制定过程中广泛听取公众意见,使公众获得与政府进行在线对话和就热点问题进行在线交流的机会,为此,英国在线网站建立公众意见登记中心,开辟政府论坛。加拿大所有的网上服务,都是在对用户进行广泛的市场调研的基础上推出的,以确保最大限度地满足公众的需求,使电子政务带来的改变真正有利于加拿大公民。人们通过电子窗口可更加快捷地获得政府的各种服务与政府的最新消息,并实现公民与政府部门直接交换信息。澳大利亚政府制定的"服务提供框架",尤其注重对用户需求的调查和理解,即在新战略中明确提出由政府信息管理办公室推行一套科学的方案,用于研究用户需求,及时调查了解服务使用情况和服务满意度。政府将根据细分用户群的特征和服务自身的特点确定适当的服务渠道,一方面公众可以通过多种渠道获取政府信息和服务;另一方面,对于同一项服务,公众可以根据自身需求和条件选择合适的渠道。

❀ 专栏2.4　国外城市治理交通拥堵的黑科技

伦敦利用数据管理交通。在2012年奥运会期间,负责运行伦敦公共交通网络的公共机构"伦敦运输(Transport for London)",在使用者增加25%的情况下,使用收集来自闭路电视摄像机、地铁卡、移动电话和社交网络的实时信息,确保火车和公交路线只有限地中断,从而保证交通顺畅。

斯德哥尔摩在通往市中心的道路上设置了18个路边监视器,利用射频识别、激光扫描和自动拍照等技术,实现了对一切车辆的自动识别。借助这些设备,该市在周一至周五6时30分至18时30分之间对进出市中心的车辆收取拥堵税,从而使交通拥堵水平降低了25%,同时温室气体排放量减少了40%。

三、国外电子政务的发展趋势

当前发达国家电子政务整体架构搭建已经结束,大致包括业务、数据、系统、技术共享,其中数据交换枢纽成为当前数据交换热点,统一电子身份认证成为整合各个渠道在线政务服务的重要手段。基础设施方面,网络基础设施建设已经完成,应用基础设施成为建设重点,政务云进一步深化发展,形成电子政务云。国外电子政务的发展有三个主要趋势。

(一)注重集约、整合与协同,积极构建整体政府

从各国电子政务建设现状来看,在一体化的电子政务中实现政府治理的高效运作与业务协同,构建整体政府,实现政府协同治理已成为全球信息化发展的主要趋势。《联合国2014年电子政务调查报告》指出,目前主要发达国家更加关注通过电子政务手段建设整体政府和解决协同治理问题,并将其作为处理需要政府做出综合反应的各种复杂挑战的关键。在构建整体政府中,强调基础资源的集约化建设与利用、管理层面的统筹规划与高效协同、服务层面的"一站式"无缝整合成为各国的普遍做法。《联合国2016年电子政务调查报告》进一步从可持续发展的视角研究各国整体化公共服务的发展进程和所面临的挑战,指出电子政务发展的新趋势是提供线上整体化公共服务或打造办理各项公共服务的一站式服务平台,这样的方式使人们能够更容易与公共管理机构互动沟通,及时提供充分全面的答复,解决民众的疑问和需要。公共服务发展正朝向整体化迈进。在193个联合国成员国中,具有统一数字身份的国家接近100个,实现一站式服务的国家超过80个。在丹麦,84%的公众服务是通过网络申请的。英国、法国、德国、韩国等20余个国家均建设了统一的政府公共网络平台。美国、英国分别依托现有平台,积极搭建政府公用应用程序库,面向全国所有政府部门,整合一系列应用程序,包括一般商业性应用软件、基础设施云服务、办公类应用软件以及社会媒体类应用软件,有效提升信息技术资源和应用软件利用率,减少分散投资建设。积极推动共性应用的集约化建设,一方面避免了重复投资、重复建设,符合低碳、节约、可持续发展的思路,另一方面便于统一集中管理,有效支撑政府各部门信息共享和协同作业。组织机制是促进电子政务跨部门、跨机构协调的重要保障。在193个联合国成员国中,超过半数设置了首席信息官职务,来协调政府电子政务工作。例如,欧盟内部成立市场协调局办事处,创建共享技术标准、数据、交流渠道以及交互性操作。

(二)强化政府数据开放,着力打造开放政府

政府开放数据运动已在全球逐步兴起,在国家层面制定战略及政策法规,建设数据开放门户网站,逐步向公众开放免费的可机读数据集,鼓励开发人员基于数据集开发应用程序,带动全社会创新,已成为大势所趋。数据开放已经成为多国践行信息公开的国家战略,大致可分为三个阶段。2009—2013年的数据开放以制定发展战略和法律法规为主。如美国的《开放透明政府备忘录》《开放政府指令》《开放政府白皮书》,英国的《开放政府联盟:英国国家行动计划(2013—2015)》。2013—2015年,各国开始建立一站式的政府数据开放平台,集中开放可加工的数据集,成为各国政府数据开放的普遍做法。193个成员国中,106个国家建立了政务数据开放目录,46个国家拥有专门的数据门户网站,44%的欧洲国家建设了专门的数据公开平台。目前,数据开放的工作重点从增加数据集数量,转向注重开放平台和提供开发工具。各国已经认识到仅靠数据访问是远远不够的,没有合适的工具,数据本身就没有价值。

2009年1月,美国总统奥巴马签署了《开放透明政府备忘录》。同年,数据门户网站Data.gov上线,美国联邦行政管理和预算局(OMB)向白宫提交的《开放政府令》获批准,全球开放数据运动由此展开。英国、加拿大、澳大利亚等发达国家以及发展中国家如印度、巴西、肯尼亚都纷纷加入到这场运动中。2013年6月18日,奥巴马总统和其他七国集团(G7)领导人签署了开放数据宪章,提出五个战略原则,进一步规范和推进政府开放数据的发展。在这样的背景下,美国政府在2014年5月9日发布了《美国开放数据行动计划》。文件概述了美国政府作为开放数据的主导者应承担的义务,并介绍了政府在推动开放数据的工作中所做的大量工作,提出应主动承诺开放,并逐步开放数据资源的原则,发布的数据应做到方便公众使用和查找,根据公众反馈不断完善开放的数据,使其更容易被理解和使用。同时,对未发布的数据应开放数据列表,供公众申请开放,由专家机构及相关领域代表确定发布的优先级别。美国要求各部门不仅要开放、展示数据,还要进行必要的数据加工、开放政府应用程序接口(API),在数据集的基础上,鼓励数据开发工具的推广和使用。英国采用开放数据五星评价体系,重点不在数据条目数量,而是聚焦数据开放质量,加强开放数据质量评价体系。截至2015年9月底,政府网站Data.gov.uk发布健康与社保、经济、人口、人力、环境、教育、交通、住房等领域的1350个公共部门机构的2.6412万个数据集。2012—2015年,数据集的月浏览量增长了161%,数据集月下载量增长了383%。

专栏2.5

美国的Data.gov网站

Data.gov是公民免费地公开获取联邦政府数据的首要平台。它通过数据"民主化",使"互联网时代"的数据从任何地点,在任意时间,都可以便捷、可靠地获取,从而有助于实现开放与透明政府的愿景。其主要特点有:

第一,数据量大,主题丰富。Data.gov提供来自172个联邦政府不同部门、机构和组织的373029条原始和地理空间数据,1209个数据工具,350个电脑应用和137个手机应用。这些数据力求完整、一手和及时,并且无须授权即可向公众开放。

第二,提供针对不同用户的数据格式与工具。Data.gov有400余种统计数据同时以XML、CSV、KML/KMZ、XLS等多种格式提供,并且提供多种数据分析工具与应用程序。

第三，建立了大量数据群。数据群是指将从不同机构获得的相关信息整合到一个大主题下，如健康、教育、商务等。Data.gov共建立了18个数据群，将各类信息进行分类与整合，有利于公众基于自身需求更快捷地获得所需信息。

(三)打造移动政务平台，持续推进参与式政府建设

基于互联网的公民参与日渐成为主流，政府的角色正在从管理者向服务提供者、再向解决方案促成者转变。目前已有127个国家提供与私营部门合作的在线服务。如美国波士顿"街道坑洼"项目设计专用App，司机将装有这一App的手机放置在汽车仪表盘上，当汽车遇到坑洼地段时，手机就可以向指定的服务器发送所在地GPS信息。当多个App发送同一GPS信息时，政府就会派人去维修坑洼地段。此外，政府利用众包方式鼓励市民优化该App，避免误报。爱沙尼亚99%的人使用电子身份证，可享受4000多项公共和私人的数字化服务，在网上注册一家公司只需18分钟。爱沙尼亚出台法律明确数字签名与手写签名具有同等法律地位。目前爱沙尼亚电子政务经验和方案正在向芬兰、立陶宛和阿塞拜疆推广。

公众通过移动通信、社交媒体等多种渠道，随时随地、更便利地获取更多的公共信息和服务的愿望越来越强烈。政府部门广泛应用移动通信技术和社交媒体，创新公共服务手段和方式已经成为大势所趋。早在2005年，英国首相办公室就提出了旨在推动无线、移动信息技术在政府部门的应用，支持移动办公的英国"游牧项目"。美国联邦政府将2012年定为"移动政务元年"。2012年1月，美国发布了《联邦移动政务策略》(*Mobile Strategy for Federal Government*)，制定了6条发展目标用以协调、统筹和推动美国移动政务的发展和建设。2012年5月，美国发布《数字政府战略：创建21世纪的平台更好地为美国人民服务》，将面向用户的移动政务服务置于优先地位。新加坡《电子政务总体规划(2011—2015)》将移动互联网技术作为电子政务的重要内容，提出一站式的政府移动网站建设，目前汇集了300多项移动服务，同时将移动媒体、脸书、推特等社交媒体作为政府民意征集、新闻发布、公民参与政务的重要途径和渠道。《联合国2014年电子政务调查报告》显示，2012—2014年，使用移动应用程序和移动门户网站的国家数量增加了一倍，使用社交媒体的国家数量从2010到2012年增加了两倍多，2014年又增加50%，有118个国家使用社交媒体进行在线咨询，70%的国家将其用于电子政务的开展。移动技术已经被广泛应用于农业、应急救险、教育、社区服务、医疗卫生等领域，很大程度上提高了政府的工作效率，方便了政府与公众的沟通以及公众参与政府决策，为公民提供了更优质、高效和便捷的服务。

第二节 中国电子政务的发展

我国电子政务建设也是信息化和全球化催生的产物,同时为了适应深化改革和扩大开放的需要,建设公开、透明的服务型政府,我国在"九五"期间启动电子政务建设,到目前已经取得巨大成就。

一、中国电子政务的发展脉络

我国电子政务发展可以追溯到20世纪80年代,但真正实现大规模政府信息化却始于90年代,其发展至今可以划分为三个主要阶段。

（一）起步阶段（20世纪80年代至1999年）

我国电子政务建设是从办公自动化起步的,通过推进"三金工程"和"政府上网工程",为其发展奠定了基础。

20世纪80年代中期至20世纪90年代初期,中央和地方党政机关开展的办公自动化工程,在国内兴起了办公自动化热,政府机构开始使用计算机办公,建立各级各类国家机构信息中心,并重点建设政府各部门内网及专网。

1982年,国务院成立计算机和大规模集成电路领导小组,领导计算机技术和网络通信技术的发展,我国信息化建设被提上日程。

1984年,国务院批准原国家计划委员会成立信息管理办公室,负责国家信息管理系统规划和建设,以及相关总体方案、法律法规和标准化的研究工作。

1985年后的五年间,政府共投资200多亿元,先后建设了12个国家级政府信息系统,包括经济、金融、铁道、电力、民航、统计、财税、海关、气象、灾害防御等系统,有40个部门成立了信息机构,开发各类数据库800余个。

1986年,政府启动"海内工程"信息化建设项目,主要是利用计算机辅助办公,如文件处理、档案管理等。这是我国政府行政机关信息网络化建设的开端。

1988年,我国成立了全国政府办公厅系统办公自动化工作协调小组,开始为全国电子政务的实施做前期准备工作。当时政府的办公自动化,主要表现为网络技术的单机应用和分别开发,以及在办公室工作中引入计算机打字。

1992年,为了推进政府机关的自动化程度以及在政府机关普及推广使用计算机,国务院办公厅下发《关于建设全国政府行政首脑机关办公决策服务系统的通知》,该文件的出台可以视为我国电子政务建设之"发轫",一场席卷政府领域的信息化大潮由此展开。

随着我国社会主义市场机制的建立和政府改革的推行,跨部门、跨区域的信息交流与共享日益加快,网络设施成为现代社会的重要基础设施。1993年,为适应全球建设信息高速公路的潮流,我国政府成立"国家经济信息化联席会议",确立"实施信息化工程,以信息化带动产业发展"的指导思想,以加强信息化基础设施建设为重点,以保证国民经济重点领域的数据传输和信息共享为主要目的,正式启动国民经济信息化的起步工程——"三金工程",即金桥工程、金关工程和金卡工程。这是我国电子政务发展史上具有里程碑意义的事件,标志着"金"字工程的正式启动。

1999年,中国电信联合40多家部委(办、局)的信息主管部门,共同倡议发起了"政府上网工程"。政府上网的目的主要是推动各级政府建设互联网站,推出政务公开、电子信箱、电子报税等服务,其目标是在1999年实现60%以上的部委和各级政府部门上网,在2000年实现80%以上的部委和各级政府部门上网。政府上网只是电子政务的初级阶段,它为电子政务的实施提供了前提和基础。

专栏2.6　金桥工程

金桥工程是"三金工程"的启动工程。金桥工程属于信息化的基础设施建设,是中国信息高速公路的主体。金桥网是国家经济信息网,它以光纤、微波、程控、卫星、无线移动等多种方式形成空、地一体的网络结构,建立起国家公用信息平台。其目标是:覆盖全国,与国务院部委专用网相连,并与各省、市、自治区及中心城市、大中型企业、重要企业集团以及国家重点工程联结,最终形成电子信息高速公路大干线,并与全球信息高速公路互联。

专栏2.7　金关工程

金关工程是国家经济贸易信息网路工程。1993年,国务院提出实施金关工程,金关工程就是要推动海关报关业务的电子化,取代传统的报关方式以节省单据传送的时间和成本。2001年,金关工程正式启动。金关工程的核心包括海关内部的通关系统和外部口岸电子执法系统。在海关内部联通的基础上,由海关总署等12个部委牵头建立电子口岸中心,利用现代信息技术,借助国家电信公网,将外经贸、海关、工商、税务、外汇等部门掌握的进出口业务信息流、资金流、货物流的电子底账数据,集中存放在一个公共数据中心,可以实现各部门数据共享。

专栏2.8 金卡工程

金卡工程是以电子货币应用为重点启动的各类卡基应用系统工程。它是一项跨部门、跨地区、跨世纪的庞大社会系统。在我国,IC卡的应用由银行卡起步,非银行卡的应用后来居上,远远超过了银行卡的发展速度和规模。例如,电信领域的公用电话IC卡和移动通信SIM卡、石化领域的加油卡、劳动和社会保障部门的社会保障卡、税务部门的税务卡等等。随着金卡工程的蓬勃发展,我国的IC卡应用和产业从无到有、从小到大,已经形成相当的经济规模。这段时间我国的政务信息化一直处在一种初期的起步阶段。其特点是建设比较零散,缺乏统一的战略规划,应用水平也相对较低。

专栏2.9 政府上网工程

1999年1月22日,"政府上网工程启动大会"在北京举行,它标志着我国"政府上网工程"开始全面实施。政府上网,也就是政府职能上网,在网上成立一个虚拟的政府,在互联网上实现政府的职能工作。凡是在网下可以实现的政府职能工作,在网上基本都可以实现(一些特殊情况除外)。政府上网以后,可以在网上向所有公众公开政府部门的名称、职能、机构组成、办事章程,各项文件、资料、档案等,凡是可以公开的,应尽可能上网。

"政府上网工程"的目标是争取在2000年实现80%的中国各级政府、各部门在网络上建有正式站点,并提供信息服务和便民服务,为构建一个高效率的电子化政府,最终实现我国网络社会打下坚实基础。中国电信作为"政府上网工程"的主要实施单位之一,推出了"三免优惠政策",即在规定期限内减免中央及省市级政府部门网络通信费;组织互联网服务提供商(ISP)、网络内容服务商(ICP)免费制作政府机构部分主页信息;免费对各级领导和相关人员进行上网基本知识和技能的培训。

(二)推进阶段(2000年至2010年)

推进阶段以"三网一库"建设为发端,电子政务成为我国信息化建设的首要工作,并逐渐向纵深发展。政府积极推进在全国范围内建设和整合统一的电子政务网络,相继建设了电子政务传输骨干网、政务内网和外网,同时有序开展了电子政务总体框架构建、法律法规制订、标准体系建设、信息资源开发、信息安全保障等工作。

2000年,国务院办公厅下发《关于进一步推进全国政府系统办公自动化建设和应用工作的通知》,首次提出"三网一库"的概念。"三网"指的是政府机关内部的"办公业务网",与内网有条件互联、实现地区级政府涉密信息共享的"办公业务资源网",以互联网为依托的"政府公众信息网";"一库"是指政府系统共建共享的信息资源数据库。建设"三网一库"旨在实现政府机关信息资源的共享和快速传递,逐步实现网络化、协同化办公,节省人力、物力与财力,提高工作质量与效率。

2001年,我国"十五"规划把推进国民经济信息化放在优先位置,确立了"以信息化带动工业化"的战略方针,电子政务进入以拓展网络应用为基础的快速推进阶段。在这一规划指导下,政府网站从内容、功能到互动性等方面都得到较大提高,政府网上业务办理进入了实用阶段。国务院办公厅还制定了全国政府系统政务信息化建设的5年计划,即《全国政府政务系统信息化建设2001—2005年规划纲要》,政府上网迈出了坚实一步。同年,国家信息化工作领导小组成立并召开第一次会议,做出了"中国建设信息化要政府先行"的重要决策,决定把推进电子政务建设作为当年国家信息化的三项重点工作之一。通过这个时期的建设,各类政府机构信息技术应用基础设施建设已经相当完备,网络建设在"政府上网工程"的推动下已获得长足进展,大部分政府职能部门如税务、工商、海关、公安等都已建成了覆盖全系统的专网。办公自动化、管理信息化的水平不断提高,适应政府机关办公业务和辅助领导科学决策需求的电子信息资源建设初具规模。

2002年,国务院信息化工作办公室和国家标准化管理委员会在北京成立了电子政务标准化总体组,并制定了《电子政务标准体系》和《电子政务标准化指南(第一部分)》的第一版,标志着我国电子政务标准化工作正式启动。同年7月,国家信息化领导小组召开第二次会议,明确了"十五"期间我国电子政务的目标以及发展战略框架,将政府信息化建设纳入一个全新的整体发展阶段。会议审议通过了我国电子政务建设的纲领性文件《国家信息化领导小组关于我国电子政务建设指导意见》,第一次系统地提出我国电子政务建设的指导思想、建设目标和原则、主要任务及重点工程等,特别将"建设和整合统一的电子政务网络"作为首要任务,明确要充分发挥网络在电子政务建设中的基础性作用,以及进一步促进电子政务和信息化健康发展。从此,"政府先行,带动国民经济和社会发展信息化"被正式确立为我国信息化建设的发展战略。中国的电子政务进入蓬勃发展期,各级政府围绕"一站两网四库十二金"有序开展电子政务建设。从2003年到2006年,我国相继出台《国家信息化领导小组关于加强信息安全保障工作的意见》《中共中央办公厅、国务院办公厅关于加强信息资源开发利用工作的若干意见》《2006—2020年国家信息化发展战略》,电子政务应用水平进一步提高,电子政务建设进入信息化与政府管理体制相融合发展的新阶段。

专栏2.10 **"一站两网四库十二金"**

"一站"是指政府门户网站。

"两网"是指政务内网和政务外网:政务内网由党委、人大、政府、政协、法院、检察院的业务网络互联互通形成,主要满足各级政务部门内部办公、管理、协调、监督和决策需要,同时满足副省级以上政务部门的特殊办公需要;政务外网主要满足各级政务部门社会管理、公共服务等面向社会服务的需要。

"四库"即建立人口、法人单位、空间地理和自然资源、宏观经济等四个基础数据库。

"十二金"是指推进办公业务资源系统等十二个业务系统的建设,其主要分为三类:第一类是对加强监管、提高效率和推进公共服务起到核心作用的办公业务资源系统、宏观经济管理系统建设;第二类是增强政府收入能力,保证公共支出合理性的金税、金关、金财、金融监管(含金卡)、金审等五个业务系统建设;第三类是保障社会秩序,为国民经济和社会发展打下坚实基础的金盾、社会保障、金农、金水、金质等五个业务系统建设。

2006年,"中华人民共和国中央人民政府门户网站"正式开通,我国开始全面推进中央、省、市、县四级政府网站建设,各级政府网站初步具备了简单的政府信息公开、办事流程在线查询和政民互动的功能。中共中央办公厅、国务院办公厅转发了《关于推进国家电子政务网络建设的意见》,明确国家电子政务网络建设的原则和目标,并对统一网络建设工作进行了详细部署,加大了网络资源整合工作的力度。提出要用三年左右的时间,形成中央到地方统一的国家电子政务传输骨干网,建成基本满足各级政务部门业务应用需要的政务内网和政务外网。国信办发布《国家电子政务总体框架》,提出此框架由服务与应用系统、信息资源、基础设施、法律法规与标准化体系、管理体制构成。

2007年,国家电子政务网络中央级传输骨干网网络正式开通,标志着统一的国家电子政务网络框架基本形成,为各部门、各地区开展业务应用提供了一个安全可靠、资源丰富、管理规范、服务专业的公共平台。

2008年,《中华人民共和国政府信息公开条例》正式实施,它被视作继《中华人民共和国电子签名法》以后,又一部与电子政务建设密切相关的重要法规。同时,网上政务信息公开工作、信息公开目录体系建设以及信息公开管理系统建设等工作也取得积极进展。

2009年,国家发改委、财政部《关于加强推进国家电子政务外网建设工作的通知》进一步明确了国家政务外网建设目标和任务,并就推动政务外网的工程建设、业务应用、安全保障和运维服务等提出相关要求,该文件对整合业务专网,推进同一网络平台应用起到了重要作用。

2010年,中共中央办公厅会同国务院办公厅研究制定了《国家电子政务内网建设和管理规划》,提出国家电子政务内网建设的指导思想和基本原则,并对内网建设的具体任务、重大工程和政策措施做出全面部署,对我国电子政务建设的整体推进和全面应用发挥了关键作用。

(三)全面发展阶段(2011年至今)

在这一阶段,政府大力推进政务信息共享和业务协同,涌现出一批典型应用,我国电子政务展现了"由注重内部应用转向对外服务与应用,应用与服务从浅层次转向深层次"的变化过程。同时,云计算、大数据、移动互联网等新技术加快向政务领域渗透,政府以新服务、新机制、新媒介为核心推进"互联网+政务服务"的发展。

2011年,全国政务公开领导小组发布《关于开展依托电子政务平台加强县级政府政务公开和政务服务试点工作的意见》,提出了在全国选择100个县(市、区)开展试点工作,用一年左右时间,建立和完善统一的电子政务平台,充分利用平台全面、准确地发布政府信息公开事项,实施主要行政职权,规范办理便民服务事项,并实现电子监察全覆盖。年底,工信部发布《国家电子政务"十二五"规划》,提出以电子政务科学发展为主题,以深化应用和注重成效为主线,转变电子政务发展方式,加快推进国家电子政务的发展。

2012年,我国明确了"十二五"期间电子政务的发展方向和应用重点是,加快推动重要政务的应用发展,加强保障和改善民生应用,加强创新社会管理应用,强化政务信息资源开发利用,建设完善电子政务公共平台,提高政府信息系统的信息安全保障能力。工业和信息化部印发《基于云计算的电子政务公共平台顶层设计指南》,部署地方开展试点工作,探索电子政务集中管理模式。

2013年,工业和信息化部确定北京市等18个省级地方政府和北京市海淀区等59个市(县、区)为首批基于云计算的电子政务公共平台建设和应用试点示范地区,鼓励地方在现有基础上建设集中统一的区域性电子政务云平台,支撑各部门业务应用发展,防止重复建设和投资浪费,促进互联互通和信息共享,增强电子政务安全保障能力,推动电子政务朝集约、高效、安全和服务方向发展。民政部等部委印发《关于推进社区公共服务综合信息平台建设的指导意见》,为深化社会体制改革、加快社区信息化建设步伐、构建新型基层社会管理和服务体系奠定坚实基础。

专栏2.11
基于云计算的电子政务公共平台建设和应用试点示范地区建设成效

开展试点一年多来,北京、上海、广州等地方依托统一的电子政务公共平台,实现人口、法人、地理空间等基础信息资源跨地区、跨部门、跨层级共享,提高了政府部门间的协同工作能力。陕西省通过电子政务公共平台建设和运行,减少了省级部门机房和数据中心30多个,节省信息化基础设施投资约55%,节省运行维护服务费约50%。深圳市通过电子政务公共资源的集中建设和管理,每年节省资金约2亿元。山东省德州市使用自主可控的软硬件产品建设电子政务公共平台,与使用国外同类产品相比,节约投资160%以上,同时拉动了自主品牌信息产业发展,有效保障了信息安全。

2014年,中国政府网新版和云适配版移动网站上线,新版的中国政府网重新设置了栏目,凸显了互动性与服务性。国务院办公厅发布《关于进一步加强国家电子政务内网建设的指导意见》《关于加强政府网站信息内容建设的意见》《关于促进电子政务协调发展的指导意见》,后者从"加强顶层设计,统筹电子政务协调发展"和"深化应用,提升支撑保障政府决策和管理的水平"两大角度提出未来五年电子政务发展的指导意见。中央网信办发布了《关于加强党政机关网站安全管理的通知》,要求"全国各地网信部门推动党政机关、企事业单位和人民团体积极运用即时通信工具开展政务信息服务工作"。政府开始积极尝试政府大数据应用,国家统计局开通国家数据网站(data.stats.gov.cn),提供由统计系统产生的与国内生产总值(GDP)、居民消费价格指数(CPI)、人口、总人口、出口、房价、生产价格指数(PPI)、社会消费品零售总额、货币、固定资产等有关的各种开源数据。

2015年,国家发改委依托国家信息中心成立了国家发改委互联网大数据分析中心,专门承担面向国务院、国家发改委和相关政府部门的互联网大数据分析与决策支持工作。国务院发布《关于促进云计算创新发展培育信息产业新业态的意见》《关于积极推进"互联网+"行动的指导意见》《关于促进大数据发展的行动纲要》等文件,提出"电子政务云计算发展新模式",推动政务信息资源共享和业务协同,对政务云建设、"互联网+"政务服务、政务大数据和政府数据开放等方面提出了明确要求。

2016年,《国家信息化发展战略纲要》和《"十三五"国家信息化规划》被先后公布。《国家信息化发展战略纲要》是规范和指导未来10年国家信息化发展的纲领性文件,其中对电子政务做了明确部署,提出"深化电子政务,推进国家治理现代化"。《"十三五"国家信息化规划》指出,统筹发展电子政务,建立国家电子政务统筹协调机制,完善电子政务顶层设计和整体规划,完善国家电子政务标准体系,建立电子政务绩效评估监督制度。国务院还先后发布和转发了《政务信息资源共享管理暂行办法》《推进"互联网+政务服务"开展信息惠民试点实施方案》《国务院关于加快推进"互联网+政务服务"工作的指导意见》和《"互联网+政务服务"技术体系建设指南》等文件，促进电子政务的发展。《政务信息资源共享管理暂行办法》主要是规范政务部门间政务信息资源共享工作，提出"以共享为原则、不共享为例外"等原则，并明确各部门的职责义务。"互联网+政务服务"相关文件提出，通过两年左右时间，在试点地区实现"一号一窗一网"目标。我国还非常重视大数据的开发、应用与建设，"十三五"规划明确提出"实施国家大数据战略"，要求把大数据作为基础性战略资源，全面实施促进大数据发展行动，加快推动数据资源共享开放和开发应用，助力产业转型升级和社会治理创新。此后，《关于组织实施促进大数据发展重大工程的通知》《促进大数据发展三年工作方案（2016—2018）》等文件相继发布。

2017年，我国围绕政府治理信息化发展战略下发了一系列的重要文件，包括"十三五"政府治理发展战略、政务信息资源共享开放战略、政务信息系统整合战略。《"十三五"国家政务信息化工程建设规划》提出到"十三五"末期，要基本形成满足国家治理体系与治理能力现代化要求的政务信息化体系，构建形成大平台共享、大数据慧治、大系统共治的顶层架构和"一个中心、两套网络、三大平台、六类系统"的大格局，建成全国一体化的国家大数据中心。国务院办公厅相继发布《"互联网+政务服务"技术体系建设指南的通知》《政府网站发展指引》《政务信息系统整合共享实施方案》《政务信息资源目录编制指南（试行）》等文件，提出"互联网+政务服务"和政府网站发展的技术要求，以及政务信息资源的共享原则、资源分类、资源序列、元数据、目录、编制程序、共享开放的工作要求和推进政务信息系统整合共享的工作目标。

2018年，中央网络安全和信息化领导小组改为中央网络安全和信息化委员会，负责中国网信领域重大工作的顶层设计、总体布局、统筹协调、整体推进、督促落实，强化了决策和统筹协调职责。国务院出台《关于加快推进全国一体化在线政务服务平台建设的指导意见》，提出要"以数据共享为核心，不断提升跨地区、跨部门、跨层级业务协同能力，深入推进'网络通''数据通'和'业务通'"，推进集约化平台与一体化在线政务服务平台的互联融通，构建基于大数据的智慧政府门户。国办先后发布《关于政府网站集约化试点工作方案》《关于推进政务新媒体健康有序发展的意见》和《关于进一步深化"互联网+政务服务"推进政务服务"一网、一门、一次"改革实施方案的通知》，分别提出"建设基于统一信息资源库的政府网站集约化平台，实现数据融通、服务融通、应用融通""推动实现更多政务服务事项'掌上办''指尖办'""拓展政务服务移动应用，推动政务服务向'两微一端'等延伸拓展"，营造社会治理的"互联网+"新生态。

我国的电子政务事业经历了近三十年的发展，对经济社会发展的引领作用不断显现，网络信息化能力及水平大幅提升。网络综合治理能力快速提高，互联网治理全面加强。从国际排名看，中国电子政务发展稳中有升，但总体仍处于全球中等水平。从近十年来联合国发布的全球电子政务排名看,我国呈现"先上升、再下降、再上升"的"N"字形变化。联合国发布的《2014年全球电子政务调查报告:电子政务成就我们希望的未来》显示,中国的电子政务发展指数(EDGI)为0.5450,位列全球第70名,与2012年调查结果相比上升了8位。在《2018年全球电子政务调查报告:发展电子政务,支持向可持续和弹性社会转型》中,中国的电子政务发展指数(EDGI)为0.6811,位列全球第65名,排名持续上升,这在一定程度上表明了中国电子政务建设取得的进步。

二、中国电子政务发展的成就

经过上述三个时期的发展,我国电子政务在基础设施、应用系统、政务信息资源、社会管理和公共服务、网络与信息安全、发展支撑能力等多个领域都取得了较大成就,有效促进了政府职能的转变,在改善公共服务、加强社会管理、强化综合监管、完善宏观调控方面的作用日益显著。电子政务已成为各级党委和政府治国理政不可或缺的有效手段。

(一)制定明晰的战略规划,电子政务建设的前瞻性不断强化

电子政务是信息时代政府领域的一场深刻革命,它不仅带来效率的提升、服务水平和质量的提高,更重要的是,它的发展决定了一个国家政府的实力与竞争力。因此,与世界各国的经验相同,电子政务建设要立足全局和长远发展,依据指导思想、发展目标、基本原则,以及技术、安全、政策和法规等诸多方面的要求制定总体规划(见表2.2)。

表2.2　中国主要的电子政务战略规划

时间	国家信息化战略	电子政务总体框架、专项规划和指导意见
2001年	《全国政府系统信息化建设2001—2005年规划纲要》	
2002年	—	《关于我国电子政务建设指导意见》
2006年	《2006—2020年国家信息化发展战略》	《国家电子政务总体框架》
2010年	—	《国家电子政务内网建设和管理规划》
2011年	—	《国家电子政务"十二五"规划》
2012年	《"十二五"国家政务信息化工程建设规划》	—
2014年		《关于进一步加强国家电子政务内网建设的指导意见》《关于促进电子政务协调发展的指导意见》
2015年		《关于积极推进"互联网+"行动的指导意见》《关于促进大数据发展的行动纲要》
2016年	《国家信息化发展战略纲要》《"十三五"国家信息化规划》	《关于加快推进"互联网+政务服务"工作的指导意见》
2017年	《"十三五"国家政务信息化工程建设规划》	《政府网站发展指引》

时间	国家信息化战略	电子政务总体框架、专项规划和指导意见
2018年	—	《关于加快推进全国一体化在线政务服务平台建设的指导意见》

我国电子政务的战略规划主要体现在三个层面上:一是在国家信息化战略中明确电子政务建设的目标和优先级。如在2005年,我国政府在《2006—2020年国家信息化发展战略》中明确了在改善公共服务、加强社会管理、强化综合监管、完善宏观调控四个方面推行电子政务的战略重点;2016年,《国家信息化发展战略纲要》要求加快释放信息化发展的巨大潜能,以信息化驱动现代化,加快建设网络强国,在健全市场服务和监管体系、完善一体化公共服务体系等七个方面持续深化电子政务应用。二是制定电子政务的总体框架。电子政务建设目标的特殊性和范围的广泛性,要求政府对所涉及的基础设施、政务应用系统、信息资源开发等重大问题进行前瞻性、总体性安排。因此,在2006年,政府出台《国家电子政务总体框架》,从战略高度明确了电子政务发展的思路、目标和重点,为加快我国电子政务建设打下了重要基础。三是制定专门领域的电子政务执行计划和工作方案等。如《国家电子政务内网建设和管理规划》《促进大数据发展三年工作方案(2016—2018)》《政务信息系统整合共享实施方案》等。

上述战略规划的制定和实施,强化了电子政务建设的前瞻性,成为转变政府职能、提高行政效率、推进政务公开的有效手段,进一步扩大了信息公开,促进了信息资源共享,推进了政务协同,提高了行政效率,改善了公共服务,有效推动了政府职能转变。

专栏2.12
《2006—2020年国家信息化发展战略》中"推行电子政务"的战略重点(节选)

改善公共服务。逐步建立以公民和企业为对象,以互联网为基础,中央与地方配合,多种技术手段相结合的电子政务公共服务体系。

加强社会管理。整合资源,形成全面覆盖、高效灵敏的社会管理信息网络,提高社会综合治理能力。协同共建,完善社会预警和应对突发事件的网络运行机制。

强化综合监管。围绕财政、金融、税收、工商、海关、国资监管、质检、食品药品安全关键业务,统筹规划,分类指导,有序推进相关业务系统之间、中央与地方之间的信息共享,促进部门间业务协同,提高监管能力。

完善宏观调控。完善财政、金融等经济运行信息系统,提升国民经济预测、预警和监测水平,增强宏观调控决策的有效性和科学性。

（二）建立了强有力的领导机构,电子政务建设的组织保障不断加强

电子政务建设作为复杂的系统工程,不仅需要国家层面的战略规划,还需要网络设施、应用系统和信息资源类基础建设,以支撑其整体实施和贯通运作,因此,建立强有力的领导部门和工作机构必不可少,这也为世界各国的实践所验证。

在政府上网以前,国家也已成立计算机与大规模集成电路领导小组(后改为电子振兴领导小组)、国家计委信息管理办公室、国务院国家经济信息中心、国家经济信息管理领导小组,并确立了国家经济信息化联席会议制度,还在此基础上成立了国务院信息化工作领导小组,即已经初步建立起基础性的信息化管理体制,对涉及技术层面的应用系统工程、信息管理系统的规划和建设以及其战略性和基础性保障(如相关总体方案、法律法规和标准化)等问题有了初步探索,也拟定了办公自动化的发展规划,筹划了政府经济领域的信息化建设工作。但是,能够进行全国统筹的更高规格的管理体制建设是在政府上网之后。1999年以来国家信息化领导和工作机构的不断更迭,国家最高层级的信息化领导机构先后经历了由国务院副总理任组长,到两届国务院总理分任组长,到由工信部信息化推进司主管,再到由总书记任组长、国务院总理任第一副组长这一最高规格的管理体制变迁,我国一直在努力探索建立适应发展要求兼具权威性和影响力的信息化管理机构(见表2.3)。

表2.3 中国信息化领导机构更迭情况[1]

领导和工作机构	成立时间	隶属机构	行政层次
国家计委所属的计算中心、预测中心和信息管理办公室合并,组建国家经济信息中心	1987年1月	国家计委	司长
国家经济信息中心更名为国家信息中心	1988年1月	国家计委	司长
成立国家经济信息化联席会议,领导小组下设办公室	1993年	国务院	国务院副总理任组长
成立国务院信息化工作领导小组,下设办公室,原国家经济信息化联席会议办公室改为领导小组办公室	1996年1月	国务院	国务院副总理任组长
撤销国务院信息化工作领导小组,相关工作改由信息产业部承担	1998年3月	信息产业部	部长

---

[1] 张锐昕、王玉荣:《中国政府上网20年:发展历程、成就及反思》,《福建师范大学学报》(哲学社会科学版)2019年第5期。

领导和工作机构	成立时间	隶属机构	行政层次
成立国家信息化工作领导小组,不单设办事机构,具体工作由信息产业部承担	1999年12月	国务院	国务院副总理任组长
重组国家信息化领导小组,成立国务院信息化工作办公室(简称国信办),成立国家信息化专家咨询委员会	2001年8月	国务院	国务院总理任组长,副组长包括政治局常委和政治局委员各2位
成立新一届国家信息化领导小组	2003年7月	国务院	国务院总理任组长
国信办的工作职责划归信息化推进司	2008年7月	工信部	司长
成立国家互联网信息办公室(简称国家网信办、国信办、国网办)	2011年5月	国新办	国新办主任任主任,国新办副主任任副主任,两位兼职副主任分别由工信部副部长和公安部副部长担任
成立中央网络安全和信息化领导小组,下设办公室(设在国信办)	2014年2月	中共中央	总书记任组长,国务院总理任第一副组长
重组国家互联网信息办公室,加挂中央网络安全和信息化领导小组办公室的牌子	2014年8月	国新办	中宣部副部长任办公室主任
原中央网络安全和信息化领导小组改为中央网络安全和信息化委员会,办事机构是中央网络安全和信息化委员会办公室	2018年3月	中共中央	中宣部副部长任办公室主任、国家互联网信息办公室主任

2018年,中央网络安全和信息化领导小组(2014年成立)改为中央网络安全和信息化委员会,体现了中国最高层全面深化改革,着力保障网络安全,推动信息化发展的决心。如今的中央网络安全和信息化委员会在历来的信息化领导机构之中最具权威性和影响力,其集国家之力制定政策规划,把国家意志、政府行为有机集合起来实现整体统筹、协调和推进效用,足以担当重大的决策使命,发挥强大的领导能力,从而能够统揽信息化建设全局,统筹协调政府内外政务发展需求和资源配置,并能够有力推进相关部门相互衔接和互动协作,实现上情迅速下达、横向有效协调、抓住战略时机的有利目标,能够有效解决攸关电子政务发展的全局性、战略性问题。作为国家信息化的重要组成部分,电子政务发展也同样有了更强的组织保障。

专栏2.13

国家互联网信息办公室

国家互联网信息办公室成立于2011年5月。其主要职责包括落实互联网信息传播方针政策和推动互联网信息传播法制建设,指导、协调、督促有关部门加强互联网信息内容管理,负责网络新闻业务及其他相关业务的审批和日常监管,指导有关部门做好网络游戏、网络视听、网络出版等网络文化领域业务布局规划,协调有关部门做好网络文化阵地建设的规划和实施工作,负责重点新闻网站的规划建设,组织、协调网上宣传工作,依法查处违法违规网站,指导有关部门督促电信运营企业、接入服务企业、域名注册管理和服务机构等做好域名注册、互联网地址(IP地址)分配、网站登记备案、接入等互联网基础管理工作,在职责范围内指导各地互联网有关部门开展工作。国家互联网信息办公室不另设新的机构,在中华人民共和国国务院新闻办公室加挂国家互联网信息办公室牌子。

(三)网络基础设施集约整合能力和业务应用系统信息化覆盖率不断提升

我国电子政务网络基础设施建设取得积极进展,网络支撑能力不断加强,成为治国理政的重要基础设施。电子政务网络已经覆盖所有的省、自治区、直辖市以及90%以上的市和80%以上的县。中央国家机关各单位都建成了局域网,多数单位建设了本系统专用网络,重要业务信息实现了从中央到地方的联网运行。同时,我国加快推进国家统一内网建设。建成中央和国务院办公厅网络节点,实现从中央到副省级城市以上地方办公厅业务网的互联互通,基本满足各部门开展跨部门、跨地区业务应用的需要。政务外网已建成我国最大的统一政务网络平台,覆盖范围不断延伸,业务承载能力稳步提高,集约效应开始显现,政务外网连接31个省、区、市和新疆生产建设兵团。截至2018年12月,31个省、区、市的市(地、州、盟)和县(市、区、旗)接入政务外网的总数已分别达到334个和2851个,地市级和区县级政务外网覆盖率均达到100%。新疆生产建设兵团所属师(相当于地市)和团(相当于区县)覆盖率也达到100%。截至2019年6月,政务外网已承载全国性业务应用60项,接入中央部门和相关单位共计149家,接入全国政务部门共计约25.2万家。政务外网已成为我国覆盖面最广、连接部门最多、规模最大的政务公开网络。

随着电子政务网络基础设施不断完善,政府重点加大应用系统建设力度,各部门核心业务信息化覆盖水平稳步提升,并逐步实现全业务、全流程、全覆盖。中央政府各部委办公自动化率从2001年的9.8%提高到100%,海关、税务、公安、国土、金融监管、社会保障等有金字工程支撑的重点领域核心业务信息化覆盖率接近或达到100%。"十一五"期间,省级、地市级、区县级政务部门主要业务信息化覆盖率分别为60%、40%和25%,个别区县甚至不到10%。而经过"十二五"的快速发展,到2015年底,中央部委和省级、地市级、县级政务部门主要业务信息化覆盖率已分别达到90.8%、76.8%和52.5%,年均增长率分别为20.8%、36.8%和27.5%,极大提升了行政效率(见图2.1)。国家围绕重点行业应用投资建设了"金审""金盾""金农"等40多项重大电子政务工程项目,"金保"、信用中国、国家法人库等多项国字号工程也在加快建设。在继续推进金盾、金关、金财、金税、金审、金农等重要信息系统建设的基础上,重点建设保障和改善民生、维护经济社会安全、提升治国理政能力等方面的重要信息系统。一些与金融、税收、海关、审计等经济运行管理直接相关的信息系统建设产生的经济效益十分显著。如金税工程一期投入25亿元,当年就带来税收增加250亿元的效益。信息化使政府行政手段更加丰富,行政行为更加高效。如海关及其所有监管现场实现24小时联网运行,日均处理各类单证50余万份;金盾工程覆盖了90%的公安基层所队,公安机关侦查破案、打击犯罪能力提高20%以上。金审工程一期的AO审计系统使审计覆盖面提高1倍,工作效率普遍提高5倍。据项目评估,国家重点推进的电子政务业务系统普遍使各领域行政效率提高了2至3倍。

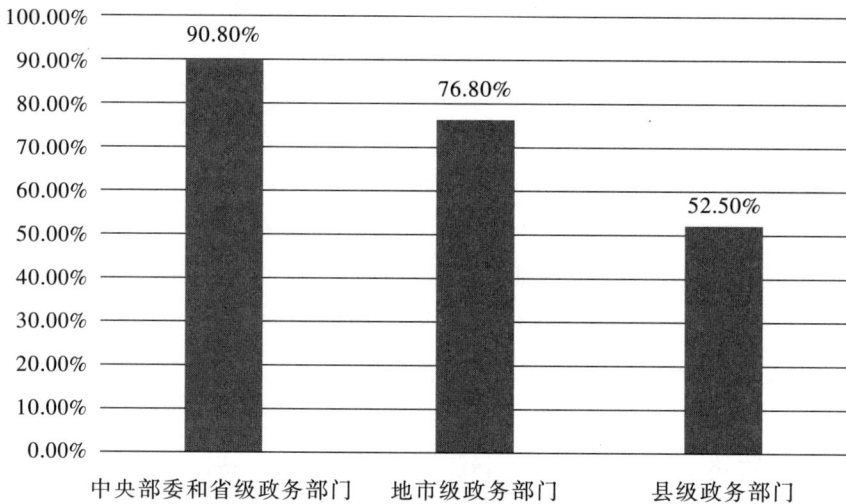

图2.1 中国各级政务部门主要业务信息化覆盖率

(资料来源:"十三五"国家信息化规划)

(四)政府在线服务能力不断增强,在社会管理和公共服务方面的作用凸显

我国电子政务经历了"提高办公效率→深化业务应用→强化社会管理"为主线的发展历程,实现了由业务上网向服务上网的转变,由内部管理向注重提供公共服务的转变,由线下向线下线上相融合的转变。在推动政府职能转变的同时,提高了网上服务的水平和能力,使更多事项实现在网上办理,必须到现场办的事务也力争"只进一扇门""最多跑一次",政府"一网通办"能力显著增强。政府网站、政务微博等应用以"互联网+政务服务"的发展提升了政府线上服务的能力,在促进社会管理和公共服务方面的作用也不断凸显。

首先,政府网站日益成为政府服务社会公众、拓宽群众参与、倾听群众呼声、沟通社情民意的重要渠道。我国在1995年左右才开始有政府上网的试点,到2006年初,96%的国务院部门,90%的省(区、市)都建有互联网站;全国300多个地级市,有94%建有互联网站;2000多个县级市,也有将近77%建有网站。政府中央和省级政府网站普及率已达到100%。截至2018年6月1日,全国正在运行的政府网站有22206家(含中国政府网)。其中,国务院部门及其内设、垂直管理机构政府网站1839家,省级政府门户网站32家,省级政府部门网站2265家,市级政府门户网站518家,市级政府部门网站13614家,县级政府门户网站2754家,县级以下政府网站1183家(见图2.2)。各级政府网站基本都具备了信息公开、网上办事和政民互动三大服务功能,政府网站已经成为信息公开、回应关切、提供服务的重要平台。政府网上服务呈现政府网站可用性水平进一步提升、重点领域信息公开效果持续改善、互动宣传更加多元更加亲民、多媒介一体的引导效果日趋增强等特点。

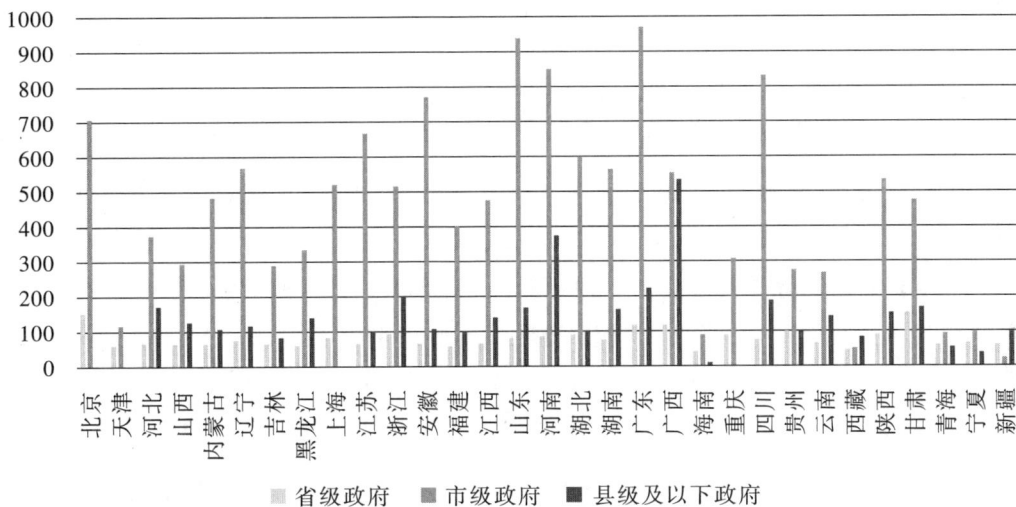

图2.2 中国各级地方政府运行网站数

(资料来源:"十三五"国家信息化规划)

其次,在云计算、物联网、大数据、移动互联网等新技术的影响下,电子政务形成一系列创新应用,在市场监管、社会管理和为民服务等方面发挥越来越重要的作用。例如,审计署重点推进基于"云计算"的审计数据分析系统和基于"物联网"的电子审计指挥系统;国家质检总局推广射频识别(RFID)、二维码、条形码等技术应用,全面实现产品质量检测数据采集自动化和监测数据应用分析智能化。政务微博、微信、移动App应用已成为各级政府部门发布权威信息、加强政民互动、提升社会治理能力的一个重要组成部分。截至2017年6月30日,经过新浪平台认证的政务微博达到171411个,较2016年底增加了6889个,在发布量明显增长的同时,评论转发比、原创微博量方面也有明显提升,政务微博发展呈现出策划运营能力持续提高,内容、形式和技术多重创新,与时俱进,紧跟当下热点与民互动,对突发事件的响应速度进一步提高,持续推进线上线下联动等特点,"政府O2O(线上到线下)"效率大幅提高,服务全面升级。

再次,"互联网+政务服务"开启了从"群众跑腿"到互联网"数据跑腿"的服务管理新模式。"互联网+政务服务"以简政放权、创新监管、提升服务为核心,以政府权力清单为基础,以信息化技术为支撑,群众和企业在申请网上申报、网上办理、办事查询、服务送达等政务服务时既可到网上服务大厅办理,还可以借助淘宝、支付宝和微信办理,"最多跑一次""一网通办""一枚印章管审批""不见面审批"等实践探索和创新,极大缩短了企业申请开办时间,压缩了投资项目审批时限,进一步优化了营商环境,有效降低了制度性交易成本,在很大程度上实现了便企利民,真正激发了市场活力和社会创造力。目前全国30个省、区、市(除西藏外)和新疆生产建设兵团已建成省级政务服务平台。"互联网+政务服务"切实提高了政府公共服务的能力。

专栏2.14

银川:"智慧的触角"在延伸

银川市将"智慧的触角"延伸到城市的每个角落,搭建起"一图一网一云"的整体架构。

"一图"是通过部署的各类物联网感知终端,结合全景真三维地图,对城市各要素进行空间节点定位;"一网"是8000G的城市光网络,将这些节点连起来,把"一图"的数据传到"一云";"一云"就是大数据中心云平台,把"一网"送过来的数据进行存储和挖掘分析,让数据产生价值。简而言之,"一图"就是"眼睛、耳朵、鼻子",负责感知;"一网"就是神经,负责信息传输;"一云"就是大脑,负责记忆和思考。

三、中国电子政务发展的挑战

中国电子政务已深入到经济社会发展的各个领域,成为各级政务部门平稳运转和高效履职不可或缺的重要手段。但是,全球信息技术革命持续迅猛发展,对经济社会运行、生产生活方式、治国理政模式正产生广泛而深刻的影响,中国电子政务发展面临新的环境和要求,正处于重大机遇和严峻挑战并存的关键历史时期。当前中国电子政务发展中存在着一些严峻的挑战和亟待解决的问题,主要表现在管理体制机制、发展模式、关键技术和安全以及软环境等方面。

（一）适应新时期电子政务发展的管理体制和工作机制有待健全

推进电子政务发展,理顺管理体制机制是第一位的,电子政务发展过程中的很多问题归根结底都是体制机制不顺造成的。体制机制问题已经成为制约电子政务向更高水平跨越的障碍,主要表现在以下四个方面。

一是尚未形成相对集中高效的电子政务管理体制,统筹不足、政出多门、分散建设等现象仍然存在。2014年,中央网络安全和信息化领导小组办公室成立后,绝大部分中央部委和地方省区市都建立信息化领导机构,地方电子政务管理机构主要设置在工信(经信)部门、发改委、政府办公厅(室)等。目前,有超过一半的地方政府将电子政务管理职能设在地方工信(经信)部门信息化推进处或信息处,26%的省级政府工信(经信)部门设立了单独电子政务处或电子政务与信息资源处、电子政务与信息安全处,超过10%的省级政府没有设立专门的电子政务管理部门或明确电子政务管理职能,3%的省级政府虽设有信息化推进部门,但是电子政务的管理职能放在了当地的发改委。总体上看,在地方工业和信息化部门处室设置中,信息化职能相对处于弱势。

二是中央层面缺乏从规划、预算、审批、建设、运维到评估的综合协调机制,统筹协调和顶层设计不足。相关职能部门都从不同角度抓电子政务工作,职责有所交叉,多头立项、多头审批问题较为普遍,导致重复建设突出、无法形成合力,资源难以共享、应用难以深化,中央和地方也难以实现顺畅的业务联动。

三是地方层面电子政务管理机制亟须理顺。中央和地方电子政务管理的事权划分方面还存在不清晰、不规范、不合理的地方,"上面千条线、下面万根针",地方电子政务建设统筹困难,导致电子政务建设"纵强横弱"。

四是电子政务执行机构缺乏权威。中国一直未建立有效的首席信息官制度,各级各部门电子政务工作的推进均寄希望于"一把手",电子政务发展常常因"一把手"的关注重心转移而受到影响。在具体建设过程中,电子政务大都是各级信息中心在负责执行,这些部门多是事业单位,属于技术支撑部门,在信息化推进中缺乏足够话语权。

（二）现有发展模式还不能适应政府治理现代化的需要

面对新形势、新要求和新任务,传统电子政务发展模式中的一些弊端进一步凸显,主要表现在四个方面。

一是"重建设、轻应用"。各地仍然热衷于花大力气提高基础设施投入,不断建设业务应用系统,但对于这些设施和系统是否发挥了应有的作用,缺乏足够的关注和考量。一些业务应用系统的深度和广度不足,甚至很多系统"建而不用",造成投资浪费,因此电子政务网络亟须推出一批基础性和示范性应用。

二是"重管理、轻服务"。电子政务投入侧重于政府内部系统建设和管理职能的信息化,围绕民生的公共服务类业务系统比例相对较低,电子政务服务社会公众的数量和质量都有待提高,特别是如何利用互联网新技术实现服务创新方面还存在诸多"短板"。以政府网站为例,据"2018年第二季度全国政府网站抽查情况通报"显示,在抽查的441家网站中,约有10%存在办事指南信息不完整、不准确问题;约有24%存在搜索不准确、不实用,甚至没有搜索功能的情况。不少政务移动客户端内容长期不更新、功能不可用,公众评分和下载量较低;个别政务微博、微信公众号等发布信息不认真、不严肃,对群众的咨询回复敷衍了事。

三是互联互通难、信息共享难、业务协同难这"老三难"问题长期存在。目前,国家人口库、法人单位库、自然资源和空间地理库、宏观经济库等四大国家基础信息资源库尚未建成,社会保障、医疗卫生、教育、社会救助等部门业务系统数据按需分权限共享困难较大,数据交换平台和交换标准尚不完备。有关部门不愿开放自身数据,信息资源目录和交换标准不统一,网络平台、数据交换平台等基础设施不完备,法律法规和政策文件比较缺失,安全保密存在隐患,数据跨网络、跨密级交换等技术条件不成熟,信息采集、更新、审核机制不健全。

四是网络建设还相对分散,集约整合仍存在困难。现有地方部门业务专网整合难度较大,电子政务内网、外网建设运维管理机制需要进一步健全,电子政务内网建设需进一步加快,这些问题给国家电子政务网络建设和整合带来巨大挑战。目前中央各部门自上而下的纵向专网(条)与地方电子政务网络(块)之间缺乏有效的结合机制,长期以来逐渐形成电子政务网络建设条块分割的局面。

(三)关键技术和安全问题仍然对电子政务发展形成较大制约

"没有网络安全就没有国家安全",网络安全问题已经被纳入国家信息化整体战略一并考虑。当前,中国电子政务所依托的关键技术及面临的安全形势对电子政务下一阶段发展形成较大制约。

一是核心关键技术受制于人,缺乏高端自主知识产权产品。中国在核心信息技术和产业的发展方面进展迟缓,信息化核心技术的缺失已经成为中国面临的十分严峻的信息安全威胁。在高端芯片、核心软件、关键元器件以及专用设备、仪器仪表等领域,技术对外依存度高,一些核心技术、产品和装备依赖进口,自主知识产权产品竞争力严重不足。

二是网络空间安全斗争日益激烈。当前,网络空间日益成为承载政治、外交、文化、军事使命的全新战略疆域。网络空间关键资源获取、利用、控制的斗争更趋激烈,网络空间主导权正成为大国博弈、重构国际新秩序的全新领域。除此之外,一些人出于政治或商业利益炒作热点敏感问题,甚至进行违法犯罪活动;互联网新技术被一些人作为新的传播工具加以利用,大肆散布违法有害信息。

三是网络与信息系统安全形势严峻。在网络空间中,信息窃取、网络泄密、信息滥用,侵犯企业商业秘密,危害国家安全的事件更加频繁;网络攻击,网络恐怖活动,破坏关键性运行设施和中间性信息系统安全运行的违法犯罪活动时有发生。中国关键信息系统主要面临设备被控、数据被窃及业务被攻瘫三类威胁。

（四）支撑电子政务发展的软环境有待继续优化

尽管近年来电子政务政策法规标准等得到加强，有效促进了电子政务的快速发展。但是，随着电子政务发展的需求和形势变化，当前领导意识、标准规范与制度建设、人才队伍等方面的软环境还有待继续优化改善。

一是仍有很多领导缺乏信息化思维和互联网思维，对电子政务的认识不统一，主要表现在简单地将电子政务理解为技术手段和系统应用，对信息化引领现代化发展的全局性和战略性作用，电子政务对促进行政管理体制改革、建设服务型政府、实现政府治理现代化的战略作用，尚未形成统一认识。特别是很多领导对互联网新变化准备不足、应对不力，甚至产生畏惧和抵触心理，在利用互联网思维推进电子政务方面的意识尚需进一步加强。

二是信息化标准规范和制度建设跟不上发展需要。信息化与电子政务相关立法滞后，难以适应信息技术快速发展和应用创新的需要，针对一些新出现问题的"补丁式"立法难以统筹全局。电子政务领域缺乏统一的顶层设计，相关标准规范制定相对滞后，解决现实问题的针对性不强。

三是人才队伍现状不能适应电子政务发展需要。领军人才、创新人才不足，人才国际化水平不高，高端人才流失严重，主要原因是人才培养与实践应用相脱节，选拔、使用、评价、激励机制不畅。亟须破除体制机制壁垒，扫除身份障碍，形成开放包容、有序流动、人尽其才的人才发展环境。

总之，中国电子政务发展面临重大战略机遇和严峻挑战，我们必须准确研判形势，客观分析问题，明确发展方向和重点，尽早着手政务发展规划的制定工作，为新阶段电子政务发展的良好开局奠定基础。

小　结

电子政务在世界范围内发展历史都不长，但各国政府都进行了不同程度、不同形式的探索。国外电子政务发展大致经历了启动期、快速成长期和深化发展期三个主要阶段。在启动期，世界各国都以加快信息化发展，提高政府办公效率为动因，国家计算机化、政务系统信息化是各国电子政务建设的主要内容；在快速成长期，世界各国主要通过统一的门户网站提供方便、快捷的政务服务，处理更复杂的事务，实现初步协作；在深化发展时期，各国政府受共享经济、数字经济的影响，通过大数据、云计算深化在线政府的改革，通过绩效评估推进电子政务工作，数字服务、数字融合、数字化管理、智慧城市成为各国发展的重点。国外电子政务建设的主要经验可以归纳为四个方面，即统筹电子政务建设战略规划，设置专门的电子政务组织和协调机构推行电子政务，加强立法保障电子政务建设过程中有法可依,以及以公众需求为核心,不断提升电子化公共服务的质量。同时,通过云计算、大数据、物联网打造整体政府、开放政府、参与式政府是国外电子政务的发展趋势。

中国的电子政务发展可以追溯到20世纪80年代,根据不同时期的特征,其历程大致可以划分为三个阶段。第一阶段是起步阶段,国家启动专门业务领域的信息化建设,典型代表是"三金"工程的实施;第二阶段是推进阶段,以"政府上网"为标志,第一代的政府门户网站开始建设,并明确提出了国家信息化发展战略;第三阶段是全面发展阶段,电子政务建设在各个领域都取得了进展,重点在政务外网、电子政务公共平台,以及"一站两网四库十二金"等的建设。中国电子政务建设的主要成就有:国家政务网络框架初步形成,部门核心业务信息化覆盖率大幅提高,政府网上服务能力大幅提升,社会管理和公共服务创新应用不断涌现,电子政务发展的政策保障不断增强,网络与信息安全保障能力稳步提高,电子政务发展有了更强有力的组织领导,支撑环境不断优化。同时,未来电子政务的发展也面临挑战,包括适应新时期电子政务发展的管理体制和工作机制有待健全,现有发展模式还不能适应政府治理现代化的需要,关键技术和安全问题仍然对电子政务发展形成较大制约,支撑电子政务发展的软环境有待继续优化等。

关键术语

首席信息官;整体政府;数据开放;开放政府;"三金工程";政府上网;电子政务发展指数

课堂讨论

1. 阅读《2016联合国电子政务调查报告:电子政务促进可持续发展》第一章内容,讨论未来电子政务的发展趋势。

2. 比较中外电子政务管理体制的异同,讨论完善我国管理体制的主要路径。

获取《2016年联合国电子政务调查报告:电子政务促进可持续发展》

练习与思考题

1. 阅读案例《贵州省网上办事大厅建设实践》,思考贵州网上办事大厅建设对政府管理产生了哪些影响?

2. 阅读案例《新加坡智慧生态城市实践》,思考新加坡智慧城市建设有哪些特点?

3. 国外电子政务发展经历了哪几个阶段?有什么可以借鉴的经验?

4. 国外电子政务发展的趋势有哪些?

5. 中国电子政务发展经历了哪几个阶段?取得了哪些成就?

6. 中国电子政务发展面临哪些挑战?

案例1 贵州省网上办事大厅建设实践[①]

"各自搭台,分头唱戏,互不开放",这是政务部门信息化建设的老症结,出现了"群众'跑断腿'办不成事""证明我妈是我妈""门难进、脸难看、事难办"等诸多社会广泛议论的问题。2015年以来,贵州建成了覆盖省、市、县、乡、村五级的网上办事大厅,13800多个部门的14万余项办理指南、16万余项政务服务事项等都纳入了该平台进行公开和办理,实现了"进一张网,办全省事"。

1. 前期积累坚实基础

贵州省网上办事大厅的建设并非一日之功,这离不开贵州省政府在政务服务领域长期的积累与探索。早在2008年,贵州省就启动建设全省行政审批电子监察系统。到2012年建成了省级、9个市州、贵安新区及其所辖区县(市)等各层级政务服务中心实体大厅,并配套建成了行政审批系统、电子监察系统、中心门户网站等。其中审批系统实现了各级政务服务中心电子化流程审批和管理,具备自定义电子流程定制、自定义申请表单制作、电子材料上传、电子签批、人员管理、考核管理等功能。其中,电子监察系统实现了对省、市、县三级审批业务的全过程实时监察,各级政务服务中心门户网站系统实现了政务公开、信息发布等功能。

2014年,在省政府办公厅的牵头下,基于贵州省行政审批电子监察系统,贵州省完成了省级网上办事大厅的建设,纳入49家省级部门约700事项,实现省级行政审批事项的网上申报、网上办理、网上咨询、网上投诉等功能。除此之外,还建设了省级证照批文共享系统,实现省级部门间的证照批文共享,并且纵向打通了相关地、州、市的证照批文库,汇总各级证照数据。

经过全省电子政务的初步建设,形成了"互联网+政务"服务的基本雏形。一是建成了审批工作的信息化系统,从人工跑腿与纸质材料模式转变为利用互联网传递电子材料的模式;二是完成了全省审批业务数据的监察,规范审批与强化监督;三是培养了一批政务服务领域的信息化人才。这些工作都为下一阶段的大数据创新应用建设打下坚实基础。

2. 建设思路

贵州省网上办事大厅建设面对着全省各地复杂的情况,范围全覆盖的五级统一建设必须结合省级与地方各级实际,开展不同程度的信息化与大数据建设。

第一,统筹各级政务服务中心信息化建设。推进各级政务服务中心完成基础信息化建设,包括实体大厅信息化设备、行政审批系统、电子监察系统和门户网站等。目前,全省大多数地区的行政审批和电子监察系统功能一致,少部分地区也完成了市级网上办事大厅、证照共享等系统的建设。

---

① 贵州政务服务网:《贵州省网上办事大厅建设实践》,http://www.gzegn.gov.cn/zwzxzyyw/13611778.jhtml。

第二,统筹数据互通与接口建设情况。全省各级均有自建审批业务系统的现象存在,一种是本级自建的系统,例如贵阳市、遵义市的政务服务中心建设了通用行政审批系统,满足市级需求。另一种是由国家部委下发的自建审批系统,此类自建系统只实现了与部分区域的数据互联互通。目前,全省各级的电子监察数据、大厅视频监控数据实现了统一汇总到省电子监察平台,完成了省、市、县三级的业务审批联网监察和现场视频联网监察。针对一些独立系统,相关地、州、市推进完成了本级横向单位审批数据互联互通和纵向的多级审批。根据整体建设的要求,考虑全省实际情况,以"统一顶层设计,统一开发建设,统一推进应用"为原则,结合国内外领先的服务理念和服务方式,确定建设思路。

第三,建设全省五级统一的网上办事大厅门户。梳理归类省、市、县、乡镇、社区五级的现有服务事项,整合设计成"一站式"办事服务平台。梳理各地、各部门及相关公共企事业单位的公共服务资源,整合便民查询服务资源,设计完善快速通道。针对办事审批过程中的各环节还统一提供在线帮助与咨询服务功能,且统一规划建设机器智能交互与人工在线值班的交互功能。

3. 平台应用

贵州省网上办事大厅在日常运营中集聚了大量适时有效的数据资源,主要包括:全省行政审批和服务业务全部在贵州省网上办事大厅办理,每天超2万余名审批人员在线办理业务,日均办件量超过3万件;同时全省申请材料、证照信息等资源也在平台系统上统一存储和共享调用。丰富的资源积累正是平台系统智慧化的数据基础,体现了良好的社会与经济效益。

第一,改变原有传统行政审批模式。省、市、县、乡、村五级政府都采用人机对话、全程公示的网上审批模式,减少申请人与审批人的当面接触,使审批行为从原来的内部运行变得更加规范、公正与透明,从源头上减少人情审批、违法违纪审批等问题,推动政府职能向创造良好发展环境、提供优质公共服务、维护社会公平正义转变。同时,智慧审批系统可以更方便地探索"就近申请、远程办理和异地打证"等新模式。如福泉(县级)市政务服务中心将农机补贴、林木采伐许可等实现网上传输申报资料,行政部门网上审批后远程打印证照,群众在村里即可申办领证。

第二,利用大数据应用完成全省审批业务监察。网上办事等全程网络化办理,各委、办、局的所有审批环节都可全程监控,由此通过信息化系统自动地进行违规警示和绩效排名,促进政府工作人员增强责任意识与效率意识,大大提高行政许可业务的办理时效。大数据分析平台还对行政权力运行各环节进行了硬性的约束,使行政权力从一开始就进入了监督环节,把事前、事中、事后监督更加紧密地结合起来,对擅自设定许可事项、违反许可条件和程序、超过许可时限、违规收取费用等问题,进行自动警示、及时纠正。

第三,分析和汇总政务服务数据,完善数据利用。各部门的信息将在较大的范围内进行交换和共享,通过数据分析,发现行政审批程序的薄弱环节,并加以研究改进,提高公众服务的效率。在现有资源基础上还将继续建设数据分析、事项管理库、法律法规库、实名认证智慧识别、智能人脸识别、政务服务信息目录、知识库、国产密码应用、电子档案库、智能质询等系统,完善系统的智慧化。

贵州省网上办事大厅是覆盖全省五级各部门"一张网办理、一个系统审批、一个数据库汇聚、一个标准开放共享"的"互联网+政务"服务平台,它不仅是作为大数据技术推动应用的典型,而且也是通过信息化与大数据实现政府现代治理能力提升的新办法、新思路,能有效提升行政服务效率、优化行政审批流程、创新监管服务方式,也是推进惩治和预防腐败体系建设的重要工作。

案例2 新加坡智慧生态城市实践①

生态城市建设和可持续发展的概念一直贯穿于新加坡整体概念规划、交通规划建设、与交通规划紧密结合的土地利用规划建设、花园城市规划建设、居者有其屋计划、水系统规划建设、废物处理利用规划、能源利用规划,乃至产业规划发展等方方面面。

2009年在新加坡可持续发展蓝图中,首次将可持续发展系统地提到城市发展建设的议程中。整个发展蓝图,在新加坡发展愿景的大前提下,建立了可持续发展框架,对各个城市领域的发展做出总结。在这一发展框架中,也明确了新加坡可持续发展的重要绩效指标,并对发展现状进行了评估,提出了2030年的发展目标。这一发展蓝图在2015年的更新版中,加强了新加坡发展愿景,总结了过去5年的发展,并进一步明晰了可持续发展框架和2030年的发展目标。2009年之后的城市建设项目,都以可持续发展为重要的指导原则和考量因素,如未来10—15年发展重点区域——360公顷的滨海湾区中央商务区和260公顷的新加坡副中心裕廊湖区的可持续发展框架、规划和设计项目,以及之后的项目实施和落地。

为全面推动"智慧国家"的建设,新加坡在总理办公室设立专门部门,负责"智慧城市"的发展建设,并推动了一系列项目的启动和人才的培养。随着"智慧国家"的提出,新加坡的城市发展建设之智慧生态道路得到全面肯定和明确。随之而来的城市建设项目也聚焦智慧生态建设,各个主管城市建设的政府机构,在各自的领域推出了一系列举措,推行"智慧国家"建设。

1. 新加坡建屋局之智慧人居(HDB Smart Habitat)

新加坡建屋局是主管新加坡公共组屋(类似于经济适用房)的机构,自成立以来从实施"居者有其屋"计划到逐步改善人们的居住环境,为新加坡80%的人民提供住宅(约100万户),也是新加坡成为全球高拥房率国家的重要贡献者。2015年,新加坡建屋局展开针

---

① 李晓庆:《城市案例:新加坡智慧生态城市实践》,https://mp.weixin.qq.com/s/jgBG45UB-zV8WXpd9nMIUw。

对全国公共组屋的智慧人居总体规划和智慧枢纽建设。这一总体规划在新加坡建屋局的可持续发展框架之上,深化了发展愿景和发展目标,并为达成愿景和目标制定了一系列智慧策略、智慧举措、智慧项目,针对各个智慧举措的政策、法规、空间、社会要求进行了深入探讨,在城市、智慧基础设施和数字技术层面进行了剖析,最终提出了智慧举措的实施发展蓝图。智慧枢纽将是支持智慧人居总体规划实施的数据收集、分析和未来系统优化的核心。

2. 裕廊集团之裕廊创新区(Jurong Innovation District–Smart Estate)

裕廊集团是主管新加坡产业用地规划建设的政府机构,是推动新加坡产业发展的重要主体之一。裕廊集团不仅在"智慧国家"发展中积极探讨和利用新兴智慧科技提高生产力和推动现代制造业向产业4.0的转型,而且在产业园区的建设中也积极推动利用智慧手段,提升园区体验,提高园区的管理效率和服务水平,以打造可以吸引企业、人才、访客、研发机构的智慧园区,实现"产—学—研—居"的一体化发展。裕廊创新区–智慧园区就是在这个大背景下的一个重要产业项目。这一园区的空间总体规划(规划师主导)中,将智慧城市策略和举措作为与基础设施、景观系统、机电设施、造价预估等并列的城市发展领域,并将智慧策略和举措在空间总体规划中得以体现。在空间总体规划进行的同时,以智慧科技为主导的部署实施咨询工作也在展开,规划师也是这一团队的一分子,从城市规划空间发展的角度,对智慧技术的实施进行引导、提出建议。

3. 万代发展之万代景区(Mandai Development–Smart Attraction)

万代发展(新加坡旅游局和淡马锡控股合作公司)是主导发展万代景区的公司,在现有的新加坡公园、夜间动物园、河川生态园的基础上扩展,增加热带雨林园、酒店区和飞禽公园(从裕廊搬迁至此)等新景区,打造世界级融休闲、教育于一体的自然主题景观区。在总体规划完成实施之际,增加了智慧科技主导的咨询实施工作,进一步提升景观区的游客体验和提高运营效率。其他的一些城市建设,如位于新加坡北部创新发展走廊重要起始节点的榜鹅商务园和勿兰商务园,以及旅游胜地圣淘沙岛的规划,都把智慧和可持续作为指导发展的重要原则,并把智慧和可持续纳入整体规划建设的咨询服务范畴。

在2017年,针对"智慧城市"实践中的问题,政府相关职能进行了积极调整,以加强不同政府部门在"智慧城市"建设中的协作和整合。2018年"智慧国家"建设的三个重要举措包括数字身份认证(主要用于网上医疗和银行)、电子付款(手机转账服务)和国家感应系统(通过装有感应器的路灯来收集统计交通、气温、湿度等数据)。新加坡依托政府的强大执行力,必定在不久的将来把智慧城市的建设带到一个新的高度。

参考文献

[1]汤志伟,张会平.电子政务的管理与实践[M].成都:电子科技大学出版社,2008:4-5.

[2]李栗燕.电子政务概论[M].武汉:华中科技大学出版社,2013:27-48.

[3]吴应良.电子商务概论[M].广州:华南理工大学出版社,2015:207-223.

[4]白庆华.电子政务教程[M].上海:同济大学出版社,2009:52.

[5]邵瑜.新加坡的"iGov2010"[J].信息化建设,2008(5):48-49.

[6]沈大风.电子政务发展前沿2012[M].北京:中国经济出版社,2012:78-79.

[7]河贤风.电子政务在韩国:发展历史及其经验[M].中国行政管理,2003(3).

[8]庞宇.英国电子政务的发展转型及经验启示[J].电子政务,2018(2):64-70.

[9]崔颖,王晶.国际电子政务发展及对我国"互联网+政务服务"发展策略的启示[J].世界
电信,2017(1):6-11.

[10]廉成,杨飞,张恒烨.韩日电子政务发展状况评析[J].管理观察,2018(19):84-85.

[11]孙宝文,王天梅.电子政务[M].北京:高等教育出版社,2010:204.

[12]郑德涛,林应武.新加坡公共管理经验及启示[M].广州:中山大学出版社,2016:103.

[13]汪玉凯.走向2008——中国电子政务发展的回顾与展望[J].电子政务,2007(12):12-
14.

[14]国家信息中心,中国信息协会.中国信息年鉴[J].中国信息年鉴期刊社,2016:65.

[15]张锐昕,王玉荣.中国政府上网20年:发展历程、成就及反思[J].福建师范大学学报:
哲学社会科学版,2019(5):43-51.

[16]翟云.改革开放40年来中国电子政务发展的理论演化与实践探索:从业务上网到服务
上网[J].电子政务,2018(12):80-89.

[17]杨道玲,王璟璇.中国电子政务"十三五"面临的机遇与挑战[J].电子政务,2015(4):
11-17.

[18]翟云.我国电子政务发展面临问题及其症结分析——以2014年电子政务省部调研数
据为例[J].中国行政管理,2015(8):13-18.

[19]吴鹏,邓三鸿.新加坡电子政务案例[J].电子政务,2005(11):14-27.

[20]周民,杨绍亮,赵农.电子政务发展前沿(2017)[M].北京:中国经济出版社,2017:25-
31.

[21]王璟璇,于施洋,杨道玲,等.电子政务顶层设计:国外实践评述[J].电子政务,2011
(8):8-11.

[22]王璟璇,杨道玲.国际电子政务发展趋势及经验介绍[J].电子政务,2015(4):24-31.

[23]国家电子政务"十二五"规划中期评估工作组.国家电子政务"十二五"规划中期评估报告[J].电子政务,2014(4):2-16.

[24]于施洋,杨道玲,王璟璇.基于大数据的智慧政府门户:从理念到实践[J].电子政务,2013(5):65-74.

[25]汪玉凯.中央网络安全与信息化领导小组的由来及其影响[J].中国信息安全,2014(3):22-27.

[26]王仲伟.切实加强内容建设,努力办好政府网站[J].中国行政管理,2014(12):3-5.

[27]中国信息年鉴编委会.中国信息年鉴2003[M].北京:中国信息年鉴期刊社,2003:662.

[28]中国信息年鉴编委会.中国信息年鉴2006[M].北京:中国信息年鉴期刊社,2006:507.

[29]中国信息年鉴编委会.中国信息年鉴2017[M].北京:中国信息年鉴期刊社,2017:600.

[30]湖南省信息协会.湖南信息年鉴[M].长沙:湖南地图出版社,2015:187.

[31]国家信息中心.2019年上半年国家电子政务外网总体概况[EB/OL].[2020-05-16].http://www.sic.gov.cn/News/462/10367.htm.

[32]国家信息中心.美国开放数据行动计划[EB/OL].[2020-05-16].http://www.sic.gov.cn/News/251/4008.htm.

[33]中国政府网.2018年第二季度全国政府网站抽查情况通报[EB/OL].[2020-05-16].http://www.gov.cn/zhengce/content/2018-08/06/content_5312052.htm.

[34]国软件评测中心.第十三届(2014年)中国政府网站绩效评估[EB/OL].[2020-05-16].http://www.mofcom.gov.cn/article/zt_jxpg2014/.

[35]国脉电子网.新加坡电子政务告诉你:政府如何从"被动服务"到"主动服务"[EB/OL].[2020-05-16].http://www.echinagov.com/news/174909.htm.

[36]姚国章.亚洲部分国家电子政务的发展情况[J].首都信息化,2002(8):6-8.

第三章 电子政务顶层设计

学习要求

理解顶层设计和电子政务顶层设计的内涵;明确电子政务顶层设计的方法;理解美国、英国和加拿大电子政务顶层设计的模型和主要内容;分析和总结国外电子政务顶层设计的共同特点;掌握中国电子政务顶层设计的总体框架和实践过程;分析中国电子政务本土化的路径。

开展电子政务顶层设计有利于实现电子政务建设过程中多部门的目标协同,避免重复建设。国外主要运用企业框架的方法进行电子政务顶层设计,并取得良好效果。中国电子政务顶层设计的起步较晚,在现有的总体框架中,信息共享和业务协同问题有待进一步解决,应用水平和服务能力仍有待进一步提升,电子政务顶层设计有待继续加强,亟须进行本土化的研究和探索。

在这一章中将回答以下问题:

◎如何理解电子政务顶层设计?

◎电子政务顶层设计的方法是什么?

◎国外典型的电子政务顶层设计有哪些特点?

◎中国电子政务顶层设计的主要内容是什么?

◎中国电子政务顶层设计本土化的难点和关键要素有哪些?

引 例

韩国电子政务的顶层设计起步于 21 世纪初。韩国国家电算化机构(National

Computerization Agency,NCA)对企业架构体系的关注非常早,在1999年就启动了信息技术架构的调研工作,2000年开发了信息技术参考模型,2001年开始研究信息系统之间的互动性,提出信息技术架构的推进计划,2002年开始研究电子政务的可互操作性规范,2003年正式开发了韩国政府层面的企业架构框架(Enterprise Architecture,EA)。历经2003—2007年、2008—2012年两个电子政务主计划(Master Plan)的规划,韩国电子政务的顶层设计取得了巨大成功。

韩国电子政务的顶层设计首先体现为较强的目标驱动,其次是通过企业架构的构建体系确保顶层设计目标获得所需要的能力。支撑顶层设计目标的政府企业架构(Government Enterprise Architecture,GEA)构建体系包括EA框架、EA流程、EA元模型、EA参考模型、EA存储库与工具、EA管理系统等六大构件,这六大构件为韩国顶层设计的构建提供了能力基础,为顶层设计的落地提供了条件。韩国电子政务顶层设计的目标设计模式及体系构成如下。

顶层设计的目标设计模式。在目标设计上,韩国将电子政务的顶层设计与政务改革的目标紧密结合,通过电子政务逐步实现政府行程改革的目标。同时,政府通过电子政务主计划将目标分解为相关的行动计划和具体项目。如2007年,政府发布行政改革战略——《展望2030,携手共进,充满希望的韩国》,为此制定了《下一代电子政务主计划(2008—2012)》,愿景是成为世界最佳电子政务,并拟定了五项战略计划目标。在行政改革上,特别强调要像企业服务客户一样服务国民,为建设"参与政府",拟定了31个路线图项目,并利用1年的时间拟定了业务流程重组(Business Process Re-engineering,BPR)及信息系统战略(Information Systems Strategy,ISS),充分展现了顶层设计目标驱动的作用。

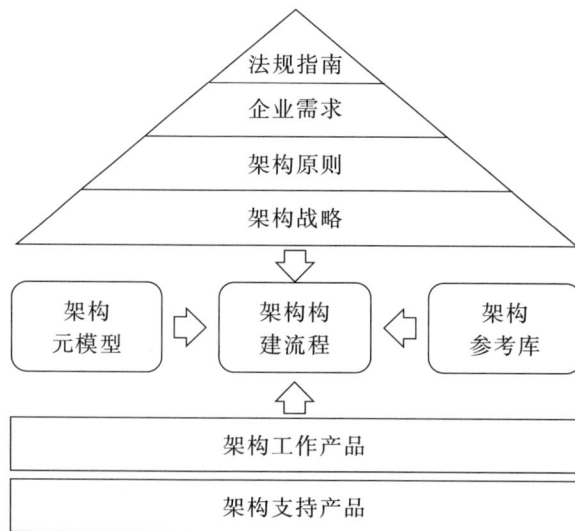

图3.1　韩国政府企业架构框架(GEAF)

顶层设计体系的主要构成。韩国政府在2003年开始的电子政务计划中，将政府企业架构框架的开发作为31项战略任务之一。经过多次修订，政府企业架构的基本构成如图3.1所示。其中，法规指南、企业需求、架构原则、架构战略统称为"架构指导"；架构元模型包含政府统一架构元模型、政府机构架构元模式、参考架构元模式；架构参考库作为最佳实践库，包括架构参考模型及架构成熟度模型；架构工作产品属于每个政府机构的交付物；架构支持产品则是各政府机构相关的架构详细设计和支持材料；架构构建流程是整个政府企业架构框架的核心。[①]

第一节　电子政务顶层设计概述

电子政务顶层设计，就是在电子政务领域，用顶层设计的理念和方法，设计电子政务总体规划，并在总体规划和具体实施之间搭建一座桥梁，设计出理想蓝图。要充分理解电子政务顶层设计，首先要明确顶层设计的概念。

一、顶层设计的概念和特征

(一)顶层设计概念的提出

设计是在正式做某项工作之前，根据一定的目的要求，预先制定方法、图样等。"顶层设计"这一概念源于自然科学或大型工程技术领域。它是指针对某一具体的设计对象，运用系统论的方式，自上而下地进行总体构想和战略设计。它注重规划设计与实际需求的紧密结合，强调设计对象在定位上的准确、结构上的优化、功能上的协调和资源上的整合，是一种将复杂对象简单化、具体化、程式化的设计方法。它不仅需要从系统和全局的高度，统筹考虑和明确界定设计对象的结构、功能、层次标准，而且十分强调从理想到现实的技术化、精确化实施。顶层设计，是铺展在意图与实践之间的"蓝图"。

顶层设计是一种强调"自顶向下"设计(Top-down Design)的方法。该方法是IBM研究员尼克劳斯·沃斯(Niklaus Wirth)于1969年提出的，当时主要用于"自顶向下、逐步求精、分而治之"原则下进行的大型程序设计，即从需要解决的问题出发，"自顶向下"将复杂问题逐步分解成一个个相对独立的子问题，对每个子问题可再做进一步分解，直到问题被解决。后来，沃斯与同事哈兰·米尔斯(Harlan Mills)在总结前期经验的基础上，不断完善和优化该方法，提出了顶层设计的理念。这一理念提出后，人们很快发现其不仅适用于大型程序设计，还适用于很多工程设计领域。时至今日，顶层设计的理念更是被西方国家广泛应用于信息科学、军事学、社会学、教育学等领域，成为在众多领域制定发展战略的一种重

---

① 王叶忠:《电子政务顶层设计的韩国模式》,http://www.ciotimes.com/egov/dcsj/75734.html。

要思维方式。

在我国的实践中,"顶层设计"是2001年国家信息化专家咨询委员会在讨论电子政务网络建设的问题时首次提出的,真正被引入改革领域则是在《"十二五"规划纲要》。《"十二五"规划纲要》强调,要"更加重视改革顶层设计"。2013年,十八届三中全会通过的《中共中央关于全面深化改革若干重大问题的决定》进一步明确要"加强顶层设计"。

(二)顶层设计概念的界定

在我国,不同领域对顶层设计的概念界定也有所不同。

在工程学领域,顶层设计的字面含义是自高端开始的总体构想,指为完成某一大型工程项目,要实现理论一致、功能协调、结构统一、资源共享、部件标准化。其思想内涵主要是,用系统论方法,以全局视角,对项目建设的各方面、各层次、各种要素进行统筹考虑,和谐各种关系,确定目标,选择实现目标的具体路径,制定正确的战略战术,并适时调整,规避可能导致失败的风险,提高效益,降低成本。

在管理学领域,顶层设计是一种自上而下将复杂问题简单化的设计概念,包括两个方面内容:一是战略设计,二是系统设计。根据战略设计,运用大系统思想和方法设计各分系统的结构、功能和制度,不盲目追求各个分系统超越阶段的发展,转而强调其整体功能,以及较高的集成效果。

在计算机网络领域,顶层设计是指网络系统结构,它是基于对大量网络应用的深入了解而抽象出来的网络设计原则,即在进行大的网络系统建设时,从上到下地进行网络设计,避免顶层规划和底层实施之间因系统对接、沟通不畅等原因带来的整体系统的不兼容和资源浪费现象。

简而言之,顶层设计是指统筹考虑项目各层次和各要素,追根溯源,统揽全局,在最高层次上寻求问题的解决之道。顶层设计代表的是一种系统论思想和全局观念,通常是指从全局视角出发,围绕某个对象的核心目标,统筹考虑和协调对象的各方面和各要素,总体地、全面地规划和设计对象的基本架构及要素间的运作机制。

(三)顶层设计的特征

第一,顶层设计是一种自上而下的机制。顶层设计是自高端向低端展开的设计方法,核心理念与目标都源自顶层,因此顶层决定底层,高端决定低端,核心理念与目标都源自顶层。在这里顶层有三个含义,即顶层设计行为人对行为本身的"顶层"给定,是不同组织、不同层级、不同部门的领导者和决策者做好所辖事务的顶层设计;顶层设计行为人对顶层设计事务的"顶层"给定,是一个事务的总体或整体;顶层设计行为人对顶层设计成果的"顶层"给定,具体的顶层设计成果可以表现为方案、规划、设计图纸、条例、法规等。

专栏3.1

理解"顶层"第一层含义的实例

一个创业者经过前期准备工作,自己制订了A、B、C三个方案,其他朋友、同学或咨询机构又给他提供了D、E、F三个方案,最终他选定和实施了A+F形成的G方案。这一过程中涉及方案设计者、创业者本人和其他方案提交人,而所有A、B、C、D、E、F方案都不是顶层设计方案,经创业者本人选取和最终决定的是G方案。所以,G方案是创业者的顶层设计方案,而创业者所处的位置是领导者和决策者,当然也是执行者,创业者在这一创业事务中的领导者和决策者角色,就是行为人对顶层设计的"顶层"给定者,他是这一事务中的组织领导层、决策层,是行为顶层。其他参与G方案制订的工作人员是方案的设计者、参与者。本例要说明的是,创业者是创业这个事务的顶层设计的顶层,G方案是顶层设计方案。A、B、C、D、E、F方案再好,也不是顶层设计方案,参与其中的,即便是再有名的专家,都不代表本方案的顶层行为人。

第二,顶层设计强调系统性和整体主义战略。顶层设计也可以理解为系统框架设计、系统架构设计等,它是系统内部要素之间围绕核心理念和顶层目标所形成的关联、匹配与有机衔接,强调一项工程"整体理念"的具体化。即在根据任务需求确定核心或终极目标后,"顶层设计"考虑一套完整解决各层次问题、调动各层次资源的方法,围绕全局目标,有序地、渐进地落实和推进,最终产生顶层设计所预期的整体效应。

第三,顶层设计注重执行力和可实施性。顶层设计是自高端开始的"自上而下"的设计,但这种"上"并不是凭空构建的,而是源于实践的,是对实践经验和感性认识的理性提升,它成功的关键是在理想与现实、可能性与现实性之间绘制一张精确的、可控的蓝图,并通过实践完美实现。因此,顶层设计的基本要求是表述简洁明确,设计成果具备切实可行性,应是可实施、可操作的。

二、电子政务顶层设计的内涵和方法

(一)电子政务顶层设计概念梳理

国内关于电子政务顶层设计的概念有三种观点。

第一种观点认为,电子政务顶层设计是建立或规划政府信息化的总体架构。即电子政务顶层设计就是利用系统观点,按照科学理论、方法和步骤,多视角地对政府的整个业务范围进行分析、描述和设计,建立政府信息化的总体架构。

樊博、孟庆国认为,电子政务的顶层设计就是突破条、块和机构的限制,将整个大政府视为一个有机的整体,规划全局性的、集成化的电子政务信息体系架构,从而加强整个政府各部分之间的交互能力,使得政府转换成为一个以服务对象为中心,而不是以政府职能部门为中心的电子政府架构。

肖能德、李恩敬认为,电子政务顶层设计就是利用系统论的方法,围绕着电子政务中的业务和技术,理解和分析影响电子政务的各种关系,从全局的视角出发,围绕着政务核心目标,对电子政务建设的基本需求进行总体的、全面的设计,确保理论一致、标准统一、功能协调、结构稳定、资源共享,从而建立政府信息化的总体架构。

第二种观点认为,从系统的观点出发,电子政务顶层设计主要是总体架构的分析和设计。顶层设计的真正含义就是把整个政府而不是单独的部门看作一个整体,在各个局部系统设计和实施之前就进行总体架构分析和设计,从而让各个分系统有着统一的标准和架构参照,通过顶层设计架构,各分系统就能够知道如何与其他系统进行合作,进行信息共享或互操作,从而有效进行跨部门、跨系统的合作。

王欢喜、王璟璇认为,电子政务顶层设计就是电子政务规划或总体框架。所谓电子政务顶层设计,就是关于国家、某个地区、行业或者部门电子政务发展规划,或总体框架的详细设计,及其内部各要素之间有效组合运行的动力机制和发展机制的模型化设定,以保证电子政务系统功能相互协调,结构基本一致,资源互相共享,标准基本统一。

宁家骏认为,顶层设计就是架构设计。电子政务顶层设计的基本内容,是就电子政务建设的基本问题进行总体的、全面的设计,既包括政务层面的内容——行政管理体制、政府职能及具体业务类型之间的关系;也包括技术层面的内容——网络建设、安全管理、信息资源建设与绩效管理等。

王云帆认为,电子政务顶层设计面向的对象是政府决策和管理最高层次的需求,根本目的是从全局视角出发,对电子政务建设的基本问题进行总体的、全面的设计,确保各个分系统之间的相互衔接。基本做法是将电子政务建设涉及的各方面要素作为一个整体进行统筹考虑,在各个局部系统设计和实施之前进行总体架构分析和设计,理清每个电子政务建设项目在整体布局中的位置,以及上下、左右关系,提出各分系统之间统一的标准和架构参照。

第三种观点认为,电子政务顶层设计主要是目标设定与实现的方式和手段。

汪玉凯认为,顶层设计思想是一个地方电子政务总体规划的具体化,是总体规划的一种实现手段。

张祖培认为,电子政务顶层设计所遵循的原则是从政府公共管理与公众服务的总目标上对总体规划的细化。

谢力民认为,顶层设计就是围绕着电子政务建设中所涉及的业务和技术方面的种种问题,用系统规范的科学理论方法,描述业务和技术的状态,理清业务和技术中的各个关系,确定建设目标,选择和制定实现目标的路径和战略技术,从信息化的"今天"走向信息化的"明天"。

(二)电子政务顶层设计的内涵

上述关于电子政务顶层设计概念的观点,或是侧重它作为总体框架的整体性和系统性,或是强调它的可实施性,但从它的目标来看,顶层设计更是一种电子政务建设的技术方法。因此,电子政务顶层设计是指,政府按照战略规划要求,从总体视角出发,运用系统理论自上而下地对电子政务建设的目标、业务、数据、应用、技术进行总体架构分析,并设计实现路径的技术方法。主要应从以下四个方面理解其内涵。

第一,电子政务顶层设计与电子政务战略规划既有区别又有联系。电子政务战略规划,是指相关政府机构和部门,根据本地区本部门的实际情况,明确电子政务建设的目标和优先级,并根据它们之间内在的逻辑关系,制定实现系统目标的步骤与规范,以保证电子政务总体目标和阶段目标的顺利实现。电子政务战略规划是面向长远的、未来的、全局性的和关键性的谋划,它不在于解决具体问题,而是为电子政务整体建设确定目标集,描绘系统的总体概貌和发展进程,宜粗不宜细,从而给后续各阶段的工作提供指导,为系统的发展制定一个科学合理的目标和达到该目标的可行途径,而不是代替后续阶段的工作。电子政务战略规划通常较为宏观和原则,需要一定的方法和途径转化为具体实施和操作。顶层设计是战略规划和具体实施之间的桥梁,它以电子政务战略规划为指导,创建电子政务实施的总体框架,是战略规划的延续和细化,也是具体实施的前提和依据。因此,电子政务建设应是在制定电子政务战略规划之后,完成顶层设计,然后再把顶层设计的结果作为一种规范和标准指导后续电子政务工程的实施。电子政务战略规划通常表现为一系列的目标和任务,电子政务顶层规划是实施战略规划的后续的操作性转化的方法;前者具有一定的时间限制,而作为一种技术方法,顶层设计具有长期稳定性。

第二,电子政务顶层设计的内容有广义和狭义之分。广义的电子政务顶层设计是从顶层、整体的角度去看待和分析电子政务发展的问题,这就需要跳出局部环境、局部利益的约束和限制。它所包含的内容更加全面,既包括政务层面的内容,如行政管理体制、政府职能及其具体业务类型之间的关系,又包括网络建设、安全管理、信息资源建设等诸多技术层面的内容;不仅要考虑设计对象自身的构成要素和体系结构,还应考虑设计对象的外部环境影响,例如一个部门的电子政务顶层设计不仅要考虑部门内各种要素之间的运作关系,还应考虑该部门在政府纵向层面和横向层面上的相互协调。顶层设计的重点在于建立各要素之间良好的互动关系,需要探讨如何通过设计推动各部门间的业务协同和信息共享,如何确保工作流程、信息系统、数据以及相应技术之间的深度融合。狭义的顶层设计就是自上而下建立总体架构,基本组成包括具有共同目标的业务架构、数据架构、应用架构和技术架构。

专栏3.2

佛山市的电子政务顶层设计

为加强对全市电子政务建设的统筹,解决当前电子政务建设普遍存在的重复建设、资金浪费、资源分散和网络不能互通、系统不能融合、资源不能整合、数据不能共享等问题,佛山市政府于2016年5月10日正式印发实施《佛山市"互联网+政务"(电子政务4.0)行动计划(2016—2020)》。该行动计划就是佛山市"十三五"期间电子政务发展的行动纲领,提出了一个中心(以用户为中心)、五大目标、十大工程和七大举措,为构建以用户为中心的新型电子政务体系(电子政务4.0,即公众端电子政务)提供了顶层设计,明确了目标、方向、任务、路径和措施。

第三,电子政务顶层设计,既是电子政务建设的方法,又表现为具体的设计成果。电子政务作为具体的设计成果,阐明了电子政务整体性建设需求以及电子政务系统中各要素为完成需求所构建的互动关系,是可以长期指导电子政务建设的。作为一种方法,电子政务顶层设计是一种自顶向下的以业务为驱动的方法。它着重强调业务如何更好地满足组织内部(内部客户)和组织外部(外部客户)的要求。传统上各个部门各自设计自己的信息系统,部门之间相互独立。而真正的电子政务应该是打破部门界限的,信息可以在不同部门之间自由快速流动。整个系统的设计完全按照政府功能和业务流程进行设计,而不是按照业务部门分别进行设计。业务活动成为组织中数据的最基本源头,只有充分了解和明确组织的业务活动,才能比较准确地把握数据内容和要求。

第四,电子政务顶层设计具有四个显著的特点:一是强调战略全局性,"顶层"重在强调分析问题的高度,电子政务顶层设计应站在全局的高度对电子政务系统进行整体性布局和统筹规划,并且要确保这个系统的运作与电子政务的发展战略和目标相一致,实现战略性思考和全局性统筹是开展顶层设计的初衷;二是实际可操作性强,顶层设计是铺展在规划和实践之间的"蓝图",是对规划和总体框架的细化与可实施性的考虑,包含一系列指导实践的框架、模型、方法、工具和指南,可操作性是其发挥作用的关键;三是设计对象多样化,"顶层"是指逻辑概念层级上的顶层而非行政层级上的顶层,因此其对象不仅限于国家层面,还包括对省、市、区、县的电子政务建设进行顶层设计,不仅仅可以对面向某一行政区域的电子政务进行顶层设计,还可以对纵向行业和政府部门的电子政务进行顶层设计,对象不同,顶层设计的复杂程度也会不同;四是动态发展性,顶层设计要服从于电子政务的战略目标和不断变化的建设需求,因此需要保持动态发展,不断丰富和完善其相关方法和成果。

(三)电子政务顶层设计方法

电子政务的顶层设计是一个中国化的概念,国外的顶层设计基本都以企业架构(Enterprise Architecture, EA)的理论和方法为基础。EA概念由约翰·扎克曼(John Zachman)于1987年提出,当时任职于IBM的扎克曼在内部期刊上发表了题为《信息系统架构框架》的文章,提出"信息系统架构框架"的概念,被认为是EA领域的开创性工作。1997年,经过10年的完善和改进,扎克曼在原有基础上提出了更完整的框架,并最终确定为"企业架构框架"(Framework for Enterprise Architecture, FEA),又称为Zachman框架。EA方法的应用虽然起源于企业信息化领域,但很快扩大到政府机构、军事部门和其他组织,并被逐渐引申为一个有着共同目标的组织的集合,可以是政府或政府的一个部门、一个完整的公司或企业、一个公司或企业的子公司、一个单一的大型业务或技术部门,甚至可以是一个由具有共同性质而地域上分散的实体连接起来的组织。EA也不再仅指企业架构,而是指代更为宽泛的总体架构。

⚛ **专栏3.3**

Zachman框架

Zachman框架分类的最初启发是来自对建筑、飞机和其他复杂的工业产品的观察经验。

Zachman框架是一个综合性分类系统。它相当于通过6×6的分类矩阵,把企业架构涉及的基本要素(而不是企业本身)划分成36个单元,并清楚定义每个单元中的内容(组件、模型等)性质、语义、使用方法等。其中的分类矩阵使用了两种方法。第一种是建立在原始疑问词上的沟通基础要素:什么、如何、何时、何人、何地以及为何。这些问题答案的集成,能够对复杂的想法形成全面、综合的描述。第二种来自具体化,即古希腊哲学中假定的抽象观念到实例的转换,被记为:辨别、定义、表达、规定、配置和实例化。

目前对EA的界定主要从企业架构的角度理解,较为有代表性的有:EA是构成组织的所有关键元素和关系的综合描述,企业架构框架是一个描述EA方法的蓝图;EA是业务和管理流程与信息技术之间当前和将来关系的清晰描述和记录;EA是关于理解所有构成企业的不同企业元素,以及这些元素怎样相互关联的方法和工具;EA是一个系统过程,它表达了企业的关键业务、信息、应用和技术战略以及它们对业务功能和流程的影响;EA提供了一个如何在企业实施信息技术的整体视角,以使它与业务和市场战略一致。从组织信息化的角度理解,EA是指从组织全局的角度出发,将组织的管理模式、业务流程、信息资

源、信息系统、信息化技术创造性地融合起来,系统考虑与信息化相关的业务、信息、应用和技术以及彼此之间的相互作用关系,并与组织的战略目标和使命相结合,从而指导信息化工作。EA强调在对组织战略目标和业务流程理解的基础上,描绘出一个未来组织信息化中业务、信息、应用和技术互动的整体蓝图,展示了组织信息化建设的整体结构框架。

美国是在电子政务领域最早使用EA方法的国家,随后,欧盟、加拿大、新西兰等国家都应用EA开展了电子政务顶层设计(见表3.1)。各国建设政府EA的主要目标是通过重新梳理业务流程、明确绩效目标、建立信息架构、确定技术标准等环节,将信息技术与政府业务有机融合起来,通过结构化的方式统一政府部门的业务目标,提高跨部门工作的互操作性,提高政府信息资源管理、资金规划和投资控制的效率,降低政府运作成本,从而实现政府部门之间的协同办公和资源共享,并最终为公众提供无缝服务。

表3.1 国外电子政务顶层设计项目列表[①]

国家	顶层设计项目名称	负责机构	时间
美国	联邦政府总体架构 Federal Enterprise Architecture(FEA)	总统管理和预算局	2002年
加拿大	业务转换赋能项目 Business Transformation Enablement Program(BTEP)	财政委员会秘书处	2002年
德国	面向电子政务应用系统的标准和体系架构 Standard and Architecture for E-Government Application(SAGA)	德国联邦内政部	2002年
韩国	政府总体架构框架 Government-wide Enterprise Architecture Framework(GEAF)	公共管理和安全部	2003年
欧盟	泛欧电子政务服务互操作框架 European Interoperability Framework(EIF)	—	2004年
英国	电子政务互操作框架 e-Government Interoperability Framework(e-GIF) 跨部门总体架构 Cross-Government Enterprise Architecture(xGEA)	英国内阁电子政务处;首席技术官委员会	2005年
新加坡	新加坡政府总体架构 Singapore Government Enterprise Architecture(SGEA)	新加坡信息管理局	2006年
澳大利亚	澳大利亚政府架构 Australian Government Architecture(AGA)	财政与管理部	2007年
新西兰	新西兰联邦总体框架 New Zealand Federated Enterprise Architecture Framework(NZFEAF)	新西兰国家服务委员会	2009年

---

① 王璟璇、于施洋、杨道玲等:《电子政务顶层设计:国外实践评述》,《电子政务》2011年第8期,第8—18页。

三、国外的电子政务顶层设计

国外主要的电子政务顶层设计有美国的 FEA、英国的 e-GIF 和 xGEA、加拿大的 BTEP 等,各国在运用 EA 方法开发电子政务的过程中,并不过多地关注信息技术本身,而是关注组织和实施过程,以及管理跨政府部门的信息技术的运用,其基本架构以业务和绩效为驱动,以技术和数据为平台,以服务构件为组件,具有清晰的系统设计、系统结构和系统描述,可使系统设计者和开发者快速、准确地掌握整个系统的全局需求,减少重复投资。

（一）美国的电子政务顶层设计

美国电子政务项目按照 EA 方法,将整个联邦政府看作一个有机的整体,从而开发一个基于整个联邦政府的统一的、集成化的信息体系架构。

1999 年 9 月美国联邦首席信息官委员会发布了"联邦政府总体架构框架"（Federal Enterprise Architecture Framework, FEAF）,旨在为联邦机构提供一个架构的基础性结构,促进联邦政府各部门和其他政府实体之间的信息共享、互操作及通用业务过程的共享开发。FEAF 是一个概念化的框架,虽然说明了架构组件的整体结构和彼此之间的关系,以及如何开发和维护 FEA,但却没有包含具体的架构内容。

为了使 FEAF 能够更具体地指导联邦政府的电子政务投资和互操作,2002 年总统管理和预算办公室启动了"联邦政府总体架构"（FEA）项目并为此成立了项目管理办公室。自 2002 年项目启动开始,FEA 相继开发出 5 大参考模型、一系列实施指南和管理工具。经过发展,FEA 已成为联邦政府在各机构之间发现差距、共享和合作机会的重要工具,成为政府统筹规划电子政务建设的有效方法,在美国电子政务集中统一管理中发挥着越来越重要的作用。

FEA 最主要的目标就是加强整个联邦政府各部分之间的交互能力,使得联邦政府转换为一个以客户为中心（而不是以机构为中心）,面向结果（而不是面向过程）,以市场需求为导向（而不是以政府需要为导向）的电子政府架构。FEA 主要包括体系架构的驱动器、战略方向、当前体系架构、目标体系架构、转换过程、部门体系架构、构建模型和标准 8 个组成部分,反映了面向电子政务的基本 EA 过程（见表 3.2 和图 3.2）。其中,从现行架构到目标架构的转换过程中,它主要采用参考模型的模式,各联邦机构通过将自己的架构与 FEA 参考模型相匹配,并确保机构的每一项电子政务投资规划与 FEA 参考模型相映射,从而便于总统管理和预算办公室发现重复性项目和跨机构协作项目,实现顶层统筹和规划。因此,参考模型是 FEA 的核心,分别从绩效、业务、服务、数据、技术 5 个角度描述了联邦政府的顶层架构,包括 5 个基本模型（见图 3.3）。

表 3.2　美国 FEA 的构成及说明

主要构成	说　明
体系架构的驱动器	指那些可能导致推动或刺激整个联邦企业架构发生变化的外部因素和条件等
战略方向	政府架构实现的战略方向,包括业务重组或技术支持以及其他的变化
当前体系架构	表示政府当前的状态
目标体系架构	表示顺应整个政府战略方向的目标体系架构
转换过程	按照体系架构标准从当前架构到目标架构的变化,例如各种不同的决策或管理步骤,移植计划,预算制定,以及配置管理和工程变化控制
部门体系架构	主要关注一个子集或整个联邦政府中一个部门的系统架构
构建模型	由一系列参考模型组成,它们是政府管理和实施变革的文档和基本原则
标准	包括标准(有些可能是强制的)、非官方的指南文件、最佳业务实践

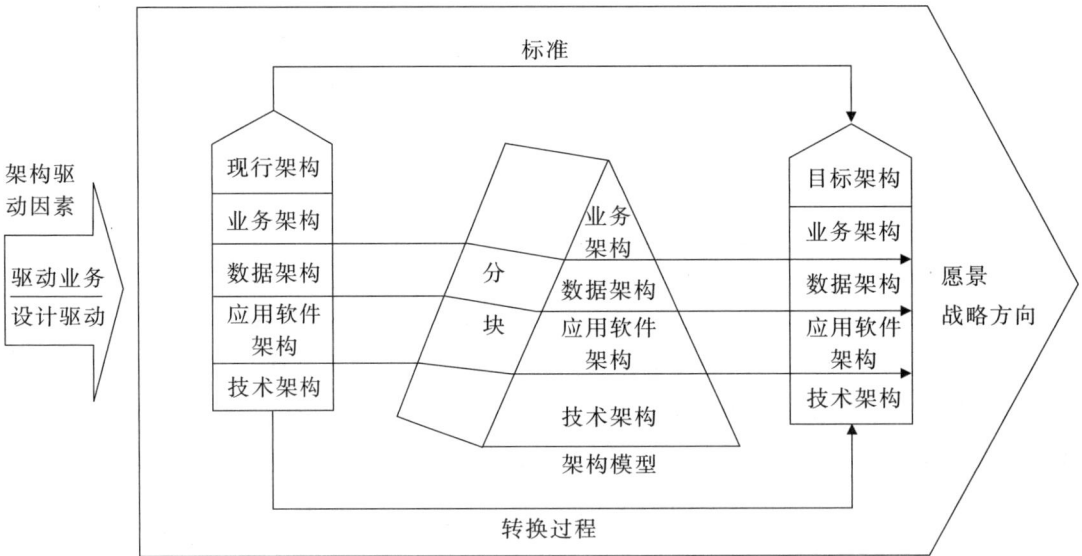

图 3.2　美国联邦政府顶层设计(FEA)

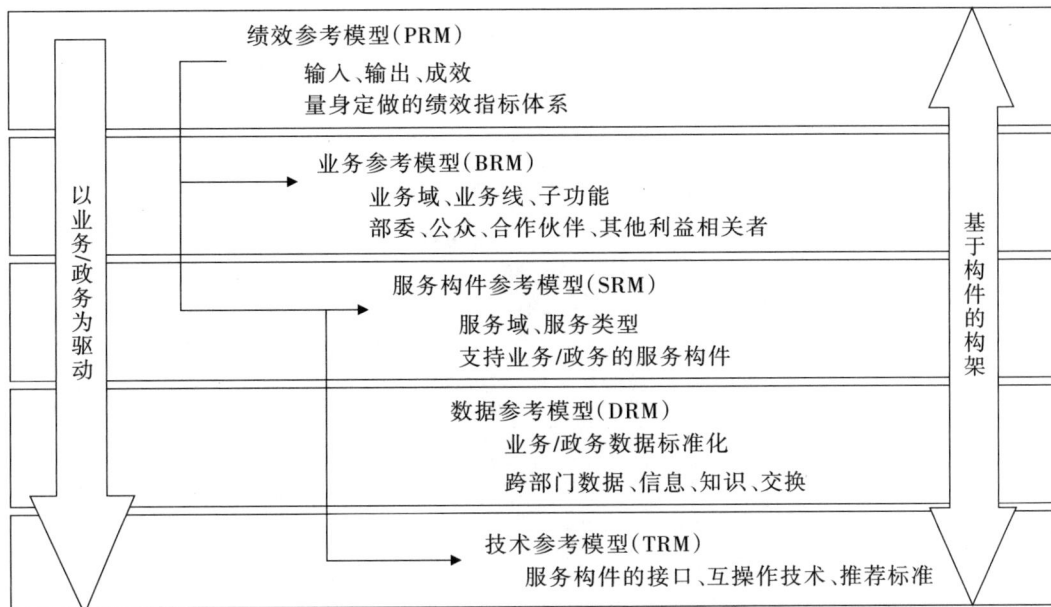

图 3.3　美国 FEA 参考模型

一是绩效参考模型(Performance Reference Model,PRM),它是一种标准化框架,用于评测主要的 IT 计划项目绩效以及它们对项目性能的贡献。绩效参考模型由输入、输出、结果 3 个部分组成。输入包括人力资本、技术和其他固定资产,输出包括一系列过程和活动,结果包括任务和业务结果以及客户结果。绩效参考模型可以为改进战略及日常决策提供绩效信息,通过分析投入和产出关联性,洞察期望的结果,识别跨组织机构边界的绩效改善机会(见图 3.4)。

二是业务参考模型(Business Reference Model,BRM),用于描述联邦政府业务的框架,即电子政务的业务线,包括它的内部操作及其对公民的服务,并不设计具体执行它们的部门、办公署和办公室。FEA 业务参考模型共包含 4 大业务域、39 条业务线和 153 个子功能(见表 3.3),是对联邦政府所有业务的系统梳理和分析。公民服务是政府的目的,包括国防和国家安全等 19 条业务线。服务分发模式是实现政府目的的机制,包括为公民的直接服务等 9 条业务线。服务的支持分发是政府运行支持功能,包括法规发展等 8 条业务线。政府资源管理为资源管理功能,包括财政管理等 3 条业务线。

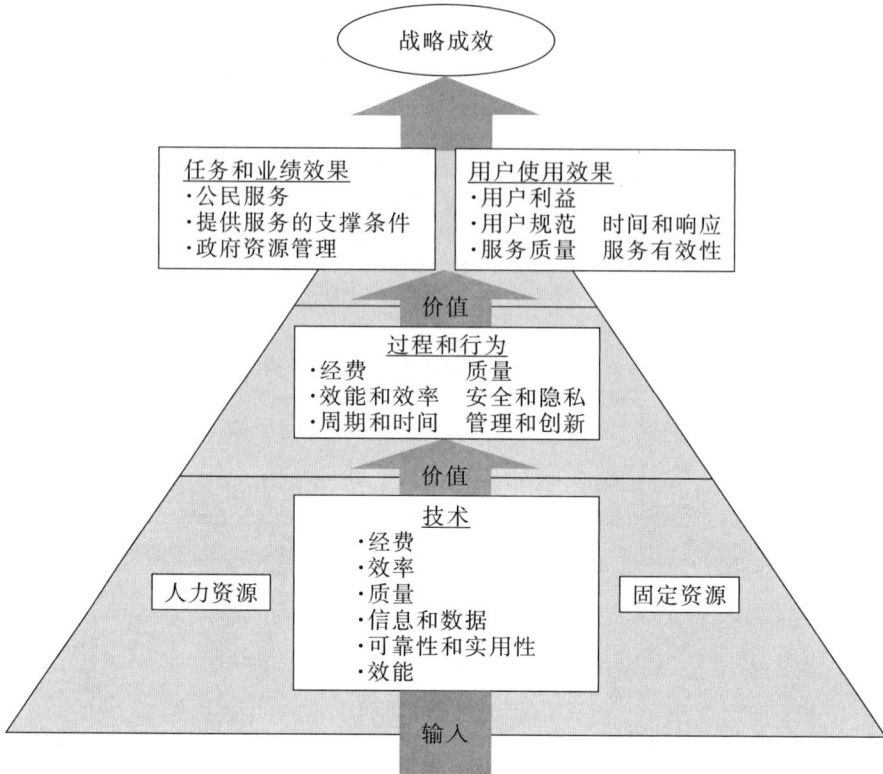

图3.4 绩效参考模型

表3.3   FEA业务参考模型[①]

业务域	业务线	子功能
公民服务	国防和国家安全	国家战略和战区防御、作战防御、战略防御
	本土安全	边防运输安全、关键资产和基础设施防护、灾难性国防
	情报运行	情报规划、情报搜集、情报处理、情报分析和生产、情报传播
	法律保障	刑事逮捕、刑事调查和侦查、公民保护、犯罪预防、领导保护、财产保护、物质管制
公民服务	国际事务和商务	外交事务、国际发展和人道主义援助、全球贸易
	立法及司法活动	司法听证会、合法抗辩、合法调查、法律起诉和诉讼、纠纷助解
	惩治活动	刑事监禁、刑事复原
	教育	初等教育、中等教育和职业教育,高等教育,历史文化保护,历史文化展览

---

① 表3.3至表3.5来源于《电子政务顶层设计与战略规划》,http://www.e-gov.org.cn/article-165154.html。

续　表

业务域	业务线	子功能
公民服务	能源	能源供应、能源节约和备灾、能源资源管理、能源生产
	健康	健康服务获得、人口健康管理和消费安全、医疗保健管理、医疗保健服务提供、医疗研究和医师教育
	交通	航空运输、陆地运输、水上运输、空间操作
	收入安全保障	一般退休和残疾、失业补偿金、住房援助、食品和营养援助、生存补偿金
	环境管理	环境监测和预报、环境治理、污染治理
	自然资源	水资源管理、海洋和陆地保护区管理、娱乐资源管理和旅游业、农业创新和服务
	灾害管理	灾害监测和预报、灾害准备和规划、灾后修复和恢复、应急响应
	社区和社会服务	房屋置业率提升、社区和地区发展、社会服务、邮政服务
	经济发展	商业发展,知识产权保护,经济、财政部门监督,行业部门收入稳定
	劳动力管理	培训和就业、劳动权管理、工人安全
	通用科学与创新	科学和技术研究与创新、太空探索和创新
服务分发模式	为公民的直接服务	军事行动、平民行动
	知识创造和管理	研究和发展、通用数据和统计、建议和咨询、知识传播
	公共物品创建和管理	制造业、建筑业、公共资源、设备和基础设施管理,信息基础设施管理
	法规的遵守和执行	检查和审计、标准制定的准则发展、许可证和执照
	联邦财政支持	联邦补助款、补贴、税收抵免
	信用和保险	直接贷款、贷款担保、普通保险
	移交给州和地方政府	公立补助金、项目/竞争性赠款、专项补助金、国家贷款
	立法关联	立法追踪、立法做证、发展建议、国家联络行动
	公共事务	消费者服务、官方信息传播、产品推广、公共关系
服务的支持分发	法规发展	政策和指导方针发展、公众意见追踪、法规创建、法治出版
	规划和预算	预算编制、资金计划、企业架构、策略规划、预算执行、劳动力规划、管理改进、预算和绩效整合、税收和财政政策
	控制和监督	纠正措施、项目评估、项目监控
	征税	收账、用户收费、联邦资产出售

业务域	业务线	子功能
服务的支持分发	内部风险管理和减缓	应急计划、持续营运、服务复原
	各级政府	中央财政运作、立法职能、行政职能、中央财产管理、中央人事管理、税收管理、中央记录和统计管理
	供应链管理	货物采购、库存管理、物流管理、服务采购
	人力资源管理	人力资源策略、人员招聘、组织和职位管理、报酬管理、保险福利管理、雇员绩效管理、雇员关系、劳动力关系、离职管理、人力资源发展
政府资源管理	财政管理	财务、资金控制、支付报酬、清偿和应收款、资产和债务管理、报表和信息、成本会计/业绩评价
	行政管理	设施、车队和设备管理、帮助桌面服务、差旅、工作场所政策发展和管理
	信息和技术管理	系统开发、生命周期/变更管理、系统维护、IT基础设施维护、信息安全、记录保留、信息管理、信息共享、系统和网络监控

三是服务构件参考模型（Service Reference Model，SRM），用于建立业务参考模型和技术参考模型之间的映射关系，它提供了电子政务服务域横向业务线共有或常用的功能模块，便于实现部分业务重用，共包含客户服务、过程自动服务、业务管理服务、数字资产管理、业务分析服务、内勤服务和支持服务等七大领域的通用构件，以及30项服务类和百余项服务组件（见表3.4）。

表3.4　FEA服务构件参考模型

服务域	服务类	服务组件
客户服务	客户关系管理	呼叫中心管理、客户分析、销售和市场、产品管理、品牌管理、账户管理、合同管理、伙伴关系管理、客户反馈、调查
	客户喜好	私人化、预订、提示或通知
	客户初始帮助	在线帮助、在线指南、自助服务、注册、多语言支持、帮助请求、日程安排
过程自动服务	跟踪和工作流	过程跟踪、案例管理、冲突解决
	路径和进度	内部协调管理、外部协调管理
业务管理服务	过程管理	变化管理、构造管理、需求管理、工程管理、政策管理、质量管理、业务规则管理、风险管理
	组织管理	工作组、网络管理
	投资管理	战略规划和管理、证券管理、效能管理
	供应链管理	获得、资源管理、库存管理、目录管理、订购跟踪和确认、店面、仓库管理、退货管理、物流和运输

服务域	服务类	服务组件
数字资产服务	内容管理	内容创作、内容回顾和确认、标记和聚合、内容发布和分发、内容管理
	文件管理	文件影像和OCR、文件参考、文件修改、图书馆、文件回顾及确认、索引、分类
	知识管理	信息恢复、信息映像、信息共享、分类、知识工程、知识获取、知识分发、智能文件
	档案管理	档案链接/关联、文件分类、文件撤除、数字权限管理
业务分析服务	分析与统计	数学的方法、结构化的方法、检测的方法、物理分析的方法
	可视化	图解/图表、成像、多媒体的、制图/地理空间/高程/GPS、CAD
	知识发现	数据挖掘、建模、仿真
	业务智能	需求预测/管理、综合评价、决策支持和规划
	报告	特定的、标准的/定型的、OLAP（联机分析处理）
内勤服务	数据管理	数据交换、数据集市、数据仓库、元数据管理、数据整理、数据提取和转换、数据装载和存档、数据恢复、数据分类
	人力资源	招聘、简历管理、职业发展和保持、时间报告、奖励管理、保险福利管理、退休管理、人事管理、教育/培训、健康和安全、差旅管理
	财政管理	结算和结账、信贷抵押、经费管理、工资表、支付与结算、收账、营收管理、内部控制、审计、货币换算
	资产管理	财产/资产管理、资产编目/识别、资产转移、分配和营缮维修、设备管理、计算机/自动装置管理
	开发与集成	遗留系统集成、企业应用集成、数据集成、仪器和测试、软件开发
	人力资本/劳动力管理	资源规划和分配、技能管理、人力目录/定位、团队/组织管理、暂时性人力管理、人力获取/资源优化
支持服务	安全管理	鉴定和认证、存取控制、加密、数字签名管理、入侵防御、入侵检测、事件响应、审计跟踪和捕捉分析、认证和鉴定、联邦信息安全管理条例（FISMA）管理和报告、病毒防护
	协作	Email、穿插讨论、文档库、共享日历、任务管理
	搜索	查询、精度/撤销等级、分类、模式匹配
	通信	实时交谈、即时通信、语音会议、视频会议、事件/新闻管理、社区管理、计算机/电话集成、语音通信
	系统管理	许可管理、远程系统管理、系统资源监控、软件分配、事物跟踪
	表格管理	表格创建、表格修改

四是数据参考模型（Data Reference Model, DRM），描述通用的数据分类方法。数据参考模型由数据共享、数据描述和数据环境三个标准化域构成。数据共享是指一个用户

使用其他用户提供的信息资源,数据共享标准化域用"数据提供者—用户矩阵"来描述。数据描述标准化域提供了一个在数据结构(语法)和含义(语义)方面达成一致的方法,可以为数据发现、数据重用、数据共享、数据实体一致化、语义互操作提供支持。数据环境标准化域为数据提供与其创建和使用有关的附加信息。

五是技术参考模型(Technology Reference Model,TRM),是一个以构件驱动的,用于鉴别那些支持并能使服务构件及能力交付的标准、规格和技术的技术性框架。技术参考模型由4个服务域、17个服务类和51个服务组件构成(见表3.5)。

表3.5 FEA技术参考模型

服务域	服务类	服务组件
服务访问和分发	访问渠道	Web浏览器、无线/PDA、协作/通信、其他电子渠道
	分发渠道	国际互联网、局域网、广域网、对等网、虚拟专网
	服务要求	法律依据、认证/单点登录、集合
	服务传输	支持网络服务、服务传输
服务平台和基础设施	支撑平台	无线/移动、平台独立、平台依赖
	分发服务器	Web服务器、媒体服务器、应用服务器、门户服务器
	软件工程	集成开发环境、软件配置管理、测试管理
	数据库/存储	数据库、存储
	硬件/基础设施	服务器/计算机、嵌入式技术设备、外设、局域网、广域网、网络设备/标准、视频会议
组件框架	安全	认证/数字签名、支撑安全服务
	表达/接口	静态显示、动态服务器端显示、内容渲染、无线/移动/语音
	业务逻辑	平台独立、平台依赖
	数据交换	数据交换
	数据管理	数据库连接、报告和分析
服务接口与集成	集成	中间件、企业应用集成
	互操作	数据格式/分类、数据类型/有效性、数据转换
	接口	服务发现、服务描述/接口

上述5个参考模型中,绩效参考模型是政府业务目标的导向,位于最顶层,提供了一套绩效评估的标准框架;业务参考模型是电子政务"电子化"过程的驱动,从政府职能视角(而非机构视角)提出了一种旨在促进联邦政府业务线的框架,避免机构业务之间相互孤

立,便于机构发现相互协作的机会;服务构件参考模型用于建立业务参考模型和技术参考模型之间的映射关系,它提供了电子政务服务域横向业务线共有或常用的功能模块,共包含客户服务、过程自动化服务、业务管理服务、数字资产管理、业务分析服务、内勤服务和支持服务7大领域的通用构件;数据是由业务过程产生的,因此数据参考模型与业务参考模型紧密结合,提供一系列标准规范,旨在实现数据跨机构识别和共享。

专栏3.4

FEA支持美国政府转型

从2001年到现在,美国FEA基本经历了基础阶段、采用阶段和转型阶段。总体来说,FEA的作用主要包括:FEA为管理预算联邦办公室(OMB)提供了一个新的描述、分析和改善公民服务能力的方法;FEA可以消除阻碍政府改善的组织障碍,而不需要重组;FEA为改善一些关键领域提供了一个共同的框架,如预算分配、跨机构合作等。

每年、每季度,OMB对联邦政府机构的EA都有评估,评估主要基于三个标准:一是完整性,即EA开发得是否完整;二是使用状况,即EA用得怎么样;三是结果,即使用EA后产生了哪些效果,例如成本的节约等。随着FEA与E-GOV的演进,政府从过去更加聚焦于应用和技术,转到现在更加聚焦于绩效和成果。

(二)英国的电子政务顶层设计

英国早期发布的电子政务交互框架(e-GIF)主要是基于政府资源的信息管理(Information Management,IM)方法,即是指为了有效管理而采用相关技术来收集、处理和分析数据的方法,侧重于数据交换。与美国的FEA模型相比较,e-GIF类似于FEA的技术参考模型(TRM)和数据参考模型(DRM)两部分。因此,英国的电子政务顶层设计主要表现在以技术标准促进不同系统之间的交互,开发电子服务的方法、步骤,以及用户访问的方式等。

从开发历程来看,英国内阁电子特使办公室在2000年开发了e-GIF。2004年,内阁办公室的电子政务处接替电子特使办公室负责e-GIF的维护和更新。至2005年,e-GIF已经更新至6.1版,主要内容包括技术政策、实现支持、管理流程、变化管理、遵守e-GIF(见表3.6)。由此可见,e-GIF主要是定义跨政府和公共领域信息流的技术政策和规范,是一个强制要求所有英国公共部门都使用的标准。内阁办公室电子政务处负责评估各部门执行e-GIF的情况,严格遵从互操作标准的工程投资将被授予e-GIF奖,不符合规范的项目被将停止资金支持,系统不得接入政府网络和政府门户网站。

表3.6　英国e-GIF6.1版的主要内容[1]

组成部分	主要内容
技术政策	互联互通、数据集成、内容管理元数据、电子化服务访问与渠道、业务领域标准
实现支持	优先级、XML Schema产品、电子政务元数据标准、Govtalk网站（www.govtalk.gov.uk）、工作组成员
管理流程	电子政务联合会、公共部分组织、工业、公民、高级IT论坛、互操作工作组、政府计划组、元数据工作组、智能卡工作组、其他工作组
变化管理	电子政务资源拥有者、政府资源的生命周期、咨询和创新、请求评价、请求建议、e-GIF升级
遵守e-GIF	遵守e-GIF的含义、使用XML Schema和数据标准、时间表、利益相关者、遵循的责任、公共部分社区、如何与新版e-GIF一致、无法遵循、附加指南

作为国家电子政务顶层架构，e-GIF模型主要强调系统数据的设计和标准化，强调电子服务提供者（政府）与服务接受者（公民用户）之间的沟通，利用元数据技术加强数据之间的互通性和互释性。因此，e-GIF除了包括政府高层的政策文件、技术政策以及管理、实施和法规遵从制度等内容的总体框架外，还明确了相关政策、技术标准和开发指南，它由高层信息构架模型（High-level Information Architecture）、电子化服务开发过程指南（e-Service Development Framework，e-SDF）、电子政府元数据标准（e-Government Metadata Standard，e-GMS）、XML（Xtended Markup Language）模型开发指南四部分组成，分别指向互联性、数据集成、内容管理元数据、服务可访问性等e-GIF的关键领域。其中，高层信息构架模型，提供顶层的信息框架，并用自下而上的方式保证信息的一致性，它由政府通用信息模型（Government Common Information Model，GCIM）、政府消息参考模型（Government Message Reference Model，GMRM）、政府数据标准目录（Government Data Standard Catalogue，GDSC）、技术标准目录（Technical Standards Catalogue，TSC）四维模型组成；电子化服务开发过程指南提供了开发公共领域中互操作规范的基本方法；电子政府元数据标准主要列出了公众领域为信息资源产生元数据所使用的元素、细节和编码方案，同时给出了每个元素目的和使用的指南；XML模式开发指南主要采用XML作为电子政务数据集成的基本标准，包括XML模式指南、XML模式构件指南以及元数据和模式三个方面的内容（见图3.5）。e-GIF仅侧重于数据交换，没有强调政府的业务模型，因此在避免重复投资、促进机构间协作等方面作用有限。

---

[1]《电子政务顶层设计与战略规划》，http://www.e-gov.org.cn/article-165154.html。

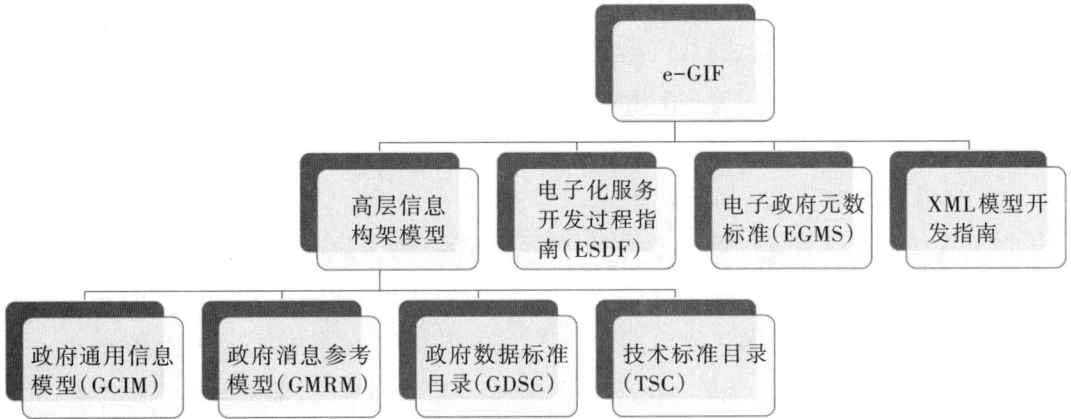

图3.5 英国 e-GIF 总体架构

随着EA理念和方法在英国公共部门的普及,很多部门都开始开发和维护自己部门的EA。为提高各部门的架构设计能力、实现部门之间的互操作,从而为公众提供更好的服务,英国首席技术官委员会于2005年制定了"政府跨部门总体架构"(xGEA),并发布了一系列政府跨部门业务架构的参考模型。xGEA旨在支持转型政府战略,为政府提供了一个业务和信息技术的蓝图,以促进开发通用架构,改进风险管理,使业务和信息技术的功能之间持续保持一致,通过对共享标准的认可实现机构之间更好的内部协作。xGEA包含参考模型、可供所有政府使用的EA资产库和基于行业实践的、用于描述跨部门合作典型和EA模型的一整套方法流程。其中,xGEA参考模型旨在通过一套共同认可的术语和定义来促进各协作部门之间的交流。参考模型由战略域、渠道域、业务过程域、业务信息域、应用域、基础设施域、集成域、信息安全域、服务管理域等9个域构成(见图3.6),每个域都有

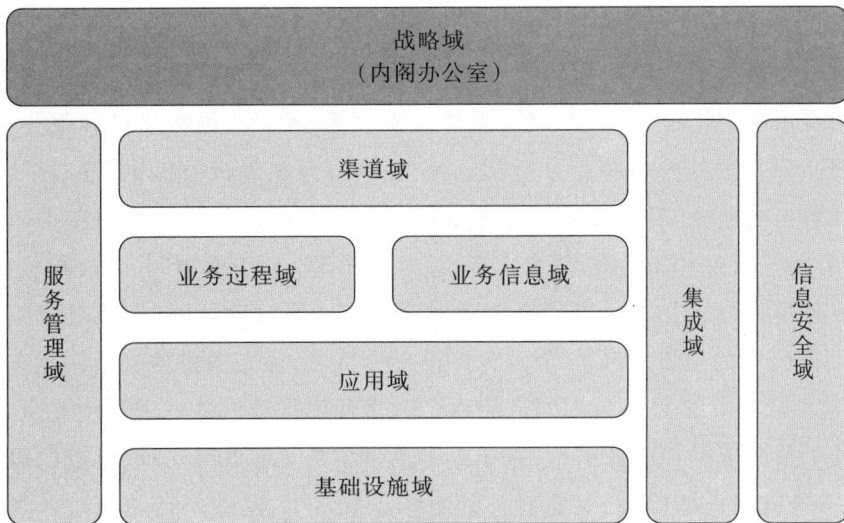

图3.6 英国 xGEA 参考模型

特定的过程、标准和规范。英国首席技术官委员会鼓励通过最佳实践促进对CGEA的研究和应用,例如英国机动车执照局已经在2007年的IT战略中基于CGEA参考模型开发出未来的IT架构蓝图,英国国际发展署和公路管理署也在最新的IT战略和政策中体现了对CGEA的遵从和应用。

(三)加拿大的电子政务顶层设计

加拿大的电子政务建设始终坚持"以公民为中心"的发展战略。以公民为中心,必然要求全面整合政府的各项业务,实现各部门之间的信息共享和业务协同。2001年6月,加拿大政府颁布了最终版的联邦架构,提出十三条原则,即减少集成复杂性,整体分析,业务事件驱动系统,定义的权威来源,安全、机密、隐私和信息保护,已证明的标准和技术,所有权总成本,成长规划,采用正式的工程方法,扩展的信息和服务环境,多传输通道,可达到的政府,稳健性。

2002年5月,加拿大财政委员会秘书处发起了加拿大业务转换赋能项目(BTEP),主要是通过一个更彻底、标准化的方法帮助部门和机构提高业务转换的可靠性和一致性,以提升计划和服务序列、业务设计,以及转化项目规划实施的效率。它包括两个视图,即业务视图和技术视图。在业务视图中,采用面向服务的业务设计方法,建立了政府战略参考模型,通过知识库、EA方法改进业务流程;在技术视图中,采用面向服务架构方式改进信息管理和信息技术的方法。BTEP建立技术与业务之间的桥梁,使技术人员和业务人员沟通时有共同语言。它旨在提供一个业务转换工具包,通过政府支持的互操作和集成框架,实现科学的战略规划和集成的战略设计,因此它主要包含5个要素。

转换路线图。帮助政府部门和机构的业务管理者确定他们的业务过程在互操作和集成方面的成熟度。路线图中有3种业务集成水平:基础性业务集成战略、适应性业务集成战略和转换战略。基础性战略主要体现技术上的互操作,适应性业务集成战略强调信息和业务的互操作,转换战略实现面向服务的政府转换。

政府战略参考模型。用于描述政府或者项目(过程)是如何运作的或应该如何运作,例如主要确定了政府应该有哪些服务,为什么要有这些服务,谁将从这些服务中获利等。它是一个面向公共服务的政府业务建模语言,为政府各联邦机构提供了一套共同词汇和框架以设计各自的业务架构,使政府业务建模标准化。政府战略参考模型中包含项目和服务模型、项目与服务整合模型、信息模型、绩效模型等9个子模型,其中最高层、最关键的是项目和服务模型(见图3.7)。在"项目模型"中,打破部门界限限制,从政府整体角度列举出12个面向公众的项目域和11个服务提供者项目域,每个项目域都由一到多个政府项目组成,而这些项目大多数来自不同政府机构。这种项目域设计对于识别冗余、集成各机构项目提供了参考依据。"服务模型"基于业务活动的方式提出了19项标准的服务输出类型,这些服务既有对内的服务,又有对外的服务。事实上,这些项目域和服务类下面又细分为很多业务线和服务子类。政府战略参考模型实现了横跨不同类型项目和服务的业务过程的一致性分析。

转换框架。该框架基于Zachman框架,横向分别从是什么、怎么样、在哪里、谁、何时、为什么的角度,纵向分别从范围和背景、概念、逻辑、物理、执行和具体操作6个层面将业务要素分为36个,囊括了业务的所有方面,是业务转换的蓝图。同时,转换框架为政府战略参考模型提供了结构,后者中的很多子模型可以"组装"到转换框架中。

核心赋能点和需求域。核心赋能点是所有部门和机构都有的核心业务能力,可以实现互操作和集成。核心赋能点能够使政府在实现其业务目标中提高其成熟度水平和灵活性,例如知识管理、信息管理、电子民主、资源管理等都是核心赋能点。需求域体现了各机构的共同需求。BTEP中列举了10个核心赋能点,这些赋能点分别解决技术互操作、信息互操作和业务互操作这3个需求域。

转换的整体方法论提供了一个分步、重复的过程,可以用于开展从规划到执行的各种业务转换工程,形成严格且可执行的愿景、战略、设计、标准、业务案例和执行计划。

加拿大的BTEP为政府各类业务过程提供了清晰且整体性强的视图,确定了哪些过程可以进行重新设计,并提供了持续的业务架构设计和执行计划。特别是GSRM通过规范通用的公共服务促进了机构之间的协作。

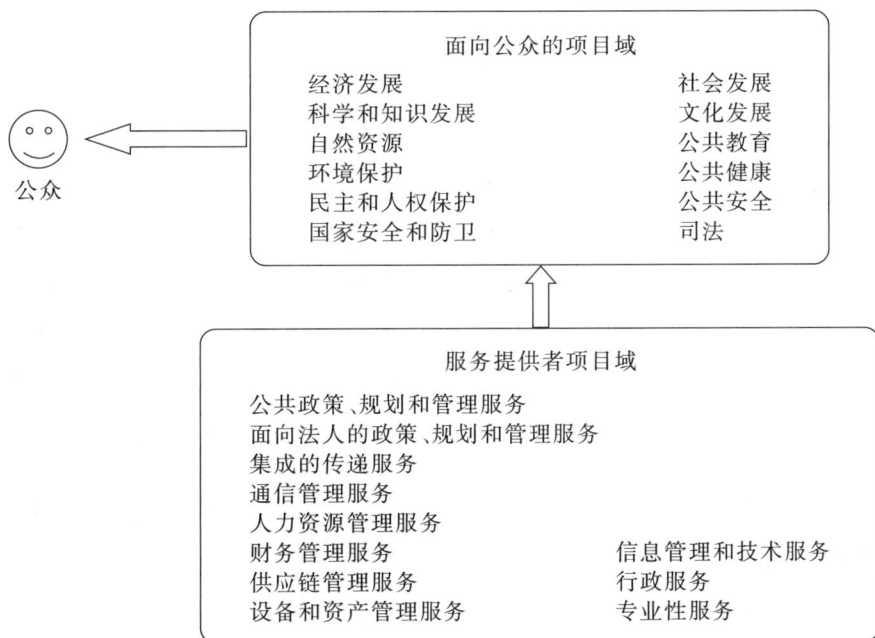

图3.7 加拿大政府战略参考模型的构成

国外电子政务的顶层设计具有以下共同特点:首先,顶层设计都以EA理论和方法为基础。美国基于早期的EA理论开发出新的FEAF,并制定了参考模型,以及促进顶层设计应用实施的一系列指南和管理工具。英国的xGEA亦是采用EA理念,体现了战略、业务和技术之间的融合。加拿大的转换框架采用了最早的EA框架——Zachman框架,其政府战略参考模型中采用EA方法设计项目模型和服务模型。其次,强调公共服务。美国FEA有专门的服务参考模型,而且在业务参考模型、绩效参考模型、数据参考模型和技术参考模型中都处处体现了服务理念;英国e-GIF在技术政策中专门涉及电子化服务的访问和渠道;GSRM用来描述政府服务类型、公共服务提供模式以及服务提供方面存在的差距和机会。再次,强调整合与协同。美国FEA的目的是改善美国联邦政府跨部门协作;英国e-GIF的目的是提供一体化的电子化服务;加拿大BTEP的目的是方便维持政府的整体性,实现从以政府为中心到以公民为中心的转变。最后,内容很具体,可操作性较强。美国FEA参考模型2.3版文件共90页,数据参考模型2.0版文件共114页,并配有60多页的实践指南;英国e-GIF6.1版文件共30多页,内容很详尽,对实际工作的指导性很强。

第二节　中国电子政务顶层设计

我国电子政务经过数十年的发展,在提高行政效率、促进信息公开和扩大民主参与等方面发挥着越来越重要的作用。但同时也暴露出多头管理、信息孤岛和资源浪费等问题。在此背景下,电子政务顶层设计日益受到重视。

一、电子政务顶层设计的探索

(一)电子政务顶层设计的提出(2002—2006年)

2002年,中共中央办公厅、国务院办公厅关于转发《国家信息化领导小组关于我国电子政务建设指导意见》(以下简称《指导意见》)的通知,由于当时政府信息化还处于起步阶段,此《指导意见》的原则性比较强,虽然没有提出"顶层设计",但是明确了电子政务建设要制定"总体规划"和推进八大任务,即建设和整合统一的电子政务网络、建设和完善重点业务系统、规划和开发重要政务信息资源、积极推进公共服务、基本建立电子政务网络与信息安全保障体系、完善电子政务标准化体系、加强公务员信息化培训和考核、加快推进电子政务法制建设,这些内容构成今后中国顶层设计的主体,而且非常具有前瞻性地提出建设"一站两网四库十二金",这为顶层设计奠定了扎实基础。2005年,国务院信息化工作办公室提出了下一阶段电子政务的首要任务是"抓好电子政务的顶层设计"。

2006年,原国务院信息化工作办公室印发了《国家电子政务总体框架》。该框架由服务与应用系统、信息资源、基础设施、法律法规与标准化体系、管理体制构成,主要内容包括满足用户需要的业务模型,支撑业务的信息资源的采集、开发利用和公开共享等。与国外电子政务顶层设计不同,《国家电子政务总体框架》带有明显的规划性思维。它虽然被称为电子政务总体框架,但是政府信息化、具体的电子政务项目都可以按照这个框架建设,因此,从严格意义上看,它不是一个基于政府层级架构的电子政务顶层框架,而是一个"基于要素"的电子政务顶层设计。总体框架为推进中国地方电子政务顶层设计探索提供了蓝图。

(二)电子政务顶层设计试点(2008—2011年)

2008年底,福建省在全国率先启动了福建省级部门电子政务深化应用顶层设计的尝试性工作,该工作由福建省"数字福建"建设领导小组办公室组织实施。由于在省级部门大范围开展电子政务顶层设计没有成功案例可资借鉴,因此2009年上半年先行在福建省交通厅、林业厅开展试点。

同年,福建省正式部署启动省级电子政务顶层设计,成立了省顶层设计工作组,分批次滚动式持续动员推进,多形式开展设计成果审查,53个省级部门全面开展部门核心架构设计工作。年底,工业和信息化部信息化推进司就福建省提交的《关于申请省级电子政务顶层设计试点的报告》正式函复,批准在福建省开展省级电子政务顶层设计国家试点工作。2009年底工作组初步完成部门核心架构设计初稿,历经7个月的修订完善后形成了《福建省级政府部门核心架构》。在部门核心架构的基础上,2010年初工作组开始研究福建省电子政务发展总体框架,并于2011年正式形成了包含总体技术架构、总体业务架构、总体数据架构和总体安全架构在内的《福建省电子政务发展总体框架》,编制了《省级政府部门应用系统建设需求目录》。

2011年5月,福建省电子政务顶层设计试点工作通过工业和信息化部验收。此后,多个部委和上海、北京、深圳等地电子政务主管部门也积极组织开展电子政务顶层设计研究和实践。

在这个时期,电子政务顶层设计主要集中在以下四种模式。第一,是以一个大的应用系统建设为切入点,在大系统建设的基础上逐步扩展工程范围,从而逐步扩展集中统一管控的范围,典型的例子是国家部委中的金盾、金税和金关等金字工程。第二,是以信息资源目录与交换体系建立为切入点,在建立信息资源共享交换平台的基础上不断加强集中统一管控,典型的例子是北京市信息资源管理中心所建立的信息共享交换平台。第三,是以数据规划为切入点,通过数据标准化达到对软件开发的统一管控,典型的例子是北京市建委的信息资源目录系统。第四,是以绩效管理驱动为切入点,通过绩效管理体系的建立促进电子政务建设的集中有效管控,典型的例子是武汉市硚口区的电子绩效管理系统及五个统一平台建设。以上四种模式各有特色,都是中国电子政务顶层设计的有益探索,都在一定程度上解决了分散投资带来的信息孤岛和投资浪费等问题,并朝着集中统一的管控模式迈进。但这四种模式都存在缺乏统一管控的方法和标准、缺乏系统和统一的方法论、跨机构的合作项目缺乏发起机制等问题,电子政务顶层设计的探索基本上还处在一个"只见树木、不见森林"的状态,还没有找到一种系统、全面、科学和可持续发展的方法。

 专栏3.5 武汉市硚口区的电子绩效管理系统

　　武汉市从2006年开始,对全市108家行政事业单位实行绩效管理;硚口区经认真研究后,提出了用信息化来进行绩效考核管理的工作思路。硚口区电子绩效管理系统的建设工程按照统一规划、统一明确工作指标和内容的原则,在现有政务内网基础上,优化整合资源,建立统一的、面向局内部的绩效管理系统。

　　该系统拟定用户是区全体公务员,覆盖全部76个政府单位的实际业务处理和绩效考核管理,整体形成一个畅通的业务工作处理、提供绩效考核的系统平台,为政府绩效管理和领导决策提供有效支持。

　　系统实施的目标:实时反映整体绩效指标的进展情况,并进行横向、纵向比较和综合评价;动态反映各级政府单位的工作状况,并对考核指标的完成情况进行绩效评估;实时监控主要工作的落实情况,跟踪查找工作中的薄弱环节,对完成未到位的指标进行督办,及时预警提示,并为领导决策提供依据。

(三)全面推进电子政务顶层设计

　　2011年,工业和信息化部颁发《国家电子政务"十二五"规划》,提出"全面推进电子政务顶层设计",明确以"完成以云计算为基础的电子政务公共平台顶层设计"为主要着力点,积极研究云计算模式在电子政务发展中的作用,全面分析新技术对电子政务公共平台发展的影响和全方位业务协同、信息资源共享及信息安全保障对电子政务公共平台发展的需求,适时开展以云计算为基础的电子政务公共平台顶层设计试点,在此基础上开展国家电子政务公共平台顶层设计,充分发挥既有资源的作用和新一代信息技术潜能,加快电子政务发展创新。

　　2012年,国家发展改革委员会发布的《"十二五"国家政务信息化工程建设规划》中,突出强调了"加强顶层设计、统筹规划"的指导思想,并指出,统筹规划和综合协调政务信息化工程建设,结合各政务部门核心职能,深入开展需求分析,合理设定建设任务,科学量化效能目标。加强顶层设计,统筹规划,分步实施,试点先行,成熟一项,建设一项,确保工程应用实效。

　　2013年,工业和信息化部发布《基于云计算的电子政务公共平台顶层设计指南》(以下简称《指南》),将云计算的先进技术与顶层设计的总体思路结合在一起,直面在智慧城市与电子政务建设过程中普遍存在的资源整合及共享难题,为各地电子政务公共服务平台建设提供了一条可行的路径。《指南》发布后,工业和信息化部在陕西召开了全国地方

电子政务公共平台顶层设计工作座谈会,着手在全国范围内推进电子政务公共平台顶层设计,并在陕西、福建、海南等地方部署开展基于云计算的电子政务公共平台顶层设计试点。

专栏3.6 《基于云计算的电子政务公共平台顶层设计指南》的设计方向、原则和内容

《基于云计算的电子政务公共平台顶层设计指南》明确提出,"结合电子政务发展实际,完成基于云计算的电子政务公共平台顶层设计,指导电子政务公共平台建设实施和应用服务",与此相对应的设计原则为加强组织领导,建立统一的顶层设计工作机制和制度规范,坚持统筹规划、试点先行、分级实施,逐步构建形成目标一致、方向统一、互联互通、层级衔接的全国各级电子政务公共平台顶层设计实施体系。同时详细规定十个方面的设计内容,即需求设计、系统架构设计、基础设施服务设计、支撑软件服务设计、应用功能服务设计、信息资源服务设计、信息安全服务设计、应用部署设计、运行保障服务设计、服务实施设计。

2014年,国务院办公厅发布《关于促进电子政务协调发展的指导意见》,明确要统筹抓好三大方面、十七项工作任务和十二项重点工程任务,其中在"加强顶层设计,统筹电子政务协调发展"方面,国家重点抓好加快电子政务内网建设、加强电子政务外网建设和管理、积极推动各地区各部门业务专网应用迁移和网络对接、强化国家基础信息资源开发利用、推进信息资源共享和数据开放利用、切实加强安全保密、完善法律法规和标准规范等七项任务。

2017年,国家发展改革委出台《"十三五"国家政务信息化工程建设规划》(以下简称《规划》),作为规范和指导我国政务信息化工程建设的纲领性文件。《规划》遵循系统理论思想,提出了"大平台、大数据、大系统"的顶层架构,对"十三五"时期应该重点创新突破的业务方向进行了梳理规划,重点推进以"两网、一平台、四库、六系统"为主要内容的重大政务信息化工程建设,整体构成一棵国家治理的"智慧树",形成改革合力,推进跨部门的资源共享和业务协同,实现各部门上千个信息系统的整合共享,从根本上化解信息孤岛、数据烟囱、重复建设等问题。从电子政务发展的客观环境来看,我国的电子政务正在逐步迈入"顶层设计"实施的新阶段。

二、电子政务顶层设计的构成与内容

从中央政府层面来看,我国电子政务顶层设计以基于要素的顶层设计为主,在不同时期,电子政务建设重点不同,内容也有所差异。

(一)电子政务顶层设计的构成

2006年《国家电子政务总体框架》中首次提出电子政务顶层设计的内容,它主要由服务与应用系统、信息资源、基础设施、法律法规与标准化体系、管理体制五5个方面构成(见图3.8)。服务与应用系统主要由优先支持的业务、重点支持的应用以及面向不同服务对象的具体服务构成;信息资源由基础信息资源、采集更新信息资源和公开共享信息资源构成;基础设施由政府网络、共享交换体系和信息安全构成。推进国家电子政务建设的总体原则为服务是宗旨,应用是关键,信息资源开发利用是主线,基础设施是支撑,法律法规、标准化体系、管理体制是保障。

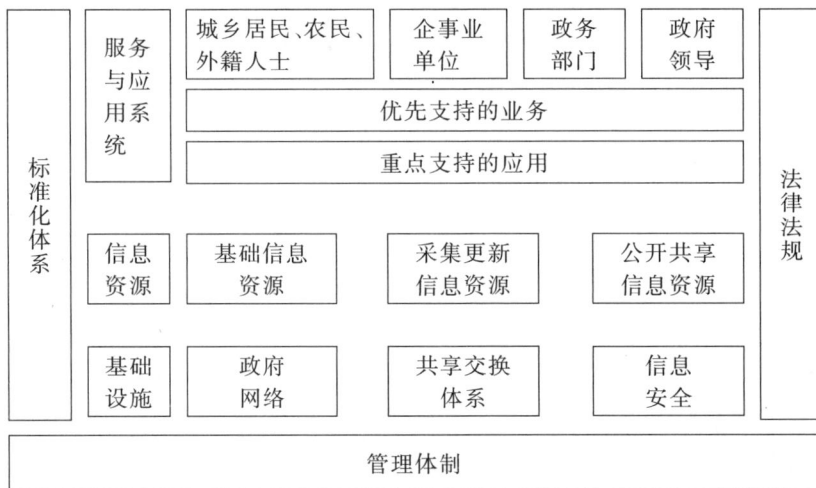

图3.8 电子政务顶层设计构成(2006年)

2017年,《"十三五"国家政务信息化工程建设规划》结合大数据、云计算等信息技术的发展,在2006年总体框架的基础上,进一步明确了顶层设计的目标和构成,即构建形成大平台共享、大数据慧治、大系统共治的顶层架构(见图3.9)。主要内容有:第一,统筹推进国家电子政务内网和国家电子政务外网,基本实现各类政务专网的整合迁移和融合互联,支撑各级政务部门纵横联动和协同治理。第二,深入推进政务信息化建设的集约整合和共享共用,一体化推进国家政务数据中心、国家数据共享交换工程和国家公共数据开放网站的融合建设,打造"覆盖全国、统筹利用、统一接入"的大平台。第三,深化国家基础信息资源开发利用,持续推进人口基础信息库、法人单位基础信息库、自然资源和地理空间基础信息库、社会信用信息库的建设完善及开发利用,关联融合社会大数据,逐步汇聚形成政务治理大数据,充分挖掘数据价值,释放数据红利。第四,推进国家重要信息系统建设,充分体现协同共治、信息共享理念,规划设计了党的执政能力、民主法治、综合调控、市场监管、公共安全、公共服务等六大体系工程,统筹整合新增业务系统及已有存量信息系统。

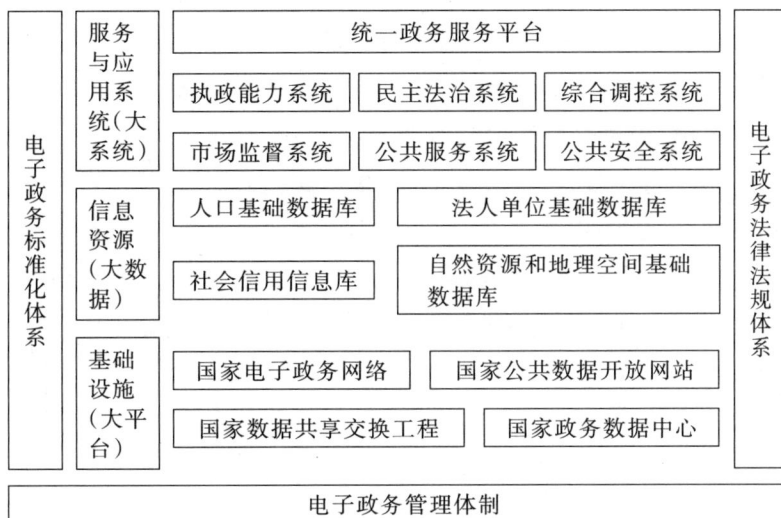

图3.9 电子政务顶层设计构成(2017年)

(二)服务与应用系统

《国家电子政务总体框架》中的服务与应用系统由面向公众、企事业单位和政府的各种服务、优先支持的业务和重点支持的应用构成。首先,服务是电子政务建设的出发点和落脚点,表明了电子政务的社会使命。服务的实现程度、服务效率、服务质量是电子政务建设成败的关键,因此在总体框架中表现为面向不同对象提供多种多样的服务。其次,优先支持的业务主要是围绕公众、企事业单位和政府的需要,选择社会公众关注度高、经济社会效益明显、业务流程相对稳定、信息密集、实时性强的政府业务。优先支持办公、财政管理、税收管理、金融监管、进出口管理、涉农管理与服务、食品药品安全监管、信用监管、资源管理、环境保护、公共安全管理、社会保障、司法保障等业务。这些业务是支持政府提供多样化服务的重要基础,也是规划应用系统建设的重要依据。再次,应用系统是电子政务建设的主要内容,围绕优先支持的业务,以政务信息资源开发利用为主线,以政务信息资源目录体系与交换体系为支撑,兼顾中央和地方的信息需求,统筹规划应用系统建设。重点完善已建应用系统,强化已建系统的应用,推动互联互通和信息共享,支持部门间业务协同。

专栏3.7

《国家电子政务总体框架》中服务与应用系统提供的服务

面向城乡公众生活、学习、工作的多样化需求,提供婚姻登记、计划生育、户籍管理、教育、文化、卫生保健、公用事业、住房、出入境、兵役、民主参与、就业、社会保障、交通、纳税等电子政务服务;为农民提供涉农政策、科技知识、气象、农产品和农资市场信息、劳动力转移、教育、合作医疗、农用地规划、乡村建设、灾害防治等服务;为外籍人员提供出入境、商务活动、旅游观光、文化教育、在华就业等服务;面向企事业单位提供单位设立、纳税、年检年审、质量检查、安全防护、商务活动、对外交流、劳动保障、人力资源、资质认证、建设管理、破产登记等电子政务服务。政府还需要提供各种各样的信息服务,如为满足政府经济管理和社会管理的需要,提供市场与经济运行、农业与农村、资源与环境、行政与司法、公共安全与国家利益等方面的信息监测与分析服务;为满足各级领导科学决策的需要,提供信息汇总、信息分析等服务。

《"十三五"国家政务信息化工程建设规划》提出按照统一标准规范、统一信息资源目录、统一协同汇聚平台和多个业务系统的工程架构,推动各部门联合构建充分共享、协同治理、界限清晰、分工有序的大系统工程。主要包括以下六大系统工程。

党的执政能力信息化工程,主要是围绕党中央总揽全局、统筹各方、决策指挥和日常运转的需求,构建覆盖党中央各部门核心业务的应用系统。建设内容包括:建设和完善覆盖党中央各部门的核心业务系统,整合构建党中央决策部署贯彻落实综合协调与保障信息化平台;加强党委信息资源按需汇聚,推动政府部门相关信息与党中央各部门的数据共享;深化全国纪检监察信息系统工程应用,建设完善监督执纪问责信息平台;建设全国干部(公务员)管理信息系统,支撑对各级干部教育培养、选拔任用、考核评价、管理监督、离退休管理和公务员管理中进、管、出各环节的业务管理需要;开展以党委系统大数据治理与服务模式创新为重点的信息系统建设。

民主法治信息化工程,主要是围绕"法治中国"建设,优化人大立法和监督的信息保障,强化政协参政议政的信息机制,提高审判、检察和刑罚执行业务信息化水平,全面增强支撑民主法治建设的信息能力。建设内容包括:以提高人大依法履职水平为核心,围绕人大及其常委会立法、监督、代表、外事等重点工作,加强人大业务系统建设;针对经济社会发展的重大决策,完善政协业务系统和信息资源库;加强国家法律法规信息库建设,提升立法信息保障及业务信息化水平;深化电子检务、天平工程、金盾工程等现有业务系统应用,构建以案件为主线的公安机关、检察机关、审判机关、司法行政机关各司其职的行为留痕机制;依法实现过程透明,强化侦查权、检察权、审判权、执行权相互配合和制约的信息能力,全面提高司法公信力和司法公正水平。

综合调控信息化工程,主要立足创新和完善宏观调控,通过综合调控治理体系工程建设,促进宏观调控、产业发展、区域经济、社会发展、生态环保等领域协同治理,加强宏观、中观、微观政策衔接配套,做好战略、规划、产业和区域政策、资源环境约束的承接落实,显著提升经济发展综合调控治理能力。建设内容包括:建立综合调控信息资源目录体系,建设宏观调控管理信息平台,依托平台推进综合调控协同治理和信息共享;完善监测统计指标体系,加强专题信息资源建设和大数据应用;建设和完善生态安全、环境保护、三农发展、能源安全、科技创新、粮食安全、节能降耗、自然资源管理等专项系统,加强审批监管、价格监管、国资监管、金税、金财、金土、金水、金审等业务领域的深化应用和数据共享。

市场监管信息化工程,主要是建成跨部门、跨层级市场监管与服务体系工程,实现工商、税务、质检、商务等部门监管与服务政务行为的协同联动,提高商事服务便捷化程度,促进更加健全有效的市场机制的形成。建设内容包括:立足健全市场机制、推进商事制度改革,建立市场监管与服务信息资源目录体系;建设完善全国信用信息共享平台,逐步与各部门、各地区信用信息系统及平台实现互联互通;建设和完善国家企业信用信息公示、"信用中国"网站公示、公共资源交易服务、重要产品安全监管与追溯、交通物流公共信息服务等专业系统;推进金税、金关、金质等重大工程的深化应用和数据共享。

公共服务信息化工程,主要是构建形成公开透明、高效便捷、城乡统筹、公平可及的公共服务体系。建设内容包括:优化直接面向企业和群众服务项目的办事流程和服务标准,梳理形成统一规范的政务服务信息资源目录清单、政府权力清单和责任清单;全面推广"互联网+政务服务",建设统一的国家政务服务平台,实现跨地区、跨部门、跨层级政务服务事项的统一汇聚、关联互通、数据交换、身份认证、共性基础服务支撑等功能;深化现有政务服务系统应用,着力提高精准扶贫、医疗健康、社会保障、社会救助、创新创业、公共文化服务、法律服务等工作的信息化水平;推进政务服务向街道社区和村镇延伸;推进网上信访建设;依托国家政务服务平台,整合汇聚各地区、各部门政务服务事项与服务资源,推动政府权力全流程网上运行和监督,逐步形成一站式服务能力。

公共安全信息化工程,主要是通过对自然灾害、事故灾难、公共卫生、社会安全等重点安全领域的源头性、基础性信息资源的优化整合和业务关联共治,提高常态下安全管理创新、风险隐患预防化解和非常态下的快速应急处置能力。建设内容包括:建立健全社会公共安全治理信息资源目录体系和应急预案体系,进一步建设完善国家应急平台体系;建设完善安全生产监管、公共安全基础综合服务管理、自然灾害监测预警、环境事故应急处置、公共卫生与传染病防控、应急物资保障等系统;以国家应急平台体系为数据汇聚和业务协同的节点,按照平战结合思路,加强部门间的协调联动和信息共享,提高严格执法、预防为主、快速响应、有效处置的能力,加强舆情引导,切实提高社会公共安全保障水平,实现全程管理、跨区协同和社会共治。

(三)政务信息资源

政务信息资源是政府在履行职能过程中产生或使用的信息,为政务公开、业务协同、辅助决策、公共服务等提供信息支持。《国家电子政务总体框架》中明确指出,政务信息资源开发利用是推进电子政务建设的主线,是深化电子政务应用取得实效的关键。要把开发利用政务信息资源,充分挖掘政务信息资源的价值作为电子政务建设的中心工作内容,并全面做好政务信息资源的管理工作,注重政务信息资源的采集和更新,以政务信息公开和共享为突破口,强调对基础信息资源的开发和利用。主要包括三个方面的内容:一是信息采集和更新,包括政务信息采集和更新的主体、分工、权责、流程、机制的建设。二是信息公开和共享,即以公开为原则,以不公开为例外,编制政府信息公开目录,及时、准确地向社会公开行政决策的程序和结果。依托政务信息资源目录体系与交换体系,实现跨地区、跨部门信息资源共享。三是基础信息资源,这方面资源来源于相关部门的业务信息,人口、法人单位、自然资源和地理空间等基础信息的采集部门按照"一数一源"的原则,开展业务活动,保证基础信息的准确、完整、及时更新和共享。基础信息库分级建设、运行、管理,边建设边发挥作用。国家基础信息库实行分别建设、统一管理、共享共用。

《"十三五"国家政务信息化工程建设规划》进一步提出,以国家基础信息库共建共享为推进抓手,打破信息壁垒和"数据孤岛",逐步实现与业务信息以及社会大数据的关联汇聚,构建统一高效、互联互通、安全可靠的国家信息资源体系,打通各部门信息系统,推动信息跨部门跨层级共享共用,依托国家公共数据开放网站,加快推进基础信息资源向社会开放。重点建设四大信息库,建设目标和内容如下。

人口基础信息库的建设目标是,依托统一的国家电子政务网络,建成人口基础信息库,在所有政务部门间实时共享,为各级政务部门开展相关业务和政务服务提供基础信息支持。建设内容包括:加快建设完善人口基础信息库,形成数据及时更新校核机制;将人口基础信息库的交换平台向统一的国家数据共享交换枢纽迁移,实现分散于部门专网的人口基础信息向国家电子政务网络实时共享汇聚;促进相关部门信息系统有关人口业务信息的采集汇聚,扩展健康、收入、婚姻、社保、救助、贫困、残疾、流动、死亡等信息,逐渐丰富人口基础信息资源条目,深化人口信息资源的分布查询和应用;通过国家公共数据开放网站安全可控的数据接口,面向社会提供脱敏人口信息资源,促进相关领域业务创新。

法人单位基础信息库的建设目标是,依托统一的国家电子政务网络,建成法人单位信息资源库,实现机关法人、事业法人、企业法人、社会组织法人和其他法人基础信息的实时共享。实现基础信息的有序开放,促进法人单位信息资源的社会化利用。建设内容包括:建设完善法人单位基础信息库,形成数据及时更新校核机制,在统一的国家电子政务网络环境下,依托国家数据共享交换枢纽,实现法人单位基础信息在所有政务部门间实时共享;扩展各类法人单位的组织结构、股权结构、经营范围、资产规模、税源税收、销售收入、就业人数、人才构成、产品服务等信息,促进相关部门有关法人单位业务信息的关联汇聚,丰富法人单位信息资源;支撑法人单位信息资源的分布查询和深化应用,通过国家公共数据开放网站,分级、分类安全有序开放法人单位基础信息,促进社会化创新应用。

自然资源和地理空间基础信息库的建设目标是,依托统一的国家电子政务网络,建成自然资源和地理空间基础信息库,面向各级政务部门实时共享,有序向社会开放数据,为政务治理决策和社会化创新利用提供数据支持。建设内容包括:建设完善自然资源和地理空间基础信息库,扩展政务部门和社会普遍需要的自然资源和空间地理基础信息;依托国家数据共享交换枢纽,加快土地矿产资源、生态环境状态、地质地震构造、耕地草原渔业、农作物种植情况、森林湿地荒漠、生物物种分布、河湖水系分布、城乡规划布局、地下设施管网、水域空域航线等空间地理业务信息的采集汇聚,并与空间地理基础信息库进行关联,实现遥感数据服务、自然资源和地理信息公共服务的结合;加强在国土资源、城乡规划与建设、区域规划、农业、林业、水利、气象、海洋、环境、减灾、统计、交通、教育等领域的共享应用;通过国家公共数据开放网站安全可控的数据接口向社会开放,促进自然资源和空间地理信息的公益性服务和市场化创新应用。

专栏3.8
全国信用信息共享平台建设情况

截至2019年6月底,平台横向连接44个中央部门,纵向贯通32个省级平台,为我国信用信息体系建设提供重要支撑。一是构建信用信息"枢纽站"。平台累计归集各类信息约368.83亿条,收录信用目录8568条,向有关部门和地方开通查询接口67个,调用法人信息约1.5亿次、黑名单及双公示信息约1300万次。二是促成联合奖惩"参谋部"。截至2018年12月底,全国法院执行案件到位金额达4.4万亿元,累计约351万名失信被执行人慑于信用惩戒主动履行法律义务,1417户税务黑名单当事人主动缴清税款、滞纳金和罚款,37名证券期货市场违法当事人主动缴纳罚款,92名限制乘坐火车、民用航空器乘客主动补足相关票款、履行法律义务。三是打造信用信息"宣传窗"。信用中国网站累计访问量超过200亿人次,日点击量稳定在5000万人次左右,综合排名提升到第8677名,网站的社会影响力不断扩大。

社会信用信息库的建设目标是,构建基于统一社会信用代码的社会信用基础信息库,实现社会信用基础信息的跨部门跨地区共享和面向社会开放,为相关领域开展守信联合激励和失信联合惩戒及社会征信市场发展提供统一基础信息支撑服务。建设内容包括:

依托国家数据共享交换枢纽,加快统一社会信用代码信息的集中汇聚,实现增量及时公开、存量转换到位,抓紧建立统一社会信用代码及其与现有各类管理代码的映射关系;实现行政许可信息、行政处罚信息、联合惩戒信息的归集,通过国家企业信用信息公示系统依法向社会公示;通过"信用中国"门户和国家公共数据开放网站面向社会开放,加大守信联合激励和失信联合惩戒力度,推动社会征信市场发展,方便社会公众查阅。

(四)基础设施

在《国家电子政务总体框架》中,基础设施包括国家电子政务网络、政务信息资源目录体系与交换体系、信息安全基础设施。首先,国家电子政务网络由基于国家电子政务传输网的政务内网和政务外网组成。《国家电子政务总体框架》提出,充分利用国家公共通信资源,形成连接中央和地方的统一的国家电子政务传输骨干网。各级政府按照统一标准规范、统一地址和域名,分级规划,分别实施,分级管理,推进电子政务网络建设,逐级实现互联互通。其次,按照统一的标准和规范,逐步建立政务信息资源目录体系,为各级政府提供信息查询和共享服务;逐步建立跨部门的政务信息资源交换体系,围绕部门内信息的纵向汇聚和传递、部门间在线实时信息的横向交换等需求,为各级政府的社会管理、公共服务和辅助决策等提供信息交换和共享服务。依托统一的国家电子政务网络,以优先支持的业务为切入点,统筹规划、分级建设覆盖全国的政务信息资源目录体系与交换体系,支持信息的交换与共享。再次,信息安全基础设施,主要是围绕深化应用的需要,加强和规范电子政务网络信任体系建设,建立有效的身份认证、授权管理和责任认定机制。建立健全信息安全监测系统,提高对网络攻击、病毒入侵的防范能力和网络失泄密的检查发现能力。统筹规划电子政务应急响应与灾难备份建设。完善密钥管理基础设施,充分利用密码、访问控制等技术保护电子政务安全,促进应用系统的互联互通和信息共享。

《"十三五"国家政务信息化工程建设规划》对基础设施建设做出新的规划,包括国家电子政务网络、国家公共数据开放网站、国家数据共享交换工程、国家政务数据中心等内容。

国家电子政务网络的建设目标是,全面建成统一的国家电子政务网络,基本实现各类政务专网的整合迁移和融合互联,政务信息安全防护能力得到显著强化,支撑各级政务部门纵横联动和协同治理。建设内容包括:加快建设国家电子政务内网,完善顶层互联互通平台建设,按需拓展网络覆盖范围,形成统一的国家电子政务内网网络,有序组织涉密专网向内网的迁移工作,构建内网综合安全保障体系,形成全国统一的政务内网信任服务体系,强化网络综合运维管理,提高内网网络安全管控和综合支撑能力。建设完善国家电子政务外网,优化骨干网络结构,加快非涉密政务专网迁移整合或融合互联,实现中央、省、市、县各级政务部门的四级覆盖,加快向乡镇、街道、社区、农村延伸,统一互联网出口,拓展互联网区服务能力,加强移动接入平台建设,建设综合安全管理系统,完善统一的电子政务外网信任服务体系,全面加强全网等级保护建设,提升政务外网承载服务和安全保障能力。

国家公共数据开放网站的建设目标是,在依法加强安全保障和隐私保护的前提下,重点围绕民生服务需求,实现可开放政务数据向社会公众集中、有序开放和规范利用,增加开放数据的数量,提升其质量、时效性和易用性,显著提升公共数据的有效利用和深度开发水平,促进社会创新和信息经济发展。建设内容包括:建设国家公共数据开放网站,形成统一的门户服务、数据开放管理、安全脱敏、可控流通等功能;在政务信息资源目录基础上,形成政务数据资源开放目录,编制政务数据开放共享标准规范;结合社会公众需求,以可机读批量下载方式,分级、分类重点开放企业登记、信用、交通、医疗、卫生、就业、社保、地理、文化、教育、科技、知识产权、自然资源、农业、林业、环境、安监、质量、统计、气象等公共服务相关领域的非涉密公共数据;加强对经济社会重要领域社会化数据的采集汇聚,促进政务数据与社会数据的关联融合创新。

国家数据交换工程的建设目标是,建成统一的国家数据共享交换枢纽,全面贯通省级数据共享交换枢纽节点,形成全国政务信息共享体系,实现重要信息系统通过统一平台进行数据共享交换,政务数据共享率大幅提升。建设内容包括:依托政务内网和政务外网,分别建设涉密和非涉密数据共享交换枢纽,构建国家政务信息资源共享目录服务系统和标准规范体系,规范各部门共享交换数据的内容、质量和方式;推动地方数据共享交换枢纽建设,实现国家数据共享交换枢纽与地方数据共享交换枢纽的对接,形成统一的全国政务信息共享枢纽体系,支撑国家基础信息库、重大体系工程及部门重要信息系统跨部门、跨地区、跨领域数据共享交换;建设全国政务信息共享网站,汇聚政务信息,监测共享情况,加强政务数据关联分析利用。

国家政务数据中心的建设目标是,依托国家电子政务网络和互联网,建成数据中心和云计算一体融合的国家政务数据中心,为中央部门提供多层次、专业化云服务,支撑政务业务协同和数据共享汇聚,为构建全国一体化的国家大数据中心奠定基础。建设内容包括:建设统一的国家政务数据中心,形成安全可控、集成创新、分类服务的政务云,承载国家数据共享交换枢纽、国家公共数据开放网站、国家基础信息资源库以及跨部门重大信息化工程;面向各部门提供专业化的系统托管、数据交换、业务协同、容灾备份服务;推广办公系统、政务信息公开、政民互动、调查系统、邮件系统等通用软件云服务;以国家政务数据中心整合盘活政府已有数据中心和社会化数据中心资源,构建形成符合政务信息化需求及安全保密要求的政务数据中心体系;推动部门存量基础设施资源的整合利用,依托国家政务数据中心构建部门私有云,推动不具备规模效应的部门数据中心逐步向国家政务数据中心迁移,促进全国一体化国家大数据中心建设。

三、电子政务顶层设计的本土化

顶层设计在当前电子政务建设中发挥了日益重要的作用,我国基于要素的电子政务顶层设计只是一个概念模型,在国家层面,还没有基于EA的电子政务顶层设计。美国联邦组织架构(FEA)、英国电子政务互操作框架(e-GIF)等都是目前广泛研究的顶层设计模型,这些模型在我国电子政务规划和建设中应用并不多,究其原因在于没有较好地解决"洋"架构本土化问题。从实际出发,我国电子政务顶层设计本土化过程中应重点解决如下问题。

（一）顶层设计的根本目标和应遵循的思路

我国电子政务顶层设计的根本目标是建立以绩效为导向、以业务线方法为基础、以流程为驱动的电子政务;设计出发点是可管理、可计量、可考核的绩效目标及其相应的业务流程;核心是业务线方法论和信息资源规划;本质是真正实现由技术中心向业务中心的转换,实现由信息技术和应用系统转向信息资源的规划和管理,从各部门分头建设转向跨部门综合建设,从系统建成之后再集成转向系统建设之前完成一体化设计。应遵循的思路是,以"政府业务"为核心,紧紧围绕"政务"下功夫;强调业务流程和信息资源数据的高度统一,突出"数据是流程上的业务记录",任何割裂开来的做法都会对电子政务的健康发展带来损害。顶层设计应该以可管理的业务流程为目标,实现业务流程的持续改进,同时采用可视化的方法和工具来实现业务线的"电子化"管理,从而摆脱传统的"静态"业务流程表述方法对复杂的政府业务流程的制约。此外,顶层设计还应以通用的业务流程运营管理平台为"业务线战略"的工作平台,强调全生命期的运营管理,变"静"的业务线为"动"的业务线,进一步深化"政务"本身在电子政务应用系统中的源头性、基础性地位。

（二）顶层设计的指导原则和实施路径

顶层设计要遵循整体性原则、结合性原则和机制性原则。整体性原则指的是要对政府所有业务进行统筹考虑,打破部门限制,把政府作为一个整体来分析。电子政务要提供一站式服务,对内要进行业务流程再造、机构重构、整合信息资源和应用系统。结合性原则指的是政府业务与信息技术相结合,把电子政务的理论框架和技术框架统一起来进行考虑。根据更高层面的总体业务需求与资源共享要求,考虑到最终要结合信息系统的实现而进行的"业务再设计"。机制性原则是指顶层设计是领导和管理电子政务的一种工作机制。只有通过中央政府的总体框架,才可能分析梳理清楚国家机关的各种业务。其他各级政府的电子政务也要遵循这个原则,"从上到下"参照这种清晰的蓝图进行电子政务投资。

从实施角度看,各级政府都要进行电子政务的顶层设计。首先应做好中央政府的顶层设计,下级政府可以独立去做,但要符合中央政府的要求,只有这样才能最终建成一体化的电子政务体系。为保障国家整体电子政务发展的协调性,需要强化国家、省、市级层面的电子政务的顶层设计,避免盲目性,把我国的电子政务建成一个以知识管理为核心的统一的无缝集成的综合体系。对于任何一级政府单位,如果要想开展业务流程的建设工作,都要进行深入细致的分析,保证领导高度重视的同时,形成良好的组织与实施机构,并充分利用外部专家和第三方咨询的专业力量,共同将工作做好。除了组织上的保证外,还要充分地尊重科学,以规范化的工作流程推进业务流程的设计工作。

(三)顶层设计的重点领域和主要内容

顶层设计的重点领域和主要内容有以下四个方面。

首先,政府应通过电子政务顶层设计,统筹政府的业务,以政府的核心业务流为主线,将其分解成若干服务子功能。政府如果要实现整体性战略的"顶层设计"规划,就需要提供一个可以完全整合业务流程以及具有可实施性的操作模式,这要求电子政务系统可以实现跨领域、跨部门、跨层级的系统整合与业务流程的转型。

其次,以信息资源规划为主导,以信息资源的无缝集成为战略目标,建立面向应用的各级信息资源管理中心;国家整体性战略"顶层设计"规划要求建立一个安全、可信的共同信息共享框架,或者信息共享平台,以达到政府内部各层级、各地域、各部门较为轻松的"交换信息""资源共享",坚决避免阻碍政府运作、信息交换中的"技术性问题"的出现。因而,政府在建设和改进电子政务系统的过程中,应尽快研究、制定相关电子政务标准。从"顶层设计"角度出发,电子政务的标准既包括技术标准、管理标准、信息共享标准、基础设施标准,也要包含为民服务的标准。

再次,通过基于中间件和构件组成的应用支撑平台的互操作功能,解决好各应用系统的综合应用和数据调度。具体可以采用两种模式,一种方式是建设一个新的统一规划的"政府业务处理系统",各业务单位放弃原有系统,统一使用这个新建的专门用于提供信息和实现各系统的业务、资源、数据共享的电子政务标准系统。另一种是建立一个公共平台,一个以公众需求为导向,专门为公众提供通用工具与功能的"服务导航平台",在此基础上,实现相关服务、相关管理机构的业务协同、资源共享。

最后,构建以门户网站为战略核心的服务架构,从逻辑上整合已分解的核心业务流的服务子功能,在数字化表达的基础上对其进行标准化,然后由应用支撑平台统一调度,解决好前台应用和后台整合的问题。

(四)顶层设计的难点是对政府业务的理解、分析和梳理

顶层设计的重点是业务,业务分析和政府业务流程的再设计是电子政务总体框架和顶层设计的真正难点。顶层设计应通过使用系统科学的理论和信息工程中的科学方法论,遵循业务线的构建理论,深入挖掘、收集、梳理和描述政府现实的和潜在的业务需求并进行科学分类,把业务需求按层次呈现出来,并以数据的形式,保存在一个可以管理的业务流程数据库中,以利于总体架构的实现,进而推动信息资源的规划、开发和利用。顶层设计的输出结果,将以丰富清晰的业务架构和模型,帮助和推动业务决策,帮助和推动政府的体制改革及职能转变,形成精准的为企业和居民提供服务的路径、技术解决方案和服务构件模型。总之,顶层设计应从业务出发,从提高政府绩效出发,全面地反映政务的各种业务结构、业务流程、业务数据的状态及其变化过程,用总体框架的输出结果指导电子

政务工程的建设项目。

(五)顶层设计的关键要素

从构成来看,顶层设计的关键要素应包括业务架构、数据架构、战略信息系统架构、技术架构、绩效架构、基础设施架构、安全架构,以及架构的管理、架构的法律、架构的政策环境等。

业务架构。业务架构是核心和基础,是所有的电子政务建设的源头。业务架构设计要遵循"以公众为中心"的理念,对现有业务进行重新审视和优化改进,并按照"面向客户"的原则合理划分业务线,进而形成组织的总体业务视图,为利用信息化提升服务的效率和降低行政成本打下坚实的基础。同时要充分利用可视化的业务流程运营管理工具,实现业务流程建设的"长期化",增强业务流程的"可持续更新"能力,从而为政府的行政体制改革和行政流程的"柔性化"提供实施上的支持。需要强调的是,业务数据是业务结构和业务流程的抽象反映,是梳理业务的核心工作内容,因为基于构件的应用系统不是围绕业务功能设计的,而是围绕业务线数据设计的。

数据架构。数据架构的建设目的是建立"自顶而下"的总览,以支持用一个通用方法达到数据分类、交换和结构化的能力。其指导原则为支持具有创建跨机构、可互操作的数据体系架构的能力,支持为政府的资源计划而采用统一、标准的数据,推动目标组织和总体架构的设计,提高系统集成和互操作能力,促进数据构件重用,提高机构IT投资的绩效,支持相关的立法需求。

战略信息系统架构。战略信息系统架构包括业务流程通用运营管理平台、综合应用支撑平台、业务流程标准数据库、数据互操作标准数据库。战略信息系统架构实现了业务架构、数据架构和应用系统的融合和统一。通过业务流程通用运营管理平台将业务架构和数据架构统一起来,分别建立业务流程标准数据库和数据互操作标准数据库。在此基础上通过综合应用支撑平台,充分利用企业服务总线技术、成熟的中间件、电子政务构件等产品,规划每个组织的应用系统,进而实现对现有系统的改造,或者开发新的应用系统。采用战略信息系统架构的优势在于政府部门在进行基于核心业务和信息资源的规划时,可以完全屏蔽底层的技术架构和基础设施架构。让业务应用系统的使用者成为业务流程逻辑的设计者,充分避免"建设"和"应用"两张皮的现象。

技术架构。技术架构指的是在战略信息系统架构的指导下,构建"适当、柔性"的应用系统所应该遵循的建设、开发的原则和技术标准,以及在整个政府领域提供服务组件开发、部署、共享的相关规范,等等。技术架构通过充分发挥"中间件"[①]产品的效益从而为电子政务的建设打下了坚实的基础。

绩效架构。在投资环节把投资决策与绩效挂钩是提出绩效架构的前提。重点要解决

---

① 中间件(Middle Ware)是基础软件的一大类,属于可复用软件的范畴。它是一种独立的系统软件或服务程序,分布式应用软件借助这种软件在不同的技术之间共享资源。

如下的问题:电子政务建设项目的成功取决于创新服务业务本身长久生存的合理性,这些业务能否继续进行下去最终将取决于它是否会带来足够的效益,因此,实施电子政务新战略的长久动力来自利益的驱动。电子政务绩效评估模式应该是综合各种相关因素并将其量化的战略结果,是管理电子政务建设的科学手段,是引领电子政务建设导向的指南。绩效评估架构应当能够清晰地描述输入、输出结果之间的因果关系,从而为所期望的结果创造一个清晰的"视觉线"。绩效参考模型是一个标准化的框架,主要用来评估信息技术行为的绩效以及他们对项目绩效的贡献。

此外,基础设施架构描述了支持整个电子政务建设和运行的硬件环境、软件环境、网络环境、接入环境等基础的设施。安全架构描述了支持整个电子政务建设和运行的安全措施、安全服务等,它贯穿整个建设过程的始终,并需要统一规划、统一实施和维护的方法、工具、规则体系。

综上所述,中国电子政务顶层设计本土化,主要解决如何将国外电子政务顶层设计的EA方法与我国目前基于要素的顶层设计相结合的问题,也可以看作用EA的方法把后者具体化和可操作化,这需要不断的实践和探索。

小　结

顶层设计是指统筹考虑项目各层次和各要素,追根溯源,统揽全局,在最高层次上寻求问题的解决之道,它是一种自上而下的机制,强调系统性和整体主义战略,注重执行力和可实施性。2001年,国家信息化专家咨询委员会在讨论电子政务网络建设时首次提出顶层设计的问题。电子政务顶层设计有广义和狭义之分,它是战略规划和具体实施之间的桥梁,是战略规划的延续和细化,也是具体实施的前提和依据。电子政务顶层设计强调战略全局性、实际可操作性、设计对象多样化和动态发展性。

国外的顶层设计基本都以EA理论和方法为基础。简言之,EA是业务和管理流程与信息技术之间当前和将来关系的清晰描述和记录。美国是在电子政务领域最早使用EA方法的国家,随后,欧盟、加拿大、新西兰等国家都应用EA开展了电子政务顶层设计。各国的顶层设计以业务和绩效为驱动,以技术和数据为平台,以服务构件为组件,具有清晰的系统设计、系统结构和系统描述。典型的电子政务顶层设计有美国的FEA、英国的e-GIF和xGEA、加拿大的BTEP。

我国政府于2006年发布的《国家电子政务总体框架》为推进顶层设计的探索提供了蓝图。经过试点实践,2011年以后,我国电子政务顶层设计进入全面推进阶段。2017年,国家发展改革委出台的《"十三五"国家政务信息化工程建设规划》遵循系统理论思想,提出了"大平台共享、大数据慧治、大系统共治"的顶层架构,对"十三五"时期应该重点创新突破的业务方向进行了梳理规划,推进以"两网、一平台、四库、六系统"为主要内容的重大政务信息化工程建设。但我国仍面临如何应用 EA 方法进一步推进顶层设计的本土化问题,要解决这个问题,需要在顶层设计的根本目标、指导原则、应遵循的思路、实施路径、应解决的难点和关键因素等问题上进行持续的探索和研究。

关键术语

顶层设计;电子政务顶层设计;企业架构(EA);FEA;e-GIF;xGEA;BTEP;服务与应用系统;政府信息资源

课堂讨论

1. 讨论美国、英国和加拿大电子政务顶层设计的异同。

2. 研读《国家电子政务总体框架》和《"十三五"国家政务信息化工程建设规划》,讨论我国电子政务顶层设计有哪些发展变化?

练习与思考题

1. 比较《上海电子政务顶层设计研究》和《福建交通的电子政务顶层设计》的异同,讨论如何运用 EA 方法推进我国地方政府的电子政务顶层设计。

2. 如何理解电子政务顶层设计?

3. 简答电子政务顶层设计与战略规划的区别和联系。

4. 国外电子政务顶层设计有哪些共同特点?

5. 我国电子政务顶层设计的主要内容有哪些?

6. 如何推进我国电子政务顶层设计的本土化?

案例 1　上海市电子政务顶层设计研究[①]

上海是中国最发达的城市之一,其电子政务建设水平一直居于国内前列。1986 年,以上海市经济信息管理领导小组成立为标志,政府的信息化建设拉开了序幕。经过 20 余年的发展,上海电子政务在网络和基础设施建设方面日趋完善,电子政务应用已经在公共服务、政府办公和重点业务领域全方位展开。

为了更好地整合上海市各委、办、局相对独立的信息系统,实现由局部转向全局、由政府内部信息系统建设转向电子化的社会管理和公共服务,2009 年上海着手开展了电子政

---

① 王璟璇、于施洋、杨道玲等:《电子政务顶层设计:中国实践进展》,《电子政务》2011 年第 8 期,第 30—37 页。

务顶层设计的研究。

1. 顶层设计的基本思路

上海顶层设计的总体思路是,首先设计出上海市电子政务发展的总体架构,并以此为建设蓝图,提出包含业务模型、服务构件模型、数据模型、技术模型和绩效模型在内的电子政务顶层设计总体模型。总体模型是总体架构的实现工具和手段,它以业务为重点,从对政府各种行政业务的清晰划分和定义出发,进而延伸到服务分解、技术重用、数据共享、绩效考评等各层次。总体模型中的五大模型的设计借鉴了美国FEA的"业务线"和"业务域"概念,在政府业务流程再造的基础上,整体规划电子政务的"业务领域"和"业务线",从而实现面向业务线的应用集成和面向业务域的系统整合。

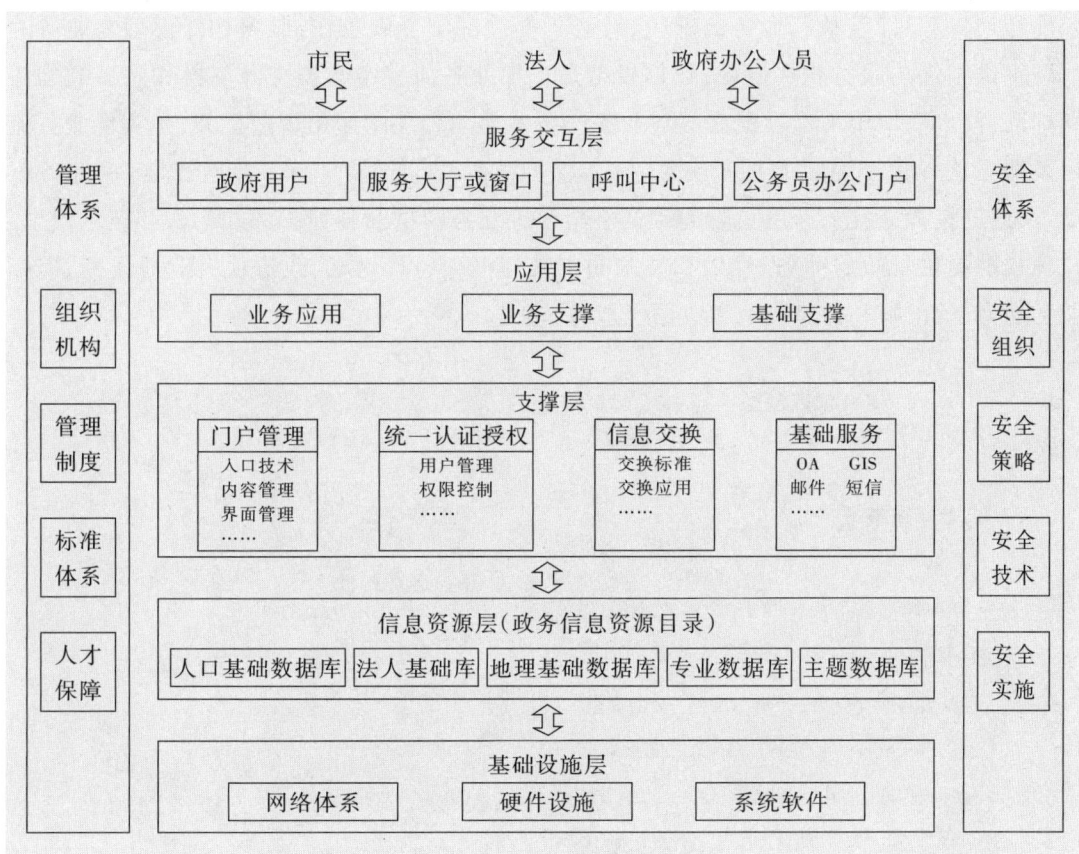

图3.10 上海市电子政务顶层设计

2. 顶层设计的核心内容

上海电子政务总体架构与《国家电子政务总体框架》保持一致,由服务交互层、应用层、支撑层、信息资源层、基础设施层共5层架构组成,管理体系和安全体系贯穿其中以保障业务的正常有效运转(见图3.10)。这一总体架构颠覆了传统的政府模式,真正实现以公众服务为核心和出发点,整合后台政府职能和业务流程,提高政府信息资源的集中共享,形成公众导向的服务提供机制。在服务交互层突出为市民、法人、政府办公人员提供服务;应用层强调以政府责任(经济发展、社会服务、城市发展、公共安全)为目标,以社会需求为中心,以业务流程为导向,整合政府职能和业务流程,形成顺畅、严密、高效、简便的服务流程;支撑层强调公共服务模块化;信息资源层强调信息资源的集中共享;基础设施层坚持在现有网络架构的基础上形成电子政务云中心;管理体系和安全体系为架构的有效运作提供有力保障。

总体架构是上海电子政务的总建设蓝图,为便于其细化和具体实施,此研究还建立了电子政务顶层设计总模型作为工具和实现手段(见图3.11)。其中,业务模型是整个顶层设计的核心和基础,其最大特点是在描述政府业务时以政府业务或具体服务为中心进行职能梳理,而不涉及执行业务的部门,有利于促进部门之间协作;服务构件模型为业务的实现提供了通用服务构件模块;数据模型是支撑业务流程中数据资源交换和共享的构件和标准;技术模型用来指导跟底层与业务或技术功能相关的通用规范框架,是实现业务流程及服务构件需要遵循的规范体系;绩效模型与顶层设计模型体系相互影响,由业务驱动,又通过投入、输出、产出贡献的测评不断改进业务模型及其他相关的构件和技术模型。总体模型提供了政府业务、绩效和技术的定义与框架,可以作为改进现有业务流程、提高业务能力、优化服务构建技术和数据模型的基础。

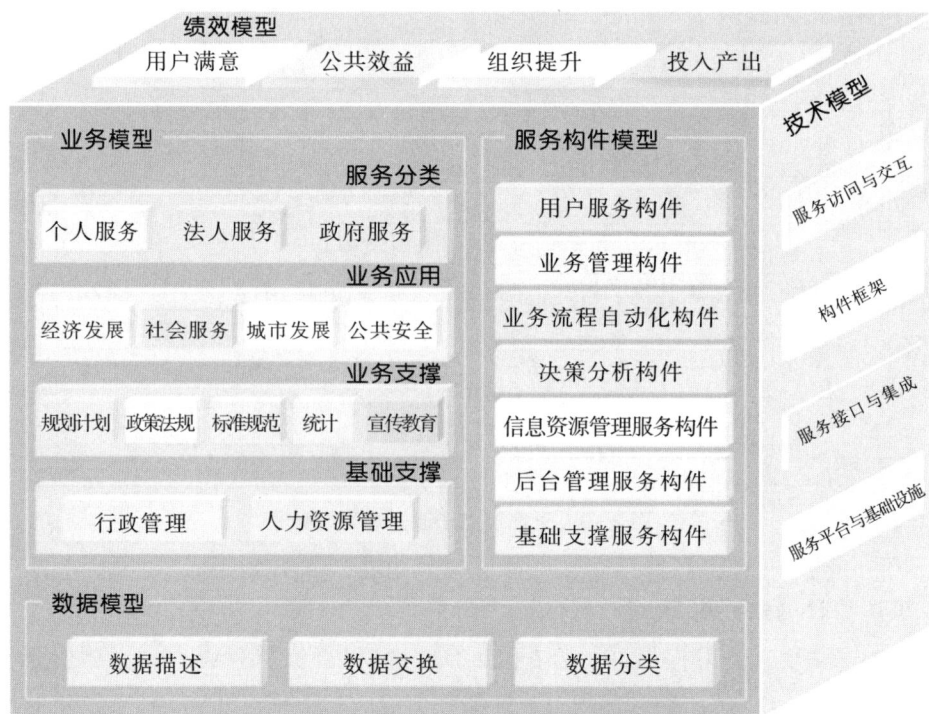

图 3.11　上海市电子政务顶层设计模型

3. 上海市电子政务顶层设计评析

上海市是我国最早开始探索区域层面电子政务顶层设计的城市之一,所提出的电子政务顶层设计总体架构和模型具有前瞻性和针对性,其所创新的一些设计方法又是其他地区开展顶层设计的很好借鉴。

上海市电子政务顶层设计研究的重要意义不仅仅是提出了顶层设计的框架和模型,更重要的是探索出一套较为系统的电子政务顶层设计方法,其创新之处主要体现在系统的业务梳理和基于业务模型的项目分析方法两个方面。

在业务模型的设计过程中,通过对上海市人民政府52个部门的业务职能进行聚类、整合和梳理,形成了上海市人民政府业务树。业务树从业务应用、业务支撑、基础支撑三个大类入手,将政府业务职能进行了7级分类,作为后期业务线和业务域提炼的基础。以梳理出的政府核心业务为基础,上海市顶层设计研究共提炼出133条跨部门、跨业务的业务线,整合出13个"面向服务对象"的业务域和38个"面向业务职能"的业务域。这些业务线和业务域真正体现了电子政务建设的需求和方向,是在业务流程再造和服务整合方面的创新。上海市的业务梳理和业务模型突破了部门的界限,从而可以确保以公众需求为中心实现部门间更好的业务协同和信息共享。

基于业务模型的项目分析过程主要分为两个步骤。首先,按照业务模型分析上海市电子政务项目建设现状。电子政务项目建设需要以业务需求为出发点和导向。此研究调查分析了52个部门电子政务项目所覆盖的"业务线"和"业务域",总结出上海市电子政务项目建设的特点和今后重点发展的方向。其次,探索出以"业务线"和"业务域"为主要参考依据的典型业务领域项目群分析方法,即以"业务线"为参考,突破部门界限,选取跨部门业务协同项目或平台;以"业务域"为依据,选择在上海市电子政务总体架构的服务交互层及应用层中的典型业务域进行分析。紧紧围绕业务模型中的业务线和业务域进行电子政务项目分析,不仅促进了顶层设计模型的应用,更重要的是为今后电子政务项目建设指明了方向,便于发现各部门业务协同和整合的机遇。

上海市电子政务顶层设计研究还停留在理论探索阶段,除绩效模型之外,其他模型还未经过实践,即便作为理论研究也仍存在一定的不足之处。第一,顶层设计的对象是狭义的电子政务,仅仅设计了政府系统的顶层架构,而未将党委、人大、政协、法院、检察院考虑在内。第二,顶层设计总体模型中的子模型还有待进一步细化。目前,除业务模型外,对其他模型的研究还不深入,还较多仿效美国FEA的五大参考模型,特别是服务构件模型和技术模型基本是采取了FEA的内容。实际上,我国电子政务建设的内外部环境都与美国存在较大差异,所要面对的业务和技术问题更为复杂,因此对模型内容的研究还应更多体现中国特色。第三,研究未探讨电子政务顶层设计的实施路径,即电子政务顶层设计应由谁来负责实施和维护,如何通过法律和政策手段保证各部门的遵从,如何建立设计成果的维护和管理机制等问题都有待进一步研究。在国外电子政务顶层设计项目中,框架、模型、方法论和工具是顶层设计有效开展所必不可少的重要组成部分,上海市电子政务顶层设计研究将来要指导实践,不仅需要有更详细的模型,还应有更完善的方法体系支撑。

案例 2　福建交通的电子政务顶层设计①

福建交通的电子政务顶层设计以现行的组织机构和业务体系为基础,以提高福建交通应用水平为重点,以政务信息资源开发利用为主线,以推进信息共享和业务协同为着力点,结合行政体制改革要求和信息技术发展趋势,统筹兼顾福建交通各级单位、部门及相关行业对交通的信息需求,充分利用信息工程的理论和方法,重点开展"三个核心、四块支撑、两个层面"的设计工作。三个核心架构是指业务框架、数据架构和应用架构的总体设计;四块支撑架构是指对三个核心架构起支撑作用的技术架构、安全架构、信息标准以及工作机制;两个层面是指福建交通信息化顶层设计包括电子政务的总体架构和实施方案两个层面的设计(见图 3.12)。

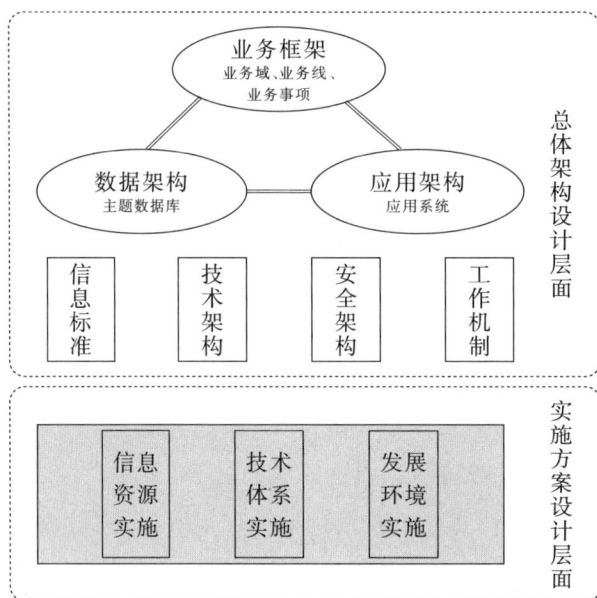

图 3.12　福建交通的电子政务总体架构设计

1. 核心架构

福建交通信息化的总体架构是围绕业务框架、数据架构和应用架构这三个核心任务进行总体设计的,是电子政务顶层设计的核心工作。

---

① 王璟璇、于施洋、杨道玲等:《电子政务顶层设计:中国实践进展》,《电子政务》2011 年第 8 期,第 30—37 页。

业务框架。福建交通电子政务业务框架按"业务域(业务领域)—业务线(过程)—业务事项"的层次结构把握和确定福建交通行业管理的各个业务范围。业务事项是完成某一业务功能所包含的基本核心业务处理事项,每一个业务事项,代表完成某一个具体的业务,具有可执行性,产生明确的业务结果。典型的交通业务事项有道路旅客运输经营许可事项、道路货物运输经营许可事项、机动车维修经营许可事项、船舶所有权登记事项、船舶图纸审核事项、公路工程交工验收事项、港航工程建设项目立项审核与审批事项等。业务线是从满足服务对象需求出发,对职能进行功能划分,是按照完成同一类业务功能的方式,以业务功能为核心和主线,优化和组织政务管理所需的、逻辑相关的一组业务事项,是业务事项的功能聚类。如船舶检验业务线是完成对船舶进行技术监督检验的业务功能,促使船舶具备安全航行技术条件需求和要求,围绕着满足船舶安全航行的需求,完成技术监督检验这一功能,将船舶图纸审核、船舶建(改)造检验、船舶初次检验、船舶营运检验等业务事项聚类为船舶检验业务线。业务域是指组织的主要业务领域,按照完成同一职能和服务目标的逻辑关系,归并业务线形成的若干职能范围,方便了解组织的整体概貌,为下一步确定数据和主题数据库(类)以及应用系统提供约束边界信息。业务域概括地描述了福建交通行业管理的职能。在具体的设计过程中,是从组织机构的职能入手,分析现行业务,确定业务事项,按照功能相关性聚类业务事项,形成业务线,并按照业务线的逻辑关系,归类为若干业务域,形成福建交通电子政务业务模型,以便能系统地、本质地、概括地把握组织的业务需求。

数据架构。数据架构主要是进行主题数据库设计:根据建立的业务框架,识别由业务产生、控制和使用的数据实体;按照数据实体的关系,对信息资源进行分析、筛选、聚类、归并等,形成主题数据库(类);确定主题数据库之间的关系及其包含的数据表。

应用架构。应用架构是在业务框架和数据架构确定后,根据业务框架确定的业务需求,考虑信息应用的规则以及数据架构中确定的主题数据库,重点分析业务线和主题数据库之间的逻辑关系,将业务线分组、归并,形成应用系统类。应用架构有效合理地组织管理业务和数据,从而为业务目标服务,提高政府的管理和服务能力。应用架构围绕业务发展目标,根据业务框架的需求,确定应用发展方向和应用系统类,确保电子政务建设应用与政府发展目标、中心任务的一致性,增强电子政务对政府履职的支撑服务能力。

2. 支撑架构

在确定业务框架、数据体系和应用体系的核心方案后,顶层设计从信息技术实现和发展环境支撑等方面,按照实现核心任务的要求,设计支撑架构。

技术架构总体设计。技术架构是支撑和实现信息资源共享和应用架构的底层技术基础结构,通过选择和规定软件平台技术、硬件技术等支撑应用架构的运转。重点是从系统的角度,分析信息资源共享技术方案、数据中心、技术支撑平台和网络架构等,既要满足与国家对口部委连接的需要,也要满足与其他政府部门和下级单位及企事业单位业务协同以及信息共享、交换和传输的需要。

安全架构总体设计。从网络安全、应用软件安全、信息资源安全等方面进行考虑,防止病毒传播、传输失密、外部入侵、内部破坏、软件漏洞、数据丢失等安全隐患。

信息标准总体设计。标准体系是实现数据信息共享,信息系统间互联、互通、互操作的技术保证,是实现信息化的基本要求。通过确定统一的技术标准体系,确保信息资源的开放性、可扩展性和发展的可持续性。主要是在国家标准、交通行业标准和应用标准的基础上,确定电子政务标准体系框架和标准制定的原则,重点设计数据元素规范化描述和信息分类编码原则,指导今后的标准制定工作。

工作机制总体设计。工作机制是制定推进集约建设和实现业务协同所需的规章制度和工作机制,是电子政务顺利实施的保障,主要从组织机构、人员保障、政策体系(协调机制和推进机制)等发展环境方面进行规划设计。

3. 设计层面

电子政务顶层设计需要构建整个电子政务的总体架构,指导信息化建设,同时需要确定近期的实施方案,因此电子政务顶层设计考虑两个层面:第一层总体架构设计层面,具有一定时间内的稳定性、引导性;第二层是近期实施设计层面,是在第一层的引导下,在一定资源允许下的实施设计。

总体架构设计层面是顶层设计的总体架构,也是信息化建设的框架和蓝图,指导信息化建设,包括了业务框架、数据架构、应用架构三个核心,以及信息标准、技术架构、安全架构和工作机制四个支撑的架构体系。

实施方案设计层面是在总体架构设计的指导下,分析现状情况,结合业务需求,在机制、体制、投资、人员等发展环境的制约下,从信息资源、信息技术、发展环境三方面进行近期实施方案的设计。

福建省级电子政务顶层设计是中国第一个将顶层设计思想与电子政务建设实践紧密结合的案例。目前,顶层设计的一系列成果已经在福建省级电子政务工作中发挥了积极作用,例如编制的《福建省级政府部门应用系统需求目录》规范了项目申报、论证、审批工作,起到了"字典"的作用;所提出的总体框架对编制省级和部门的"十三五"电子政务规划发挥了重要的引导作用。

参考文献

[1]王叶忠.电子政务顶层设计的韩国模式[EB/OL].(2013-01-04)[2014-10-28].http://www.ciotimes.com/egov/dcsj/75734.html.

[2]吴敬琏."顶层设计"的误读[J].商周刊,2012(11):83-85.

[3]王欢喜,王璟璇.EA在电子政务顶层设计中的应用[J].图书情报工作,2012,56(3):140-144,148.

[4]曾迪琰.解析顶层设计[M].北京:东方出版社,2016:5-6.

[5]蒋东兴.信息化顶层设计[M].上海:清华大学出版社,2015:2-5.

[6]樊博,孟庆国.顶层设计视角下的政府信息资源共享研究[J].现代管理科学,2009(1):3-5.

[7]于施洋,王璟璇.电子政务顶层设计:基本概念阐释[J].电子政务,2011(3):2-7.

[8]宁家骏.顶层设计奏响电子政务的乐谱[J].中国计算机用户,2009(9):44-47.

[9]王云帆.国内外电子政务建设顶层设计方法比较[J].国土资源信息化,2011(3):20-24,29.

[10]吴倚天.电子政务需要"顶层设计"——访国家行政学院教授、北京大学博士生导师汪玉凯[J].信息化建设,2005(6):20-22.

[11]张祖培.试论电子政务"顶层设计"的重要性[J].科技咨询导报,2007(27):162.

[12]谢力民.顶层设计是电子政务向纵深发展的标志[J].天津科技,2007(3):27.

[13]孙宝文,王天梅.电子政务[M].北京:高等教育出版社,2010:207.

[14]谢国高.电子政务从"政府端"走向"客户端"的关键是什么[EB/OL].[2020-01-15].https://mp.weixin.qq.com/s/0cTIP5wkdwtt6vJ8jmo1bw.

[15]BOLTON P. FEA与美国电子政务顶层设计[J].电子政务,2010(8):20-21.

[16]王璟璇,于施洋,杨道玲,等.电子政务顶层设计:FEA方法体系研究[J].电子政务,2011(8):19-29.

[17]汪玉凯,李金兆.中国电子政府模式与选择[M].北京:国家行政学院出版社,2010:33.

[18]王璟璇,于施洋,杨道玲,等.电子政务顶层设计:国外实践评述[J].电子政务,2011(8):8-18.

[19]金江军,韦政君.国外电子政务总体框架研究[J].信息化建设,2008(6):47-49.

[20]金江军.电子政务顶层设计方法研究[J].国土资源信息化,2011(4):3-5,36.

[21]张定安,谭功荣.绩效评估:政府行政改革和再造的新策略[J].中国行政管理,2004(9):75-79.

[22]商维庆.电子政务总体框架和顶层设计的突破口——业务线战略[J].电子政务,2006(3):26-32.

第四章　政府门户网站

学习要求

明确网站、政府网站和政府门户网站的概念和分类,区分三者之间的不同;理解政府门户网站的功能;比较和分析美国、英国、新加坡政府门户网站的异同;归纳中国政府门户网站建设的过程;理解中国中央政府门户网站建设的内容;掌握和分析中国政府门户网站的功能;比较中外政府门户网站的不同;总结中国政府网站建设的路径。

政府门户网站是政府用以在网络上展示形象、发布信息、受理事务和提供服务的总入口。建立政府门户网站,有利于政府"以公众为中心"提供整合性服务,推动跨部门、跨地区信息共享和业务联动,降低建设和维护成本,并树立政府在公众中透明、可信以及部门之间协调合作的服务型政府形象。

在这一章中将回答以下问题:

◎政府门户网站的概念、分类和特征是什么?

◎发达国家政府门户网站建设的内容有哪些?

◎中国政府门户网站的功能有哪些?

◎发达国家政府门户建设的共同点有哪些?

◎中国政府门户网站建设应如何借鉴发达国家的经验?

引　例

"中国·宁波"政府门户网站全新改版是为了更好地适应"互联网+"和大数据时代的新技术新发展。新版"中国·宁波"网站充分利用市政务云的集约化资源,突出政府服务,强化互动交流,提升体验效果,打造更有亲和力的透明政府形象(见图4.1)。

图4.1 宁波市政府门户网站首页截图

网站的特色与创新有:

细分服务对象,优化内容导航。新版网站继续保持"公民站、企业站、政府站"三站式的面向对象服务模式,分别从"公民、企业、政府"三类群体角度设置栏目和组织内容,提高了网站可访问性。网站以"简明、实用、以人为本"为原则,三个站点服务对象明确、功能清晰、内容丰富。

平台集约化,服务多维度。网站以集约化平台建设为思路,采用分布式存储和应用、内容分发网络(Content Delivery Network,CDN)、缓存加速等关键技术,根据服务的对象、主题、方式、类别以及区域、部门等多维度提供不同的服务框架,同时多层级、多部门网站基于同一技术平台,以利于统一资源规划、服务规划和技术标准规范,突出大数据、多端支持、无限扩展等优势,实现多平台资源融合,数据共享共用。

聚焦信息和服务,凸显重点与热点。网站结合用户群体及自身的功能特性,首屏采用极具视觉冲击力的大图,运用宁波市特色元素,提升了网站的识别度。页面内容采用分区布局、推荐式服务模式,在每个站的重要位置,聚焦信息与服务,凸显重点与热点的资讯与服务,公民站和企业站分别设置了"问、查、看、办",梳理出政府为公众和企业服务的内容,政府网站重点增加了数据频道,以统计图表的形式公布政府统计监管、社会发展指数等数据,新版网站全面提升了用户使用网站的便捷度,以及对信息服务的满意度。

采用扁平化设计,简约而清晰。页面设计践行扁平化的设计理念,采用线性布局、栅格化设计、信息内容标签化等处理方式,以顺应网站设计的主流趋势,保障网页的质量,提高网页加载速度,提升用户体验度。

"软件即服务"的建站模式。由宁波政务网站集约化建站平台提供"软件即服务"的建设模式,各级政府、部门无须再花钱购买基础设施和网站业务系统,而是作为"用户"直接在平台上设计、开通和运营自己的网站。这种模式极大地降低了全市政府网站的建设成本,有效提高了各部门的建站水平。

跨平台数据检索。在宁波市政府网站、下属各级政府网站、各部门网站全部迁移到集约化平台之前,跨平台异构网站群仍将存在较长时间。通过大数据挖掘技术,实现对跨平台、异构网站数据的采集与聚合,用户可自由选择站内搜索或全站群搜索模式,打造宁波全市政府网站群的一站式检索入口。

开通政务直播间。新版网站建设开通政务直播间,发布宁波市最有权威的政府直播类视频访谈节目,通过视频直播,开展政府新闻发布会,解答群众疑问,为公众和企业解读最新政策,拉近政府与公众的距离。

建设政府一微一端平台。充分利用新媒体、移动客户端的便捷性,政府随时、随地提供信息资讯、便民服务等,从而打造移动型服务政府门户。

多国语言版本。网站建立了英语、日语、韩语、德语、法语等多国语种版本,外语信息达566191条,加上中文简体和繁体版本,"中国·宁波"政府门户网站成为地方政府中开通语种最多的网站,充分体现了宁波国际化城市、港口城市、外贸城市的特色。①

第一节　政府门户网站概述

政府网站是电子政务的基础,也是电子政务发展程度的主要标志。政府门户网站作为政府网站的"大门",是电子政务建设的关键环节。可以说,一个国家或地区的政府门户网站建设的优劣代表着其电子政务的整体建设水平。

一、网站

(一)网站的概念

网站(Website)是以服务器为载体,在互联网上拥有域名或地址,并提供一定网络服务的主机。

《现代汉语大词典》中的定义是建立在因特网上的、将各种信息进行归纳分类的、图像化的应用系统,是巨大的网上信息库。

《网络社会学词典》中的定义是根据一定的规则,使用超文本标记语言(HTML)等工具制作的用于展示特定内容的相关网页的集合。

在互联网发展的早期,域名、空间服务器与程序是网站的基本组成部分,网站也只能保存单纯的文本。随着科技的不断进步,网站的组成也日趋复杂,目前多数网站由域名、空间服务器、域名解析(DNS)、网站程序、数据库等组成,图像、声音、动画视频,甚至3D技术都可通过互联网呈现。简单地说,网站是一种沟通工具,通过动态网页技术,人们可以

---

① 案例解读:"中国·宁波"政府门户网站,https://mp.weixin.qq.com/s/CItLytVvewKKVLpdhgfQGw。

通过网页浏览器来访问网站,获取资讯;也可以在网上发布资讯,或者利用网站来提供和享受相关网络服务;还可以进行在线交流等。

专栏4.1

世界上第一个网站

1990年12月20日,来自欧洲核子研究中心的科学家蒂姆·伯纳斯·李(Tim Berners-Lee)在瑞士的研究中心启动了世界上的第一个网站。这个网站就架设在蒂姆的一台NeXT电脑上,它向人们解释了万维网(即World Wide Web,简称WWW)的概念。这台电脑至今仍旧保留在欧洲核子研究中心。

这个网站一开始只有核子研究中心内部的科学家可以使用,一直到了1991年的8月份,整个服务器才向所有可以访问互联网的人开放。网站本身就像是一个自助网页指南,它告诉人们如何访问其他人的文件,以及如何建立自己的服务器。

(二)网站的分类

网站按照不同标准可以划分为不同种类。

网站根据提供服务的不同可划分为内容提供、搜索引擎、即时通信、电子邮箱、在线视频等网站。

网站按照专业领域可划分为门户网站和专业网站。门户网站是指为了提供有关信息服务而与综合性互联网信息资源相互连通的应用系统。美国在线对门户网站的定义为,门户网站是一种WWW站点或WWW服务,它提供了一系列丰富的资源和服务,诸如电子邮件、论坛、搜索引擎等。专业网站主要是专门针对某个专业、某个机构或某项产品所建立的网站,是通向某类专业性互联网信息服务的应用系统,它是将经过选择的、系统的、符合专业学科体系的信息提供给用户,以满足他们对某一领域或某一方面信息需求的网站。如美国国立卫生研究院(National Institutes of Health,NIH)网站、美国医学会(American Medical Association,AMA)网站是专业的医学网站。专业网站在服务内容和服务对象上都相对单一,仅涉及与本专业领域有关的信息、产品和服务等。

网站根据用途不同可划分为行业网站和综合网站。所谓行业网站一般是某一行业、某一领域内的网站,或是以某一个行业内容为主题的网站。行业网站通常包括行业资讯、行业技术信息等内容,其包含的信息往往具有全面、权威、更新比较及时的特点。综合网站具有"6C"功能,即连通(Connectivity)、导航(Context)、内容(Content)、商务(Commerce)、通信(Communication)、社区(Community),此类网站涉及面非常广泛,内容极其丰富,可以为用户提供与之相关的各类信息。

网站根据建设者或拥有者的不同可划分为个人网站和机构网站。前者是由公民个人拥有或承建的网站;后者由企事业单位、社会组织或团体等机构拥有或建设而成,具体可分为社区网站、企业网站、商业网站、教育科研机构网站、行业网站、非营利组织网站和政府网站(见表4.1)。

表4.1　根据网站主体性质划分的网站类别

网站主体性质	网站界定
社区网站	基于网络信息管理平台建立的公民个人汇聚、交流的虚拟平台;由基层社区以提供社区服务,便于社区居民生活建立的网站
企业网站	企业通过各种应用系统、数据资源和互联网技术建立的服务于客户或内部管理的网络系统
商业网站	电子商务网站,是面向企业、消费者的以商品销售为主的网络系统
教育科研机构网站	教育和科研机构建设的网站,主要发布与教育和科研有关的信息。其内网主要进行机构内部的教育科研管理
行业网站	为更多行业企业设计服务,提供丰富的资讯信息,以及强大的搜索引擎
非营利组织网站	不以营利为目的,以服务社会、企业和公众为目的,支持和处理社会公众关心的事务
政府网站	政府部门利用网络平台开发建设的面向政府业务和公共事务的网站系统

二、政府网站

(一)政府网站的概念

电子政务网站,从本质上可以理解为政府网站。只是电子政务网站建设不仅仅是指政府上网或是在网络空间上开辟或建立一个政府站点,更强调的是基于电子政务理念及规范的电子政务系统开发技术、方法,促进业务优化和效率优先,全面和综合地进行网站建设和管理。

从管理和开发的角度来看,政府网站就是由政府部门负责建设、运营,提供政府职能相关管理和服务、在内外网络上设立的网站,它是政府部门利用网络平台开发建设的面向政府业务和公共事务的网站系统。

从用途和目的的角度来看,政府网站是基于互联网、政务内网等网络,利用计算机技术、网络通信技术等,为了方便公众、政府机构其他用户互通信息,统一数据处理、共享文件资料而建立的网络系统。

从电子政务和政府网站的关系角度来看,电子政务主要包括四个部分:一是政府部门内部的电子化和网络化办公;二是政府部门之间通过网络而进行的信息共享和实时通信;三是政府部门通过互联网与企业进行的双向信息交流;四是政府部门通过网络与居民进行的双向信息交流。具体来说,目前政府部门广泛使用的办公自动化系统属于第一类的范畴;我国实施的"金字工程"是第二类的典型例子;政府部门在自己的互联网站发布政务信息,以及进行网上招标、网上采购等活动属于第三类范畴;公民网上报税等活动则属于第四类。而政府网站即为以上电子政务的四个部分中的第三和第四部分,即政府部门通过政府网站与企业和民众进行双向交流,向其发布政务信息并提供在线服务。因此,政府网站既是政府办公业务的对外交流平台和政府形象宣传的前台,也是企业和公众获得政府信息和服务的便利渠道,使得公众与政府之间的关系变得简单。

(二)政府网站的分类

1. 根据所有者及它与其他网站的关系,可分为基本网站和门户网站

基本网站即为某一政府机关建设拥有的网站。它的特点是仅提供与某个特定政府机关有关或为其所有的信息,仅在该网站的职权范围内开展网上业务,对该机关职能范围外的信息则少有涉及。它可能提供其他网站的链接,但数据有限。

门户网站是提供整个地区的有关政府网站的陈列表,其作用好似通向这些政府网站的"大门"。门户网站往往由某个机构牵头建设和负责管理。该机构可能是名义上的建设者或所有者,网站不只是该机构提供信息和服务的站点,而是多个政府机构提供服务的站点,用户以此为起点,查询、获取信息和服务。门户网站把诸多相关的政府网站联系在一起,便于建立统一的网上形象。门户网站也被称为总站,而与之相连的其他网站被称作分站或子站(友好链接除外)。分站可以是基本网站,也可以是门户网站。总站和分站在功能、风格上协调一致。

专栏4.2 首都之窗

首都之窗是北京市国家机关在互联网上统一建立的网站群,包括北京市政务门户网站(即首都之窗门户网站)和各分站。首都之窗门户网站于1998年7月1日正式开通。首都之窗是为了向市民提供公益性服务信息,促进首都信息化,推动北京市电子政务工程的开展而建立的。其宗旨是"宣传首都,构架桥梁;信息服务,资源共享;辅助管理,支持决策"。首都之窗设有市国家机关各委、办、局和各区、县政府分站点。通过这些分站点,可以了解市国家机关职能部门提供的特色信息和专门服务。目前,首都之窗已改版为北京市人民政府门户网站。

2. 根据用户的情况,可分为外部网站、内部网站和内外集成型网站

外部网站就是政府在互联网上开设的面向政府外部人员的网站。

内部网站是运用网络技术建立的局域网。为了使用户界面更友好,操作更方便,许多政府机关采用浏览器/服务器(Browser/Server)架构的内部办公系统,将内部用户原先所使用的应用系统集成到 Web 网页中,建成内部网站。这样,不同部门所需面对的不再是五花八门的应用软件界面,而是统一的网站界面。同时,内部工作人员还可以在此网站上查阅内部文件、共享资料、增进沟通。内部网站侧重于内部服务,外部用户不能通过互联网访问,其建设的过程实际上是整个政务信息系统的开发过程。

内外集成型网站是指内外部用户访问相同网址和使用相同界面的政府网站。由于政府内外用户是服务与被服务的关系,二者共享信息、交换数据的现象非常普遍。如果整合他们的数据,再加上统一的界面,将更有助于信息共享和数据集中管理。内外集成型网站正是基于这样的需要产生的。无论外部用户还是内部用户,访问相同地址的政府网站,看到的是相同的界面。内部工作人员可以通过用户名、密码、数字证书等验证技术进入只有内部工作人员才被允许进入的系统。为了安全起见,需要将面向内部用户和外部用户的网络服务器分开并隔离。只有同时面向内外用户的一站式平台才是完整意义上的一站式网站。

(三)政府网站在电子政务中的作用

政府网站是电子政务的重要组成部分,它在电子政务中的作用有三个方面。

首先是前台服务接入功能,即承接前台的服务需求。政府网站是政府建在公共互联网上的办事"窗口",处于业务受理的前台位置,其作用是接收公众的服务需求,能够准确、便捷地为公众提供各种服务。其服务方式是以用户为中心,针对不同的服务对象,按用户需求设定具体的办事内容。因为,公众所关心的是办事的具体事项,而不是职能部门的分工和办事的过程。所以,政府网站的对外服务,要站在方便公众办事的角度,打破按政府部门职能分工的办事界限,对传统的政务业务流程进行改造和重组。

其次是整合政府资源功能。政府后台资源必须有个平台来整合,而政府网站能够衡量资源整合的效果。网站在接到用户的办事需求后,启用"内网办理"和"外网反馈"的运行系统,将受理的业务需求传达到对应的办事部门,并且将办事进度和办结信息及时地反馈给用户。网站事务处理需要内网系统的支持,它是基于一个经过改造和重组的政务流程系统。这个系统以公众的服务需求为引导,所涉及的业务处理程序,都是在内部信息网络上运行和完成。

最后是绩效表征。政府网站能够充分体现出电子政务的后台应用系统、信息资源、网络基础设施、安全系统及制度保障等各个要素的发展水平。因此,政府网站作为政府资源的整合方式,作为政府与公众的交互媒介,作为电子政务服务平台,作为电子政务的最终绩效,其价值日益凸显,政府网站也成为电子政务规划、建设和评估的重点。

专栏4.3 **2019年中国政府网站绩效评估报告**

2019年12月,清华大学发布的《2019年中国政府网站绩效评估报告》指出,全国政府网站在建设和服务中主要呈现以下特点:第一,综合绩效水平稳步提高;第二,推进集约整合,实现数据和服务融通;第三,深化政务公开,强化解读回应;第四,深化创新在线服务,方便企业群众办事;第五,整合互动渠道,完善机制,促进公众参与;第六,涌现各种新技术应用,提供智能化服务。如北京、深圳等10余家网站探索智能化搜索,实现"搜索即服务";上海、湖南等17个省开通智能问答机器人。

三、政府门户网站

(一)政府门户网站的概念

关于政府门户网站的界定多种多样,主要有以下四种观点。

一是强调政府门户网站借助互联网向用户提供服务。如政府门户网站是指政府通过信息通信技术来提高政府效率、有效性、透明度和责任性,其核心内容是借助互联网构建一个跨时间、地点、部门,并以顾客满意为导向的政府服务体系。

二是强调政府门户网站提供信息和服务的功能。如认为政府门户网站是指由国家或地方政府所有,具有统一入口并连接各级各部门政府网站,在线向广大公众、企业和政府工作人员提供政府信息和服务的引导性政府网站。又如政府门户网站是指政府在各部门的信息化建设基础之上,建立起跨部门的、综合的业务应用系统,使公民、企业、政府工作人员都能快速便捷地介入所有相关政府部门的政务信息与业务应用,并获得个性化的服务,使合适的人能够在恰当的时间获得恰当的服务。

三是从政府门户网站的设计和使用角度做出界定。如政府门户网站即指政府可以通过互联网提供的各种公共服务,按照某种适当的方式整合起来,为公众提供统一的页面样式和访问入口,公众无须逐个部门"拜访",只需登录一个入口,就可以获取所有的业务服务。因此,政府门户和业务系统设计的理想状况是,公众一次性地将办理业务所需要的各种信息通过门户网站传递到政府的信息库中,政府各个部门分别按照自己的需要从信息库中获取这些信息,这样各项业务可以并行处理,业务之间的衔接和次序由门户系统来实现协调和整合,最后所有业务处理完毕后,部门仍然通过门户网站来通知用户,或直接将处理结果告知用户。

四是从技术或构成角度界定政府门户网站。如政府门户网站应该是一个网络应用系统,而不是一组松散的网页。这个网络应用系统不是孤立的,它应该实现对政务信息系统的集成。又如,政府门户网站是由硬件、软件、内容、人员和处理构成的综合体。硬件包括服务器、网络连接设备(如交换机、路由器)和传输介质(如光缆、电缆、双绞线)等;软件包括网页制作和发布工具、动画素材制作软件、网页开发语言、数据库管理系统等;内容是指网站所提供的信息资源、服务项目、各种政务处理功能等;人员包括网站的建设者、使用者和维护者;处理是指为实现网站服务项目和各种电子政务功能的应用程序的处理逻辑,包括前台信息输入、后台存取、交互式访问等。

上述观点对政府门户网站的技术、设计、功能和目标都有所涉及,各具特点,但主要是从政府服务性或应用系统角度界定。从公众视角出发,政府门户网站综合、方便和快捷的优势更应该被重视。政府门户网站应该是面向公众提供综合政务服务的网上"第一入口",因此公众是政府门户网站最直接、最主要的服务对象,这也是甄别政府门户网站与其他部门化、专业化网站的重要准则,所有非直接为公众服务的功能都不必放到政府门户网站上。因此,政府门户网站是公众通过政府提供的统一访问入口方便、快捷地获取电子化公共服务的政务系统。

(二)政府门户网站的类型

政府门户网站可进一步划分为政府信息门户和应用门户。政府信息门户(Government Information Portal,GIP)的基本作用是为人们提供政府信息,它强调对结构化与非结构化数据的收集、访问、管理和无缝集成。这类门户必须提供信息查询、分析、报告等基本功能,社会公众、企业、政府工作人员都可以通过政府信息门户方便地获取自己所需的信息,如图4.2为浙江省人民政府信息门户网站。应用门户(E-GOV Application Portal,EAP),主要是对政府业务流程的集成,它以办公流程和用户需求为核心,把业务流程中功能不同的应用模块通过门户技术集成在一起。从某种意义上说,我们可以把应用门户看成各个政府门户站点信息办理系统的集成界面,公众、企业和政府工作人员可以通过网站访问相应的应用系统,实现移动办公、进行网上互访等,如图4.3为浙江省人民政府应用门户网站。

就我国而言,政府门户网站按照建设主体的管辖范围,可以分为中央政府门户网站和地方政府门户网站。中央政府门户网站和地方政府门户网站在具体功能、体系结构及业务流程方面存在很大的不同。就具体功能来说,中央政府门户网站主要是向全社会展现政府形象,让人们能够切实理解和认识中央政府的基本情况;中央政府门户网站还同时向公众提供全面、系统、翔实的法律、法规、部门规章以及规范性政府文件及其准确的解读和分析等;向人们提供接入所有中央政府机构和省级地方政府的平台和通道;根据特定内容,向公众提供专门服务。而地方政府门户网站的主要功能是直接面向本地社会公众,处理与人们密切相关的事务,为提高政府行政效率、改善地方经济社会发展环境搭建虚拟平台。

图4.2 浙江省人民政府信息门户网站

图4.3 浙江省人民政府应用门户网站

（三）政府门户网站的特征

政府门户网站的特征主要有政府门户的唯一性、服务提供的公益性、管理职能的集群性和信息发布的权威性。

第一，政府门户的唯一性。政府门户网站在电子政务系统中具有相当重要的地位，是电子政务建设的核心工程。一个国家或地方的政府门户网站是该级政府在互联网上唯一的、合法的在线政府形式。

第二，服务提供的公益性。政府应依法履行提供公共服务的职能，这就决定了政府门户网站的服务不同于商业性网站，必须是公益的，网站信息应允许被下载引用，同时应尽可能多地发布为社会公众服务的各类信息。

第三，管理职能的集群性。政府门户网站与各部门网站是"门户"与"房间"的关系。政府门户网站近似于一个有组织、有纪律的网站群，各级政府应分层次规划政府门户网站的建设，合理构建政府门户网站体系。后台整合是政府门户网站区别于其他网站的关键所在，通过政府门户网站的建设，联合各所属子网站，构建成一个系统的政府服务网络平台，并能非常方便地实现资源共享，为公众提供更好、更便捷的服务。政府门户网站不仅是政务信息发布平台和业务处理平台，而且也是资源信息加工平台、辅助行政决策平台、知识获取平台的集成。

第四，信息发布的权威性。政府门户网站就是政府在互联网络上的直接载体，政府工作的严肃性决定了政府门户网站的客观性。因此,政府依法在门户网站上发布的信息必须确保内容准确、及时、全面,具有严肃性、权威性、完整性。这与各类商业性网站和娱乐性网站有着明显的区别。同时,网站版面风格应简洁、庄重、大方,体现政府形象的庄严和权威。

专栏4.4 政府网站群的发展

第一代:自然网站群,如某省政府建立了自己的网站,随后下属单位也陆续建设各自的网站,最后在政府的网站上将每个下属单位网站链接到一起,形成了自然的网站群。

第二代:从网站的栏目、页面风格等方面进行整体规划,统一或分批实施,但各网站的关系仍然在同个平面上,没有隶属关系,且各个网站相互独立,信息不能共享。

第三代:整合网站群,因业务的需要,将分散在不同物理位置的独立网站整合在一起,实现信息的共享。

第四代:用网站群内容管理系统,统一规划、统一实施或分步实施,以解决第三代网站群存在的缺陷。

第五代:动态内容管理产品突破传统内容管理产品只能建设信息发布型网站的局限性,结合安全智能表单技术,推出新时期构建服务型政府网站的集成化内容管理平台。

第二节　国外政府门户网站

世界各国都十分重视政府门户网站的建设,凡是电子政务比较发达的国家,其在政府门户网站的设计水平、提供的信息服务、网站功能的多样化等方面都处于领先水平。

一、美国政府门户网站

(一)美国政府门户网站概况

美国在政府门户网站建设中,有许多成功的经验。美国除了拥有全球最大的国家政府门户网站以外,还拥有政府与公众的喉舌网站(白宫网站),以及各州、市政府的门户网站等。

从政府行政管理层次上来看,美国政府可以划分为联邦、州、市县三级。由于实行联

邦制,三级政府在许多行政事务管理方面相对独立,因此政府门户网站也就划分为三级,每级政府门户网站的服务内容各不相同,彼此之间存在明确的分工。美国电子政务建设主要围绕着联邦政府门户网站展开,该门户网站是为整合不同职能和层级的政府部门而建立的统一门户,它提供给公众一个完整的政府信息与服务的搜寻通道,具有多样化的服务与功能,达到政府与公民之间的互动。每个州政府和市县政府都建立自己的单一门户网站,企业或公众根据业务内容,通过访问所在地域的州或市县政府门户网站,即可获得各种不同的服务,包括税收、执照、注册和护照信息以及满足所在地域居民的具体需求信息等。每一个政府门户网站都各具特色。

(二)美国2007年版联邦政府门户网站

美国联邦政府的门户网站最开始被称为第一政府网站(www.firstgov.gov),网站由美国联邦事务服务总局(General Services Administration,GSA)管理,建设设想始于信息技术企业家艾瑞克·布鲁尔(Eric Brewer)承担的一项由国防部资助的项目,布鲁尔提议赠送给政府一个功能强大的搜索引擎,即早期的政府统一门户网站。2000年6月,GSA开始架构第一政府网站,9月22日,网站正式上线运作。美国前总统克林顿称"这是一个以最方便、最直接的方式,为公众提供进入美国联邦政府的数据库的快速通道"。对于这个网站,美国前总统布什要求它应该是"电子政务的前门,使得政府部门对美国民众来说更容易接近"。他还要求美国联邦政府门户网站成为联邦政府和州政府网站的汇聚点,成为美国政府对社会公众提供网上服务的枢纽。

专栏4.5
艾瑞克·布鲁尔开发第一个搜索引擎

布鲁尔领导了服务器、搜索引擎、网络基础结构、无线数据服务和网络安全的研究工程。

今天人们在成千上万的计算机服务器上运行着的网页服务,都是在利用软件工具将许多小型的机器转化成为一个大的整体。这就像是在建构一座仓库大小的计算机,是我们在应对不断增长的网络需求时唯一可行的解决方式,而这一切都是从布鲁尔开始的。20世纪90年代,布鲁尔在加利福尼亚大学伯克利分校担任电脑科学教授时曾开发了Inktomi——全球首个运行于多台电脑网络之上的搜索引擎。

2007年1月,美国联邦政府门户网站更名为USA.gov,现已成为全球功能最为强大的超级政府门户网站之一,在联合国每年发布的电子政务调查报告中一直名列前茅。网站

的宗旨是以服务社会为目标,提供具有时效性而有用的信息和服务,包括在线向公民(Citizens)、企业和非营利机构(Business and Nonprofits)、政府雇员(Government Employee)提供各种服务,以及处理政府内部的事务。向公民提供的服务主要包括在线社会保障与福利、在线贷款申请、报税纳税服务等;向企业和非营利机构提供税务登记、报表提交、法规咨询等服务;向政府雇员提供在线培训、政府雇员名单发布、雇员招聘等服务。政府内部事务的处理主要包括政府一站式协同服务、政府跨机构的事务处理等。在信息提供方面,网站设立了信息咨询中心这个栏目,该栏目连接全国所有政府机构的信息中心,按照数据统计信息、法规信息、历史信息等分门别类地向访问者提供信息服务。作为拥有众多民族的国际化国家,"First Gov"在以英文作为主要版本语言的同时,还以法、德、汉、日等另外25国语言对外实时发布政务信息。

　　美国联邦政府门户网站是"一站式"概念的成功运用,它允许公众按主题而不是按部门搜索信息和获取政府服务,并且不间断地、实时地获得政府信息。公众如果需要查找政府信息或者使用电子服务,只需要登录到该网站就可以解决,该网站可以提供"一揽子"解决方案,公众只要键入相关主题,就可以查找到相关信息或服务。同时,在网站的主网页以"热点需求"(Top Request)下拉框形式向公众提供最常使用的事务条目,以方便公众使用。网站在首栏提供有网站地图(Site Map)和在线使用帮助(Help),并在底栏提供使用者最常用的问题解答(Frequently Asked Questions,FAQs)。其中,网站地图按照网站层次建立树型目录,将网站内涉及的所有栏目按所属关系依次列出,并提供超链接连接到相应网页,这样给初次使用的公众提供了网站的总体认识;在线使用帮助对网站内出现的栏目功能及使用方法进行了详细的介绍;FAQs是对公众在使用该网站中涉及的美国政府政策、法规、程序的解释,在最大程度上宣传政府施政方针和电子政务政策、程序。此外,美国联邦政府门户网站作为一个综合性网络门户,公众可以通过该网站连接到任何包括州和地方政府在内的政府网站(见图4.4)。

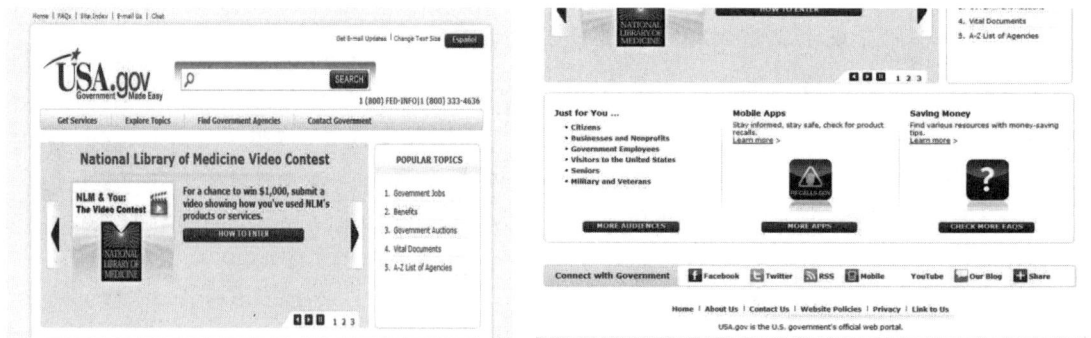

图4.4　美国2007年版联邦政府门户网站首页截图

（三）美国 2015 年版联邦政府门户网站

2015 年，美国联邦政府网站全新改版上线。网站在经历了两次大规模的结构改造和服务项目整合更新之后，首页更加简洁、布局明了，并建成了网上政府的目录体系，总计有 500 多万个链接，拥有 18000 万的网页数量，计算访问量大约每周 1000 万次，估计有 1370 万公民使用网站所提供的服务项目。企业或公民只要点击 www.USA.gov 的链接，都会被自动转至美国联邦政府的门户网站上来，然后他们可以根据自己的需要，获得相应的服务，访问任何其他政府网站。美国联邦政府的门户网站迎合了人们的需求，"美国政府在线"成为对网站特征的形象描述。

新版美国联邦政府门户网站的首页自上而下可以分为五个部分。第一部分是搜索框，网站配备了联邦政府和企业联合开发的高强度搜索引擎，包括立法、司法机构以及各州、县市地方政府在内的 22000 多个政府部门的网站都可以通过搜索获得链接通道。第二部分是政府链接的下拉菜单，包括所有主题与服务（All Topics and Services），政府福利、补助和贷款（Benefits，Grants，Loans），工作和就业（Jobs and Employment），金融和税收（Money and Taxes），旅游和移民（Travel and Immigration），投票和选举（Voting and Elections）六个菜单，公众点击下拉菜单按钮，页面就会显示一系列相关的子服务。第三部分是在深蓝色背景上显示的公众在网站上搜索最多的服务项目，如政府工作（Find a Government Job）、来自政府的无人申领款项（Find Unclaimed Money the Government Owes Me）、联邦退税（Find a Federal Tax Return）等，这些热门服务会实时更新，帮助公众更快地找到所需服务。在这一栏右侧是网站宗旨，即"美国政府网站是你获取政府信息和服务的在线导航"。第四部分是网站的主体内容，多达 14 个类别的在线服务链接，也是第二部分下拉菜单部分的进一步细化，每个链接都有主题和提供服务的介绍，简单明了。第五部分是公众与政府互动的渠道展示。公众既可以通过拨打免费电话、发送 e-mail 等传统方式与政府沟通，也可以使用脸书、推特、油管等网络交流工具与政府互动（见图 4.5）。总之，改版后的政府网站"少、精、新、实"，更突出为公众提供在线服务的功能，提升了政府在线互动交流的能力。

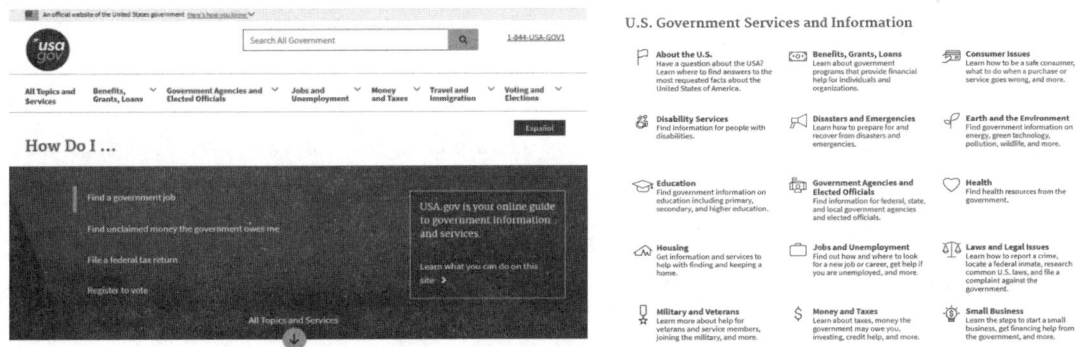

图 4.5　美国 2015 年版联邦政府门户网站首页截图

美国联邦政府的门户网站是美国电子政府策略中的一个非常重要的组成部分,也是美国电子政府的形象标志和主要服务窗口,而且在很大程度上体现了美国关于电子政务的理念、目标和做法。美国在网站的建设和管理方面,有三个方面的最佳实践,分别为最佳网站内容实践、最佳系统结构实践和最佳政府联结战略实践(见表4.2)。

表4.2　美国联邦政府信息门户网站的最佳实践

项目	内容
最佳网站内容实践	·有明确的网站目标 ·有明确的用户范围;网站的组织以用户为中心 ·提供和用户之间的交互渠道,收集用户的使用反馈 ·增加宣传力度,发觉潜在用户;对用户的问题及时回复 ·用户层次化,以多种渠道提供信息和服务 ·增强内容的关联度,避免相同的内容多次出现 ·提供便捷操作方式,一次网站信息或服务获取过程不超过三次网页选择 ·内容结构化,方便浏览,避免长的滚动页 ·在网站上建立永久网站导航工具,无论用户浏览任何位置,都可使用 ·包含所有中央政府机构、地方政府,建立相应的链接 ·以通俗易懂的语言组织网站内容,网站内容组织风格一致 ·内容持续更新 ·提供保护用户隐私的安全措施 ·向残疾人提供特殊的使用工具
最佳系统结构实践	·系统设计围绕经过论证的需求分析进行 ·系统设计规划了系统建设中统一标准 ·制定了网站内容效果评价标准 ·加速软件过程标准化进程 ·制定缺陷管理、风险管理战略,制定灾难恢复战略 ·制定需求变更规划,根据用户的需求不断对网站进行优化
最佳政府联结战略实践	·网站只提供政府信息和服务 ·用户界面友好性,尽可能向用户提供准确、实时的信息和服务 ·建立了跨机构电子协作机制,消除信息孤岛、组织鸿沟 ·根据网站服务,进行政府机构重整,业务流程重组,支持在线行政事务重组

二、新加坡政府门户网站

新加坡政府门户网站(www.gov.sg)被全球公认为设计最好、最以人为本的政府门户网站。在早期的电子政务建设中,新加坡各政府部门独立建设自己的门户网站,没有形成有机结合的网站群。直到1995年,政府才开始建立起以服务公众为核心、跨越多部门的"一站式"门户网站。2010年以后,新加坡政府对门户网站进行了两次改版,调整了网站栏目和内容。

（一）2010年版新加坡政府门户网站

2010年5月，第一次改版的政府门户网站正式上线，其功能更为强大，信息内容也更为全面，政府网站不仅仅是传统意义上的政府信息传播平台，更是集各种服务为一体的公共服务平台，公众可以通过门户网站获取政府提供的服务。在这个网站上，几乎100%的政府服务项目都已经能够通过网络完成，政府网站能够提供从信息查询到事项申请等各种公共服务项目，真正实现全方位"一站式"政府在线服务。

新加坡政府门户网站将政府服务划分为政府信息与电子服务（面向政府的服务）、为公民的信息与电子服务（面向公民的服务，即电子公民中心）、为企业的信息与电子服务（面向企业的服务，即政府电子商务中心）、为非新加坡公民的信息与电子服务等服务频道（见图4.6）。在上述服务频道里，网站对众多在线服务进行归类，以便公众能够方便快捷地找到所需要的信息和服务。栏目的设置让人一目了然。服务频道的主要栏目和内容如下。

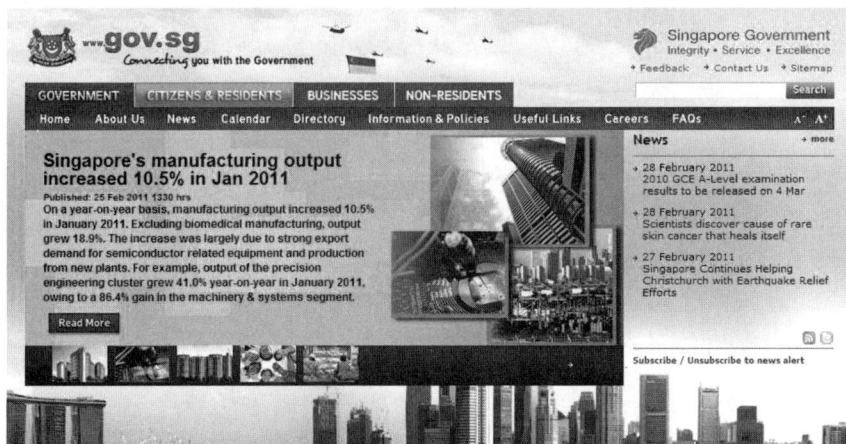

图4.6　2010年版新加坡政府门户网站首页截图

面向政府的服务频道（www.gov.sg）以"信息公开"为核心，主要有政务新闻、焦点、政府部门列表、出版书籍、政策信息、领导人介绍、每日摘要和热点专题等栏目。每个栏目按照信息类别再进行细分，方便公众使用。

面向公民的服务频道设有首页、介绍、有用的链接、移动服务和电子公民中心等几个子频道，其中电子公民中心是频道的核心内容。电子公民中心（www.ecitizen.gov.sg）始建于1999年4月，其目的是将政府机构所有能以电子方式提供的服务整合在一起，并以"一揽子"的方式提供给新加坡公民。电子公民中心将一个人"从摇篮到坟墓"的人生过程划分为诸多阶段，在每一阶段里，公民都可以得到相应的政府服务，政府部门就是公民人生旅途中的一个个"驿站"，每一个"驿站"都有一组相互关联的服务包。电子公民中心网站共有9个"驿站"，涵盖范围包括商业贸易、国防、教育、就业、家庭、医疗健康、住房、法律法规和交通运输,它用三维虚拟社区的方式标示了新加坡公民一生从出生到死亡可能需要的1600项政府服务信息,例如,在"就业驿站",公民可以找到"雇佣员工"(专为雇主设计)、"寻找工作"(专为求职者设计)、"退休"、"提高技能"等服务。这些"驿站"把不同政府部门的不同服务职能巧妙地联系在一起。除此之外,该频道还包括政府服务、市民建议、在线服务帮助、市民验证、快速通道和新加坡护照等栏目(见图4.7)。

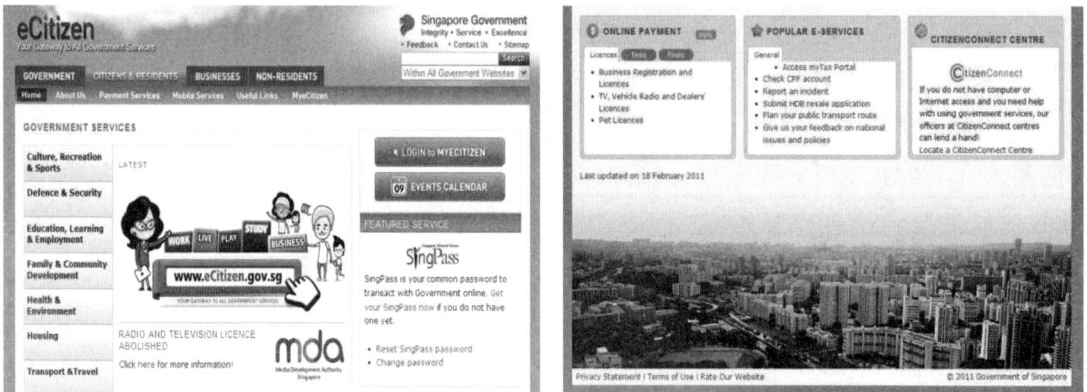

图4.7 2010年版新加坡政府门户网站电子公民频道网页截图

面向企业的服务频道(www.business.gov.sg)设有首页、介绍、新闻、事件、时事通信、资源库、网上服务、询问、政府部门列表等子频道。该频道首页根据政府为企业经营所提供服务的性质进行分类,主要有筹集资金、商业课税、政府项目、本地企业等栏目。每个栏目又按照企业运营所需的主题进行细分,在每个主题栏目下面设置了索引、查询、电子服务、资料库和案例等服务。在服务网站实施的电子采购、网上业务许可证、贸易通关系统等项目,大幅度提高了企业登记注册、提交商业计划、营业执照申请、贸易通关等事项办理的效率。比如,在新加坡注册新公司从以前需5天时间、花费1200—35000新元变为只需15分钟、花费仅300新元。综合服务网上申请处理系统OASIS项目荣获了"联合国2005年公共服务奖",该系统自2004年1月开通后,实现了营业执照一站式电子申请,80%的新兴企业通过一份综合申请在网上向19家机构申请71种执照,平均办理时间从21天缩短至8天。该服务网站的核心是"政府电子商务中心",同私营部门的交易中心一样,来自世界各地的众多供应商在平台上激烈竞争,售卖价廉物美的产品,而在网上下单既节约了时间,也降低了成本。

专栏4.6

新加坡政府"政府电子商务中心"(GeBIZ)

GeBIZ 于2000年12月正式开通,是新加坡政府的采购系统,由新加坡国防科技局、财政部和资讯通信发展管理局合作推出。它整合了政府各部门和机构的财务系统与采购软件。政府部门的贸易伙伴可以在网上得到政府招标邀请并购买招标文件,供应商可以在网上索要发票、检查付款情况、提交产品目录和竞标。该中心大约满足了140个政府机构的采购需求,并且约有1万多家公司在为政府提供商品和服务。这一完整的电子化流程使投标书和报价提交工作随时随地能够完成,从而节省了成本和时间。

面向"非本地公民"的服务频道(www.ecitizen.gov.sg/non-residents)主要是按照外国人来新加坡的目的划分栏目,分为访问新加坡的人、移民新加坡的人、在新加坡工作的人、在新加坡学习的人、在新加坡做生意的人等栏目。每个栏目里又按照用户所需服务进行归类整理,使用户能方便地使用政府门户网站。

(二)2015年版新加坡政府门户网站

新版新加坡政府门户网站定位为政府的电子交流平台,更加突出信息公开和在线交流的功能,是新加坡官方的在线交流平台和知识库,提供最新的政策公告、信息和新闻。通过这个网站,用户可以查看政府信息,使用政府翻译工具翻译术语和搜索联系公共服务机构。概览整个网站,其网站配色以红、白、黑色为主,间或有橙色、蓝色等。"完整、服务、卓越"是其网站的宗旨。在频道设置上,主要有新闻(News)、事件(Factually)、微型网站(Microsites)、资源(Resources)、反馈(Feedback)五大栏目(如图4.8)。

新闻频道包括热门话题、政府最新消息、最新视频、新加坡即将举行的活动等内容。政府活动报道、新闻公告、政府领导人讲话都会实时发布。此外,网站与国家档案局连接,从60年代起的政府总理在国庆集会上的演讲视频等其他历史资料都可以通过门户网站查找和观看;事件频道包括防卫、经济、教育、环境、健康、住房、移民、法律等领域的内容;微型网站频道包括供应辩论委员会、使它变得更好、你的计划是什么、要闻等内容;资源频道包含新加坡新闻中心、政府目录、政府词典、正在准备的活动、电子公民中心等内容。

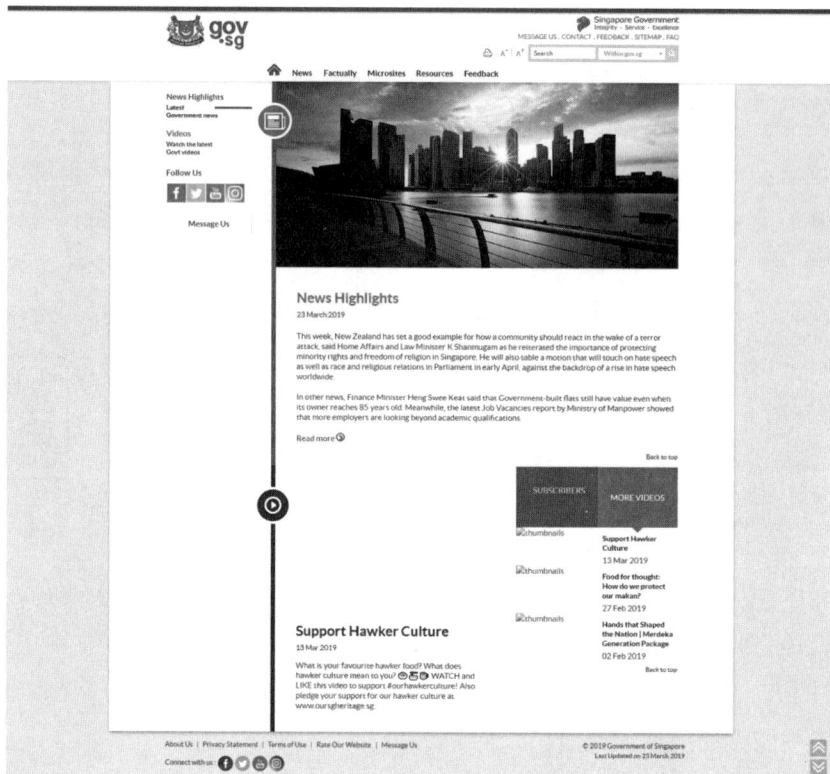

图4.8　新加坡政府门户网站截图

三、英国政府门户网站

英国电子政务起步相对于其他发达国家来说比较晚,但政府门户网站的建设却卓有成效。从1994年提出建立门户网站之后,政府就一直不断地在进行网站建设的探索。

(一)英国政府门户网站建设的探索

1994年,英国响应"电子欧洲"计划开始电子政务建设,首先提出了"电子英国"计划,开通网上"英国政府信息中心",由内阁办公室负责建立中央政府网站(open.gov.uk),这是一个类似于政府门户网站的网页,其功能主要是提供政府网站的链接,但是服务内容很少。1999年,政府出台了"现代化政府行动计划",提出开辟一站式服务的单一电子门户网站。

2000年12月,英国政府开发出一个服务内容更多、搜索更方便、功能也更为强大的单一的政府门户网站系统(UK online.gov.uk),它由"英国在线"网站和"政府虚拟门户"网站组成,共同提供一站式在线公共服务。"英国在线"网站不仅将上千个政府网站链接起来,而且把政府业务按照公众需求进行分组,使公众能够全天候地获得所有政府部门的在线信息与服务。该网站的内容分为五大模块,即生活频道、快速搜索、在线交易、市民空间、新闻天地。生活频道向用户设置了11个主题的服务,用户无须考虑各政府部门的职责和分工,其他的各大模块也都包含众多的主题服务。"政府虚拟门户"网站是一个为了让公众和企业获得政府在线服务而进行登记注册的专门网站,它可以使公众和企业通过一个单一的入口同政府的多个部门进行沟通并实现在线办理行政事务。在"政府虚拟门户"网站运行的主要服务项目中,包含国内个人所得税在线征收和部分增值税的在线退还等内容,该网站是提供"集成化政府"服务战略的一个重要组成部分,与"英国在线"网站形成了一种"前台—后台"关系。

2001年,英国正式开通了政府门户网站(www.gov.uk),网站体现了"以公众为中心"的理念,按照公众的需求设置政府在线服务。同时,英国政府通过组成公众代表团的方式,充分汲取公众的意见。到2002年4月,有63%的政府机构开通了互联网服务。

自2006年以来,英国中央和地方政府大力发展电子政务,目标是要尽快实现电子化政府的世界领导地位。在这个目标指导下,政府网站建设速度快、数量多,但是各网站分散、没有规划统筹,从中央到地方的网络都未能形成统一架构和互联互通。

2007年1月,内阁办公室决定大幅减少中央政府网站的数量,从原有的951个减少到26个,已关闭网站的信息被转移到"Directgov"和"businesslink.gov.uk"两个门户网站。政府门户网站"Directgov"提供单点访问所有在线公共服务,并且可以通过手机获取服务。此后,英国内阁办公室制定了政府部门及公共机构网站建设标准,实现了网站统一设计,极大方便了用户。经过网站资源整合,一方面网站数量大大减少,避免了网站的重复建设,减少了运营成本及基础设施建设开支;另一方面,提高了政府电子政务效率,公众通过一站式网站寻求服务,避免了辗转不同政府部门网站的麻烦。

2012年10月起,英国政府门户网站进行了改革,其中央政府各部委网站全部取消,从此英国只有一个统一门户网站,331个公共机构也陆续向这一网站迁移,实现网上"集合办公"。它的页面设计借鉴了谷歌公司的服务理念,公民通过关键词可以找到自己想要查询的服务。政府还通过对服务内容进行有效疏理,整合信息及使用通俗易懂的语言将服务事项进行分类。

2013年英国政府将24个部级部门的在线服务整合到英国政府网站统一平台gov.uk上。2014年,gov.uk成为中央政府服务的国家门户网站,网站把新技术HTML5作为网页内容的最新标记语言,以保证英国在线数字服务保持较高的使用率,例如公民网上自我评估税收申报达到85%,网上预订驾驶考试达到98%,等等。

(二)2007年版英国政府门户网站

英国2007年版政府门户网站首页布局比较简洁,每个页面被分成一些整齐的小板块,每一板块子标题数控制在十个以下;标题用语风格统一,文字简练;极少使用图片;页面配色温馨、视感舒适。除了整个门户网站以外,其链接到的下级网站也都有简洁、严谨、具有一致性的共同特点。门户网站提供了主频道、快速搜索频道和新闻频道等主要内容。

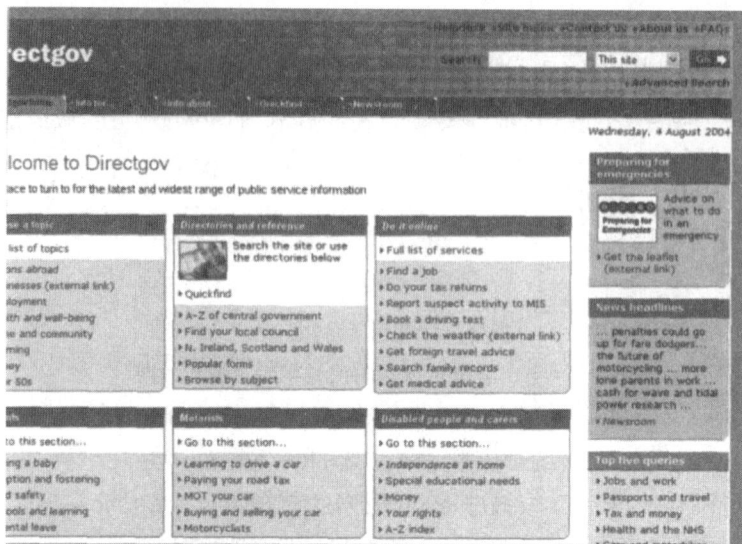

图 4.9 2007 年版英国政府门户网站首页截图

主频道由主题、孩子家长、汽车相关、残疾人及其家庭、目录与指南、网上办事等栏目构成。主频道还特别设置了急救准备（Preparing for Emergency）和需求排行（TOP 5 Quiries）栏目，前者提供了紧急情况处置宣传册，后者反映了本网站当前最受关注的内容。分类的主题中有就业、家庭与社区、健康与福利、学习、汽车与交通等主题，囊括了公众最关心的问题。比如，公众从政府门户经过 5 次链接，可以进入专业的招聘网站（Job centre plus）主页，接受网站专业化的职业生涯指导，同时在这个过程中，公众还可以顺便了解关于就业、薪酬、福利、劳动保护，甚至关于志愿者、兼职等方面的所有的政策和建议。又如，公众要查询关于"孩子入托"的问题，从门户网站经过 4 次链接，就可进入一个专业的儿童服务网站（www.Childcarelink.gov.Uk），同时在网站中还可以查询到学龄前儿童的教育费用政策、儿童信息服务等内容，以及关于育儿、安全等知识。政府门户网站设计专门针对"用户体验"进行了优化，公众可以经过最短的路径，链接到所需要的服务网站主页。而且在浏览过程中，公众还可以同时了解所有的相关政策信息和背景知识，甚至它的主题也按照种种可能的需求"情景"划分类别。网站还提供了专门的检索功能，让公众以邮政编码或名称为条件，检索最近的办事地点、机构、各种联系方式，甚至联系人。

（三）英国 2013 年版政府门户网站

2013 年，英国电子政务以 www.gov.uk 为统一入口，取代了原来分散的 1700 个政府网站，实现了网上"集合办公"，每年节省了 6000 万英镑的支出。网站首页标语"更清晰、更快、更便捷地找到政府信息"完美地诠释了英国政府网站以公民为中心的设计理念。

英国政府门户网站自上而下可以分为五个部分。第一部分是门户网站的宗旨，即"更方便、更清晰、更快捷地找到政府服务和信息"。宗旨的右侧是热门服务（Popular on UK）排行，包括脱欧准备（Prepare for EU Exit）、找工作（Find a Job）、更新车辆税（Renew

Vehicle Tax）、个人税收账户（Personal Tax Account）等，这些服务排行根据点击率实时更新。第二部分是政府提供的服务。英国按照欧洲委员会和成员国在2000年的e-Europe倡议中确定的基本公共服务建设标准，结合本国实际分别向公众和企业提供服务。第三部分是政府内阁25个部委和385个其他公共部门的链接，公众可以通过点击链接，查询和进入这些政府和公共部门的网站。同时，在这个部分还设置了公众最为关注的政府事务及相关法规政策等。第四和第五部分分别用不同形式呈现为公众提供的服务，可以看作第二部分内容的进一步延伸和细化（如图4.10）。

图4.10　英国政府门户网站截图

　　英国政府门户网站借鉴搜索引擎的服务理念,可以让公众使用关键词搜索工具查询相关服务,页面信息分类清楚,表述通俗易懂,极大地方便了用户的使用。访问和使用该网站的公众数量逐年上升,2013年1月访问人次不到400万,到2017年1月已经达到1500万人次(见图4.11)。根据Alexa网站①排名,2017年,gov.uk是英国公众最常造访网站的第32名,75.4%的网民都访问过该网站。在访问网站的公众中,76.5%的人选择在线服务,服务效率相对较高,比如公众平均只需要5个步骤,耗时25分钟就可以申领到护理补贴(Carer's Allowance),使用该服务的满意度达到92.2%。此外,gov.uk网站也针对跨政府部门使用的功能提供公共服务,gov.uk上的核查(Verify)服务,可让各政府部门用来验证在线使用者的身份;绩效查询(Performance)服务,用来显示所有政府数字服务的实时绩效数据。政府的角色越来越像服务业,公众就是客户,政府官方网站是公众体验政府服务的直接窗口与渠道。政府的电子政务是提供周到、精心设计、直接的服务,使公民与政府部门互动更容易并且畅通无阻。

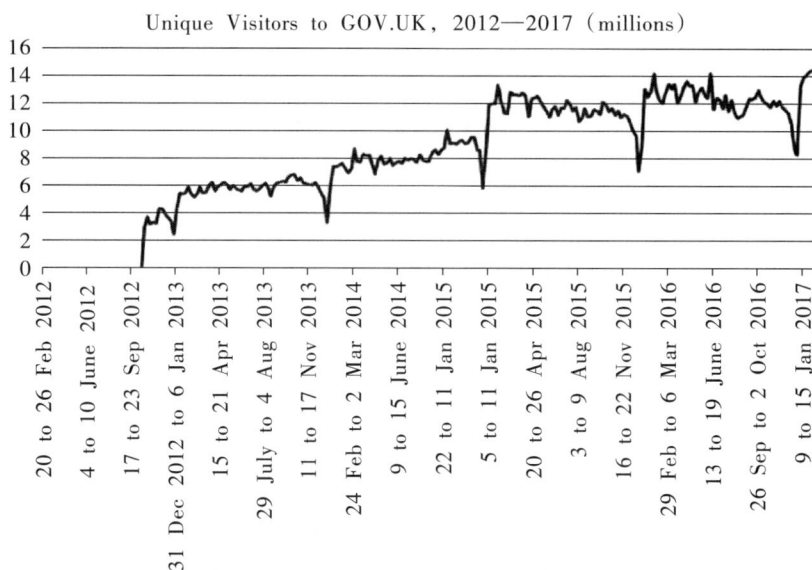

图4.11　2012—2017年英国政府门户网站GOV.UK的访问量情况②

---

① Alexa是一家专门发布网站世界排名的网站。以搜索引擎起家的Alexa创建于1996年4月,目的是让互联网网友在分享虚拟世界资源的同时,更多地参与到互联网资源的搜罗中。

② 庞宇:《英国电子政务的发展转型与经验启示》,《电子政务》2018年第2期,第62—70页。

第三节 中国政府门户网站

中国政府门户网站建设虽然起步较晚，但是发展较快。尤其是近几年，我国各级政府及其部门纷纷开通自己的门户网站、官方微博、政务微信等互联网平台，以加强与公众的交流互动，提高办事效率，转变政府形象。

一、中国政府网站建设的总体情况

我国政府网站与门户网站的建设几乎是同时起步的，在推进政府网站建设的同时，门户网站也有了长足的发展，具体可以分为三个阶段。

（一）政府网站建设的起步

我国政府网站建设起步于20世纪90年代的"政府上网"工程，在此之后，各级政府和部门相继建立基于互联网的政府网站。我国政府网站拥有率大幅提高，据统计，到2001年1月，以gov.cn结尾的域名总数达到了4722个，占国内域名总数的4%；已经建成的政府网站达3200个，70%以上的地级市政府在网上设立了办事窗口。政府网站建设主要以技术开发为导向，其特点主要以硬软件系统平台开发为基本要求，以提高网站拥有率为目标。

在这个阶段，政府门户网站作为政府上网工程建设的平台，也开始投入建设。我国第一个严格意义上的政府门户网站始建于1998年，是当时青岛市政府推出的青岛政务信息公众网。2002年，《国家信息化领导小组关于我国电子政务建设指导意见》明确提出，将政府门户网站建设列为我国电子政务的重要建设内容。此后从中央到地方各级政府纷纷开始注册域名，加强网站的基础设施建设，门户网站的功能主要以信息宣传为主。

（二）政府网站的规范管理

2006年1月1日，中华人民共和国中央人民政府网站正式开通，标志着我国从上而下的政府网站体系基本确立。至此，全国有96%的国务院部门，90%的省（区、市）都建有互联网站；全国300多个地级市，有94%建有互联网站；2000多个县级市，将近77%也建有网站。经过多年的努力，我国已逐步形成了覆盖中央、部委、省、市、县及其所属部门的政府网站层级体系。截至2010年底，副省级以上地方政府网站的拥有率达到100%；各省级地方所辖的地（市、州、盟）政府网站的拥有率达到99.7%；直辖市、计划单列市及省会城市所辖的县（市、区、旗）政府网站的拥有率达到98.6%。总体上看，各级政府网站已基本完成了初级建设阶段，在政府信息公开、网上办事、政民互动等方面取得重大进展。政府网站与政府业务的融合程度越来越高，面向社会公众服务的成效越来越明显，迈向深化应用阶段的基础已经具备。

专栏4.7 我国政府网站的层级体系

我国政府网站包括四个层级。

中央人民政府网站是处于最顶层的政府网站。处于第二层级的是各省级以上地方政府网站、国务院部委及其直属机构网站(简称部委网站),这一层级的网站直接保障了顶层内容。各地市(州、盟)政府网站以及地方政府组成部门、直属机构、垂直部门网站都属于第三层级的政府网站,它的中间层级将为上一层级政府网站提供内容保障,为下一层级政府网站提供指导。处于最底层的政府网站是县级政府网站,地市级政府组成部门及直属机构、垂直部门网站。

这一阶段,我国的政府网站功能主要为信息公开、网上服务、互动交流三部分。2011年,国务院办公厅下发《关于进一步加强政府网站管理工作的通知》,指出要切实提高政府网站的工作水平,加强主动公开工作,及时准确地在政府网站发布涉及群众切身利益、需要社会公众广泛知晓或者参与的政府信息,尤其要做好财政预决算、公共资源配置、重大建设项目、社会公益事业等领域政府信息的发布工作。凡是可公开的不涉密文件,都要通过政府网站公开发布;涉及群众切身利益的重要决策,要在政府网站公开征求意见;重要政策出台后,要及时通过政府网站做好政策解读工作;对公众关注的社会热点问题,要主动在政府网站予以回应,发布权威信息,讲清事实真相、有关政策措施以及处理结果等。提倡地方和部门负责人到政府网站接受在线访谈。各地区、各部门要对政府网站管理工作开展经常性的督促检查,并使之制度化、常态化。

(三)政府网站的功能完善

随着移动互联设备的发展,公众上网不再只是关注政策信息等,更希望能够通过平台更加方便地办理事务。因此,我国政务网站设计开始尝试场景式服务模式,根据实际场景,设置相应的功能板块,以有利于在线处理事务和提供服务;同时也积极利用政务网站进行数据开放等相关探索。

2013年,国务院办公厅印发《当前政府信息公开重点工作安排的通知》,指出要加强平台和渠道建设,充分发挥政府网站、政府公报、新闻发布会以及报刊、广播、电视、政务微博等传播政府信息的作用,确保公众及时知晓和有效获取公开的政府信息。

2017年,国务院办公厅印发《政府网站发展指引》(以下简称《指引》),提出政府网站应具备"信息发布、解读回应、办事服务、互动交流"四大功能,并对政府网站集约化平台建设提出倡议要求,推动各级地方政府门户网站及部门网站向省级政府门户网站集中。并要求政府把网站打造成更加全面的政务公开平台、更加权威的政策发布解读和舆论引导平台、更加及时的回应关切和便民服务平台，以中国政府网为龙头，部门和地方各级政府网站为支撑，建设整体联动、高效惠民的网上政府。《指引》对政府网站集约化平台建设提出了倡议和要求，省级政府门户网站将成为今后发展的重点，地方各级政府门户网站及部门网站均要向省级集约化平台部署，省级政府门户网站将逐渐成为政府提供公共信息和公共服务的"第一平台"。

根据全国政府网站基本信息数据库 2017 年 10 月更新的最新数据，我国政府网站运行总数为 28565 个，较 2015 年 8 月的 8.4 万余家在数量上大幅度减少，显示政府网站数量锐减，呈现集约化管理趋势；截至 2018 年 12 月，省级及以下行政单位政府网站较 2017 年底缩减 24.6%，各级政府进一步贯彻落实中央部署，适应互联网发展变化，推进政府网站集约共享。

二、中央政府门户网站

中央政府门户网站是国务院和国务院各部门，以及各省、自治区、直辖市人民政府在互联网上发布政务信息和提供在线服务的综合平台，是为社会公众、企事业单位提供信息浏览、搜索、导航、政务服务的门户网站。

（一）2006 年版中国中央人民政府门户网站

我国中央人民政府门户网站于 2006 年 1 月 1 日正式开通。正式开通当日，点击率就达到 4048 万，页面浏览量达到 519.5 万，访问人次达到 33.79 万。中央人民政府门户网站设置了政务信息区、办事服务区、互动交流区和应用功能区四个区域。

政务信息区主要是按照政务公开的要求，公布政府重大决策部署、行政法规、规范性文件以及工作动态。权威发布的政务信息，让公众全面了解中央人民政府及各部门相关的政务内容。通过这些栏目，公众可以及时知晓我国政府的主要政务活动、领导人活动以及相关的政务信息。

办事服务区主要是整合各地区、各部门网上办事服务项目，面向公民、企业、外国人提供网上办事服务，分别导向"生育、户籍、教育、婚姻""开办设立、年检年审、工商管理""领事司法、在华就业、出入境"等内容。

互动交流区主要是建立方便、高效的渠道，增进政府与公众的沟通交流，方便公众建言献策，便于政府直接了解社情民意。

应用功能区主要包括检索、导航等网站辅助功能。其中，中文简体版和繁体版主要开通今日中国、中国概况、国家机构、政府机构、法律法规、工作动态、公文公报、政务互动、政府建设、人事任免、新闻发布、部门服务等 12 个一级栏目（见图 4.12）。网站英文版开通了今日中国、中国概况、外籍人士服务、商务中国、政府出版物、法律法规、专题专栏等 7 个栏目。

图4.12　2006年版中华人民共和国中央人民政府门户网站首页截图

（二）中央人民政府门户网站的功能和开通意义

中央人民政府门户网站的主要功能是通过网络，面向社会甚至全世界展示和体现中国政府的形象，让公众能够通过登录中央人民政府门户网站整体了解我国政府的基本情况；网站可以通过网络向社会公众（包括公民、企事业单位、政府部门等）提供权威、系统、翔实的法律文件（包括法律、法规、部门规章）以及规范性政府文件及其准确的解读和分析等，这些权威文件的发布，对社会具有一种规范性和约束力，使社会的运转有法律可以依循；网站作为中央人民政府"门户"，直接向公众提供了进入所有中央政府机构和省级地方政府的平台。

中央人民政府门户网站开通的意义包括四个方面。首先，提高了各级政府对门户网站建设的重视，网站逐步成为实现政务信息公开、服务企业和社会公众、方便公众参与的主渠道；其次，有了中央人民政府门户网站以后，整个电子政务的体系就比较完整，因为全世界的电子政务评价都是以国家的政府门户网站为准，从中央到各级政府有了统一的"门户"网站，有利于进一步推动电子政务的建设；再次，网站的开通填补了我国政府网站层级体系中国家门户的空白，成为我国电子政务建设中的里程碑，有利于促进我国政府活动的公开化、透明化以及向服务型政府的转型；最后，网站不仅仅是一张国家名片，更重要的是作为政府职能转变的标志之一，它有利于推动各级政府向服务型、透明型、民主型政府的方向迈进。

（三）2014年版中国中央人民政府门户网站

中国政府网自2006年正式上线以来，服务内容不断丰富完善，并先后开通了微博、微信公众号等全新互动服务平台，充分发挥了其作为国务院和国务院各部门以及各省、自治区、直辖市人民政府在互联网上发布政府信息和提供在线服务的综合平台的作用。然而，在互联网日新月异的发展潮流面前，网站在全面了解公众需求、及时响应群众关切、有效传播政府信息、主动引导网络舆论等方面面临着全新挑战。为更好地适应互联网技术发展潮流和信息传播方式的深刻变革,进一步发挥中国政府网依法公开政府信息、回应公众关切、正确引导舆情和改进政府服务的作用,自2013年起,中国政府网开始正式筹备改版工作。2014年3月1日零点整,全新改版的中华人民共和国中央人民政府网正式上线运行(见图4.13)。

图4.13　2014年版中华人民共和国中央人民政府门户网站首页截图

网站将原有24个一级栏目整合为8个一级栏目,即国务院、总理、新闻、政策、互动、服务、数据、国情,提升用户查找信息和服务的便捷度,有利于把中国政府网打造成更具亲和力、更有特色的网站。同时,新版网站在服务内容上更加突出回应社会关切,增设了问政栏目,首次开通了"回应关切""我向总理说句话"等互动服务栏目。

在页面结构设计上,为便于用户快速、准确地查找到信息,借鉴了国际通行做法,即页面篇幅从三屏半缩减到两屏以内,同时在首屏增加滑动标签页功能,使得首页实际展示的内容远远超出原来的三屏半,用户最多点击三次鼠标就可找到所需内容。

在页面视觉设计上力求简洁、突出重点,网站配色以蓝白灰色调为主,在首页第一屏以大图片轮播方式重点展示热点新闻,使得网站既庄重、大气,又能够给用户鲜明的视觉体验,有助于彰显大国气质和亲民形象。通过大量运用互联网技术创新成果,大大提升新版中国政府网服务的主动化、智能化水平。

在及时了解网民需求方面,通过采用大数据分析技术,形成互联网用户关切热点的自动识别和主动报送机制,有力支撑了"回应关切""热点""关注"等栏目的内容保障。

在扩大信息传播渠道方面,网站在开通微博、微信公众号的基础上,进一步针对主流搜索引擎进行技术优化,有力提升了网站信息的互联网影响力;为政务信息分享专门开发了安全、可控的社交媒体分享软件,方便网民快速传播政府网站信息,提高网民参与和关注政府信息的积极性。

在方便用户查询信息方面,采用先进的查询技术,大大提高了用户查找中国政府网信息的准确度和易用性。在适应用户接入终端多样化方面,新版网站逐步采用多终端界面智能自适应技术,显著提高了手机、平板电脑等不同类型终端用户的可用性。

作为全国政府网站服务体系的引领者,中国政府网不但是中央政府在互联网上发布权威信息,推进政府信息公开的主要窗口,还承担有广泛听取社会建议和意见、回应社会重大关切、改进政府服务工作的重要任务。

此次中国政府网的改版升级,标志着政府网站服务转型升级处于一个全新的发展阶段,那就是从过去的"内容主导"进入"服务为本"的时代,群众满意度和互联网影响力成为未来政府网站服务改进与提升的主要风向标。

三、中国政府门户网站的功能

政府门户网站的功能是指政府门户网站所承担的责任和所具备的功能。我国将政府网站的功能规定为信息发布、解读回应、办事服务、互动交流,以此为依据,结合政府门户网站的特点和当前我国政府职能转变实际,以及建设服务型政府的目标,政府门户网站应具有信息公开、公众参与、在线服务、资源整合以及信息检索等5项基本功能。

(一)信息公开

政府门户网站首先是一个信息公开的平台,政府掌握着大量的有价值的信息资源,也承担着信息资源的宏观管理职能和具体服务任务,有责任有义务实时公开必要的信息,以满足社会公众的知情权,更好地为社会公众服务。

政府在门户网站公开信息,有利于节约物质成本、时间成本和降低沟通成本。公众可以减少信息申请,减轻相应成本负担,降低获得政府信息的成本,通过政府网站,可以不受时间、空间限制,便捷地获取政府信息,还可以在繁多信息中通过网站检索和查询功能快速找到所需信息。政府管理和保存信息更加便利,减少了事务性工作,节约了行政成本。政府部门也可更加快捷及时地公开相关信息,以节省大量时间,提高工作效率。有鉴于此,政府及其职能部门通过门户网站在互联网上发布政务信息和执政措施,向公众公开政府工作,引导公众的社会参与和公共监督,这是门户网站的首要功能。

目前,信息发布及时性和动态化成为门户网站的主要特色,各地政府纷纷将政府网站建设的重点转向信息公开。如浙江省人民政府门户网站在显著位置设置"浙里看"专栏(见图4.14),将信息公开的内容和事项聚合在一起,以利于公众使用。如根据浙江省人民政府门户网站统计数据,2018年,网站的独立访问量为7700多万次,总访问量为1亿次,信息发布总数为76954条,其中概况类信息更新16条,政务动态信息更新7035条,平均每天更新19.27条,信息公开目录新更新44310条,平均每天更新121.40条。省政府及各直属部门通过政府门户网站主动公开政府信息119551条。其中组织机构类信息488条,法规文件类信息4272条,规划计划类信息288条,统计类信息6667条,财政类信息6120条,行政权力类信息2160条,人事任免类信息1065条,应急管理信息94条,工作动态信息33178条,公告公示类信息57392条,其他动态信息7827条。

浙里看	重要公告		法规文件 | 政策解读	
	· 浙江省2018年法治政府建设情况	2019-03-13	· 部关于组织国外风险勘查专项项目申报材料的函	2010-06-11
	· 2018年省政府民生实事 "办得怎么样?由您说了…	2019-03-04	· 关于长兴县基准地价更新结果的批复	2010-11-12
	· 新时代,新视野,第四届中国设计智造大奖正式启动…	2019-02-28	· 关于2008年国土资源专业法律法规知识培训考核…	2009-09-10
	· 中共浙江省委政策研究室关于选调公务员的公告	2019-02-21	· 关于印发《浙江省小型矿区资源储量调查技术要求》…	2009-06-22
	· 《浙江省人民政府办公厅关于自然资源信息公开专用…	2019-02-18	· 部2008年度耕地占补平衡检查项目清单	2009-04-14

| 信息公开指南 | 信息公开目录 | 信息公开年报 | 依申请公开 | 政府公报 | 政务五公开 | 职能机构 |

图4.14 浙江省人民政府门户网站信息公开栏目设置截图

(二)公众参与

门户网站不仅是反映社情民意的园地,也是公众建言献策的窗口和民主参政的渠道。因此,公众参与是政府网站的重要功能定位,也是保障公民享有参与权和监督权的重要手段。建立健全政府门户网站的公众参与渠道是电子政务建设中的一项重要任务。在政府门户网站没有建设之前,公众向政府部门反映意见的渠道较少。而政府通过在门户网站上开展调查,或设专门的投诉和答复信箱等,可以直接了解公众心声,更快知晓公众的真实情况,更方便公众直接向政府反映情况,这样既有利于公众监督政府行为,又有利于培养公众的主人翁意识和参与热情,帮助政府提高工作科学性。公众参与功能的实现,不仅需要强调政府门户网站公众参与栏目本身的建设,而且更加应当注重企业、社会公众与政府交流沟通的效果,使得政府网站真正起到政民互动的"桥梁性"作用。政府应将公众参与功能作为网站建设的重点内容予以强化,以充分发挥网络的潜力和优势,强化网上监督功能,进一步扩大网上公众参与的范围,推进社会民主化进程。

⚛ 专栏4.8
张家口市交通运输局网站被关停整改

2018年8月,国务院办公厅秘书局下发了《关于2018年第二季度全国政府网站抽查情况的通报》,张家口市交通运输局网站因"互动交流栏目长期不回应"问题受到通报批评。

张家口市交通运输局履行网站建设管理职责不到位,网站运维管理工作机制不健全,对网民留言长期不回应,对河北省政府网站形象带来了不良影响。经研究,对张家口市交通运输局网站进行关停,有关内容迁移至张家口市政府门户网站。对负责网站建设管理的有关负责人,负责政府网站监管的张家口市政府电子政务外网管理中心负责人进行通报批评。

同时,对于公众通过政府门户网站参与的任何形式的活动,政府都应建立相应的工作机制,及时做出回应或解答,促进公民参与功能的健康发展。政府回应是指针对社会的需求政府所做出的反应和回复,而回应性则是反应和回复质量和时效性的体现。一般情况下,政府通过实地考察调研、逐级统计核查、依靠求助媒体、开展听证会等了解民意;然后再通过信访办公室、政策调研室、信息调查中心等政府相关职能办公室回应社会需求,回应成本高、信息失衡、互动性不强、不及时、周期长。政府门户网站的开发及利用更新了政府回应的载体,能够降低因时空变化和行业、职能各异及政府不同层级隔阂带来的不利影响,随时、随地为社会服务。如浙江省人民政府门户网站专门设置"浙里问"专栏(见图4.15),分别设置在线直播、省长信箱、部门信箱、地方信箱、我要写信、我要咨询、我要投诉、信件查询等子栏目,满足公众参与的需求,2018年,网站共收到留言数量为490304条,并全部办结,平均每条留言的办理时间为2天,征集调查的意见数量为1270837条,在线访谈10期。

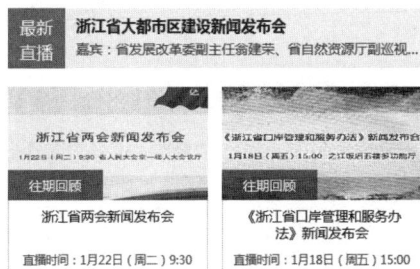

图 4.15 浙江省人民政府门户网站公民参与栏目设置截图

（三）在线服务

在线服务是门户网站最重要的功能，也是推行电子政务的根本目的所在。只有真正实现了在线服务的政府才能称得上是实现了电子政务，也只有提供了在线服务功能的门户网站才能算得上实现了政府与公众的实时互动。各级政府门户网站都应设置在线服务功能，开发覆盖本区域内政府各部门的在线办事平台，面向公民、企业、公务员等提供办事指南、表格下载、在线咨询、在线受理、状态查询等功能专栏。

在线服务功能的成熟与完善有利于政府职能的转变，有利于促进政府更好地发挥市场监管的职能。随着世界步入全球经济一体化时代，经济实力已经成为衡量一个国家或地区的竞争力的关键指标。而要具备经济实力，必须具备足够的信息实力。为此，各级政府凭借门户网站建设统一的信息平台，整合各部门相关的服务信息，挖掘和整理互联网上的共享信息，以此为公众和企业提供权威性的经济信息服务，来应对迅速变化的市场需求，在监管市场运行、维护市场秩序和创造良好的市场环境等方面发挥重要作用。如浙江省人民政府信息门户网站专门设置"浙里办"专栏（见图4.16），依据服务对象分为个人办事和法人办事，并设置不同服务内容，如个人办事下有缴款、工作、车辆、医疗、旅游等子栏目，法人办事下分别设置投资审批、资质认证、文化体育、医疗卫生等子栏目。2018年，浙江省门户网站的政务服务数量为119631项，可全程在线办理政务服务事项数量为86699

图 4.16 浙江省人民政府门户网站在线服务栏目设置截图

项,自然人办件量为22120743件,法人办件量为34416277件,总数为56537020件,基本实现了网上"一站式"服务。

（四）资源整合

资源整合也是政府门户网站的一个重要功能。门户网站建设不只是建设一个网站,其关键是要将相关部门的资源整合在一起,为公众和企业提供一站式的服务,实现无缝隙政府。为此,各级政府在门户网站功能设计上,必须突出资源整合的特点,将资源整合的理念贯穿于门户网站建设、运行以及维护的全过程之中。首先,要将比较分散的各类政府网站综合到一个协调一致的目录下,将政府内部的结构很好地"隐藏"起来,对访问者的需求进行充分分析和方案优化,根据特定用户群的需求开发一系列集成的政府服务项目,为公众提供优质的多元化服务。其次,针对当前政府机构间仍然分离,并且这样状况仍将长期存在的实际,要积极采用网站地图、站内导航、站外链接等技术手段和措施,使网站栏目内容清晰易用,功能和服务灵活多样。

专栏4.9

宁波市政务外网资源整合平台建设实践

2009年6月,宁波市开始建设基于统一用户体系的市委、市政府、市人大、市政协政务外网资源整合门户。建设内容包括统一身份认证、用户整合和单点登录,政务信息资源整合,代办工作资源整合,新闻资源整合,邮件资源整合,政府常用工具整合,视频、阅读、软件下载等资源整合。如对领导信箱、行政审批、网站审核、政府信息公开审核、依申请公开、人大建议提案、网上投诉、网上意见征集等系统的后台待办事项进行整合,实现不同的系统整合在统一的平台进行待办事项的集中提醒和处理。这是对政府门户网站发展的有益探索。

（五）信息检索

为提高信息利用效率,政府门户网站必须提供较强的信息检索功能,使公众可以方便地查询政府网站的一切信息,包括静态网页和数据库中的信息。通常可采用的检索方式有索引检索、逻辑检索、模糊检索、位置检索、截词检索、文献日期、关键词等。许多高级检索程序还应提供诸如二次检索、渐进检索、历史检索、词根检索、大小写敏感检索等更人性化的功能。

我国政府门户网站大多能提供按时间、标题、关键词等方式的检索,也有少数网站能提供较强的高级检索功能。如吉林省人民政府门户网站除了提供常见的按时间、标题、栏目、关键词等检索方式以及上文提及的更人性化的检索功能外,还能够提供针对信息内容进行全文检索的查询方式,即可以在信息内容中检索特定的关键词。由于全文检索是通过由信息内容所创建的索引来进行的,因此,具有检索速度快、内容定位准和易于维护等特点。未来政府门户网站信息可以是文本、图形图像、数据库表单、视频、声音文件等,因此,在设置信息检索方式时考虑数据的多样化检索要求,应采用先进的智能化知识检索技术,尽可能地以自然语言查询和对话,使用户很方便地找到所需的信息。

第四节 政府门户网站比较与借鉴

国外政府门户网站经过多次改版之后,基本形成了大致相同的特点。中国与国外的政府门户网站虽然存在诸多不同,但国外的政府门户网站在具体理念、网站功能和设计等方面也有如下可借鉴之处。

一、国外政府门户网站的特点

(一)网站体现了以用户需求为核心的理念

国外政府门户网站根据用户的身份在网站导航中对服务事项进行分类,主要可以划分为适用于本地居民、外来访客、投资商的信息,或者根据公众的不同活动对信息进行分类,如就业信息、教育信息、旅游信息、商业信息等。此外,国外政府门户网站更擅长对各种信息进行整合,尤其是服务于公众日常生活的各类信息,网站通过整合这类信息,制作成指导公众行为的相关专题,公众可以通过点击专题了解相关信息。

美国政府门户网站强调用户满意,用户反馈是组织和展现政府信息、服务和事务处理能力的驱动力。在美国政府门户网站,最显著的标语就是"使办理政务变得更容易",其强调用户只需点击3次即可找到自己所需要的各类政府信息与服务。政府网站所使用的解释语言接近用户理解水平,按照美国一般公众的阅读水平来设置政府网站文字的使用级别。对于政策解读、政府开支解读之类可能会晦涩难懂的信息,更是注意使用易于公众理解的话语,而非堆放专业人士、研究人员才能读懂和看明白的条文和数据。这些无不体现了网站以公民为中心的包容思想。而英国政府门户网站简单又清晰,通过实施"无纸化社会"战略,把与公众生活密切相关、日常使用频率高的信息和服务放在最容易找到的位置,充分体现了以用户为中心的理念。

专栏4.10

英国"无纸化社会"战略

2010年,英国推出"无纸化社会"战略。政府计划为每名公民设置个人专属网页,实现公众足不出户,通过网络办理个人事务。无纸化社会将分成两步建成。首先,政府为每名公民建立个人专属网页。公民可通过个人网页查找当地各项公共服务并与政府部门沟通。经身份认证后,公民可在家中通过网络为子女申请入学、预约医生、申领福利、缴纳税款、申请护照和办理车牌等。其次,这一网站将增设互动服务,公众可在网上与孩子的老师取得联系,或是向医生寻求治疗建议。通过"互动服务"模式,力求进一步加强公众之间、公民和政府之间的互动交流。

(二)网站功能以向公众提供一站式服务为主

为了使公众能够获得更多的服务,国外政府门户网站实现了最大限度的在线服务项目的统筹。国外政府门户网站统筹政府可以直接提供的所有公共服务项目,公众只要轻点鼠标登录政府网站就能比较便捷地通过网站的各类指引和提示,确定所需要的政府公众服务内容。比如,为了方便用户使用,美国政府网站在首栏提供搜索引擎,并将网站内涉及的所有栏目按所属关系依次列出,并提供超链接连接到相应网页,这样给初次使用的用户提供了对网站的总体认识。再如英国政府门户网站,专门针对"用户体验"进行了优化,甚至它的主题也是按照用户种种可能的需求"情景"而分类的。

国外政府网站普遍采用基于"生活事件"方式,即根据公民或企业的现实生活场景,来组织、整合并提供政府网站上的相关资源,形成统一的与用户生活密切相关的导航体系,使得用户通过这个体系的导引,可以方便地定位到所需的信息及服务。如新加坡政府门户网站电子公民中心提供了"从摇篮到坟墓"的全部公共服务。澳大利亚政府门户网站也以人的生命周期为基础,按人的一生可能与政府打交道的事件组织网站的信息与服务,形成独立生活、更改个人信息、财务管理、工作与职业、办公司、租赁或购买不动产、去海外、移民澳大利亚、处理各种关系、组建家庭、应付伤残、关爱他人、享受晚年生活、死亡与失去亲人等14个大类,每类再按该事件类别中涉及的具体事件展开,例如,"独立生活"下包括青年人走向独立之后可能要做的事情,如青年人的权利与义务、购买车辆、购买移动电话、取得驾照和安全驾驶、年轻人如何理财等。

(三)网站设计充分体现了实用主义和简约主义

西方政府门户网站的后台设计都采用了国际通用的技术,以确保网站以最佳的方式设计,并符合网页的国际化标准。在前台设计上,各国政府都推出用于网站设计和浏览的统一标准,让政府门户网站拥有统一的"外观与风格",以便为政府网站建立品牌形象,令政府网站的浏览和使用更为便捷,让用户能够享有简便易用和高效的使用体验。如英国政府于2005年初向各政府部门的网站提供统一的"外观与风格"标准制定指引,并备有网页设计范本。上述指引和范本在灵活地结合各部门现已采用的各种设计的基础上,要求所有部门以统一形式为其网页注册域名,以及统一协调彩色编号、标志的尺寸、背景加工和字形/字体大小等规格,既符合标准,又有利于信息资料的编排搜寻,增强使用者的信心,令浏览更便捷,在塑造政府统一品牌形象的同时也保留了各部门自身的特色。

在网站主页设计上,各国都选用了具有本国特色的标志性图案或图标。例如,加拿大政府门户网站(www.gc.ca)主页有枫叶图案,以红白为主色调,网站设计简洁明快,与加拿大崇尚休闲自然的人文思想一脉相承。美国联邦政府门户网站的整体色调基础是美国国旗中的蓝色,颜色种类不超过3种;在英文字体类型中,也仅仅有3种字形;其网站由美国国旗(星条旗)、国会大厦、自由女神像和白宫等图案组成,很好地展现了国家的整体印象和特色,给人一目了然的感觉。澳大利亚政府门户网站首页采用了澳大利亚国旗,以国旗底色蓝色为主色调,突出澳大利亚四面环海的地理特色;主页上方采用了金黄色国徽的设计,代表了政府威严。

二、中外政府门户网站的比较

(一)主体不同

一般而言,政府门户网站的主体是政府,中外政府门户网站不存在太大区别。但具体来看,网站的具体建设和运作是由政府部门,或者其他不同的机构负责,而且就不同国家、不同级别的政府门户网站来说,由于网站的建设主旨和主要功能不同,负责操作的具体部门或机构也有所不同。

我国中央政府门户网站是在党中央和国务院的领导和指导下,由国家信息化领导小组批准建设的,国务院办公厅牵头负责内容规划、组织和协调,新华社负责运行维护、内容发布更新和技术建设及保障。国外政府门户网站的运营维护主要由政府部门以外的第三方机构负责。第三方机构要遵守政府制度,他们代表的不是某个社会组织,而是代表了政府的立场和声音。

由于中外政治体制不同,政府门户网站主办者和运行维护者之间的关系也有所差别。我国政府的主办单位自上而下形成了上下级行政隶属的关系,主办者和运营维护者之间也存在某种隶属关系,因此,网站主体要遵循上级的要求设置板块、栏目、内容。国外政治体制与我国不同,中央与地方没有形成上下隶属关系,主办者和运行维护者之间更多的是合同关系。如美国作为联邦制国家,州政府与联邦政府没有明显的上下隶属关系,其网站主体具有一定的独立性和自主性。

（二）功能侧重点不同

我国政府门户网站建设起步较晚,建设初期仅以"政府上网"为主要目标,主要功能集中于信息公开,特别是政府职能、组织机构、政策文件、政府工作动态等政策信息的公开,其目的在于宣传政府政策。对于省级政府来说,还有传达和公开上级政府政策的职责。如在未改版的广东省政府门户网站的"政务信息公开大厅"这一板块中,所公开的信息既包括中央政府的政策文件,又有地方政府的具体信息。又如在新版的浙江省政府门户网站中首先设置的栏目也是各级政府的工作动态,国务院工作动态被放置在此项板块的最左侧。随着政府门户网站的其他功能越来越被重视,提供在线服务、互动交流等功能也越来越凸显,比如改版后的中国政府网,特别突出了互动交流的功能,设置"我向总理说句话""部长之声""回应关切"等栏目,由于中央政府不是直接的办事单位,所以在线服务的功能并不凸显,只提供一些服务搜索和在线服务 App 的推荐等。省级政府门户的栏目设置则更突出在线服务和互动交流,如浙江政府门户网站将这两个功能集合成"浙里办"和"浙里问"。

国外政府门户网站的功能设置则紧密围绕"以用户为中心",信息公开、在线服务都以便于用户搜索为主,如将用户的热搜服务置于重要位置,以便于用户快速查找。同时,由于国外上下级政府之间并不存在明显的行政隶属关系,所以在信息公开方面,各级政府都以公开本地信息为主,较少涉及上级政府的信息。以美国为例,在其州政府门户网站中,我们可能看不到美国联邦政府的信息和服务,但网站服务于公众的主要功能与联邦政府网站却是一脉相承的。如马萨诸塞州政府门户网站为辖区内各级政府及公众服务的特征十分鲜明,不仅在在线服务中设置类似"寻找流感治疗诊所"等公众所需的服务项目,而且在各种公开信息中也处处体现其地方性,如"搜索马萨诸塞州综合法规"等。

专栏4.11 **加利福尼亚州政府门户网站的特色服务**

美国加利福尼亚州与加利福尼亚健康和人类服务机构合作建立了一项在线服务,用于帮助当地居民寻找健康护理机构和服务项目,它包含了大多数经州政府认可的、有保证的老年人服务机构,提供的服务种类包括健康咨询、社会服务、心理健康、药品和老年人护理等。公众在政府门户网站点击"心理健康护理机构",就可以查询他们所需要的服务种类(例如一个社区居民治疗系统或一个心理健康康复中心),在确定服务种类后输入所在地区的邮编即可查询附近机构和相关病人的信息,综合考虑各种信息后选择为他们提供服务的机构。

此外,与其他传播媒介相比,互联网最大的优势之一在于能及时接收公众反馈,与公众形成互动。而政府门户网站也是恰恰利用了互联网的这一优势,开展在线服务,及时处理公众和企业的业务申请,同时应运而生的还有各种政务论坛、意见箱、小调查等板块,便于公众参政议政和政府征集民意。中外政府门户网站的公众互动栏目设置也有所不同,目前我国政府门户网站设置的与公众的互动性内容较多,除了各种在线服务外,有的地方政府还在网站首页设置了专门的"公众互动大厅",包括政务论坛、领导信箱、民意征集、投诉举报等互动栏目,体现了政府接受公众监督、倾听民声的意愿。国外政府门户网站较少设置相关的公众反馈和参与互动的板块,只有在各种在线业务中体现政府与公众的互动性。

(三)内容不同

从信息传递的角度比较中外政府门户网站的内容,二者之间也存在差别。

首先,从信息来源看,我国政府门户网站的信息来源主要以政府及其部门为主,辅以媒体的新闻报道,特别是有些地方政府的门户网站主要以高级别的政府媒体的新闻报道作为政府信息的来源。而国外政府门户网站中,很少有来自传统媒体的报道。

其次,从信息的有效性来看,我国政府门户网站信息较少经过二次加工,有效性不足。网站要想保持自己的特色,除了链接新闻之外,更重要的是网站对信息的二次加工,也就是对手中所掌握的信息进行编辑整合,形成符合用户需求的信息。面对各种正式的政府文件,如何使用户阅读起来更容易、更有趣味性成了政府网站信息传递的重要工作之一。国外政府门户网站更擅长信息的二次加工,二次加工后的信息更符合用户的需求,从政务信息,到服务信息,再到风土人情,网站信息传递更具可用性的特点。此外,信息类内容在政府门户网站中的布局也有所不同。我国对政策法规类的信息都予以重视,基本会放在首页的正中央,但国外一般不会放在首页正中央,而是放在网页的中下偏左或偏右的位置。

最后,从具体内容来看,国外政府门户网站更倾向于选择一些和当地市民生活息息相关的内容,而中国政府门户网站则多选取一些有关当地经济发展、社会建设等的内容。

三、中国政府门户网站建设的经验借鉴

(一)网站理念从以政府为中心向以用户为中心转变

政府门户网站的建设首先是要服从公众需要,从用户视角设计门户网站应该提供什么样的信息和服务,即实现从面向政府部门为主的服务以及政府工作的自动化,向面向用户为主的服务以及部门之间的无缝隙合作和系统间联动与整合转变,并且能够使用户便捷地进入网站,减少等待时间。国外政府门户网站几经变化,始终坚持以用户需求为中心,特别是最新改版的英国和美国的政府门户网站,出现以在线集成服务为主的趋同情况,这也意味着未来政府门户网站的发展趋势。我国政府门户网站从无到有,发展较快,

网站建设应进一步从使用对象的角度出发,按照用户需求提供服务项目。

（二）网站主要功能需要进一步完善

我国政府门户网站经过建设,已经从单纯的信息上网转变为信息公开、在线服务、政民互动等多种功能并存的网站,但是上述功能还有很大的改进空间。

首先,互动平台的建设有待加强。以上海市政府门户网站为例,"中国上海"主页的互动平台除市长信箱外并未设置论坛以方便公众交流,取而代之的是"上海政务互动（微博）平台",链接进入后转到微博界面,用户可以发送微博"@"相关部门以反映情况和提出问题。但是这些微博并没有被回复和受理,大部分博文的回复为零,可见该微博平台并未发挥其应有的作用,政府门户网站的互动平台建设还不够完善。

其次,网站搜索引擎功能亟待完善。搜索引擎是用户在网上查找信息最便捷的途径,目前上海市政府门户网站的搜索功能尚未达到理想的效果,网站内部设有高级检索,检索范围分为全文检索、标题检索和所有结果,并且根据不同栏目有所分类。但检索内容出现重复,且高级检索的项目设定偏少,并不利于用户快速找到所需信息。从检索内容的范围来看,网站只提供站内检索,没有网站群搜索,这样会直接影响到检索的结果。另外,由于网站信息量较大,检索后的信息也较多,但是其排序方法只有按照相关度和更新度排序,这对于用户来说也较不容易寻找到所需信息。

（三）网站设计可进一步优化

在页面设计方面,政府门户网站应在独具特色的基础上统一规划,网站首页应充分体现地方特色和文化底蕴,而有些网站除有政府基本介绍外,缺少地方特色的展示。近年来,我国省级政府门户网站建设水平不断提升,从单纯的提供政务信息向一站式服务型网站迈进,但是作为省级地方政府门户网站,网站内容展示的地域性并不明显。比如我国是一个多民族国家,设有少数民族自治区域。既然是少数民族聚居地,从形式到内容都理应在其政府门户网站中体现出强烈的民族特色,但是目前的自治区政府门户网站与一般省级政府门户网站差别不大（见图4.17）。而国外政府网站,不同层级的地方政府门户网站设计不拘泥于一种形式（见图4.18）。

在首页信息展示方面,主题应更符合公众需求。网站页面展示应以服务功能和服务性信息的分类与布局是否有利于用户使用为主。而我国政府门户网站主页篇幅最大的两部分为"要闻动态"和"政务信息公开",总共占整个版面的三分之一有余,而在"要闻动态"部分显示的新闻大部分均以宣传政府形象、政府的建设、领导人会议、各部门公示等信息为主,与公众生活的联系并不是很紧密,这在一定程度上降低了网站的服务性指数。所以,我国政府门户网站应提高信息资源的整合能力,简化一级栏目,利用主题词、元数据、多目录等管理手段整合海量的信息,并进行科学分类,建设以公众需求为中心的政府网站。

图4.17　广东省和广西壮族自治区政府门户网站首页截图

图4.18　印第安纳州和纽约州政府门户网站首页截图

小　结

政府门户网站是政府的服务窗口,政府电子政务发展的成熟度可以通过门户网站的发展程度来衡量。本章阐释了网站、政府网站、政府门户网站的基本概念,明确了三者之间的区别与联系。政府网站根据所有者及其与其他网站的关系,可分为基本网站和门户网站。政府门户网站是公众通过政府提供的统一访问入口方便、快捷地获取电子化公共服务的政务系统,它的主要特征有政府门户的唯一性、服务提供的公益性、管理职能的集群性和信息发布的权威性。

世界各国都十分重视政府门户网站的建设,凡是电子政务比较发达的国家,如美国、新加坡、英国等,其政府门户网站的设计水平、提供的在线服务等都处于领先水平。发达国家政府门户网站建设形成了一些共同特征,主要表现为:网站体现了以用户需求为核心的理念;网站功能以向公众提供一站式服务为主;网站设计充分体现了实用主义和简约主义等。

中国政府门户网站建设虽然起步较晚,但是发展较快,主要经历了起步期的基础设施建设、推进期的规范管理以及深化期的功能完善三个阶段。我国中央政府门户网站于2006年开通和2014年改版之后,逐步成为政务信息公开、服务企业和社会公众、方便公众参与的主渠道。目前,我国政府门户网站具有信息公开、公众参与、在线服务、资源整合以及信息检索等五项基本功能。比较中外政府门户网站的不同,我国政府门户网站的建设可以借鉴的内容包括转变网站建设理念、完善网站主要功能和优化网站网页设计。

关键术语

网站;门户网站;政府门户网站;信息公开;公众参与;政府回应;在线服务

课堂讨论

1. 考察2—3个发达国家政府门户网站,分组讨论它们的网站设计、结构、内容和功能各有什么不同?

2. 考察2—3个我国省级政府门户网站,分组讨论它们的网站设计、结构、内容和功能各有什么不同? 有哪些可以改进的地方?

练习与思考题

1. 阅读案例《丹麦政府网定位二元化服务》,思考丹麦政府门户网站的特点。

2. 阅读案例《2018新版湖北省人民政府门户网站》,思考我国政府门户网站功能有何发展的新趋势。

3. 简述网站、政府网站和政府门户网站的区别。

4. 分析政府网站和政府门户网站的功能。

5. 我国如何借鉴国外政府门户网站的建设经验？

案例1　丹麦政府网定位二元化服务[①]

丹麦政府网的组成十分特别,有别于大多数电子政务先进国家"单门户"的情况,丹麦政府网拥有两个网站——denmark.dk与borger.dk,一内一外,为国内外公众提供精准服务。

如果你在搜索引擎搜索"丹麦政府网",即会来到denmark.dk,它的主办机构并非丹麦政府,而是外事部,它是一个完全外向型的网站,展示丹麦国家形象,并面向国外企业和人群提供服务。网站的核心价值是展示丹麦的美好,提供精准服务。网站总体上拥有一个简单的结构,突出核心内容,设计走极简风格,喜欢用大幅图片和视频进行视觉化表达,细节上凸显对访问者的尊重与用心。这样的设计风格源于对网站的一级定位(面向外国企业与人群)与二级定位(吸引目标人群与促成服务提供)都十分明确。网站首页第一屏使用了一句非常大胆的文案:"曾经我们是野蛮的维京海盗,现在我们则是全世界最和谐宁静的国家之一,欢迎来到丹麦!"并以丹麦儿童的大幅笑容照片加深了这一印象。接下来网站以照片、视频、文字等形式设置了多个入口,大篇幅渲染丹麦的清洁能源领袖地位、生活与工作的平衡、清廉政府、设计之乡等国家形象与价值观,紧紧抓住了国外游客与投资者的心。网站还简洁明了地以投资、求学、旅游、工作四个分类为外国访问者提供服务(见图4.19),主要包括物流、居住、学费负担、旅游须知、申请工作资格、育儿等。上述服务都具有与英国政府网类似的全流程模式,且办事攻略的表达易于理解,便于公众按照说明简便操作。

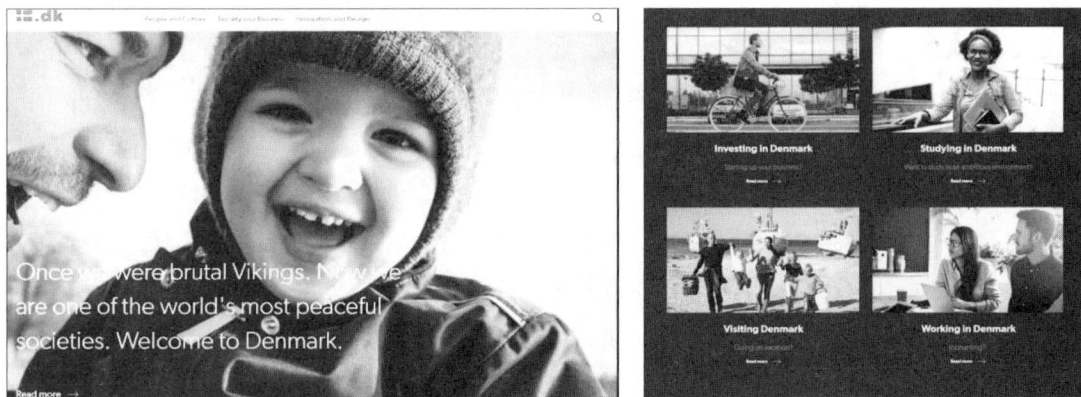

图4.19　丹麦政府门户网站首页截图

---

①《内外兼修:看丹麦政府网如何定位二元化服务》,https://mp.weixin.qq.com/s/jCzkWMHVToyVc8YPKKztvw。

borger.dk相当于一个"丹麦政务服务网",作为面向丹麦公众提供政务服务的网站,其定位聚焦于服务提供,网站除了提供2000项以上的自主服务之外,摒弃了其他功能,把北欧式的极简思维发挥到了极致。如果从政府不提供新闻内容等其他服务来看,丹麦甚至没有一个典型的"国家政府门户网站"。它极简的理念指导了网站的设计、内容与表达,而这样做的目的均是为了降低用户浏览和学习成本。此外,政府还要求所有公民必须使用在线公共服务接收政府的电子邮件,而不是邮政信件;要求居民统一使用数字身份证访问网站的公共和私人服务;以及强制要求公民参与电子政务(不包括一些使用电脑有困难的弱势群体)等。丹麦倡导"绿色丹麦"的国家理念,是世界清洁能源领航者以及拥有世界最清廉的政府的国家之一,丹麦民众信任其政府推行的政策,也认为参与电子政务来减少碳排放是一种天然符合其价值观的行为。丹麦电子政务的成功,从根本上讲是一种基于国家文化造就的全民参与的成功。

案例2　2018新版湖北省人民政府门户网站①

11月14日,2018新版湖北省人民政府门户网站(http://www.hubei.gov.cn/)正式上线。作为公众获取政务信息的第一权威来源,政府网站承载着政府信息及时准确公开的重要任务。新版湖北省人民政府门户网站全面改造首页首屏,通过对旧版网站所有栏目访问数据的分析,将点击率最高、访问量最大的几个栏目调整重置到首页呈现,更突出、更充分地展示政府工作(见图4.20)。

升级后的新版网站,在"围绕中心、服务大局"中,更加注重"用户"感受,提升服务能力,以人民群众喜闻乐见的形式,突出做好省政府中心工作和重要政策的宣传解读工作,突出做好省政府领导特别是主要领导的宣传报道工作,充分发挥网站对落实省政府中心工作的推动作用,充分展现省政府新时代的新作为。"省长关切"栏目,围绕省长、省政府一个时期主抓的重点工作,分类推出了高质量发展、长江大保护、放管服改革、新旧动能转换、优化营商环境、防范化解金融风险、精准脱贫等一系列专题报道,从省长要求、部署安排、各地落实等不同层面,全面展示重点工作推进情况,营造落实重点工作比、学、赶、超的舆论氛围,体现"狠抓落实"的湖北特色。"首页大图"重点聚焦省长影像,推介网站重要原创内容。"信息公开"栏目全面改版后,整合了省政府各部门、各直属机构网站信息资源,对重大项目、住房、教育、医疗、就业等重点领域信息进行集中、全面、权威公开,方便群众了解知情,接受群众咨询、监督。新版湖北省人民政府门户网站在发布政策解读时,首先注重的就是解读时效性、首发性、实用性。新版网站政府文件查询入口,从二级页面转移到首页下半部醒目位置,以更大字体呈现;政府文件库还新增文件有效性展示功能,针对部

---

① 《2018新版湖北省人民政府门户网站亮点详解》,《湖北日报》2018年11月18日。

分无效或有删改的文件,文件库对改动部分也进行了注释说明;等等。

两网融通、一网通办,让在线服务一网覆盖、一次办好。作为全省政务服务的总门户,网站将网上办事栏目位置上移,紧邻首屏。以此次升级为契机,彻底与省政务服务网数据融通、服务融合,真正实现一网覆盖、一次办好。通过首页"一网通办"栏目,公众可随时随地通过手机办理政务服务事项,从户籍办理、就业创业,到投资审批、商务贸易等数百项事项实现"全程网上办理"和窗口办事"最多跑一次"。全省40个省直部门、17 个市州和109个县市区已接入湖北政务服务网,全省共101378个事项实现网上办理。

图4.20 湖北省政府门户网站首页截图

畅通交流平台,形成四个完整的互动闭环。随着政府网站影响力的不断增强,越来越多的公众开始借助网络平台与政府进行互动。新版湖北省人民政府门户网站重新设计整合"咨询建议"板块,通过我要查询、省长信箱、建议点评、回应关切四个完整的互动闭环,积极收集人民群众的意见建议,认真做好人民群众意见建议的梳理、上报、反馈工作,发挥网站"桥梁"和参谋助手作用。看湖北的发展,除了"网上",也有"线下"。行进荆楚看湖北发展变化系列线下活动,由省、市、县三级政府门户网站联动策划,连续4年带领网友奔赴省内各地实地探访,与当地政府工作人员一道为家乡建设出谋划策,活动至今已累计邀约网友参与线下活动300余人次。

移动优先、智能升级,全媒体平台适配,提升用户体验。新版湖北省人民政府门户网站,拥有中文简体版、繁体版、无障碍阅读版、英文版、法文版、客户端、官方微博、官方微信公众号、"湖北发布"九大平台,形成了"九位一体"宣传矩阵,实现了政务信息全媒体传播、服务资源全平台共享。在全国政府网站中,网站页面首家创新性采用响应式设计,自动匹配适应多种终端,优先移动端呈现。为提升网站的"智慧"含量,新版网站引入了"类百度"式的搜索引擎、办事知识库等新技术,强化网站搜索功能,建立各类知识库,形成智能化搜索,达到搜索即服务的目的。新上线的"助手楚楚"机器人,能根据公众需求智能匹配相关办事服务事项、政策文件和最新信息。为提升用户获得感,新版网站还无缝接入了湖北省统一身份认证平台。用户实名注册后,可使用个人账号在湖北省人民政府门户网站、湖北省政务服务网等全省政务系统之间"单点登录,自由切换"。

实践操作　政府门户网站

政府门户网站实践练习,请在奥派实践平台完成相关练习。

(1)国内政府门户网站分析。进入"政府门户网站",选择对应的地区政府,查看网页图片,填写"网站内容"和"页面结构"的相关内容(见图4.21)。

图4.21　政府门户网站分析实践截图

(2)国外政府门户网站分析。按照"国内政府门户网站分析"的操作,依次完成美国、英国、新加坡的网站分析。

(3)政府门户网站设计。点击进入"政府门户网站设计"平台,选择政府门户模板并确认,编辑相关素材(见图4.22)。

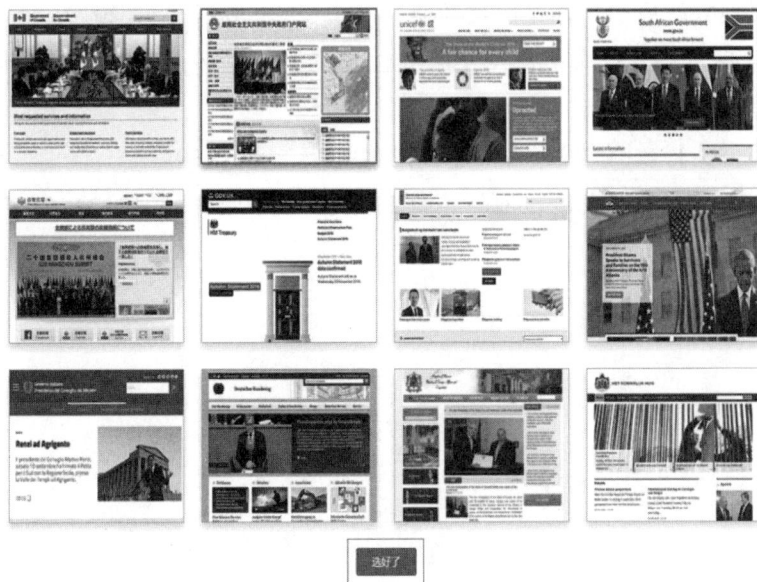

图4.22　政府门户网站设计实践截图

参考文献

[1]李洪心,刘继山.网站建设与管理[M].重庆:重庆大学出版社,2016:4.

[2]王益民.电子政务规划与设计[M].北京:国家行政学院出版社,2013:15-20.

[3]陈德权.电子政务:基础框架趋势[M].北京:清华大学出版社,2016:147.

[4]吴爱明,何滨.电子政务[M].北京:中国人民大学出版社,2013:121.

[5]陈颢.我国地方政府网站评测模型及实证研究——基于公共治理理论的视角[M].武汉:武汉大学出版社,2014:33.

[6]李传军.电子政府管理[M].北京:对外经济贸易大学出版社,2014:124-125.

[7]熊小刚,廖少纲.电子政府新论[M].上海:复旦大学出版社,2015:183.

[8]颜端武,丁晟春.电子政务网站设计与管理[M].北京:北京大学出版社,2005:58.

[9]新加坡政府采购的E平台[EB/OL].[2020-05-17].http://www.knowlesys.cn/InformationCenter/system/SI/1959.html.

[10]张向宏,张少彤,王明明.中国政府网站的三大功能定位——政府网站理论基础之一[J].电子政务,2007(3):16-20.

[11]张锐昕,姜春超.政府门户网站的功能及其保障机制[J].理论探讨,2007(4):30-33.

[12]周晓英.政府网站信息可用性保障体系与建设规范研究[M].上海:世界图书上海出版公司,2015:8.

[13]石爽.中美地方政府门户网站的比较研究[D].济南:山东大学,2010.

[14]王思达.对我国地方政府门户网站服务性建设的研究——以上海市政府门户网站为例[J].法制与经济,2015(1):95-98.

[15]卓越.比较公共行政[M].福州:福建人民出版社,2009:239.

[16]庞宇.英国电子政务的发展转型与经验其实[J].电子政务,2018(2):62-70.

第五章　G2G电子政务与应用

学习要求

　　明确G2G电子政务、电子公文和电子档案的概念、分类或特征;结合实际举例说明G2G电子政务的主要形式和作用;分析电子公文处理系统、电子档案管理系统、城市网格化管理系统的构成或基本特征等;掌握和设计以上三种G2G电子政务系统的业务流程或功能模块。

　　电子政务是通过广泛应用信息技术持续改进政府服务的管理活动,整个过程都离不开G2G电子政务。一方面,电子政务的应用起步于政府机构内部的电子化办公,它建立了政府系统内部通信和信息发布的平台,实现了核心公务处理工作和各种保障性工作活动的自动化。另一方面,G2B和G2C电子政务也不能完全脱离G2G电子政务而独立存在,需通过G2G电子政务实现协同办理。因此,G2G电子政务是电子政务发展的基础和前提。

　　在这一章中将回答以下问题:

　　◎如何理解G2G电子政务的概念、分类、特征和主要形式?

　　◎如何理解电子公文、电子档案、城市网格化管理在G2G电子政务中的作用?

　　◎电子公文管理系统、电子档案管理系统和城市网格化管理系统的主要内容是什么?

　　◎如何设计三个系统的流程或功能模块?

引　例

　　2018年12月,江西省政府办公厅印发《全省一体化在线政务服务平台建设实施方案》(以下简称《方案》),对推进政务服务电子文件归档与电子档案管理工作提出了具体要求。

《方案》明确了政务服务平台建设的总体要求、重点任务和组织实施等内容,在"重点任务"的"规范政务服务事项"中要求,"推进政务服务电子文件归档与电子档案管理工作。完善政务服务电子文件归档与电子档案管理相关标准规范,形成政务服务电子文件在线办理、归档、保存、利用、移交的长效机制。由省档案馆牵头,各市、县(区)政府和省直有关部门负责,2019年底前完成"。

近年来,江西积极推进档案云中心建设,云中心同城异地备份机房建设全面完成,"一地两库"数字档案资源异质备份体系初步建成,互联网电子文件(政务信息)采集系统、互联网档案共享服务系统、档案大数据分析应用系统等建设全面展开。同时,积极推进全省区域性数字档案馆应用平台、民生档案远程共享利用平台建设,112家档案馆登录平台并上传档案目录数据2300万条,开展了馆际间"一站式"查档服务。南昌市辖区内10个县级综合档案馆、74个乡镇(街道)便民服务中心实现了"馆社联动"。江西省档案馆积极推进政务服务共享,作为首批15家省直单位之一与省电子政务共享数据统一交换平台对接,与全省政务单位共享馆藏开放档案目录及原文检索利用,实现公众登录江西政务服务网查阅档案"一次不跑"与"一站式"收件和出件。同时,出台《江西省办公自动化环境中电子文件归档与电子档案管理规范》,为规范各类办公自动化系统形成的电子文件归档与电子档案管理提供了依据。

下一步,省档案馆将继续做好全省档案云计算中心年度建设项目;推进互联网电子文件采集工作,完成应用软件开发部署等工作;开展数字档案资源整理、编目、著录与线上存储等规范化管理工作,建设省档案馆数字档案资源库;做好数字档案馆安全管理,完善数据库管理规范;推进区域平台应用与馆际间民生档案"一站式"查档服务,做好进驻南昌市民中心开展政务服务的各项工作。[①]

第一节　G2G电子政务概述

G2G电子政务指政府与政府之间的电子政务,即上下级政府、不同地方政府和不同政府部门之间实现的电子政务活动。传统的政府与政府间的大部分政务都可以通过网络信息技术高效率、低成本地完成。

一、G2G电子政务的类型

G2G电子政务可以按照不同的标准进行分类,如根据所涉及的部门数量可以分为部门内部的电子政务和部门间的电子政务,如政府内部的办公系统主要用于部门内部日常

---

① 曾勤生:《江西加强政务服务电子文件归档与电子档案管理》,《中国档案报》2019年第2期。

事务的管理,具有内部独立性,而电子公文涉及部门间的公文流转,需要部门协作完成。根据系统功能和实际管理水平,G2G电子政务可以分为事务型、管理型和辅助决策型三种类型。

事务型电子政务主要是辅助机关工作人员完成常规性的工作,辅助完成工作量大且难度不高的组织管理活动,比如档案的收集管理、会议安排等。该类型的电子政务一般都具有内容简单、重复性强和数量大的特点,在替代人高速完成相关工作任务方面优势明显。在此种类型基础上建立的电子政务系统属于初级性质的系统,它往往是更高层级处理系统的基础,系统中产生的数据信息也将成为政府机关的核心资源。

管理型电子政务大都建立在事务型电子政务的基础上,由各种功能较完善的信息数据库和具有通信功能的多级网络组成。管理型公务处理系统能够集中处理机关日常运营所需要的数据,对各类信息进行综合管理,基本满足机关内部、政府系统内部对信息的共享需求,有利于提高机关管理水平和决策能力。

辅助决策型电子政务是对管理型电子政务的发展,其突出特色是利用预先设计的决策模型辅助人们做出判断和决策。辅助决策型电子政务系统兼容了事务型和管理型的数据和功能,并具有专家系统和人工智能组成的发展预测、结构分析和辅助决策等功能。辅助决策型电子政务系统是目前层级最高的处理系统,代表了电子化办公处理系统的发展方向。

实际上,上述三种类型都是G2G电子政务建设过程中不可缺少的组成部分。但对特定机关来说,在建设过程中大都应该遵循循序渐进的原则。一般情况下,事务型系统建设在前,在数据积累和技术能力、管理能力不断提高的前提下,逐步增加管理和辅助决策的功能。

二、G2G电子政务的功能

(一)无纸化办公

随着互联网技术逐步应用于政府的管理过程,政府的办公环境也发生了改变,传统的以纸为载体的办公方式,被电脑化、网络化的"无纸办公"所替代。过去用纸墨打印和传阅的政府机关公文、图纸、文献资料、科技情报等,现在都可以用电子文件替代。在无纸办公环境中,计算机、应用软件、通信网络是三个最基本的要素,由此产生大量的电子文件。这些文件以数字化的形式存在,具有易形成、便于修改、存储量大、传递快捷、使用方便等优点。无纸化办公是G2G发展的必然结果。

专栏5.1 **德国巴伐利亚州多个城市开启"无纸化办公"新模式**

德国巴伐利亚州多个城市提出了无纸化办公,希望节省更多的纸张,加快数字化发展进程。奥格斯堡将推出一个全市范围的电子文件和文件管理系统(DMS),通过这个系统可以提供账单等数字化文件。

纽伦堡作为德国巴伐利亚州弗兰肯行政区的中心城市,在DMS系统中大约有十万份文件,而且这个数字还在不断攀升。纽伦堡市财政部门负责人说:"公众需求较大的事务,如机动车登记、驾驶证申领、建筑事务等,都应大力推行无纸化办公,所有资料文件都将进行数字化、电子化管理。"

(二)部门协同

所谓协同,就是协调两个或者两个以上的不同资源和个体,共同完成某一目标的过程或能力。换句话说,协同是多个主体围绕一个共同目标相互作用、彼此协作而产生效益增值的过程。G2G电子政务有利于促进政府不同部门之间、上下级政府之间的工作协同,提高政府机构内部的办事效率和政府部门的整体效能。工业时代的政府主要通过设立部委司局等机构以分工模式履行不同的职能,各机构在自己的职责范围内分工明确,部门之间通过正式组织协调。但是随着社会的发展,越来越多的事务需要不同部门协同完成,而正式组织的协调效率不高,影响整体效能。G2G电子政务通过系统后台各个子系统的整合,能促进部门合作,如单位内部的公文流转、事务申请与审批,以及不同部门通过后台协同向公民提供电子化公共服务等。

(三)流程优化

从部门分割到部门协同这一转变在一定程度上能促进流程优化,在以往通过正式组织等级链进行部门协调时,流程一般是按照金字塔模式自上而下或自下而上一级一级设置,部门之间处理事务的方式是一种串联的方式。G2G电子政务下,政府流程设置可以根据权限在不同部门同时处理同一事务,缩减事务办理时间,降低协调成本。有些事务在规范化之后,可以转换成为系统中的一个程序进行自动处理,比如人事管理系统中的请假,如果当事人符合请假规定,那么在系统中提交的请假申请可以自动审批,请假期满后也可以自动销假。进一步地,政府如果形成跨部门、跨区域的合作,基于有效合作的需要,在内部系统中也要实现流程优化,才能达成相应目标。流程优化是G2G电子政务深化发展的必然结果。

(四)信息共享

即使在G2G电子政务普及的情况下,部门之间的信息也难以共享,主要是不同部门之间建立了大量的独立政务信息系统,政务数据资源也分散在各个部门,形成一个个"信息孤岛"。这不仅造成了大量的重复建设,提高了行政成本,而且割裂了政府部门之间的联系,政务信息也无法共享。因此,通过部门协作和流程优化,使信息资源在不同部门间流转起来,有利于实现信息和资源的共享。

三、G2G电子政务的主要形式

(一)电子公文处理

电子公文处理利用数字文档技术、信息安全技术、中间件技术及计算机网络技术等,在保证信息安全的前提下完成政府文件的数字化传递,包括上下级部门间的公文上报和下发、上级部门对下级部门的会议通知发送、平级部门间的公文交换等,实现政务信息的快速流转,提高公文处理效率。

电子公文管理有五个关键环节,一是文件的数字化生成;二是电子记录、跟踪文件的接收、分发信息,如记录谁审阅、批改过文件,记录不同环节的时间和地点等;三是文件全过程管理,包括分类、检索、流动、加工处理等;四是文件的存储,包括在线存储、近线存储、离线存储、备份等;五是信息公开,符合信息公开相关法律要求的文件应当在政府门户网站或者其他互联网站点公开。

专栏5.2
湖南桃江推行电子公文,终结公文收发"跑腿"模式

桃江引进"公文分发签收网络系统",各发文单位只需把文件电子版上传至系统,即可实现用印、分发、提醒、登记、公开等功能;同时各收文单位只需在收到手机短信提示后登录系统,即可收文。这样既做好了政务公开工作,又在第一时间完成了文件的有效下发,可以提高工作效率,减少工作量,节约行政成本。同时,通过桃江县公文分发签收网络系统分发的公文,具有国家认可的密码验证和数字证书,确保文档防伪造、防篡改、防抵赖,符合国家电子签名法的要求,通过网络分发到各单位的公文和传统的纸质公文具有同等法律效力。

我国《党政机关电子公文系列标准》(GB/T34476~33483-2016)对电子公文结构、编辑与成文、实施指南、标识规范、应用接口规范、交换接口规范、元数据规范、电子印章应用规范、系统建设规范、系统运行维护规范都做了明确要求,统一不同政府之间的公文处理系统标准和应用标准,有利于提高电子公文处理的保密性、安全性和共享性。

(二)电子档案管理

电子文件的产生,给政府带来电子档案管理的问题。电子档案管理就是要实现档案的组卷、移卷、移出、借阅等管理,对于电子档案可以进行封卷、拆卷、销毁等操作,与电子公文处理有机结合,对处理后的公文实现自动归档。在电子档案管理的整个流程之中,包括案卷管理、目录管理、档案借阅、档案统计、档案销毁等环节都有着与传统档案管理不同的内容与要求。

电子档案管理的目标是实现纸质档案的信息化管理和电子信息的档案化管理。前者是指以电子影像技术为支撑,将纸质档案转化为电子信息进行管理;后者是指把应用系统的电子信息进行凭证化处理后,形成电子档案,将电子信息从应用系统中独立出来,形成与应用无关的、能够直接阅读的带样式的文档。

(三)视频会议管理

政府作为社会经济发展的管理部门,经常需要召开各种会议,传达方针政策,布置工作,交流经验。大量工作存在跨部门、跨地区的沟通需求。过去召开会议,与会人员都需要到指定会场集中,时间、交通安全、效率、费用都是需要考虑解决的问题,尤其是地处偏远山区的政府部门开会,交通不便,与会人员奔波劳顿;会后的层层传达,不及时、不准确,效率不高。而视频会议的普及,有利于降低政府机构的会议成本,提高政府的工作效率。从技术的角度来看,自从1964年世界上最早的模拟技术可视电话(Picture Phone MOD-I)于美国贝尔实验室诞生以来,视频会议领域的技术和相应的标准一直处于不断的发展过程之中,视频会议总的来说主要经历了模拟视频会议、数字视频会议和国际统一标准的数字视频会议三个阶段。

早在20世纪60年代,发达国家就开始了模拟视频会议的研究,并逐渐商用化。早期的视频会议系统以模拟方式传输,尽管传送的只是黑白图像并局限于两个地点之间,但视频会议还是要占用很大的带宽,费用很高,因此没有得到发展,其代表有最早研制出来的美国贝尔实验室的可视电话、英国BT公司的1兆赫兹带宽的黑白会议电视。到20世纪70年代中期,数字图像和语音编码技术有了很大进步,使得模拟系统开始逐渐转向数字系统。但由于早期的视频会议并没有统一的标准,都是在各自研发的技术基础上实现的,使得各种视频会议产品很难实现互通。20世纪80年代以来,随着微电子、计算机、数字信号处理及图像处理技术的发展,视频会议的理论研究以及实用系统研制方面得到迅速发展。这个时期,数字视频会议系统取代了模拟视频会议系统,其传输图像占用频带比较窄,质量也比较好,从而得到发展,在某些地区开始形成了视频会议网。随着大规模集成电路技术的飞速发展,图像编码解码技术取得突破,信道费用降低,为视频会议实用化提供了很好的发展条件。20世纪90年代以来,基于TCP/IP协议的互联网规模、用户数量以及业务量呈指数型增长,基于分组交换网络的多媒体通信系统逐渐成为研究人员和电信、网络及计算机厂商关注的焦点。

目前,在云计算技术的支持下,视频云应用将成为视频会议系统未来发展的方向,它在云端服务器上运行,将运行的显示输出、声音输出编码后经过网络实时传输给终端,终端进行实时解码后显示输出。终端可以同时进行操作,经过网络将操作控制信息实时传送给云端应用运行平台进行应用控制,终端仅提供网络能力、视频解码能力和人机交互能力。

专栏5.3　**少开会,开短会,视频会议大有可为**

2019年3月,中共中央办公厅发出《关于解决形式主义突出问题为基层减负的通知》,提倡合并开会、套开会议,多采用电视电话、网络视频会议等形式。视频通信云将改变传统会议在空间、时间方面的限制,使得用户可以随时随地在线视频沟通。无论用户身处全球的哪个角落,都可以坐在同一间"云端虚拟会议室"中,利用视频云沟通创造一种身临其境的"面对面"协作体验。原先需要花上好几天甚至几个礼拜筹备的大型会议,在视频云会议的辅助下,召开一次全国性的会议可能仅需1小时。

(四)政府办公自动化

政府办公自动化是指政府部门内部利用办公自动化系统和互联网、内联网技术完成机关事务性工作,实现政府内部办公的计算机化和网络化。政府办公自动化是在专门的系统或平台上运作,各机构在同一网络平台上传递信息、开展业务,实现协同政务、资源共享,提高政府工作效率和业务水平。

政府办公自动化系统一般包括工作流管理、日常事务管理、人事管理、个人管理和后勤管理等模块。

工作流管理是对政府各项事务如申请审批、公文办理、合同审核、请假报销等进行流程管理,通过工作流管理的应用,可以使部门工作流程保持清晰、规范、高效。工作流管理一般包含流程类别的添加、流程设置、事务申请、事务审批、事务统计等内容。

日常事务管理是指政府机关围绕公务活动展开的相关服务性和辅助性工作,如会议组织与安排、日程管理、工作计划等内容。因此,日常事务管理模块一般包括会议管理、考勤管理、工作计划、日程管理等。

人事管理由人事档案、调动分配、异动记录、培训记录、奖惩记录、考核记录等人事档案的基本要素构成。政府办公系统的人事管理可以进行员工信息添加、修改和删除等操作。此外,还可以对员工信息进行维护。

个人管理是为政府工作人员提供个性化服务的一个模块,由首页设置、个人通讯录、公共通讯录、邮件管理、内部短信和个人维护构成。

后勤管理为政府职能活动提供物资保障,它的任务是为智能活动服务。后勤管理模块一般包括办公用品管理、车辆管理、资产管理等。

(五)城市网格化管理

城市网格化管理是依托工作流技术、计算机网络技术、无线通信技术等现代信息技术,结合城市万米单元网格管理法、城市部件与事件管理法等现代城市技术,建立起来的城市管理新模式。

城市网格化管理应用移动通信技术,实现了城市管理问题的快速发现和及时传送;通过计算机网络技术,实现了部门间的信息共享和协同工作;通过创立城市管理新模式,实现了城市管理工作的体制创新和流程再造。城市网格化管理依托相应的网格化管理系统,主要的子系统包括监管数据无线采集、监督中心受理、协同工作、监督指挥、综合评价、地理编码、应用维护、基础数据资源管理、数据交换等。

第二节　电子公文处理

公文处理是政府机关最复杂、最重要的办公内容之一,直接体现了政府的行政职能,电子公文处理也就成为G2G电子政务系统中最基本也是最重要的功能。电子公文处理通常表现为一个公文的流转过程,即电子公文流程。电子公文流转的速度和效果直接关系到电子政务系统的运转效率和效能。

一、电子公文

(一)电子公文的概念

关于电子公文(Electronic Official Document)的概念,我国颁布的相关法律、法规和标准中有明确界定。如2003年国家档案局发布的《电子公文归档管理暂行办法》指出,就目前我国党政机关等职能部门的应用而言,电子公文是指各地区、各部门通过由国务院办公厅统一配置的电子公文传输系统处理后形成的具有规范格式的公文的电子数据。这个定义仅限于国务院办公厅统一配置的电子公文传输系统处理后产生的公文。实际上,《电子公文归档管理暂行办法》是专为国务院办公厅统一配置的电子公文传输系统配套制订的管理办法。

专栏5.4
国家档案局对《电子公文归档管理暂行办法》做出局部修改

《电子公文归档管理暂行办法》是2003年由国家档案局颁布的一项部门规章。由于该规章仅适用于国务院办公厅统一配置的电子公文传输系统处理后形成的电子公文的归档管理，实施范围并不广泛。本次修改中，国家档案局对第七条和第十三条提出了修改方案。将"电子公文形成单位必须将具有永久和长期保存价值的电子公文，制成纸质公文与原电子公文的存储载体一同归档"修改为"符合国家有关规定要求的电子公文可以仅以电子形式归档"，原生合规的电子公文在"符合电子文件归档和电子档案管理的要求"的前提下直接以电子形式归档，并"按照国家有关要求对其真实性、完整性、可用性和安全性进行检查"。

一般而言，电子公文也称数字化公文，是运用计算机系统和现代信息管理技术制发的全数字化形式的公文，它是指使用计算机系统制作，以数字形式存储于磁带、磁盘、光盘等载体，依赖计算机系统阅读、处理，并可在通信网络上传输的公文。这个定义包含三个方面的内容。

第一，电子公文是一种数字化的公文，是"数字信息"和"公文"两个概念的交集。它是数字化的公文也是公文的数字化形式，或者说是具有公文特征的数字信息，又是以数字信息为特征的公文。它必须借助于计算机网络技术和现代信息管理技术，离不开信息基础设施和相关软件技术的发展。

第二，电子公文与纸质公文一样具有法定效力或特定效力和规范格式，但以不同于纸张的电子多媒体为载体。两者既有共性又各有特性，既有联系又有区别。

第三，电子公文并非简单地将传统公文原封不动地搬到网络上进行传输和处理，它是对原有政府组织结构、运行方式、行政流程进行重组和再造的结果。

电子文件（Electronic Records）与电子公文的概念相近。从起源看，电子政务的发展与电子文件的应用密切相关。美国是较早发展电子政务的国家，也是电子政务最发达的国家。1995年，克林顿签署《文牍精简法》，要求各部门呈交的表格资料必须使用电子形式，规定到2003年10月全部使用电子文件。1997年，国际档案理事会电子文件委员会在《电子文件管理指南》中把电子文件定义为"电子文件是通过数字计算机进行操作、传递和处理的文件"。1999年，国际文件管理基金会在《电子文件管理导论》中把电子文件定义为"用计算机操作、传输和处理的数字文件"。国际档案委员会在编辑出版的《档案工作基本术语》中将电子文件定义为"以代码形式记录于磁带、磁盘、光盘等载体，并依赖于计算机系统存取并可在通信网络上传输的文件"。我国于2002年颁布的国家标准《电子文件归档与管理规范》指出,电子文件是指在数字设备及环境中生成,以数码形式存储在磁带、磁盘、光盘等载体,依靠计算机等数字设备阅读、处理,并可在通信网络上传送的文件。2009年印发的《电子文件管理暂行办法》规定,电子文件是指机关、团体、企事业单位和其他组织在处理公务过程中,通过计算机等电子设备形成、办理、传输和存储的文字、图表、图像、音频、视频等不同形式的信息记录。可见,电子公文与电子文件都是通过计算机系统制作、传输,以及数字设备存储、阅读的数字化文件,在数字化呈现形式上两者没有明显的差别。但是,电子公文是权力机关为管理内部事务和公共事务所使用的具有权威性的电子文件,电子文件则是在政府、企业或其他组织中广泛存在的信息记录形式,电子公文是电子文件的一种表现形式,电子文件的范围更为宽泛。由于电子公文和电子文件的特点相似,本书不对电子公文和电子文件做具体区分。

（二）电子公文的类型

根据信息存在形式的不同,电子公文可以分为文本文件、图像文件、图表文件、影像文件、数据文件、声音文件、多媒体文件和命令文件[①]。

根据产生方式的不同,电子公文可分为原始文件和转换文件。原始文件是指在计算机系统中直接生成的电子公文。电子公文的制作者采用键盘录入、语音录入、光笔写入、传感设备自动采集等多种输入方式,将公文内容转化为数字信息,形成最原始的数字文件。转换文件是指将纸、胶片、磁盘为载体的公文重新录入转换生成的电子文件。

根据功能的不同,电子公文可分为主文件和支持性、辅助性、工具性文件。主文件是指表达作者意图、行使职能的公文。对于纸质文件而言,任何一份文件都是主文件,可以独立地发挥作用。而电子公文生成、运行和存在于一定的软硬件环境中,需要以相应的支持性、辅助性、工具性文件作为读取和处理条件。支持性文件主要是指生成和运行主文件的软件,如文字处理软件、表格处理软件、图形软件、多媒体软件等;辅助性、工具性文件主要是指在制作、查找主文件过程中起辅助、工具作用的文件,如计算机程序类文件(命令文件)往往附带若干辅助设计文件、图形文件,数据库往往附带若干辅助数据库和相应的索引文件、备注文件等。主文件和支持性、辅助性、工具性文件是相互作用、相辅相成的。

根据公文传递运行情况,可分为政府内网、政府外网和公众信息网三种电子公文。政府内网的电子公文指主要用于政府内部处理政务的公文,是上下级政府、不同地方政府、不同政府部门之间来往的电子公文,内容主要有电子法规规章、电子公文交换、电子财政管理、电子会议内容等。政府外网的电子公文是指政府通过电子网络系统进行电子采购

---

① 命令文件也称计算机程序,是指为处理各种事务用计算机语言编写的程序,是一种计算机软件的形成过程,一般是由程序员编写"源程序"输入计算机,通过相应的编译程序编译后执行,有些还要经过链接程序才能执行"源程序"。

与招标,为企业提供各种信息服务的电子公文,例如电子采购与招标书、电子税务表格、电子证照文本、服务信息等。公众信息网的电子公文主要是指政府通过电子网络系统为公民提供的各种服务的电子公文,主要包括教育培训服务、就业指导服务、电子医疗服务、社会保险网络服务、公民信息服务、交通管理服务、公民电子税务、电子证件服务之类公共事务的信息、表格、协议书、通知单等。

(三)电子公文的特点

相对于纸质公文,电子公文的优势体现为数字化生存和网络化传递,虽然有方便、快捷、准确、高效的优势,但同时存在安全标准要求高、可复制、易更改等不足之处。所以,电子公文具备纸质公文所没有的一些特点。

第一,数字化。电子公文的信息形态是数字化的,在计算机程序或系统中表现为二进制的数字,无论是传输、存储还是编辑等加工处理均是通过计算机对信息进行数字编码来完成的,因而在这些环节也形成了不同的特点。在传输方面,传统公文活动是双向交流,无论上行文、下行文还是平行文,双方均能感受到对方的实际存在以及所接受信息的真实性。电子公文则不同,它通过网络传递信息,是人机对话,传递过程完全虚拟,甚至在信息发布者不在场时,也可以根据事先设定好的计算机程序自动传递信息、发布公文。换言之,电子公文的行文者与受文者的一方或双方都可能是虚拟的人。在存储方面,电子公文以数字形式的非实体形态存在于实体形态的存储介质上,信息与介质之间是虚与实、抽象与具体的关系,两者既可以合二而一,也可以分离。电子公文不再像纸质公文,永久地与某一存储介质锁定在一起,而是可以随时根据需要转移到不同的介质上。在输出方面,传统纸质公文只能记录文字和图画等平面信息,无法实现文字、声音、影像等多种信息的有机集成,而电子公文依赖计算机和自身的非实体形态,能够集成多元化信息,将它们以数字化的形式完美地统一在一份电子公文中,既可以屏幕显示,也可以平面输出,这是纸质公文无法实现的。

第二,技术性。电子公文的数字化特性决定了它对信息技术的依赖,需要数字编码、硬件、软件、技术设备更新、加密等设备和技术的支持。纸质公文记录信息采用的是人眼可识别的符号,电子公文采用的是人眼不可识别的数字代码,它的形成和各种处理均是在计算机等设备的支持下完成的。只有依靠计算机等设备,才能实现制作和流转。离开计算机等设备,电子公文就无法生成、传递、识别。除硬件设备外,电子公文整个流转的过程,无论是公文的制作、审核、签发还是签收、办理归档,都需要借助专门的软件处理系统。软件处理系统一般采用先进的、适用的软件编辑技术和流程,须充分考虑与计算机硬件系统的匹配、与电子政务其他运行系统的兼容。此外,从电子公文写作的角度来看,电子公文的技术性还包括:文字处理,如输入字词、起草和修改公文、编辑、校对和打印文稿;文档格式,即公文处理的标准化技术;多媒体信息集成、转换和网络传输等。

第三,智能化。随着现代信息存储技术的运用,电子公文已经实现高密度、大容量和文字、图形、数据、图像、语音等各种信息的有机组合和一体化处理,便于存储、检索、复制和传输,为公文的智能化处理提供了可能。电子公文的智能化是指电子公文处理软件系统所进行的材料采集、文字图像输入、格式生成、审核流程、传递发送、审批签名、整理归档、限时办理、来文提示、退文警示等多节点、全过程的自动化。例如,对于公文材料采集来说,通用软件设计正逐步在系统内建立公文处理材料数据库,将国家和地方的法律、法规、政策性公文,以及相关部门、单位的有关政策性规定等材料纳入其中,便于公文起草部门和文秘人员草拟公文时查询和参考。避免重复劳动,从根本上解决传统公文归档的复杂性和滞后性的问题,有利于公文处理、归档的一体化和日常化。

第四,网络化。电子公文以电子文本形式呈现,计算机能自动完成通讯和记录,实现公文处理的网络化。具体而言,电子公文依赖现代计算机技术系统和信息网络,以及有线、移动通信技术,上可连接中央政府、国家机关,下可连接地方政府、职能部门;各级政府的组成部门联结成为一体;在政府部门内部,人员、单位、上下级之间,收文、办文、核稿、送审、签发、发文、归档等各个环节都同处一个系统。传统纸质公文具有单一性,在同一时间,只能在同一地点供一个人阅读使用。电子公文的网络化意味着,工作人员能够在同一时间、同一地点或不同时间、不同地点共同检索、阅读和使用电子公文信息,办文时的征求意见、会签公文和联合行文,只要在计算机网络允许达到的地方都可以处理。

(四)电子公文的作用

电子公文除具有一般纸质公文的发布权威、政策导向、行政约束、信息沟通等作用外,在提高工作效率和质量、节约时间和成本等方面的功能更加突出。

第一,提高电子公文管理的质量和效率。电子公文利用智能化的软件系统进行公文写作、处理、收发、传输、存档等操作时,与纸质公文相比,质量和效率都会提升。如在发文阶段,公文制作者用文档处理软件处理公文后,通过电子公文交换平台导入已处理的公文,在线编辑公文、套用红头格式、完成电子签章,再以数字信号的形式通过网络传输,能够做到及时发布和快速反馈,克服了传统公文时滞性和静态性的弱点,呈现出及时性和动态性的特点,加快了内部政务处理的速度。在收文阶段,工作人员通过计算机对登记、分发、阅审、办理、归档五个环节自动进行显示、排序、查询和流程跟踪。在办文阶段,工作人员可对上级领导和有关部门传来的公文进行拟稿、审核、会签、签发,并对办文过程进行流程跟踪监控。在归档阶段,工作人员可通过计算机按照规定建立数据库,并按年度、性质、文号、主题词进行多标准的归档和查询。在这个过程中,电子公文以无纸化形式呈现。无纸化形式可以使电子公文搭上网络快车,实现异地同时办公,省却原来纸质公文在各部门流转的时间,方便快捷,推动政务工作全面提速。

第二,节约行政成本,提高服务水平。虽然政府在推行电子公文的过程中,需要投入大量资金,但从整体和长远来看,随着使用人数的增加,单位管理成本会逐渐降低,收益将远远大于电子政务和电子公文系统建设的初期投入,最终实现行政成本的节约。至于在提高服务水平方面,具体表现为:一是电子公文的推行有利于促进政府职能由管理型向服务型转变,大大增加政府工作的透明度。二是政府部门通过电子网络系统为公民提供各种便捷服务。例如公民信息服务、交通管理服务、公民电子税务、电子证件服务、网上审批等,这些服务内容都以电子公文的形式通过网上办公来完成。由于信息资源具有共享性,政府部门还可以开辟电子文件公共阅览室,为公民提供法律法规和公文的查询服务。三是党政机关、企事业组织、社会团体掌握着大量以公文形式存在的社会、经济、文化信息以及政策和法律信息,这些资源可以为社会所用,成为创造价值的无价之宝。也只有在实行电子公文的前提下,真正意义上的信息共享才能够形成并发挥作用。党政机关、企事业组织、社会团体是现实活动中制发和处理电子公文的主体,通过电子公文可以更好地为基层服务、为群众服务,不断提高服务水平。

第三,优化办公流程,精简工作机构。由于电子公文具有智能化、数字化和网络化等特点,对原有的建立在纸质公文管理和流转基础上的组织结构和运作方式产生了冲击。以前需要多人共同完成的工作,在电子公文环境下,可以由个人独立完成;以前需要按照组织上下级关系形成的公文流转程序,在电子公文环境下,可以由平行化、网络化的结构实现。可见,电子公文的实现必然要求行政机关重新整合职能,优化办公流程,精简工作机构,促使工作程序和办事流程更加简明、畅通。

专栏5.5
山东省首家出入境智慧受理台亮相

2019年11月,山东省济南市历下公安分局创新引进了山东省首家出入境智慧受理台。该智慧受理台集人口信息读取、线上填表、指纹采集、现场人像采集、身份证件打印、手写签名采集、民警核验办证信息、申请表格打印等八大功能于一体,将以往传统的咨询、填表、照相、审核、受理、缴费六个环节,简化为初查、照相、受理三个环节,仅用5分钟就可以操作完毕,大大节省了警力投入和时间成本,使群众办理业务更加方便快捷,让群众切实体会到公安的科技力量、创新力量,让群众舒心、暖心。

二、电子公文处理系统

(一)电子公文处理

公文处理是公文管理实践中的一种工作流程。公文处理是政府机关最复杂、最重要的办公内容之一,直接体现了政府机关的行政职能,电子公文的处理也就成为电子政务系统中最基本,也是最重要的功能。电子公文处理是指电子公文的生成、发送、接收、管理、归档等一系列相互关联、衔接有序的工作。它是运用办公自动化系统完成传统纸质公文的处理过程,主要包括远程传输,电子收文处理,电子发文处理,电子公文的立卷、归档和监控等。广义的电子公文处理还包括电子公文的归档、存储、打印、查询、统计等。

电子公文处理应当遵循真实、完整、安全和可识别的原则,做到及时、准确、安全。一是电子公文由机关文秘部门或专职人员统一收发、审核、归档和删除。二是文秘部门应当建立健全本部门电子公文处理的有关制度。三是经批准发送的电子公文,与发文单位印发的纸质公文具有同等效力。四是电子公文的删除、销毁,须按规定报经有关负责人批准。

(二)电子公文处理系统的概念与构成

电子公文处理系统就是利用计算机网络和安全技术建立的专供公文处理使用的软硬件处理系统,实现政府部门与部门之间、单位与单位之间政府红头文件的起草、制作、分发、接收等功能,以现代化的电子公文处理模式取代传统的纸质公文处理模式。电子公文处理系统的主要过程为:公文经过计算机排版,制作成含有红头和公章的电子公文,经过加密,通过计算机网络直接发送给接收方,接收方通过解密处理,还原得到内容和版面与发送方完全一样的电子公文,最后用彩色打印机打印出含有红头和公章的公文。整个过程都通过计算机监控在政府专用网络中进行,从而大大缩短了公文传输的时间,并有效地提高了公文的安全性。电子公文处理系统一般包括如下的功能:

1. 公文传输

电子公文处理系统以构造整个系统的管理和传输平台为基础,公文数据集中存放在统一的服务器中,发送方与接收方之间的公文传输直接在服务器上的不同数据库之间进行复制、粘贴,以确保公文流转的高效性和安全性。公文的制作、接收、浏览,则通过客户端的终端软件实现。

2. 公章管理

电子公章既包含用于显示公章图形的可视信息,又包含用于数字电子签名的私钥数据。电子公章的显示必须要有所属单位对应的公钥数据,也只有正确对应的公钥数据才可以显示可视的公章图片信息。公章可视信息的法律严肃性,要求公章显示过程中,其图片信息不能被外部截取。为此,电子公文处理系统对公章图片进行了矢量化处理,确保该图片信息只在系统环境内部才有效。电子公章的使用同样离不开加密操作。公章的主要数据信息通过硬件加密卡存储,没有硬件加密卡设备,就无法使用电子公章。这样也方便用户以传统方式保管电子公章,如可以将加密卡保存在保险柜中。对于电子公章的使用,系统采取严密的日志跟踪措施,所有公章的制作、使用都有详细的日志记录。

3. 红头制作

从外部导入的公文草件是不带红头和公章的,只对指定文种的公文套印对应的红头。

为此可以通过公文红头管理模块,制作出一组不同的公文红头文件,并建立红头文件与文种的对应关系。红头文件的制作,既可以直接以文本形式制作拟定好文本内容、字体、位置等有关信息,也可以直接以读取扫描件的方式制作生成。制作公文时指定文种并导入公文草件。系统根据文种将对应的红头信息自动添加到公文文件的首页,完成套印红头。

专栏5.6
红头文件

　　"红头文件"来源于南北朝西魏时期"朱出墨入"的典故,指的是朝廷发出的文书是用朱(红色)标,下面上呈的文书是用墨(黑色)标,界限严明。如今的"红头文件"并非法律用语。"红头文件"因往往套着象征权威的"红头"而得名,泛指政府机关发布的措施、指示、命令等非立法性文件。从制定机关的权限来看,行政法规的制定机关是国务院,规章的制定机关是31个省(自治区、直辖市)人民政府,49个较大的市人民政府,以及国务院各部门、各直属机构和具有行政管理职责的直属事业单位。而一般的"红头文件",有行政管理权的行政机关在工作需要时就可以制定。

---

4. 公文制作

公文草件即用以制作公文的外部电子文档,是通过外部第三方编辑排版软件制作处理后的输出结果。公文草件所包含的文本内容一般不需要再重新排版,但草件不含公文的红头、公章等信息。公文制作就是引入外部的公文草件,按照草件所属的文种,自动套印相应的公文红头。当公文草件导入成功后,系统需要通过加密卡和私钥,以时间戳模式对导入的数据进行电子数字签名。经过套印红头、电子签名后的电子文件才真正成为电子公文。

5. 发文和收文

发文就是选择收文单位,获取收文单位的加密卡、公钥,根据所得的对方公钥对公文进行加密,最后将电子公文发送给指定收文单位。收文单位接收服务器上的公文,并转入自己的公文收件箱。为打开公文收件箱中的公文,要以本单位特定的加密卡、私钥对收文进行解密,解密成功后,下载获取发文单位的加密卡、公钥,以此对解密后的公文进行电子签名验证。通过电子签名验证后,可以确认所收公文来自发文单位,从而保证收文单位可在公文浏览器上对这些专用公文进行收文并阅读。公文浏览器在首次阅读文件时,可以加盖本单位的签收章,这样打印输出的公文即带有本单位的公文签收章。

6. 输出转换

为便于收文单位将收文数据转入本单位内部的办公自动化系统,电子公文处理系统应具有将收文转化为外部文件的功能。将公文生成为特定格式的文件,外部系统可以通过 Windows 的映像程序打开浏览。

(四)电子公文处理系统的特点

1. 网络传输

传统公文是通过纸质载体和物流渠道进行处理和流转的,而电子公文处理系统中公文传递功能的实现,是通过网络传输以信息传递的方式实现的。这是电子公文处理系统的根本特点,其他特点都是基于此衍生出来的。

2. 实时传递

在电子公文处理系统中,公文传递前后,需要完成加盖电子印章、将公文与数据进行封装、加电子签名、压缩打包、加密等工作,这些工作一般一人一机几分钟内即可完成。而后上传到电子文件中心,电子文件中心给发文单位回执,发文单位向收文单位发送收文提示,收文单位收到提示后接收公文,这一系列工作都可以通过网络实时完成。

3. 并行多线行程

在电子公文处理系统中,电子公文存到服务器后,收文单位再对其进行收文办理,服务器对其进行档案管理,并在可开放范围内供公众使用,二者同时进行,有时是工作互有交错,有时是一些线性进程在一个空间内并行。如:公文在草拟时也就是形成阶段,要同时进行鉴定、著录等;保存到服务器就是归档,归档与整理紧密结合、密不可分;归档后档案管理与收文办理并行等。

4. 以信息管理为核心

在电子公文处理系统中,电子公文处理以电子公文及其数据信息的获取、整合与处理为核心,整个管理过程是信息处理的过程,是产生信息和利用信息的过程。电子公文处理的实质是数据性信息流,属于信息资源范畴,包括元数据信息、数据信息、公文本身、公文处理情况等信息。从功能实现的角度来说,电子公文处理是对各种形式的信息的采集、加工、处理、交换、分析,最终为管理和决策服务。因此,电子公文处理不可避免地涉及元数据的设计以及相关数据和信息的捕获、存储、查看,以保证电子公文的内容、背景、结构等信息具有完整性。在此种意义上,电子公文处理流程的设计是以电子公文及其数据信息的处理为核心,利用工作流技术实现以过程管理为中心的信息集成,基于先进的网络技术,集成公文、数据、多媒体等多种形式的信息,实现统一的录入、处理、查询、统计,实现电子公文数据资源的统一共享。

5. 可被跟踪和监控

在电子政务环境下,对相互关联的任务的运转情况进行监控的需求已成为一种趋势。通过工作流机制等技术手段,系统可以做到对公文处理过程的跟踪和监控,跟踪公文处理各个环节是否正常,监控是否有异常情况需要处理,可以对整个过程进行记录。此外,通过系统的软件程序,有权限者可以了解当前公文的处理进程、相关处理意见、各环节的处理时间,以此评估公文处理的效率。

三、电子公文处理系统的流程设计

(一)收文流程

收文流程的主要功能是处理和记载上级发文、平级来文等公文,并对接收的所有正式电子公文实行登记、拟办、批办、传阅、分发、催办、督办、归档。具体流程为:收到公文后,机要员首先进行审核、分类、登记,按急缓程度分类后交办公室。办公室人员提出具体的拟办意见,将仅需传阅的公文发送领导和相关人员传阅,对需要办理的公文提出拟办意见,包括主办部门、承办部门、办理程序和时限、拟送阅的领导签批等内容,发送办公室主任阅批后,发送有关领导批办。领导阅览,签署批示意见,发送承办部门具体办理。承办部门收到交办的公文后,按规定时间和领导的批示意见办理。办公室对公文的办理跟踪问效,进行催办和督办。公文传阅办理完毕后,由办公室进行归档(见图5.1)。

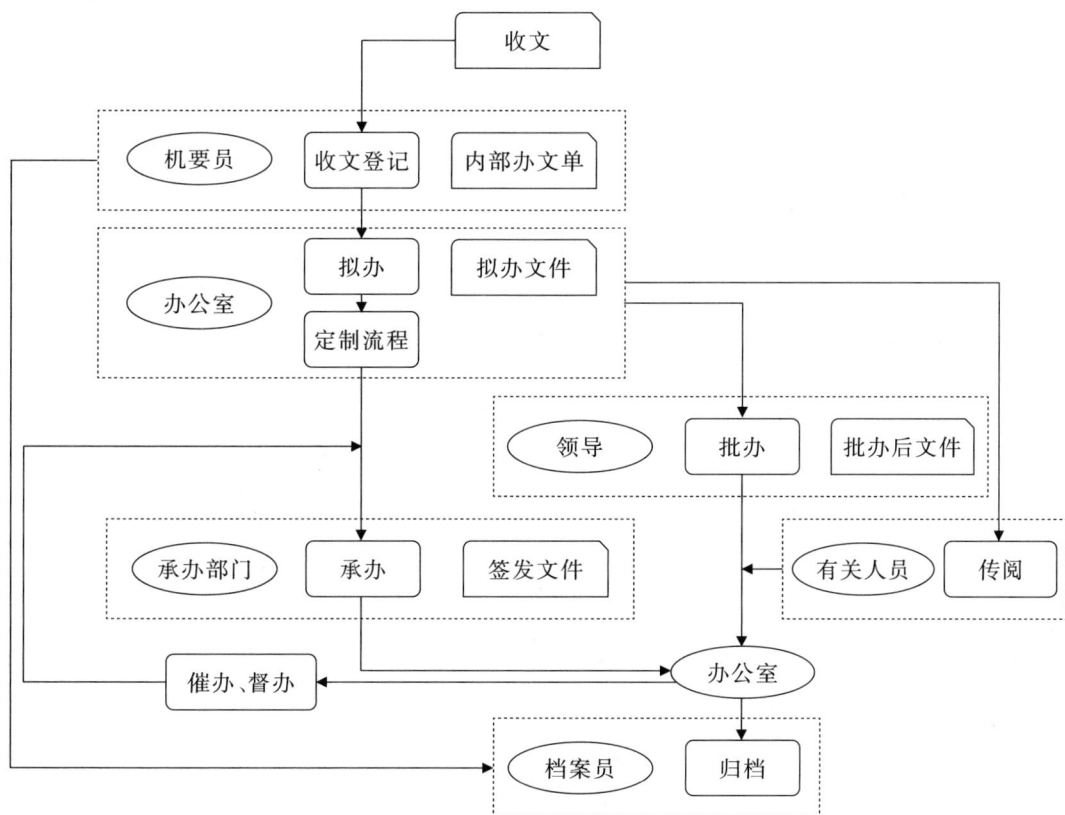

图5.1 电子公文处理系统的收文流程图

（二）发文流程

发文流程的主要功能是处理内部制定的或外来转发的电子公文,对所有正式公文进行拟稿、审稿、核稿、会签、签发、编号、归档等全过程的处理。具体流程为:职能部门的拟稿人负责拟稿,起草公文;起草完毕,视情况发送至相关领导审稿,然后进行核稿;如果需要相关单位会签,发送至相关单位会签;核稿及会签完毕,发呈本机关领导人审批签发;对于已经经本单位领导人审批过的文稿,在印发之前可再做校核,经校核如须做涉及内容的实质性修改,须报原审批领导人复审;最后进入发文传输程序分发和归档(见图5.2)。

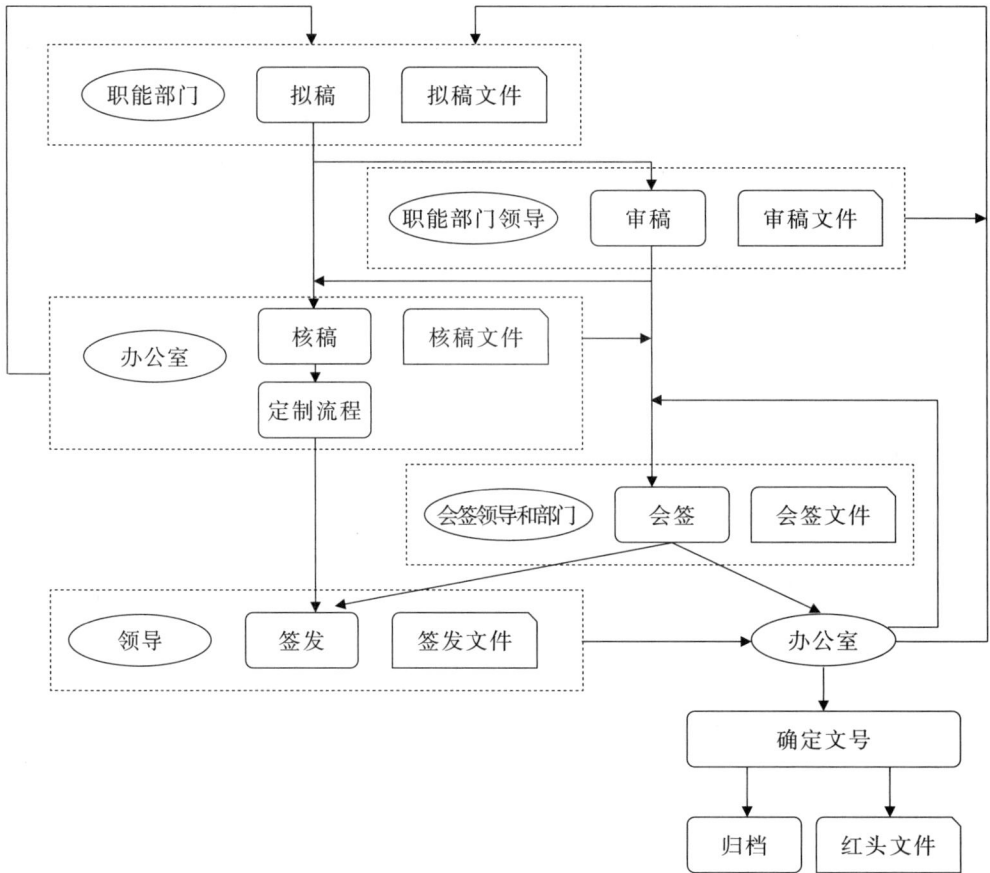

图5.2　电子公文处理系统的发文流程图

（三）传输流程

电子公文的传输也是电子政务系统的重要内容。电子公文的传输有别于传统的公文传输,政府机关之间通过互联网络进行公文的传输、交换、共享及处理,加快了公文的流转速度,提高了办公效率和信息资源利用率。传输流程主要是在机关内部依赖局域网实现电子公文从一个部门到另一个部门的发送与接收,在机关之间通过政务网实现电子公文从一个机关到另一个机关的发送与接收,包括在电子公文传输过程中,对公文进行压缩/解压缩、加密/解密、签名/验证等操作。具体的传输流程为:发文经过审批后,办公室确定文号,打字室制作排版,有附件的添加附件形成正式公文,并加盖电子印章。然后保密室将正式电子公文按照主送和抄送单位分发,分发时对电子公文进行压缩打包、加密、签名,然后通过网络传输。各单位接收电子公文后依次进行解密、验证签名、解压,这其中若某一步没有执行成功,则通过传输网络返回传输失败信息,若全部成功则自动返回回执。发送方收到传输失败信息后检测失败原因并进行修正,而后重新传输发送。收到回执意味着传输流程结束。发送方在公文发送之后,要针对每一个发送目标定时自动检测是否收到接收方信息,若没有,判断是否达到预定的传输失败阈值,若没达到则继续定时检测,若达到则检测失败原因并进行修正,而后重新传输发送(见图5.3)。

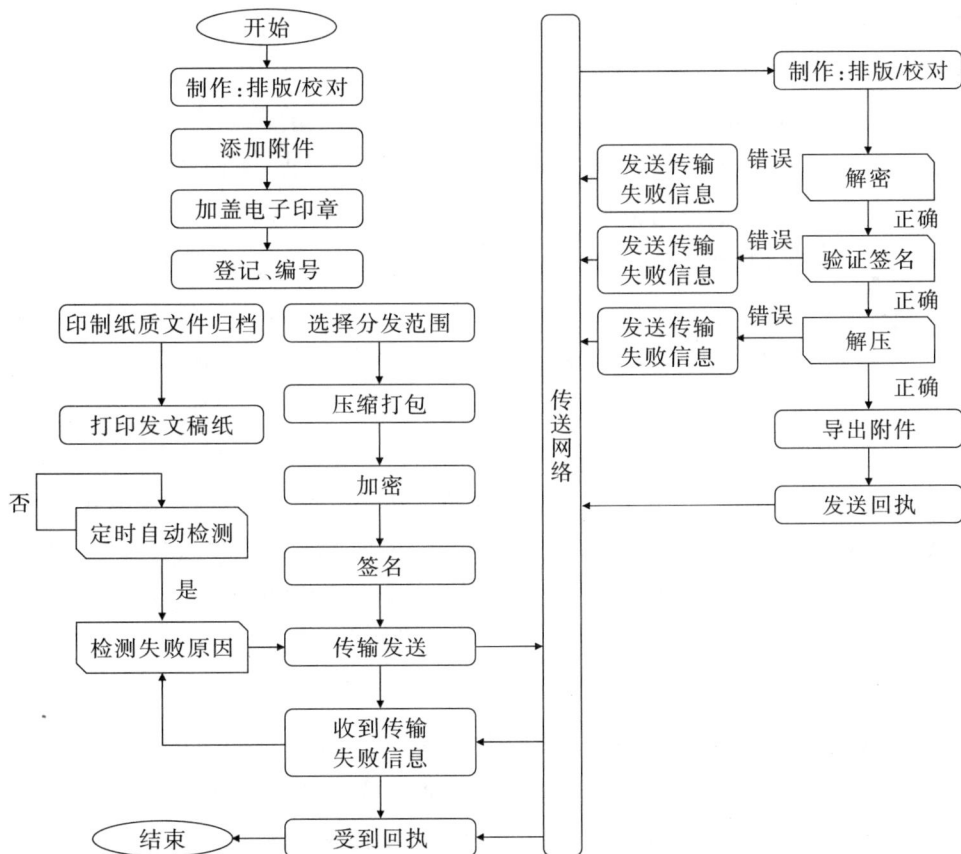

图5.3　电子公文处理系统的传输流程图

第三节　电子档案管理

电子档案既可以是传统档案的数字化,也可以是办公自动化后产生的电子文件,它们都是计算机产生的文字、声音、图片、视频等信息的集合。电子档案与纸质档案相比,在利用方面显得更快捷、方便和准确,但这必须满足必要的先决条件,采取相应的管理措施,并获得特定的技术支持后才能够实现。

一、电子档案管理

(一)档案

关于档案的界定,一般可以从两个角度来理解。一是从信息载体的角度,如档案作为一种历史的记录,可以有文字、图表、声像等不同形式,它们记录了国家、社会以及个人在过去和现在从事的政治、经济、文化、军事、技术、宗教等活动中有保存价值的信息。这些信息和记录信息的载体组成了档案。二是从档案的性质的角度,如档案是国家机构、社会组织和个人在社会活动中形成的有保存价值的各种文字、图表、声像及其他形式的原始记录,即档案的性质是历史的原始记录,是在各项社会活动中直接形成的文件转化物。

《中华人民共和国档案法》结合以上两个角度的理解,将档案界定为:过去和现在的国家机构、社会组织以及个人从事政治、军事、经济、技术、文化、宗教等活动直接形成的对国家和社会有保存价值的各种文字、图表、声像等不同形式的历史记录。由定义可见,档案由档案信息和记录档案信息的载体组成。

因此,从以上定义出发,档案应该满足四个条件:一是档案是各种机关组织和个人在特定的社会活动中形成的;二是档案是保存备查的历史文件;三是档案的形式多种多样;四是档案是历史的原始记录。档案具有真实性、原始性,具有其他任何材料不可替代的依据和凭证作用,所以它有极强的法律效力。此外,它还能够提供历史资料,为组织、管理、决策、科研等工作服务。

(二)电子档案

学界对电子档案概念的界定因不同的方法论视角形成了三种主要的观点。

一是基于逻辑方法的视角,认为电子档案是指形成和利用均依赖电子环境和技术的档案。这种定义的要点是用计算机生成和读取以数字代码记录的信息。如电子档案是指那些在计算机环境中形成与运行的并作为档案保存的电子文件,电子档案就是归档电子文件,电子档案依然是由电子文件转化而来的。

二是基于列举方法的视角,认为电子档案是指人们在社会活动中形成的,以计算机磁盘和光盘等磁性材料为载体的档案材料。如电子档案是国家机构、社会组织或个人在社会活动中,在数字设备及环境中直接形成,以数码形式记录于磁带、磁盘、光盘等载体,依赖计算机系统阅读、处理,并可在通信网络上传输的有档案价值的文件。

三是基于综合方法的视角,认为电子档案是指能被计算机识别、处理,存储在磁带、磁盘或光盘等介质上,并可在网络上传递的代码序列。如电子文档是指在数字设备及环境中生成,以数码形式存储于磁盘、磁带、光盘等载体,依赖计算机等数字设备阅读、处理,并可在通信网络上传输的文件。又如电子档案是通过计算机磁盘等设备进行存储,与纸质档案相对应,其来源不只局限于纸质档案的数字化,还包括生成于计算机环境、后经鉴定归档的原生性电子文件。

本书所讨论的电子档案指那些已到期的、经移交存于综合档案馆的数字档案。需要注意的是,电子文件和电子档案既有联系又有区别。文件是档案的前身,电子档案是到期的、经鉴定有长期或永久保存价值的电子文件,电子文件管理为电子档案系统的构建起了铺垫作用。电子文件与电子档案是信息化条件下文件档案生命周期的两个阶段,电子文件是前端,电子档案是后端。

(三)电子档案管理

传统的档案管理主要包括两个方面:一是对档案资源的管理,也称档案实体管理;二是对档案中所包含的信息的管理,也称档案信息组织。档案实体管理包括档案的收集、整理、鉴定、保管等内容。档案信息组织是对档案中包含的信息内容进行解释、加工和存储,形成二次文献,便于档案信息的开发利用,便于对知识进行管理。因此,档案管理就是对各种档案进行收集、征集、分类、立卷、保管、保护、开发利用。档案收集、征集工作是对现行文件、历史档案进行收集归档,是文件由分散到集中的过程。分类、立卷则是将收集到的档案按一定的办法分门别类组成一个个保管单位,以利于档案的保管、保密和提供利用。档案的保管是通过采取各种保护措施,保证其完整与齐全,尽量延长其寿命。档案的开发利用是档案工作的目的和归宿,包括档案的检索、编研、提供利用等环节。

电子档案管理有狭义和广义之分,狭义的电子档案管理就是对电子档案的收集、分类、保管、鉴定和开发利用等,是传统档案管理工作的信息化过程。可以说,电子档案管理的实践是从这个层面起步的。根据国际电子档案委员会提交给国际档案理事会的有关报告显示,早在1996年前后,电子档案管理在以美国为代表的西方发达国家已经得到了极为广泛的应用。在美国,90%以上的单位已经实现了传统档案信息资料的电子化,基本完成了信息化建设的第一步基础工作——信息管理的基础建设,并正在考虑如何在这些丰富的电子化档案资料的基础上做更深层次的信息挖掘,为决策提供可靠的依据。广义的电子档案管理,在档案管理信息化的基础上,还包括电子档案的组织管理、标准化管理、安全性管理和人员培训等。

专栏5.7

美国电子档案管理全面转型进入倒计时

2019年6月28日,美国总统办公室管理和预算执行局(OMB)联合国家档案馆和档案管理局(NARA),向联邦行政部门和机关负责人发出关于向电子档案过渡的《备忘录》,成为联邦机关彻底向电子档案管理转型的标志。联邦政府每年在形成、使用和存储联邦原始(纸质及其他非电子形式)档案上,要花费数亿美元和数万小时,以确保大量原始档案的维护、管理、安全等。同时,原始档案的利用需要人们在现场或以电子邮件的方式与政府沟通,不能通过在线服务,这不仅增加了公民的负担,并且限制了纸质档案中有价值的联邦数据发挥作用。因此,理应采取更加有效的电子方式进行档案管理。《备忘录》聚焦档案管理并向联邦机关发出指令,依照所有档案管理法律法规,将档案管理全面向电子环境转型。

虽然电子文件与电子档案属于同一事物,其包含的信息内容也基本相同,但它们的组成和管理要求的差异比较大。电子文件一般要经过生成、交换(传输)、审核、签批(签订)、生效(执行)等环节,文件的效用体现在履行公务、发挥行政作用上;电子文件在管理上需要具备规范的体式、法定的流程、简便的操作、高效的利用等要求;电子文件一般以一份或一组文件为管理对象。电子档案一般要经过归档、立档单位保存和利用、立档单位向档案馆移交、档案馆永久保存和利用等环节,档案的效用体现在通过长期或永久保存发挥其作用上;电子档案在管理上要求在归档环节保证其真实、完整,在移交环节保证其可靠、可信,在档案馆永久保存环节保证其有序管理和长期可读、可用;电子档案一般以有联系的多份或多组档案及其元数据、软硬件环境等为管理对象。电子档案在管理的分类方法、组织结构、检索技术、长期保存手段等方面都与电子文件有本质差别。

二、电子档案管理系统

(一)电子档案管理系统的概念

我国《电子档案管理系统基本功能规定》明确提出,电子档案管理系统是指档案机构运用信息技术手段对电子档案进行接收、整理、保存和提供利用的计算机软件系统。具体而言,它是一个采用档案电子化、影像数字化、办公无纸化以及信息网络化等先进技术,实现包括档案文件、声音、影像、文本在内的多媒体档案资源的存储和查询检索的计算机系统。电子档案管理系统为档案资料管理、利用和保护提供了有效的技术保证,可大大节约数据存储空间,无限地延长档案材料保存时间,同时也为查阅、利用档案文献带来了极大的便利。

根据电子档案与电子文件范围的不同,电子档案管理系统有以下三个层次的含义:一是宏观层次的电子文档管理系统,是以保证电子文档的科学管理和高效利用为目的的技术、设备、管理、法律、标准、人员等所有相关因素组成的信息系统;二是中观层次的电子文档管理系统,是指与电子文件相关的计算机软、硬件系统;三是微观层次的电子文档管理系统,是电子文件管理的软件系统,它由一组软件程序组成,共同对机构产生的电子文档进行管理。这三个层次的电子档案管理系统,既相互联系,又在不同的语言环境中有所不同。

> **专栏5.8**
> **上海大力推进"一网通办"电子档案管理工作**
>
> 　　上海大力推进"一网通办"电子档案管理工作,提出一个总体目标、两个工作步骤和三项具体任务。总体目标是实现电子档案管理规范化、标准化、常态化。两个工作任务为:建立完善电子文件归档与电子档案管理制度和工作机制;按照地方标准《政务服务"一网通办"电子文件归档管理技术规范》完成业务系统升级改造,实现电子文件归档功能。三项具体任务是:到2020年9月底前完成11家业务系统比较成熟单位的试点工作,实现电子文件归档和电子档案管理;完成5家未建业务系统单位电子文件统一归档工作;完成其余26家单位建制度和建机制工作。

电子档案管理系统的目标是按照档案管理规范要求,以互联网技术、数据库技术、多媒体技术和完善的开发软件为依托,加强档案管理工作,建立健全必要的档案管理制度,统一规划、集中管理档案资源。按照档案管理的特点,档案收集门类齐全、材料完整,构建一个现代化管理技术的电子档案管理系统,使档案的收集、鉴定、分类、立卷、保管、利用等环节计算机化,提高档案管理的自动化、数字化水平,方便档案信息的综合利用,延长档案保管寿命。电子档案管理系统的建立,对提高档案管理的效率具有重要意义。

(二)电子档案管理系统的特征

第一,具有与文档属性相关的程序严密性。电子文档管理系统是特殊的信息系统,该系统保存的电子文档是机构职能活动的伴生物和证据,是行政权威与法律尊严的表现。因此,该系统具有与此相关的程序严密性,一般不允许随意省略其中的环节。

第二,由文档内容、结构和背景信息等构成的文件整体性。电子文档管理系统中的文件是指由文件内容、结构和背景信息共同构成的文档整体。所以,电子文档管理系统具有普通信息系统不具备的功能,即通过一定的技术手段(主要是元数据技术),将构成一份文件的完整信息记录下来,整合在一起构成真正意义上的电子文档,并保证文档管理者可以记录、管理和维护文档的构成要素,并将文件以整体的形式提供利用。

第三,与业务活动相关的辅助性。文件的流程及管理与机构的业务活动息息相关,电子文档管理系统是作为机构办公自动化系统、生产自动化系统等较大系统组成部分的辅助性系统。但作为辅助性系统,电子文档管理系统与机构业务活动系统的结合更加紧密。

第四,广泛存在的特殊性。由于电子文档管理系统所支持的业务活动和业务执行方法的不同,所有电子文档管理系统都是一般电子文档管理的普遍性与专门文档管理的特殊性相结合的产物。比如财务电子文档管理系统、人事电子文档管理系统、计算机辅助设计(CAD)电子文档管理系统等,它们都具有电子文档管理的普遍性特征和本身的特殊性特征。

(三)电子档案管理系统的功能

为推动电子档案科学管理,规范电子档案管理系统建设,明确电子档案管理系统基本功能,确保电子档案真实、完整、可用与安全,按照国家有关法律法规和标准规范,国家档案局办公室于2017年12月发布了《电子档案管理系统基本功能规定》,明确电子档案管理系统(以下简称系统)应具备电子档案的接收、整理、保存、利用、鉴定与处置、档案统计,以及系统管理七项基本功能(见图5.4)。

图5.4　电子档案管理系统功能框架示意图

1. 电子档案接收功能

系统应支持在线和离线的批量接收与处理,保存移交接收处理记录;应具备对电子档案的数量、质量、完整性和规范性等进行检查的功能,对不合格的进行标注;应具备对检查合格的电子档案进行登记的功能,支持电子档案数量的清点,内容和元数据有效性的验证,赋予电子档案唯一标识;应具备对征集档案进行管理的功能。

2. 电子档案整理功能

系统应具备电子档案的自动归类与排序等功能,支持分类与排序的调整处理;应具备电子档案的著录、标引等功能,形成电子档案目录,并与电子档案相关联;应具备电子档案批量格式转换的功能,生成符合国家、行业相关标准的用于长期保存和提供利用的电子档案;应具备维护电子档案各组成部分及相关数据信息之间、电子档案与电子档案之间的关联功能;应具备电子档案入库功能,并保存入库处理过程记录。

3. 电子档案保存功能

系统应具备对电子档案及其目录数据库进行备份与恢复的功能,设置备份与恢复策略,制作备份数据,对备份数据和介质进行登记、检测与管理,使用备份数据进行恢复处理,记录备份恢复过程信息;应具备对电子档案存储状况的监控和警告功能,对存储介质不稳定、存储空间不足、电子档案非授权访问和系统响应超时等情况发出警告,跟踪和记录警告事项处理过程;应具备对电子档案进行真实性、完整性、可用性和安全性等检查的功能;应具备电子档案保护功能,保障电子档案不被非授权者修改与删除,记录长期保存过程中的变动信息。

4. 电子档案利用功能

系统应具备依据利用需求生成电子档案利用库的功能,支持电子档案的检索、筛选和输出,能够为利用者提供符合国家标准格式的电子档案;应具备对电子档案进行多条件的模糊检索、精确检索和全文检索等功能,支持跨全宗、跨门类和递进检索,检索结果能够进行局部浏览和有选择性地输出;应具备电子档案在线借阅服务功能,支持在线申请、在线审批、在线阅览、授权下载与打印等处理,并记录用户使用电子档案的意见和效果等信息;应具备档案编研功能,对档案编研成果进行管理;应具备电子档案利用登记功能,保存档案利用者信息,并采取技术手段确保利用过程中电子档案不被非法窜改。

5. 电子档案鉴定与处置功能

系统应具备对电子档案鉴定与处置的定义、配置和管理功能,按照电子档案的处置规则,建立和配置鉴定与处置条件、策略和流程,支持保管期限到期鉴定等自动提醒功能;应具备电子档案的鉴定与处置操作功能,支持密级、价值和开放等鉴定处理;应保存鉴定与处置的过程信息,记录鉴定与处置的责任人员、意见和时间等信息;应具备电子档案销毁管理功能,对实施销毁处理的电子档案进行彻底销毁,留存已销毁的电子档案的目录信息和销毁处理记录。

6. 电子档案统计功能

系统应具备对电子档案数量与容量的统计功能,可按照档案的全宗、门类、文件格式、开放程度和年度等进行统计;应具备对一定时间期限内的电子档案的接收、整理、保存、鉴定、利用等关键业务过程工作情况进行统计的功能;应内置常用电子档案工作统计报表;应提供报表制作工具,支持用户自定义统计报表。

7. 电子档案系统管理功能

系统应提供电子档案数据库及其存储结构的定义与配置功能;应具备电子档案分类方案的定义与维护功能,支持电子档案类目结构的建立与修改、锁定与解锁、导入与导出等处理;系统应内置常用的文书、科技、音像等档案门类的分类方案;系统应支持对会计、业务类等专门档案分类体系的设置;应具备电子档案元数据和目录数据的定义与维护功能,内置常见种类的电子档案元数据方案;应具备用户信息管理的功能,支持系统管理员、系统安全保密员和系统安全审计员的三员分立的安全控制功能,支持电子档案管理用户的分组、分类管理,以及按照功能和数据进行授权等功能;应具备日志及其分类管理功能,记录用户访问、存取和使用电子档案的行为和信息;系统应具备对电子档案关键业务过程、档案管理操作行为和系统非授权访问等事项进行审计、跟踪的功能,记录发现问题。

专栏5.9

我国电子档案管理系统建设的总体要求

一是系统结构应具备开放性,可实现与其他系统的功能集成、数据共享与交换;二是系统功能应具备可扩展性,应满足当前及可预见的时间内的业务需求,可方便地进行功能扩展;三是系统实现应具备灵活性,支持电子档案管理的业务模式、工作流程和数据结构等的灵活定义与部署;四是系统运行应安全可靠,保存电子档案管理关键业务过程记录,根据需要采取电子签名、数字加密和安全认证等技术手段,保障电子档案安全,防止非授权访问;五是系统应依据电子档案保存和利用的业务要求分别建立相应数据库;六是系统应能够管理符合国家、行业标准规定的多种门类、多种格式的电子档案;七是系统应具备对实体档案进行辅助管理的功能。

三、电子档案管理系统的功能模块设计

《电子档案管理系统基本功能规定》依据档案管理流程规定了电子档案管理系统的基本功能,它兼顾了档案管理人员和系统研发人员的双向需求,直观地展示了电子档案全程管理的各主要工作环节,以此为依据,系统的功能模块应包括用户管理模块、文件管理模块、档案管理模块、借阅管理模块和系统管理模块(见图5.5)。

图5.5　电子档案管理系统功能模块示意图

(一)用户管理模块

电子档案管理系统的用户可以分为系统管理员、档案管理员、高级用户和普通用户。其中,系统管理员是用户管理模块的核心角色,负责维护所有用户数据和不同部门的信

息;有权将用户配置成档案管理员、高级用户或普通用户;负责完成所有用户的密码初始化工作;有权配置不同用户的管理权限等。系统四类用户拥有对文件和档案使用的不同权限:系统管理员和普通用户拥有所有"非密"文件的使用权限;档案管理员拥有除"绝密"文件外所有文件的使用权限;高级用户可以使用所有文件。所以,系统管理员应具有用户数据维护和管理权限配置两大功能,具体包括添加用户、删除用户、查看用户权限、修改管理权限、添加权力权限、删除管理权限等。

(二)文件管理模块

文件管理模块包括文件录入存储和文件查询功能。由于电子档案文件是以非结构化的数据形式存储于文件系统中,数据库存储的是电子档案文件的属性等相关信息,所以,电子档案文件的存储需要规则的约束。电子档案文件进入系统有两种方式,一种是由技术人员将办公自动化系统等应用系统产生的大量文件按照要求封装后直接导入档案管理系统存储档案文件的规定目录,另一种是由档案管理员进入系统后通过系统上传功能导入具体档案文件。文件查询即文件检索,对文件属性信息的检索定义为按标题、时间、部门、类别、保管期限等的普通检索,对文件内容的检索定义为高级检索。此外系统还应支持多条件检索即组合检索。

(三)档案管理模块

档案管理模块是系统核心功能模块,由档案管理员完成。包括管理配置、归档整理、销毁管理。其中,管理配置是电子档案管理系统最重要的部分。管理配置完成关于档案所有相关参数的配置工作,管理配置是用户自定义档案管理系统的具体实现,它是否合理,全面标志着该系统能否适用不同用户对系统的需求,它是系统能否适用于电子档案管理实际的关键。具体包括系统配置、档号结构、档号类别、保管期限、文件类别配置。归档整理就是对电子档案进行分类编号,然后存储在不同的数据目录下。所以,电子档案的分类将影响电子档案存储、利用和查询等档案利用的效率。从系统的角度出发,可将所有文件分为不归档文件、待整理文件、已编号文件和已装盒文件四种。档案到期后,应进行销毁操作。但到期的档案可能会因为当时的制度或档案人员认识水平的差异,造成一些档案保管期限划分不准确,为避免不必要的损失,到期档案需要重新鉴定。

(四)借阅管理模块

档案管理员设定档案查阅规则,当用户对电子档案无权限时,需进行借阅申请。借阅申请首先被提交给档案管理员。当档案管理员可决定是否借阅时,借阅由档案管理员进行审批,即对借阅用户临时授权。当档案管理员无法决定是否借阅时,档案管理员将借阅申请转交到高级用户,由高级用户做决定。所以,借阅申请逐级向上,借阅审批逐级向下。借阅管理模块应包括借阅登记、借阅查询和网上借阅等模块。其中,网上借阅又包含网上借阅申请、未提交的借阅申请、已处理的借阅申请、借阅申请处理和网上答复等子模块。

（五）系统管理模块

系统管理模块包括系统备份和日志档案管理两个部分。系统对数据库数据采用完全备份策略，每次都将整个电子档案系统进行全部备份。系统管理员可以选择手动备份或自动备份。自动备份可以选择备份时间和频率。日志档案管理的功能有，档案管理员可查看系统所有用户详细的操作日志（包括登录日志、搜索日志、查阅日志、借阅日志和销毁日志）。

第四节　城市网格化管理

城市网格化管理是目前我国地方政府普遍使用的一种社会治理模式，主要以网格技术和网格化管理思想为基础，实现了管理对象的精细化、管理责任的网格化和管理手段的智能化。

一、城市网格化管理

（一）网格

随着互联网的广泛应用，如何处理和利用巨大的计算机数据和网络信息资源成为备受关注的问题。一方面，网络带宽不断加大，计算机处理数据性能不断增强，但很多计算机资源只用于简单的文字和数据处理，其利用效率远没有得到发挥。另一方面，虽然互联网上的信息资源每天都在不断增长，但很多信息都仅仅是数量上的增长。据有关专业人士估计，目前每年增长的信息达 $2×10^{18}B$ ，而为公众所用的信息只占总量的0.00015%，即便是谷歌（Google）这样功能强大的搜索引擎也只能搜查 $1.3×10B$ 的内容。20世纪90年代以来，网格（Grid）技术的兴起，为更好地利用计算机软硬件资源和网络信息资源提供了一个较好的解决思路。

网格通过通信手段将有关资源无缝集成为一个有机整体，可向用户提供一个基于国际互联网的新型计算平台。在这个平台上对来自不同客户的请求和提供资源的能力进行合理的匹配，为用户的请求选择合适的自愿服务，实现广域范围的资源共享。网格可以被看作是一台性能巨大的超级计算机，提供了包括计算资源、存储资源、数据资源、信息资源、知识资源、专家资源、领域资源和设备资源等资源在内的全面共享和互操作服务。伊安·福斯特（Ian Foster）认为，网格是构筑在互联网上的一组新兴技术，它将高速互联网、计算机、大型数据库、传感器、远程设备等融为一体，为科技人员和公众提供更多的资源、功能和服务。互联网主要为人们提供电子邮件、网页浏览等通信功能，而网格则提供更多更强的功能，它能让人们共享计算资源、存储资源和其他资源。网格所采用的新的共享方案并不意味着取代现有的因特网技术，网络是网格的一个很重要的基础，网格是在现有网络技术上建立的更高层次、更全面的资源共享,其计算技术也更加先进。网格具有高性能、分布性、异构性、自治性、动态性和自相似性。

专栏5.10
网格技术的发展阶段

网格技术的发展大致可以分为三个阶段:第一阶段指早期的网格计算,主要是建造一个元计算环境,通过网络服务器或超级计算机中心将各种资源集成起来,但资源的异构性、拓展性和适用性[①]问题有待解决。第二阶段指支持大规模数据与计算的中间件时期。在网格中,中间件通过提供一系列标准的服务接口,可以隐蔽资源的异构特性,为用户以及应用提供一个同构和无缝的环境。第三阶段指现在的重点在于分布式全球协作的阶段,主要面向服务和信息层的问题。各阶段的划分有助于找出各阶段的特征,有助于区分网格的问题、了解网格发展的起源,当然这一发展是连续的过程,它们之间的划分并没有明确的界限。

网格技术是近年来国际上发展起来的一种重要信息技术,被视为21世纪的一场计算机革命。它涉及超级计算技术、网络技术、数据库技术、中间件技术、并行算法和各种计算科学研究与应用技术,可突破在计算资源上的所有限制,实现网络虚拟环境上的高性能资源共享与异地协作,使其能够更自由、更方便地被人们共享,解决更复杂的问题,在物理学、医学、生物学、天文学、地震工程学等学科,以及工程、商务、生物制药、能源、交通、气象、水利、农林、教育、卫生、环保等领域有广泛的应用前景。

(二)网格化管理

网格化管理是将原有在科学计算领域的网格概念在社会管理领域的应用和衍生。网格化管理起源于电力领域的应用,网格的英文单词"grid"即来自"power grid"(电力网格)的拆分。其主要原理是,终端用户在使用电力资源时不必考虑后台供应的一系列复杂程序,只需一按开关即可方便、快捷地获取。同理,网格化管理包含"网格"和"用户"两个部

---

① 异构性指网格建设中会涉及多种多样的资源,这些资源在本质上是不同的,会跨越很多管理范围,甚至遍布全球。拓展性指网格资源可在很短时间内从较少的资源迅速扩展到成千上万的各种资源。如何支持大量分布资源的应用,克服通信延迟,克服访问资源的局部性;如何更进一步解决由于资源规模的进一步扩大而带来的更多的管理组织问题,以及异构问题、认证问题和信任问题等;更大规模的应用可由其他应用组成,这在一定程度上又增加了系统的"智力复杂度"(Intellectual Complexity)。适用性指网格上资源的多样性也容易导致差错的可能性,资源管理者和资源应用该根据资源情况动态调整它们的行为,以便从可用资源与服务中获取最大的性能。

分,"用户"只需提交需求即可随时随地享受优质服务。"用户"和"网格"之间通过网格内部结构(协议)实现双向互动,即网格化管理的核心思想在于用户提交需求的简洁性和网格响应需求的精准性与迅捷性。网格的最终目的是为用户提供与地理位置无关、与具体计算设施无关的通用计算能力,消除信息孤岛和资源孤岛,实现信息的高度融合和共享。目前,网格化管理不仅被运用于商业和经济领域,而且已经成功应用在市场监管、社会保障、消防巡逻防控、城市管理等领域。

关于网格化管理的概念,主要有以下几种看法:

网格化管理指的是借用计算机网格管理的思想,将管理对象按照一定的标准划分为若干网格单元,利用现代信息技术和各网格单元间的协调机制,使各个网格单元之间能够有效地进行信息交流,透明地共享组织资源,以最终实现整合组织资源、提高管理效率的现代化管理思想。

网格化管理是在动态复杂背景之下,实现社会经济资源共享和多组织业务协同,降低用户使用和组织管理的复杂性,并提高管理效率的一种新兴管理模式。网格化管理所针对的问题一般体现为用户及组织数目庞大、服务需求个性化、资源分布地方化、需求与资源动态化及虚拟化、管理机构多层化等。

网格化管理本质上是一种数字化的管理模式,主要运作方式是利用电子网格地图技术,根据属地管理、地理布局、现状管理等原则,将管辖地域划分成若干网格状的单元,并对每一个网格实施动态化、精细化和全方位的管理。

网格化管理是以电子信息数字技术为支撑,在所应用的领域中通过对管理对象相关要素的"网"和"格"的划分,根据管理对象的实际特点,运用科学的管理方法,通过对相关信息的分析、整合,实现对管辖内各项资源的共享,统一指挥并协调各个职能部门,最终实现网络化、扁平化、精细化的管理。

综上,对网格化管理的理解应主要包括以下几个方面:

其一,网格化管理是一种数字管理。以网格计算技术、网络通信技术、地理编码技术和遥感技术等为核心技术,通过网格终端设备和综合信息管理平台等对发现的问题进行信息的交流与沟通,实现各单位之间的协调与协作,从而实现社会管理数字化,提升管理效率。

其二,网格化管理的基础是划分网格单元。构建网格化管理的第一步是根据一定的标准划分网格单元,使网格单元的构建和管理规范化,以便于网格化管理的实施。

其三,网格化管理的核心是实现资源共享和业务协同。网格的资源首先隶属于各个网格单元,同时也隶属于整个网格系统。因此,网格化管理应具有对各单元的资源管理和控制权限,能够动态地整合调用各网格单元的资源,提高组织管理效率。在此基础上,网格化管理通过建立各网格间的协调机制,实现业务协同。

(三)城市网格化管理

网格的思想现已引入城市管理领域,即在城市管理中运用网格地图的技术思想,以一定的面积为基本单位,将城区所辖区域划分为若干个网络状单元,由城市管理监督员对所分管的面积单元实施全时段监控,同时明确各辖区城市管理负责人,并以信息化为手段,建立城市网格化管理信息平台,综合集成各种管理服务资源,从而实现对管理空间分层、分级、全区域管理的方法。

城市网格化管理作为一种新兴的现代化城市管理模式,由北京市东城区首创。他们运用电子网格地图技术,以万米单元网格为最基本的城市管理单元,根据属地管理、地理布局、现状管理、方便管理等原则,将北京东城区25.38平方公里划分成网格状的单元,然后再按照功能区划,将6大类56种城市部件和7大类33种城市事件问题都赋予代码,并将这些代码标注在相应的电子网格地图中(每个网格对应万余平方米的实体空间)。这样,发生在每个管理区居民生活中的各种部件和事件问题,如井盖丢失、公共设施损坏、垃圾渣土堆集、占道经营、无照游商、小广告等问题,就会通过移动通信技术由流动巡查员迅速反馈,立即显示在城管指挥中心的电子大屏幕上,而指挥中心则根据编订的程序分类处理,将指令送达相应的职能部门并令其限时解决。北京东城区网格化管理的具体实施有四个步骤:一是科学划分网格,按照"边界清晰、工作便利、大小适当"的原则调整优化,将东城区划分为592个基础网格以及2322个单元网格、556094个城市部件、17339个地理编码中兴趣点、26058个门址和902个参照物。二是网格工作人员的设置,每个网格都有7类工作人员,分管网格内不同的事务。三是信息平台的构建,利用先进的信息技术搭建信息平台,收集整合信息资源,行政执法部门以及职能部门等之间共享信息,共建信息管理平台。先是完成网格化管理的民生服务、信息网络、应急处理、建设服务、维稳防控等系统建设,然后构建了"三级平台、四个层级"的体系,通过这些系统以及体系保障东城区的网格化管理实施。四是实施动态监控管理,配备350个网格监督员,利用"城管通"进行巡查,发现网格内的情况后实施动态的管理回应。

可见,城市网格化管理是一种数字化城市管理模式,其特点是在控制论基础上,综合利用移动通信和网络地图等高科技手段,实行全方位、高效率的城市管理活动。城市网格化管理通过细分城市管理单元,设立专门机构,统一工作标准,委派网格巡查员等,对责任网格内的事项进行巡查,将发现的问题通过特定的信息系统传送至相应部门予以处置,并对处理情况实施监督和考评的工作模式。其主要方法是对应城市实体空间建立网格化电子地图,并在上面把城区划分成细密的网格,然后按照一定的管理幅度划定若干控制区。区内的公共部件和事件,均按其地理位置编码标定在电子地图上。每个管理区都设人轮班巡查,对区内所辖城市设施、市容卫生、治安状况进行全时段监控,一旦发现问题,立即通报指挥中心,指挥中心核实后再发往相关职能部门并限时解决。在这里,网格化管理中的"网格",是指在综合考虑管理辖区地理面积,辖区范围内管理服务对象的特点、密度和分布,以及管理服务资源的配置情况等因素之后,划定的便于公共产品和服务供给者就近提供安全保障、辖区管理和精准服务的最小管理单元。其中,"网"对应物理空间的划分边界,可以在地图上绘制出来。服务管理活动则在"格"中进行。

专栏5.11

网格化管理战"疫"派上大用场

2020年春节,新型冠状病毒肺炎疫情来势汹汹。很多地方充分发挥网格化管理优势,深入摸排出入网格人员,确保做到早发现、早报告、早隔离、早治疗。广东省下发实施"网格化"疫情防控工作的紧急通知,在城乡村(居)全面推行"网格化"疫情防控,建立基层疫情防控工作组织体系,责任到人、联系到户,确保各项防控措施全面落实、不留死角。浙江嘉兴充分发挥基层网格作用,研发启用疫情防控排查系统,全面摸实相关信息,做到镇不漏村、村不漏户、户不漏人。青岛市即墨区依托区镇建立的五级网格组织架构,在各村庄建立疫情防控工作体系,网格员配合村庄居委会工作人员,在村庄出入口设置外来人员登记疫病防控监测点,逐一排查登记。这些防控举措发挥了积极有效的作用。

城市网格化管理是整合管理资源的有效手段。城市网格化管理作为一项系统工程,涉及城管、治安、社保、环保、绿化、环卫、工商、社区建设等诸多方面,网格化的管理与服务系统可以围绕上述职能部门的各种管理问题构筑全方位立体化的电子地图管理空间。发生在这些网格内的各类问题,诸如公共设施受损、违章建筑、占道经营、社会救助、低保投诉、卫生投诉、突发事件等,均有各自特定的数字代码标注在相应的电子单元网格中,只须监督员报告或用手机拍摄现场图片,发送给监督中心"立案",并转指挥中心"网格"查找,即能在中心大屏幕上找到事件的名称、现状、位置及处理归属等信息,从而保证这些问题在极短的时间内迅速得到协调和处理。所以,网格的划分有助于明确管理对象,便于对网格内的基本地形图、地理编码图和社区部件图进行精确的定位,可通过在网络上构建虚拟组织实现跨区域的资源整合。一方面,城市管理可能遇到的所有事件都将能被纳入网格化管理的范畴,具有极大的延展性和动态包容性;另一方面,所有相关的职能部门,均能从网上获得归属自己管理的信息,具有一网多用和资源共享的优点。

二、城市网格化管理系统

(一)城市网格化管理系统的概念

网格管理系统从本质上来说,是一个业务流程较复杂,与其他系统如办公系统等交换数据频繁的一套信息管理系统。城市网格化管理系统,就是以街道、社区为基础,在管理辖区内以一万平方米左右区域为基准划分单元网格,建立城市网格化管理信息平台,实现市、区、专业工作部门和网格监督员四级联动的管理模式和信息资源共享系统。

城市网格管理系统主要为应对城市各类问题而设计。城市各类问题事件都在不同程度上影响了人们的正常生活或财产安全,导致城市各类问题发生的影响因素繁琐复杂。城市网格管理系统围绕时空行为信息学,充分利用互联网、大数据等创新技术,基于网格管理系统中采集得到的各类投诉数据,重点挖掘城市中各类问题事件的发生规律、可能的影响因素,全面、精确、实时地掌握各类风险动态,同时基于挖掘结果建立预测与预警模型。一方面能够对各类事件在未来一段时间内最可能发生的时间进行预测,提前预防、控制可能发生的危险事故和突发事件。另一方面能够对各类事件的发生和演化过程进行监控和预警,因此能够在危机事件发生后,做到有效的信息共享和协调联动。核心目标是基于城市网格管理数据,从城市与社区管理角度出发,有效地掌握数据采集、分析、预测的方法,实现人与技术的充分融合,在危机发生前及发生后均能做出有效的决策或行动,使城市与社区的管理更智慧、更高效、更安全。

专栏5.12

上海城市网格化管理系统发挥优势

世博期间,上海城市网格化管理系统发挥优势,在确保城市环境优良、基础设施运行良好等方面,发挥出了较大作用。2010年5月1日至10月31日,网格化管理平台共发现立案58.9万余件,处置结案58.3万余件,结案率达98.9%;系统的1个市级平台以及18个区县级平台和市政、绿化2个专业平台均未发生影响系统运行的明显故障。在世博举办前与举办期间,网格化管理系统做了全面细致的工作,包括扩大管理覆盖面,拓展建设了30平方公里,网格化管理区域面积总计达1085平方公里;全面排查软硬件设备的运行状况,对灾备系统实施了实战演练;对超期1周以上的未处理案件实施催办,共催办、督办案件约500件。

（二）城市网格化管理系统的关键技术

1. 3S技术及其集成

3S（GIS，GPS，RS）技术是现代空间信息科学的重要组成部分。GIS（Geographic Information System 或 Geo-Information System，即地理信息系统）对多种来源的空间数据进行综合处理、集成管理和动态存取，作为新的集成系统的基础平台，为智能化数据采集提供技术支撑；GPS（Global Positioning System，即全球定位系统）主要用于实时、快速地提供目标的空间位置；RS（Remote Sensing，即遥感）用于实时提供目标及其环境的各种信息，及时对GIS数据进行更新。3S技术集成是指将GIS技术、GPS技术、RS技术这3种相关技术有机地集成在一起，实现空间数据的实时采集、管理和更新。3S技术是实现城市网格化管理的关键。

2. 网格及网格计算技术

互联网把各地的计算机连接起来，网格是把各种信息资源连接起来，而网格计算则是把计算机和信息资源都连接起来。在城市网格化管理中，各种计算资源和信息资源异构地分布在不同地区和不同的部门，网格和网格计算技术对信息处理一体化、信息资源共享与协同工作将起到重要作用。

3. 网络通信技术

城市网格化管理要用到不同部门、不同区域的资源和数据，因此数据交换和传播将是城市网格化管理的重要环节。网络和通信技术为数据的顺畅交流提供了重要的技术支撑，从而为实现资源和数据的交换与共享，发挥其最大作用。随着计算机网格技术的推广及其在城市网格化管理中的应用，对网络和通信技术会提出更高的要求。

4. 分布式数据库及分布式计算技术

分布式数据库是由相互关联的数据库组成的系统，它是物理上分散在若干台互相连接着的计算机上，而逻辑上完整统一的数据库。它的物理数据库在地理位置上分布在多个数据库管理系统的计算机网络中，每台计算机上的用户在访问数据库时通过分布式数据库系统由网络从其他机器中传输过来。用于管理的数据可能位于不同地区、不同部门的系统或者数据库中，因此城市网格化管理需要用分布式计算技术来构建异构的分布式数据库，并实现相关的运算、分析和处理。用于城市管理的数据位于不同地区、不同部门的系统或数据库中，因此，城市网格化管理系统需要用分布式计算技术来构建异构的分布式数据库。

5. 构件与构件库技术

城市网格化管理系统有许多结构和功能差异很大的子系统，需要用到不同的数据库和软件系统，因此在系统开发过程中，构件和构件库技术的应用将大大提高系统的开发效率。

6. 中间件技术

通信是城市网格化管理系统中最重要、最基本的功能,通过大量的通信来协调和完成各种空间事务处理,为此要借助中间件技术来统一管理,调度异构软件协同运行,减少关键任务切换,提高运行效率。

7. 地理编码技术

地理编码是基于空间定位技术的一种编码方法,它提供了一种把描述成地址的地理位置信息转换成可以被用于GIS系统的地理坐标的方式。在城市网格化管理系统中用到许多部门和类型的数据,地理编码技术对于这些信息资源的集成和融合具有重要作用。

8.移动定位技术

移动定位是指通过特定的定位技术来获取移动手机或终端用户的位置信息(经纬度坐标),在电子地图上标出被定位对象的位置的技术或服务。定位技术有两种:一种是基于GPS的定位,一种是基于移动网络的LBS(Location Based Services,基于位置的服务)基站定位。基于GPS的定位方式是利用手机上的GPS定位模块将自己的位置信号发送到定位后台来实现移动手机定位的。基站定位则是利用基站对手机距离的测算来确定手机位置的。利用移动定位技术,可对网格人员的工作状况进行全程实时监督,实现对网格人员的科学管理。

(三)城市网格化管理系统的主要内容

城市网格化管理系统包括城市网格化管理应用系统、城市网格化管理数据库、城市管理构建平台和相关的网络协议和网络设备。

城市网格化管理应用系统是城市网格化管理系统的最主要部分,包括城市管理协同子系统、呼叫中心受理子系统、城市管理监督指挥子系统和城市管理综合评价子系统等。城市管理协同子系统是系统的协同平台,通过浏览器完成城市管理各项业务的具体办理和信息查询,提供给监督中心、城市管理部门、各个专业部门以及各级领导使用。同时,该子系统还提供各级领导、监督中心、城市管理部门方便查询事件可视化的基本信息、处理结果信息,并对审批流程进行检查、监督和催办。呼叫中心受理子系统专门为城市管理监督中心的呼叫中心设计。通过信息传递服务引擎将各种途径报送的事件消息传递到呼叫中心接线员的工作平台,呼叫中心通过受理工作子系统对各类事件进行相应处理,为城市管理协同子系统提供事件信息和案卷信息的采集和立案服务,保证事件相关信息和立案信息能及时准确地受理并传递到相应部门和人员。城市管理监督指挥子系统为城市管理部门和城市管理监督中心服务,通过显示器或者大屏幕能够直观显示城市管理的相关地图信息、案卷信息和相关详细信息等全局情况,并可直观查询显示每个社区、监督员、部件等个体的情况,直接指挥城市各类事件的管理,监督各类事件的处理进展情况,实现城市管理监督中心对城市管理全局情况的总体把握。城市管理综合评价子系统按照工作过程、责任主体、工作业绩、规范标准等在系统内设置评价模型,对数据库群中人员、事件和案卷办理的相关信息进行综合分析,计算评估,形成系统内评价,结合政府网站公众投票的外评价,可以生成以图形表现为主的针对部门、个人和区域的评价结果。

城市网格化管理数据库包括城市基础数据库与专业数据库、城市部件与事件数据库。城市基础数据库与专业数据库是进行城市网格化管理的基础资源。按照城市管理相关数据标准编码体系,从城市管理应用出发,设计和构建包括基础地理信息数据、地理编码数据、网格单元数据以及与城市协同管理相关的业务数据、组织结构数据等在内的数据库群,为城市管理部门提供信息共享、交换和服务的基础数据。城市部件与事件数据库是按照城市管理的要求,将所有用于城市管理的基础设施、公用设施等部件及可能发生的各类事件分类编码,建立各类部件和事件的空间及属性数据库,为城市的协同管理查询及业务分发提供信息共享。

系统构建平台及该平台用于实现工作流、输入表格、输出表格、地图、组织结构等城市管理相关信息的灵活配置,使用平台提供的各种工具和组件,可以配置形成协同工作系统相应的资源信息、业务规则和数据操作定义。当组织机构、流程、表单和地图等方面发生扩展和变化时,也可以通过对平台进行修改、调整、维护和版本管理,以适应不断变化的用户需求。城市网格化管理系统的平台结构应包括数据采集、传输、处理、管理、分析评价应用,以及数据更新等各项功能。网络及网络设备是实现城市网格化管理的基础,用来传输网格化管理所需的数据,包括各类网络协议、网络设备、网络管理员等。

三、城市网格化管理系统的业务流程和功能模块设计

城市网格管理系统的核心功能就是各类案件的处理,这类案件可以是各类业务系统职能工作,也可以是系统中各类组件、部件的状态报告,等等,通过案件的处理,构建和设计矛盾隐患事务的原始情况采集、分流、上报、转办、处置、反馈、结案、归档、监督、考核的全流程及相应模块,横向上建立起各综治业务部门间的协同工作平台,实现信息及资源共享,纵向上贯穿街镇、居村和单元网格事务处理环节。

(一)业务流程设计

一个典型的网格管理案件按照流程处理可以分为如下八个步骤(见图5.6)。

1. 案件发现

功能主要包括提交结案案件管理、上报案件管理、下派案件管理、暂存案件管理和行政执法处置等。登记的案件内容包括受理时间、受理人、事项来源、事项类型(可以按照案件类型进行初步分类例如公共设施维修类、矛盾纠纷类及问题隐患类等)、诉求人、诉求问题及要求等,用户排查到需要上报的案件后,在系统中进行登记,录入系统并"上报"处理后,系统会自动提交到网格管理监督指中心,由网格管理监督指挥中心统一分流到相关部口去处理。

2. 案件分流系统处置

网格管理中心可以对案件办理紧急级别、处理周期时限进行规定,并将事务分流移交

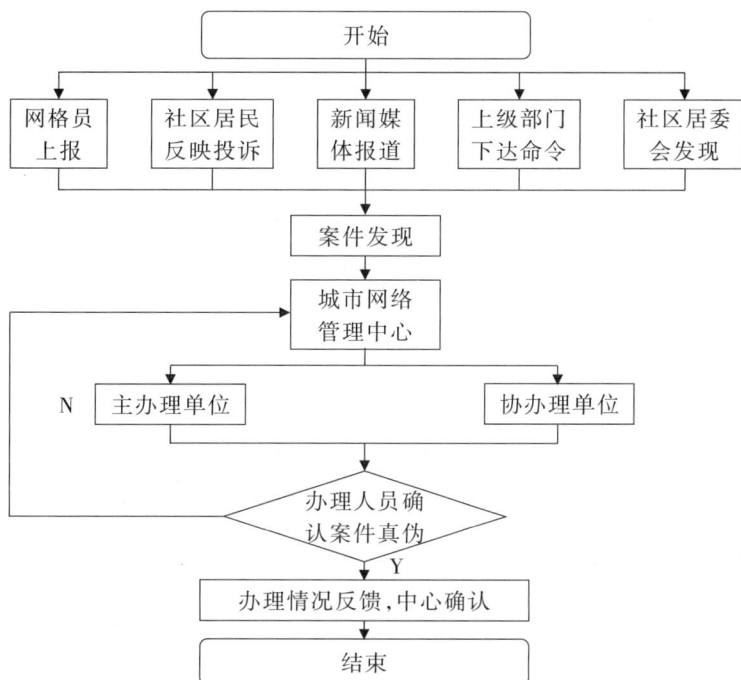

图5.6　城市网格化管理系统业务流程图

到对应的主办及协办单位,比如遇见传销案件上报街道网格管理监督指挥中心、交给街道职能科室如综治办来协调其他单位如派出所来处理。当分流错误,需要重新分流时,系统需支持再次分流。重新分流后,系统会自动转给新的转办单位处理,但应在事务日志中记录分流情况。同时,中心可向事务处理单位发送交办、督办及销案通知书进行各种情况的告知。此功能要求流程设定灵活,对责任科室退回的事务可重新分流或提交领导审批,对重大事务的处理做到街道、村(居)和单元网格人员三级联动。

3. 案件核实确认

对于交办的案件,承担主要责任的办理单位可以要求单元网格管理员进行信息确认,一般情况下由单元网格管理员自身发起的案件可以无须确认,否则均需要核实,核实情况应能在系统中登记反馈,如果案件不符合实际情况,承担主要责任的办理单位可以将案件处理责任退回至街道网格管理监督指挥中心。

4. 案件办理

主要包括案件处理过程记录、提交结案、申请延时处理、领导督办等业务。在中心分流后,事务处于"待接收"状态,如超过一定时间,系统应支持发送短信提醒对应的处理人员查看。如需要进行多次调处的,系统应记录每次调处情况,同时可根据调处情况申请对处理时限的延期。对于一些复杂案件,所开发设计的系统应支持各职能部门可通过系统对事务进行集中联调。

5. 分类预警管理与实时监督

主要包括实时监督、预警纠错和绩效评估。实时监督包括对每一项报送事项办理过程的综合监督、时限监督、程序监督以及异常情况监督。预警纠错是指系统在报送办理期到期的当天发出提示信号,对违反规定的实施报送行为发出黄色或红色纠错指示信号,实施警示和纠错。绩效评估指系统按照量化的报送绩效评估标准,自动对各部口及各岗位人员的行政效能进行打分、考核和排名。通过对事务处理情况进行全过程的追踪与监督,可对同一事务的所有原始表单、协调会议记录、领导签批文件、图片等文件进行统一归档,生成唯一案卷号,便于相关部门进行联动处置及协调监督。

6. 办理结果结束与归档

所有案件处理完成后,一级网格负责单位街道网格管理监督指挥中心有权限对案件进行结案,结案的案件转入历史案件进行统计分析,且案件可被查询。

7. 案件办理结果公布

案件处理完成后,应该由一级网格负责单位街道网格管理监督指挥中心授权或指定渠道对案件相关人员公布处理结果。

8. 督查督办管理

所有案件处理都应包括新建督办、中心主任拟办、领导批示、督办办理、督办反馈等功能。

(二)功能模块设计

1. GIS功能模块

主要提供电子地图的显示、放大、缩小、漫游、查询等功能,每个被管理的物化部件在电子地图上都可以被方便地定位和查询。系统中同时用到嵌入式GIS和桌面GIS,嵌入式GIS为信息采集提供服务,而桌面GIS则用于监控和指挥调度。

2. 案件上报模块

城管监督员通过智能手机上的信息采集系统上报案件到案件受理模块,同时市民也可以通过互联网或热线电话上报案件。

3. 案件管理模块

主要提供对案件信息的管理,具体功能有立案、结案、撤案、案件的审批、案件状态更新、案件查询等。案件管理进一步又可以分为部件管理和事件管理,部件管理用于管理物化的东西如路灯、井盖等,事件管理用于管理一些突发案件如车祸等。

4. 大屏显示模块

直观显示城市管理的相关地图信息、案卷信息和相关详细信息等全局情况。直观查询显示每个社区、监督员、部件等个体的情况,实现城市管理监督中心对城市管理全局情况的总体把握。

5. 移动定位模块

通过移动定位技术向系统提供某个手机的定位数据,具体功能包括:提供某个手机的实时位置;根据监督员的上班时间,自动记录其每天的实时轨迹信息;自动记录指定监督员一段时间范围内的轨迹信息。

6. 视频监控模块

通过控制分布在街道上的摄像头来实施全方位、全时段的即时监控,动态掌握城市管理现状,监督评价政府专业部门和公共服务企业对城市部件、案件出现问题、发生投诉的处理情况。

7. 呼叫中心模块

采用计算机电话集成技术,充分利用通信网络和计算机网络的多项功能集成,并与城管连为一体的一个完整的综合信息服务系统,利用现有的各种先进的通信手段,有效地为城管提供高质量、高效率、全方位的服务。

8. 工作流模块

通过工作流的手段,实现管理指挥中心与职能部门以及城市管理多个专业管理部门间对城市管理问题的协同处理、并联工作,包括管理中心与职能部门之间的任务签收、发送时的消息提示,职能部门间联合办理时的消息提示和案件办理结果查看等。

9. 实时通讯模块

提供各个子系统之间的消息通讯。监督员、接线员、职能部门办理人员在案件上报和案件办理的过程中,需要及时地进行消息通讯,以便提高办案效率。也可以同时设置短信服务模块,实现计算机向手机发送手机短信的功能,包括短信单发和群发功能。

10. 综合评价模块

按照工作过程、责任主体、工作绩效、规范标准等在系统内设置评价模型,对案件和具体办理的相关信息进行综合分析、计算评估,形成系统内评价,结合政府网站公众投票信息的外评价,可以生成以图形表现为主的针对部门、个人和区域的评价结果。

11. 系统更新模块

通过网络进行软件的在线升级与更新,是维护软件的重要手段。

城市网格化管理系统还需不断地建设和完善,比如,在运行过程中产生了大量的数据,目前这些数据只是简单地存进了数据库,其应用价值并没有发挥出来。应该把这些数据充分利用起来,如采用数据挖掘手段对其进行处理,为其他应用提供决策支持。

小　结

G2G电子政务指政府与政府之间的电子政务,即上下级政府、不同地方政府和不同政府部门之间实现的电子政务活动。G2G电子政务根据系统功能和实际管理水平的不同，可以分为事务型、管理型和辅助决策型三种类型。G2G电子政务的功能有无纸化办公、部门协同、流程优化和信息共享等，主要形式有电子公文处理、电子档案管理、视频会议管理、政府办公自动化和城市网格化管理等。

电子公文与纸质公文相比具有数字化、技术性、智能化和网络化的特点。电子公文除具有一般纸质公文的发布权威、政策导向、行政约束、信息沟通等作用外，在提高工作效率和质量、节约时间和成本等方面的作用更加突出。电子公文处理系统就是利用计算机网络和安全技术，实现政府部门与部门之间、单位与单位之间政府红头文件的起草、制作、分发、接收等功能。系统具有网络传输、实施传递、并行多线形成、以信息管理为核心、可被追踪和监控的特点，具有传输平台、公章管理、红头制作、公文制作、发文和收文、输出转换等功能，可分为收文流程、发文流程和传输流程三个部分。

电子档案是传统档案的数字化。狭义的电子档案管理就是对电子档案的收集、分类、保管、鉴定和开发利用等，是传统档案管理工作的信息化过程。电子档案管理系统是档案机构运用信息技术手段对电子档案进行接收、整理、保存和提供利用的计算机软件系统。主要特征包括：具有与文档属性相关的程序严密性；由文档内容、结构和背景信息等构成的文件整体性；与业务活动相关的辅助性；广泛存在的特殊性。电子档案管理系统应具备电子档案的接收、整理、保存、利用、鉴定与处置、档案统计，以及系统管理七项基本功能。系统的功能模块应包括用户管理模块、文件管理模块、档案管理模块、借阅管理模块和系统管理模块。

城市网格化管理主要建立在网格技术和网格化管理思想的基础之上。网格可以被看作是一台性能强大的超级计算机。网格化管理是利用电子网格地图技术，将管辖地域划分成若干网格状的单元，并对每一个网格实施动态化、精细化和全方位的管理。除了网格技术，城市网格化管理系统的关键技术还包括3S技术、分布式数据库及分布式计算技术、构建与构件库技术、中间件技术等。主要内容包括城市网格化管理应用系统、城市网格化管理数据库、城市管理构建平台和相关的网络协议和网络设备。系统按照网格内案件处理过程设计流程和功能模块。

关键术语

G2G电子政务；电子公文；电子公文处理系统；档案；电子档案；电子档案管理；电子档案管理系统；网格；网格化管理；城市网格化管理；城市网格化管理系统

课堂讨论

1. 阅读案例《国家发改委协同联动全力推进信息化建设》，讨论G2G电子政务的主要作用。

2. 阅读案例《互联网技术助力北京城市网格化管理》,讨论城市网格化管理系统的主要流程和功能模块。

练习与思考题

1. 简述 G2G 电子政务的类型和作用。

2. 简述 G2G 电子政务的主要形式。

3. 简述电子公文的特点和作用。

4. 简述电子公文处理系统的构成和特点。

5. 说明电子公文处理系统的流程。

6. 比较档案、电子档案和电子档案管理。

7. 简述电子档案管理系统的基本功能和特点。

8. 说明电子档案管理系统的功能模块。

9. 简述我国城市网格化管理的现状。

10. 简述城市网格化管理系统的关键技术和主要内容。

11. 说明城市网格化管理系统的业务流程和功能模块。

案例 1　国家发改委协同联动全力推进信息化建设[①]

近几年,国家发展改革委信息化建设逐渐步入了统筹共享、深化应用与绿色集约发展的新阶段,随着业务流程电子化、信息化、智能化的快速迭代,办公效率大幅提升,支撑全委履行职能、为民便民。

1. 公文处理瞬间抵达

为确保党中央国务院交办重要事项件件有着落、事事有回音,国家发展改革委建成了以高效运转和有效督办为重点的综合办公应用系统,实现了办公业务的网上办理、过程督办和全程监管。2016 年 12 月 30 日,电子公文处理系统全流程贯通上线试运行,实现了国家发展改革委电子公文从起草、审核、会签、誊清、校对、印制、分发的全流程贯通。

公文处理系统全流程贯通是一件极具挑战和创新性的事情,它不仅是简单地对现有公文办理模式的电子化,更是一种内部自我革新的过程。通过流程再造和技术上的创新,大幅度节约了人力和时间。从深层次来讲,也是国家发展改革委建设法治政府、廉洁政府的有效途径。依照法定程序规范公文的办理流程,通过"制度+技术",将权力运行纳入法制轨道,做到公文处理全程公开、透明、留痕、可跟踪、可监督。全流程贯通试运行的半年

[①] 王砾尧:《信息化弄潮——国家发改委全力推进信息化建设纪实》,https://www.sohu.com/a/162246153_589061。

时间里,累计拟制公文2480件,办结公文2415件。公文系统接收地方节点上报电子公文共588件,向地方发展改革委(物价局)下发电子公文108件,极大地提高了公文的质量和公文处理的效率。

纸质公文还在装信封或奔波在火车飞机上的时候,电子公文就已瞬间抵达。电子公文不仅具有快速分发的优势,而且从排版、印刷效率来看,一年近万件发文,如果按每个电子文件比纸质文件节省7个工作日来计算,那就是节省7万个工作日,文件能瞬间发往全国,效率大幅提高,带来的便利高效将惠及更多办公人员。将内网和纵向网打通后,通过跨业务系统的数据交换,实现电子与纸质历程的实时跟踪;通过电子文件直接转版印刷,实现电子文件及时归档利用,促进了全委业务的流程优化和再造。

电子公文处理系统全流程贯通的意义不仅在于提高效率,节省成本,更在于与智能交换、信用系统、纵向网电子公文交换系统、政务服务大厅系统、项目审批上会系统、档案系统、电子监察系统、委托评估系统、在线监管平台等业务系统实现了联动,进行实时数据交换,同时,也向这些业务系统提供重要的数据支撑,通过系统间的信息共享实现跨司局的业务协同联动。在国家发展改革委政务服务大厅的"前店后厂"模式中,"厂"实际上就指公文处理系统。每个文件的办理进展都在系统里留痕,然后将结果传到政务服务大厅,再由大厅呈现给申请人。

除了公文处理系统全流程贯通,领导批示和政务督查系统也发挥了重要作用。政务督查系统实现了对党中央国务院领导批示事项、党中央国务院重大决策部署、专项督查事项、重要会议需要落实事项、与地方(部门)负责人商谈工作五类事项的全面覆盖、全程跟踪、限时办结和在线管理。对于重点督查事项,目前已形成定期反馈上报阶段性进展的工作机制,并将系统中的办理情况与司局年度绩效考核情况进行挂钩。在该系统的支撑下,政务督查真正做到了"事事有着落、件件有回音"。每天所有委领导的批件、交办及督办事项,都会全覆盖地录入系统,相关意见一打开领导批示系统就都可以看到,办公厅秘书处对所有来件进行"一口受理",给所有来件都发一个"身份证",即来文编号,之后同类别事项如果有新的文件,都会挂上同一个编号,这样相关人员在查询时,只要键入编号,就可以查询到关于这个事项进展的全部信息。

如果要查一个文件,无论是从智能交换、公文系统还是政务督查系统,只要有来文编号,都可以查到相关信息。来文单位、办文单位、接件时间、办件情况在这些系统里一目了然,所有文件的电子历程都能看到。每个文件的办理情况都会精确到人,如果承办人没有按时报上相关信息,就会敦促承办人及时上报。政务督查系统对快到期的事项还会亮起"警报灯"标志,如果没有及时办理,还会发出督办单。特别是对于多个司局联合办理的事项,跟踪起来比较复杂,在这个系统中一查就知道,不用再去一处一处询问,节省了大量时间和人力。

无论是公文系统还是政务督查系统,都还仅仅是国家发展改革委内网办公系统31个系统的组成部分,智能交换系统、签报系统……每个系统都各具特色,共同支撑着国家发展改革委提高政务效能,实现行政审批和办公业务的网上办理、过程督办和全程监管。

2. 视频会议"坐地日行八万里"

2016年,国家发展改革委电视电话会议管理系统、互联网视频会议直播系统正式投入使用。国家发展改革委多次利用互联网视频会议系统召开国家重大建设项目库培训会。由于国家重大建设项目库横向涉及多个部门,纵向涉及省、市、县三级发展改革等有关部门,以往开展面对面的大规模现场培训难度大、周期长、成本高。利用互联网视频直播系统,将主会场的视频内容直接转发到互联网视频直播系统,省、市、县各级发展改革委等有关部门通过视频直播,得到了及时、直观的培训教学,收看人数近10万。视频会议的召开范围扩大到了全国地市级发展改革和物价部门,在中央和国家机关中属于首创。

在过去,每年全国发展改革工作会议受会议规模所限,只能安排来自委属司局和地方发改委约200名会议代表在宾馆开会。从2016年开始,全国发展改革工作会议做了一次大胆创新:会议代表在主会场参加会议,委内同时连入5个分会场,委机关干部在机关各视频会议室,各地发展改革委副处级以上干部通过视频会议系统在当地分会场参会,单场会议参会人数超过3000人,全系统参会人员达到4000余人。

据统计,2016年全年,国家发展改革委利用纵向网视频会议系统召开67次会议,利用互联网视频会议系统召开国际性会议88次,9次成功地将纵向网视频会议直播给全国各地市、县发展改革委在线观看,累计收看人数达47万余人次,会后收看点播人数达11万余人次。2017年以来,全委召开全国发展改革系统纵向网视频会议19次,参会人数约5700人,节约经费约1200万元;召开互联网视频会议43次,参会人数约500人,节约经费约1000万元。

互联网视频会议系统先后支撑了国家发展改革委相关司局开展的中美绿色合作伙伴、中美气候变化合作、中俄投资合作委员会、中欧互联互通平台等一系列国际合作经常性工作会议;完成了中俄莫喀高铁、中印尼雅万高铁、匈塞铁路、两洋铁路等工作性会议,以及中韩、中印、中加、中非、中法等多国多地区的视频会议,有力支持了"一带一路"、产能转移、高铁"走出去"等国际合作。

案例2　互联网技术助力北京城市网格化管理[①]

2004年起,北京开始实施城市网格化管理,将城市管理辖区按照一定的标准划分成不同的网格单元,通过网格监督员巡视、上报问题、平台调度、专业人员现场解决等流程,提高城市精细化管理水平。目前北京市网格化城市管理系统已实现16区全覆盖,管理覆盖

---

① 《结案率达九成!北京城市网格化管理已覆盖16区》,https://m.sohu.com/a/282006951_176873。

总面积约1.29万平方公里,累计立案5324.6万件,平均结案率达到90.2%,处置时间也比以往大大缩短。

1. 网格监督员:穿梭在街巷的城市守护者

网格监督员,是城市网格精细化管理的源头。每天,他们都穿梭在社区的大街小巷,是社区里的"骑士";不仅如此,在居民眼里,他们还是"管家",是解决城市管理问题的"第一人"。上报、立案、派案、核查结案,每每在巡查中发现问题,网格员都要重复这"四道工序"。看似普通,却与百姓的生活息息相关,办不好可能会直接损害政府的形象。

在西城区广外街道就有这样一支队伍。凭借多年来在工作中的不懈努力,广外网格监督队得到了来自上级和辖区居民的一致认可。

每天早上9点,在召集大伙儿开完晨会后,广外监督队队长王建玲就会和网格员们一起骑着"小蓝车"前往各自负责的区域反复巡查。发现与市容环境、施工管理、公共设施等有关的问题时,第一时间拍照上传系统,并随手记录巡查日志。只是拍照记录还不算完,上传的内容通过系统移交给各职能部门,问题解决后,网格员还要拍照核实,这就是他们一天的工作。

在广外监督队里,女队员李秀华是监督队里的骨干。在日常发现问题的过程中,总会遇到一些突发状况。曾经有一次,李秀华遇到一名游商,正要拍照取证,却遭到了对方蛮横的对待,手机都差点儿被抢了去。耐住性子,李秀华没有与对方争吵,反而不停地悉心规劝。尽管最终没能拍下照片,但凭借着自己的责任心,她还是将事件原原本本地上报给了有关部门。

遇事保持冷静和理智,是李秀华做事始终坚持的原则,她曾经处置过一起多人聚众滋事的突发事件。面对复杂的局面,李秀华没有盲目地参与其中,而是选择第一时间拍照上报,等待系统迅速指派。不到半个小时,公安人员接到任务后快速抵达现场,没过多久就将事态平息了下来,确保了周边人员的安全。

被问到做网格员的工作累不累时,李秀华连忙摆手:"不累,这些都是小事,能多做就多做点儿,方便自己,也方便大伙儿。"

2. 网格案件:半小时解决,结案率达九成

12月9日14点04分,东城网格监督员在对东华门区域巡视的过程中发现,东华门大街66号存在店外经营的行为,立刻上报。

18分钟后,东华门城管队员张哲和宋志的手机上,便收到了写有案件发生地址、详情及现场照片的网格案件单图片。两人即刻出发,来到东华门大街66号门前实地查看。原来,这是一家丝绸店,支起摊位,将一些商品摆放在门外的人行通道上售卖。

现场,两名城管队员当即要求店主整改,店员随即把售卖的商品搬进店内,人行道恢复通畅。在现场监督完整改后,两名城管队员又拍照留证,将处理情况和现场照片发回网格中心进行回复。"如果商户多次被举报,并屡改屡犯,将对其进行高限处罚。"张哲表示。

从接到网格案件到全部处理完毕,整个过程只花了30分钟。以往遇到占道经营的情况可能只能在城管队员自己巡查时才会发现,如今将管理区域细分成每小块,并责任到人,从发现到解决都做到了"第一时间",这就是城市精细化管理的体现。

网格员日常巡视内容分为两大类,一类是垃圾桶、路灯、护栏等城市家具和设施,无论是污损、丢失还是破坏,都要快速找到权属单位进行处理。另一类是诸如乱扔乱倒垃圾、非法游商、占道经营等"事件类"。网格员可通过网格App客户端、微博、微信等多种途径上报,汇集到平台处理。截至目前,网格化城市管理系统共立案5324.6万件,平均结案率已经达到了90.2%,处置率有了很大提高。此外,网格案件处置时长也大大缩短。以排水井盖为例,以往一般性案件的处理需花费7小时,如今网格化的平均解决时间缩短至4小时,"如果是紧急情况,则要求一小时内处理完毕"。

自2004年发展至今,北京市网格化城市管理系统目前已覆盖北京市16个区、299个街道(乡镇)、6045个社区(村),567万个城市部件,管理覆盖总面积约1.29万平方公里。网格化城市管理系统累计立案5324.6万件,平均结案率达到90.2%,处置率有了很大提高。

实 验 操 作 电 子 公 文 处 理

1. 收文处理

(1)签收登记。收发员查看签收单和公文正文,签名登记并发送(见图5.7)。

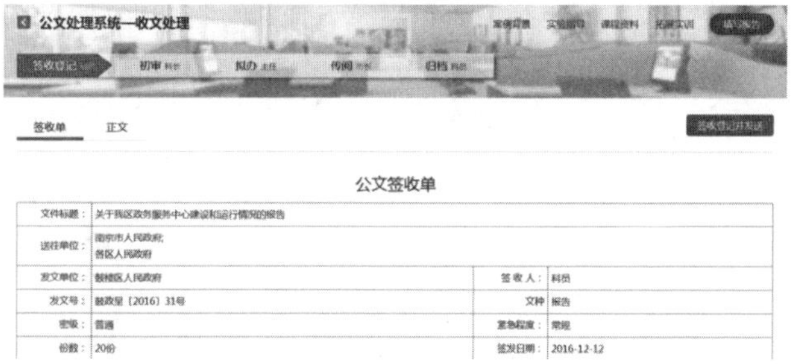

图5.7 公文签收单页面截图

(2)初审。填写初审单,提出初审意见并发送给拟办员(见图5.8)。

图5.8 收文处理单页面截图

（3）拟办。主任拟办，填写处理意见，并电子签名确认，发送领导审阅（见图5.9）。

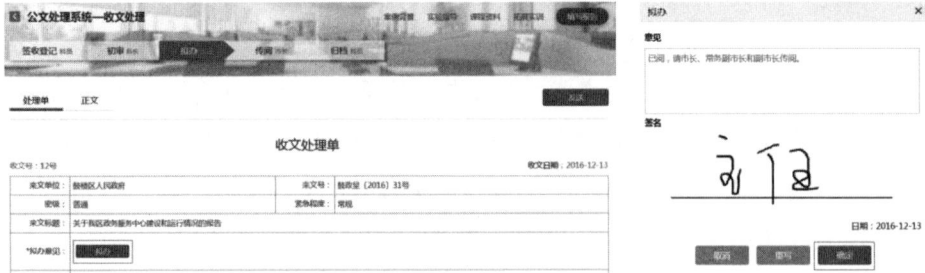

图5.9　拟办处理意见和电子签名页面截图

（4）传阅。领导提出审阅意见，并电子签名确认（见图5.10）。

图5.10　领导提出审阅意见和电子签名页面截图

（5）收文处理和归档。科员收文，可以发布、收文转发文、归档（见图5.11）。

图5.11　发布和收文转发文页面截图

2. 发文处理

（1）编辑公文发文单，密级、紧急程度、文件标题、主送和抄送，选择主送、抄送单位（见图5.12和图5.13）。

公文发文单

签发：		会签：	
核稿：		审稿：	
文号	宁政发（2016）1号	文种	意见
*密级	机密	*紧急程度	紧急
*文件标题	市政府关于大力培育新型农业经营主体的意见		
*主送		选择	
*抄送		选择	
拟稿单位	南京市人民政府办公室	拟稿人	科员
签发日期	2016年12月5日	份数	

图5.12 公文发文单页面截图

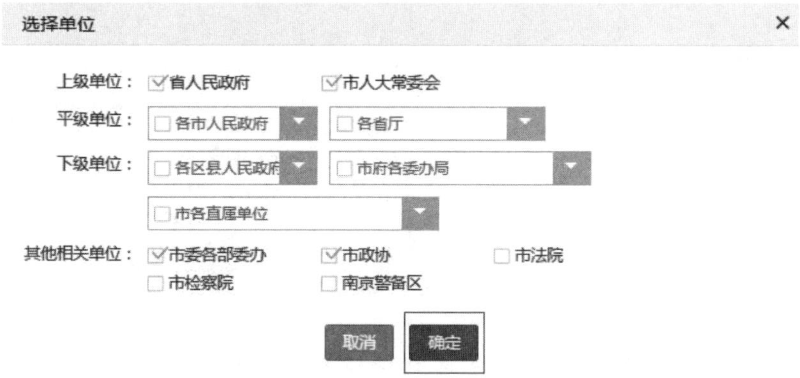

选择单位

上级单位： ☑省人民政府 ☑市人大常委会

平级单位： ☐各市人民政府 ☐各省厅

下级单位： ☐各区县人民政府 ☐市府各委办局
☐市各直属单位

其他相关单位： ☑市委各部委办 ☑市政协 ☐市法院
☐市检察院 ☐南京警备区

取消 确定

图5.13 选择主送、抄送单位页面截图

（2）编辑正文。编辑正文和选择会签人员（见图5.14和图5.15）。

填写发文单　写正文　　　　　　　　　　　　　　　　发送

000001
机密 ★1年
紧急

市政府关于大力培育新型农业经营主体的意见

省人民政府，市人大常委会,常州市,省科学技术厅,省国土资源厅,玄武区人民政府,鼓楼区人民政府,南京市社会科学院,市委各部委办,市政协：

各区县人民政府，市府各委办局，市各直属单位：
为全面贯彻落实2013年中央和省委1号文件精神，积极构建新型农业经营体系，加快推进农业现代化建设，现结合我市实际，就培育新型农业经营主体提出如下意见：
一、总体目标要求
以党的十八大精神为指引，以服务现代农业发展和促进农民增收为中心，以创新经营机制和转变农业发展方式为主线，大力扶持专业大户、家庭农场和联户经营，积极鼓励引导农民开展专业合作和股份合作，培育壮大农业产业化龙头企业，加快构建公益性服务机构与社会化服务组织相结合的农业社会化服务体系，促进农业生产经营集约化、专业化、组织化和社会化，推动全市现代农业又好又快发展。到2017年，全市农民合作社总数达到3000家；农户入社比例达到90%以上，其中进入省名录的合作社达到1500家；发展家庭农场1000家；建设省级以上农产品加工集中区和农业产业化示范基地3家，市级及以上龙头企业达200家，规模以上龙头企业年销售收入实现1700亿元，全市农产品加工产值与农业总产值的比达到3：1以上。
二、明确工作重点

图5.14 正文编辑框页面截图

217

图 5.15　选择会签人员页面截图

（3）科长审稿,并传送给核稿人员(见图 5.16)。

图 5.16　科长审稿和发送核稿人员页面截图

（4）主任核稿(见图 5.17)。

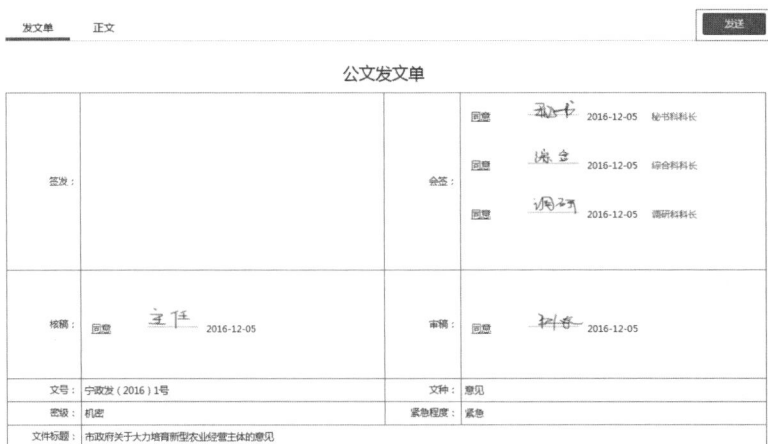

图 5.17　主任核稿页面截图

（5）市长签发（见图5.18）。

图5.18　市长签发页面截图

（6）科员复核，对正文套红、用印和生成正式文件处理（见图5.19）。

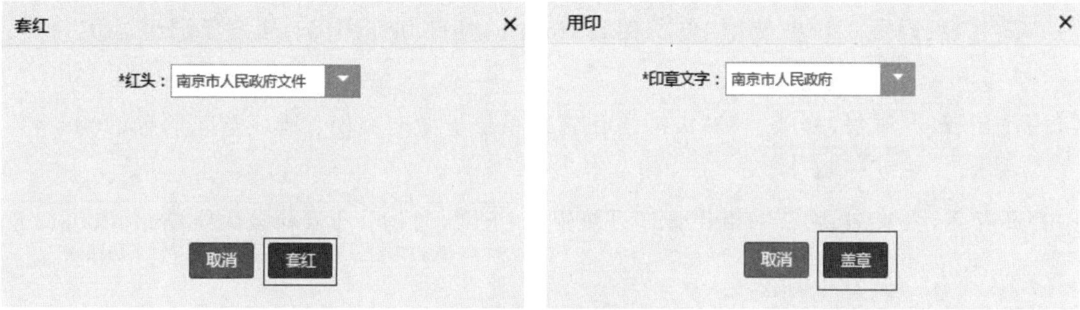

图5.19　科员复核页面截图

（7）科员归档（见图5.20）。

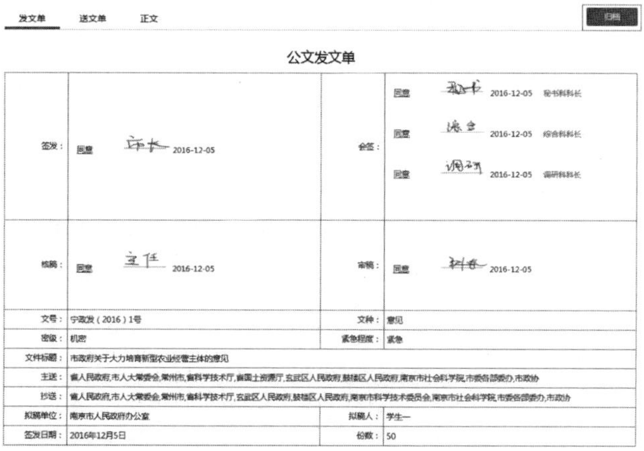

图5.20　科员归档页面截图

参考文献

[1]池忠仁,王浣尘.网格化管理和信息距离理论—城市电子政务流程管理[M].上海:上海交通大学出版社,2008:57.

[2]丁海斌,卞昭玲.电子文档管理教程[M].沈阳:辽宁大学出版社,2014(8):66.

[3]金波,丁华东.电子文件管理学[M].上海:上海大学出版社,2007(11):38-40.

[4]柳新华.电子公文写作:制作·传输·处理[M].北京:中国纺织出版社,2010:1-2.

[5]骆兵,王中云.公文写作[M].北京:中国财政经济出版社,2006:116.

[6]李传军.电子政务[M].上海:复旦大学出版社,2011:272-274.

[7]向春玲.加强和创新社会管理18个经典案例[M].北京:中共中央党校出版社,2011:32-38.

[8]岳海翔.中国党政机关公文处理规范实用指导全书[M].杭州:浙江人民出版社,2016:167.

[9]张寅玮,刘东斌.档案直接形成论[M].郑州:河南大学出版社,2016(7):412.

[10]蔡学美.档案工作中使用"电子档案"概念的基础和作用[J].档案学研究,2011(1):4-6.

[11]孔凡敏,苏科华,朱欣焰.城市网格化管理系统框架研究[J].地理空间信息,2008(4):28-31.

[12]邱春霞,张亚南.城市网格化管理系统平台初步设计[J].西安科技大学学报,2008(1):96-100.

[13]谭伟贞.网络条件下高校档案利用服务模式探讨[J].兰台世界,2013(2):21-22.

[14]王楠.科技档案管理中知识产权保护的问题与对策[J].中外企业家,2017(11):237.

[15]吴俊,王杰艺,金耀辉.智慧城市网格管理事件模式挖掘与预测[J].上海城市规划,2018(1):51-56.

[16]阎耀军.城市网格化管理的特点及启示[J].城市问题,2006(2):75-78.

[17]叶岚.城市网格化管理的制度化进程及其优化路径[J].上海行政学院学报,2018(4):27-38.

[18]郑士源,徐辉,王浣尘.网格及网格化管理综述[J].系统工程,2005(3):1-6.

[19]曹娜.电子档案管理系统的设计与实现[D].沈阳:东北大学,2015.

[20]董智康.电子档案管理系统的分析与设计[D].厦门:厦门大学,2013.

[21]王楠.电子档案管理系统总体设计及关键技术研究[D].武汉:华中科技大学,2006.

[22]谢文韬.档案管理系统的设计与实现[D].沈阳:东北大学,2014.

[23]陕西师范大学秘书学系.电子公文[EB/OL].[2020-05-13].https://mp.weixin.qq.com/s/fPQqz4_VE6L2VH5xc5vCgQ.

第六章 G2B电子政务与应用

学习要求

　　明确 G2B 电子政务、电子税务、政府电子采购和电子行政审批的概念、形式或作用；分析电子税务系统、政府电子采购系统、电子行政审批系统的基本构成；理解以上三种系统的子系统的业务流程或功能模块设计。

　　政府对企业的电子政务（G2B）覆盖企业与政府组织间的各种事务，包括政府电子化采购、电子证照、网上报关、电子税务、中小企业服务平台、电子工商行政管理等业务。G2B 电子政务旨在打破各政府部门的界限，实现相关业务部门在资源共享的基础上迅速快捷地为企业提供各种信息服务，提高办事效率、减轻企业负担，为企业的生存和发展提供良好的环境，促进企业发展。

　　在这一章中将回答以下问题：

◎ 如何理解 G2B 电子政务的概念、作用和主要形式？

◎ 如何理解电子税务的服务形式以及电子税务系统的构成？

◎ 如何理解政府电子采购的特征及其子系统的功能设计？

◎ 如何理解电子行政审批的作用及其子系统的流程设计？

引 例

　　OECD 国家电子税务发展主要可以概括为五个阶段：第一个阶段以信息提供为主，在电子税务局官网上提供最新税收政策文件和相关政策解答；第二个阶段以电子申报为主，纳税人在电子税务局进行纳税申报，税务机关在电子税务局答疑热点问题和开展税收调查;第三个阶段以在线支付为主,支付和退税都可以通过电子税务局在线进行,且纳税人可以在线查询相关信息;第四个阶段以服务全天候为主,税务部门职责分配合理,所有的涉税事项都已经电子化并可以全天候办理;第五个阶段以纳税人的参与为主,纳税人可以在电子税务局反馈意见,并由专人处理。

OECD国家税务机关向广大纳税人提供的电子税务服务主要包括:在网页上提供关于税种、税收表格、税款计算等信息和相关工具;提供主要税种的电子申报;提供预填纳税申报;提供一系列电子税款支付;提供可获取纳税人个体详细信息的在线门户或者综合纳税人账户。这些服务主要通过税务机关官方网站、在线新应用以及主流社会媒体平台向纳税人提供,从而改善税收征管和纳税服务。OECD国家电子税务服务的主要做法如下:

以纳税人需求为主导。一是利用多种方式征集纳税人需求。新加坡电子税务开启"用户体验设计"项目,邀请部分纳税人参与电子税务局使用测试,并提供反馈。且OECD多个国家都在电子税务局App上开设了意见反馈模块,以便及时征求纳税人意见。二是利用大数据分析纳税人需求。澳大利亚税务局已启动"智慧数据"项目进行风险评估、智能分析和数据管理。英国、新西兰已经开始利用大数据为纳税人建立个人税务档案,以提供个性化税务服务。三是利用高科技响应纳税人需求。澳大利亚电子税务局设置"我的抵减(My Deductions)"模块,供纳税人查阅和修改抵减项目。印度和俄罗斯电子税务局也提供了类似服务。

发展"合作性"。各国电子税务局以"信息共享化"为着力点,努力实现服务最优化,漏税风险最小化。英国税务海关总署早就与银行合作,将银行提供的信用卡与储蓄卡流水数据与纳税人申报数据对比分析,找出异常税收申报。新加坡税务局联合企业为纳税人个税申报提供"零填报服务(No-Filing Service)",从第三方获得的个人所得税数据使申报准确性得到提高。丹麦电子税务局直接将个人所得税完税证明发送给银行,提高贷款申请效率与证明的真实性。

技术"先进性"。由于信息数据化和电子设备普及化,为打造"智慧税务"服务平台,各个国家对电子税务局的研发投入力度不断增强。以瑞典为例,2016年,瑞典税务机关加大对网上支付系统安全性的投入,使税款在线支付成功率得到提高。芬兰税务机关组建研发团队,历时6年成功使在线服务平台COTS(Commercial Off-the-shelf)于2019年全面投入应用,简化的税收申报手续与友好度提升的应用界面为纳税人带来便利。芬兰税务局将打造电子税务局作为首要目标,预计到2020年,实现所有业务在线办理。

数据"导向性"。各国电子税务局将目光聚焦在数据管理的高效性,而数据管理的高效性可以带来风险识别的准确性和税务管理的高效性。澳大利亚电子税务局大数据研究开发税收风险分析模型"最亲密的邻居(Nearest Neighbour)"于2016年被应用于个体工商户"我的税收(My Tax)"税收申报系统,该模型可准确识别异常税费申报,降低税款流失风险。同样,加拿大税务局于2017年建立税收风险分析系统(Integrated Risk Assessment

System），该系统基于大数据对纳税人进行风险评估与评级，税务局只需重点关注风险等级较高的纳税人，从而带来税收资源的优化与管理负担的降低。[①]

第一节　G2B电子政务概述

企业是国民经济发展的基本经济细胞，促进企业发展、提高企业的市场适应能力和国际竞争力是各级政府机构共同的责任。G2B电子政务是联系政府机构与企业的电子化桥梁和纽带，它的建设和发展有利于降低企业成本，改善政府对企业的服务质量，提升政府的市场调节和公共服务能力，促进政府承担相应责任。

一、G2B电子政务内涵

关于G2B电子政务的内涵有以下三种观点。

首先，根据对象的不同，一般认为G2B电子政务就是政府（Government）对企业（Business）的电子服务，也有研究认为它是政府对企事业单位的管理和服务的统称。前者看法更接近G2B电子政务在世界范围内的发展趋势，后者的界定则与中国现实紧密相关。

其次，根据提供服务性质的不同，对G2B电子政务的认识有三种观点。第一种观点认为，G2B电子政务是电子政务的应用模式，比如认为G2B电子政务是指政府与企业之间的电子政务，由政府通过电子网络系统进行电子采购与招标，精简管理业务流程，快捷迅速地为企业提供各种信息服务。第二种观点认为，G2B电子政务是指政府与经济组织之间的电子商务。在G2B电子政务下，政府主要通过电子化网络系统为企业提供公共服务。G2B电子政务虽然涉及政府，但仍然属于商务活动，是一种涉政电子商务。第三种观点认为，G2B和B2G都属于政府对企业的电子政务，基本涵盖政府经济调节、市场监管、社会管理和公共服务等职能。把G2B电子政务看作是一种涉政电子商务的观点，主要从G2B电子政务的目标或者功能出发界定其内涵，是政府为企业提供的服务。但是，电子商务与电子政务有明显不同，电子商务的参与主体企业以营利为目的，但是在G2B电子政务下，政府一方并不能以政府营利为目标，它的目的是提高效率，降低企业成本。

再次，G2B电子政务可以根据不同的标准划分为不同的类型。从服务功能来看主要包括三种类型。一是政府对经济组织开放各种信息，以方便企业经营活动；二是政府对企业业务的电子化服务，包括政府电子化采购、税收服务电子化、审批服务电子化，对中小企业电子化服务等各种与企业业务有关的电子化服务活动等；三是政府对企业的监督和管理，包括工商、外贸、环保等。从政府职能的角度分类，主要可以分为市场监管类和公共服

[①]　毛杰：《OECD国家电子税务服务的实践与启示》，《国际税收》2016年第2期，第12—17页。

务类两种类型。市场监管就是对市场的监督管理,主要是监管市场主体的准入行为和市场行为,保障公平有序的市场环境,电子行政审批、电子证照办理、政府电子采购招标属于此种类型。公共服务类的G2B电子政务主要是政府为企业提供信息咨询等服务,促进企业发展,如政府开放数据服务、为中小企业提供的扶持、引导服务等。

因此,G2B电子政务是政府对企业的电子政务,即政府对企业提供的电子化服务,以帮助政府更好地履行市场监管和公共服务的职能。

二、G2B电子政务主要形式

(一)电子税务

税收是国家财政收入的主要来源,降低征税成本、杜绝税源流失、方便企业纳税一直是税务部门工作的重要目标。电子税务可使企业直接通过网络足不出户地完成税务登记、税务申报、税款划拨等业务,并可查询税收公报、税收政策法规等。我国已经实施的"金税工程"对打击偷逃税行为起到了重要的作用,并逐步建立起全国范围内的增值税发票稽查系统和电子纳税系统,既方便了企业,又提高了国家税收征管的效率和水平。

(二)电子工商行政管理

传统的工商行政管理方式工作量大、程序复杂、效率低下,而电子工商行政管理有助于化解上述问题。如电子证照管理系统可通过网络实现企业营业执照以及其他相关证件如统计证、土地和房产证、建筑许可证、环境评估报告等的申请、受理、审核、发放、年检、登记项目变更、核销业务,有利于缩短办理时间,降低企业人力成本和经济负担,提高政府工作效率。

专栏6.1
电子证照进入新时代

2019年9月,国务院下发了《关于依托全国一体化在线政务服务平台开展电子证照应用试点的通知》,决定加快电子证照应用全面落地,在福建等12个省(市)的部分地区开展电子证照的应用试点工作。衢州全市的行政审批事项都可以调用电子证照;武汉将电子证照应用于工程建设审批事项,减少31类工程建设申请材料;长沙依托湖南公安服务平台,打造"电子驾驶证"应用,长沙市民路面驾驶遇到执法人员需要检查驾驶人证件时,只需要打开湖南公安服务平台,向执勤民警出示手机中所展示的电子驾驶证即可进行查验;青岛市民通过本地公安民生警务平台申请办理、开具、查询无犯罪记录证明;莆田电子证照系统对接住房公积金系统、社保系统、儿童入学登记App。

(三)政府电子采购

政府电子采购就是政府通过网络公布政府采购与招标信息,为企业特别是中小企业参与政府采购提供必要的帮助,向他们提供相关的政策信息,公开采购程序,使政府采购成为阳光作业,减少徇私舞弊和暗箱操作,降低企业的交易成本,节约政府采购支出。

(四)电子外经贸管理

进出口业务在一国的国民经济发展中占有重要的位置,对我国政府来说,一方面要鼓励国内企业开展进出口业务,特别是加快发展出口业务和提高产品国际竞争力;另一方面,我国的外经贸管理必须有一个新的突破,既要符合国际惯例,又要为广大国内外企业创造一个公平、高效、宽松的进出口环境。电子化外经贸管理为我国进出口贸易的发展提供了新的契机,而且已成为一种新的趋势,如进出口配额许可证的网上发放、海关报关手续的网上办理以及网上结汇等已在我国外经贸管理中广泛应用。

(五)中小企业电子服务

中小企业在促进就业、活跃市场、增强出口等方面发挥着极为重要的作用,一个国家和地区的经济繁荣程度很大程度上体现在中小企业的生存质量上。帮助和促进中小企业发展是各级政府义不容辞的责任,政府利用宏观管理和信息优势,以电子化手段为中小企业开展多种多样的服务,提高中小企业国际竞争力和知名度,如帮助中小企业同供应商争取有利的电子商务应用解决方案。

专栏6.2

国家中小企业公共服务平台数字金融平台落户黄埔

国家中小企业公共服务平台数字金融平台致力于聚集产业、金融、科技和人才等资源,将金融科技转化为中小微企业创业创新、转型升级的基础设施和实现路径,为实体经济拓宽融资渠道、减少融资风险,助力中小微企业转型升级和加快发展。平台将以建设服务于粤港澳大湾区中小企业的金融科技平台中心为目标,充分发挥国家平台在资源笼络、服务运营、公信力等方面的优势和经验,从"区块链"应用切入,推动信贷融资、支付清算、风险管理、保险理赔、供应链融资等领域的金融科技创新。平台落地后,将在解决企业融资信息不对称方面着力,引导信用数据与企业贷款相结合,通过建立企业信息全景数据库及企业信用评估模型,搭建信用服务平台,使信用优质的企业无须任何抵押就能快速获批银行贷款,为企业提供融资解决方案。

（六）综合信息服务

"改变政府职能，增强服务意识，提高政府服务水平"是今后政府改革的重要方向。政府各部门应高度重视利用网络手段为企业提供各种快捷、高效、低成本的信息服务。比如，商标注册管理机构可以提供已注册商标的数据库，供企业查询；科技成果主管部门可以把有待转让的科技成果在网上公开发布；质量监督检查部门可以把假冒伪劣的产品和企业名录在网上公布，以保护有关厂家的利益；政策、法规管理部门可向企业开放法律、法规、规章、政策数据库以及政府经济白皮书等各种重要信息。

三、G2B电子政务的作用

（一）有利于提高政府服务效率，降低企业成本

首先，G2B电子政务有利于降低企业的运营成本，它将政府不同部门的业务管理网点集成到统一的政务平台上，形成"一站式"服务体系，同时重组传统政府管理模式中的业务流程，简化不必要的中间环节，有利于提高服务效率。

其次，G2B电子政务有利于降低企业的服务成本。服务成本指企业在使用公共产品和服务过程中的费用和付出，它表现为企业所支付的货币成本与在整个过程中所消耗的时间、体力、精力等非货币成本的总和。在传统政府管理模式下，企业到政府办事需要向很多部门申报审批，服务成本相对较高。科层体制下政府部门分工过细，职能交叉，增加了企业办事的机会成本。G2B的电子政务实现跨时空性的服务，即24×7的全天候服务，延长办公时间，并且能够对服务请求做出及时反应，降低了企业的时间成本。

再次，G2B电子政务有利于降低企业的交易成本。如政府电子采购是G2B电子政务的重要组成部分，政府通过网络完成采购，并实现采购管理决策的信息化、自动化和数字化。在网络银行的支持下，政府采购机构、物资供应商、用户之间的结算可以实现网络化，缩短了购买周期，同时通过电子标书的形式革新了传统复杂拖沓的评标方式，使评标过程更加高效。实现了政府办公业务的无纸化，减少了大量文档及书面材料等办公性耗材的消耗，降低了政府的采购成本。对企业来说，政府电子采购比原来的封闭式采购更优化。

（二）有利于加强政府的市场监管作用，维护市场秩序

近几年来，我国G2B电子政务中的金税工程和金关工程建设取得了显著成效，在防止企业偷税、漏税和走私等方面起到了重要作用。金税工程通过防伪税控、交叉稽核等方式，可以有效防范和打击企业伪造、虚开增值税发票，偷骗国家税款的行为。金关工程采用"电子底账+联网核查"的管理模式，有助于相关管理部门互通执法数据信息，从根本上杜绝不法分子的造假行为。可见，在相关职能部门的管理中，G2B电子政务都在发挥着提升监管能力、规范企业行为的作用。

（三）有利于促进政府工作的公平公正公开,减少政府寻租行为

G2B电子政务的主要形式都涉及政府运用行政权力干预、监管市场或企业行为。在传统政务模式下,权力寻租的行为较难避免。政府干预多的领域,寻租活动更是频繁发生。以政府采购为例,主管采购的官员利用采购权向供应商索贿或者供应商为取得采购合同向主管采购的官员行贿的行为时有发生。权力寻租造成社会资源的浪费,抑制公平竞争,阻碍制度创新,助长了政府部门的腐败作风,更造成采购资金的极大浪费,损害了公共利益,最终纳税人和社会承担了全部的寻租成本。电子政府采购通过网上一站式服务和电子行政的监察系统,较大程度地避免了政府官员与企业的直接接触,招投标过程都在网上完成,所有信息对外公开,大大抑制了政府寻租的行为。

专栏6.3

降成本防腐败,巴西665个市政府强制改用电子采购

巴西政府于2020年2月宣布,常住人口超过5万的城市政府必须改用电子系统采购物资或服务,将联邦政府发放经费及其他来源资金的使用情况透明化。新法规涉及全国665座城市,适用于市政府在日常用品和服务方面的采购项目,工程类项目不受影响。本次涉及的城市最为集中的是圣保罗州(SãoPaulo),共有137座城市须采用新系统。其次是米纳斯吉拉斯州(MinasGerais),有72座城市应改用电子采购系统。巴西经济部管理秘书认为,电子采购系统能够从两个方面提升公共资源的利用率。一方面,这种方式能够增强竞争,允许国内更多企业参与公开招标活动,从而使政府最终获得最优惠的报价。另一方面,它能够防止腐败。

第二节　电子税务

税收是国家财政收入的主要来源,税务部门的职责是降低征税成本、防止税源流失、方便企业纳税。电子税务被很多国家视为电子政务应用的优先建设项目。

一、电子税务

(一)电子税务的概念

电子税务最早出现于20世纪50年代的美国,随着计算机、网络通信和信息技术的发

展以及新公共管理运动在西方国家的兴起,建设电子税务平台,为纳税人提供高效、优质的服务已成为各国税收发展的潮流。我国于20世纪80年代在税收工作中开始使用计算机,通过三期"金税工程"建设,电子税务也取得了长足进展。

我国关于电子税务的概念界定,是随着税务管理自动化、信息化和网络化的发展而不断变化的,同时也体现了电子税务实践的不断深化。

比如电子税务起源于办公自动化,有研究即从此角度提出,电子税务是一个综合的信息系统,它既不同于传统的办公自动化,也不同于简单的"上网"。广义地讲,电子税务应是基于网络且符合Internet标准的面向社会的税务办公自动化系统。

也有研究从电子税务的范围和职能的角度提出,电子税务也被称作电子纳税服务,顾名思义就是指税务机关将先进的计算机技术、互联网技术以及信息技术等科技手段与纳税服务工作相融合,并通过对组织结构的优化、对业务流程的重组以及对各类资源的整合,构建一个一体式服务平台的过程。其中,通过这一平台,税务机关可以实现内部办公的自动化以及信息化。与此同时,该服务平台还可以在纳税人以及税务机关之间搭建一个良好的沟通平台,实现税企之间密切、无障碍的沟通以及税务信息的实时共享。又如,电子税务是指税务机关利用信息与网络技术,建立起虚拟的网上办税服务机构,完成传统税务局税款征收管理和税务服务的各项职能,并为纳税人提供更加方便、快捷、安全的服务。

还有研究从综合的视角出发,既关注税务服务的电子化,又强调对税务管理体制的深刻影响。如电子税务的概念应该包含优质服务和科学管理两个方面的含义,既能为纳税人提供优质的服务,同时又能利用现代化的管理体制,对纳税人和税务机关内部实施科学管理。因此,电子税务的概念可以归纳为税务部门利用现代信息通信技术,在互联网上实现税务部门组织结构、工作流程的优化重组和流程再造,超越时间、空间和部门分割的限制,全方位地为纳税人提供优质、规范、透明的税收征管和税务服务。本书采用此种定义,它主要包含以下三方面的含义:一是电子税务必须借助于以网络通信为核心的现代信息通信技术。二是它将传统的税务部门的职能和服务进行电子化处理,既包括对纳税人的监控与服务,也包括税务部门内部之间的管理。三是电子税务不是将传统的税收业务原封不动地进行复制,而是对传统的业务工作流程进行优化重组和改造,通过提供"一站式"服务,使纳税人在办理涉税事宜时,不再受时间和空间的限制。

专栏6.4

美国电子税务的早期实践

20世纪50年代末,美国国内收入署就提出了使用计算机处理税收事务的设想,随后建立了国内收入署计算机中心。1959年,美国国会通过了以社会保险号作为每个纳税人标识的法案。20世纪60年代和70年代,美国开始大规模地将计算机运用于税收征管和税收服务之中,从80年代开始,美国推行"税收服务现代化计划",采用最新的计算机软硬件技术,对原税务处理系统进行全面更新和改造,加强了与银行、联邦政府各部门间的联网和信息共享,对内逐步实现了税务机关的无纸化办公,对外增设了纳税人服务中心。1996年6月,美国国内收入署在互联网建立了自己的网站。网站内容十分丰富,有税法公告、税收信息、电子税务、纳税帮助等。

与电子税务较为相近的概念是税收信息化,有观点认为税收信息化是信息化技术在税务管理方面的应用,如在税务工作各个方面应用现代信息技术,深入开发、广泛利用税收与经济信息资源,加速税务现代化。又如,税收信息化是指利用现代信息和网络技术,优化税务管理业务流程,整合、深度开发利用涉税信息资源,以提高税收决策质量、税务工作效率,为纳税人提供优质、高效、不受时间和地域限制的服务。它主要包括税务机关内部行政管理和征收管理手段电子化、税务机关同外部协作单位之间信息共享、税务机关同纳税人之间双向信息互动三个主要组成部分。

由前观之,电子税务与税收信息化存在差异。电子税务侧重于税务职能的网络化、电子化和虚拟化,它的主要对象是各纳税主体;而税收信息化主要指税务机关利用信息技术实现与政府相关部门、税务部门内部及与纳税人之间的信息沟通与交流,达到信息资源共享、业务活动协调运作的目的。可以说,电子税务既是税收信息化的重要组成部分,又是税收信息化的高级表现形式。电子税务的成功实施必须以良好的税收信息化基础设施和人才为支撑。

(二)电子税务的服务形式

1. 电子登记

电子登记是指纳税人通过登录税务机关的网站办理税务登记、取得有关税务登记证照的过程。根据税务登记的类型,电子登记包括电子开业登记、电子变更登记、电子注销登记等。电子登记是纳税人接受税务机关管理的首要环节。纳税人取得电子税务登记证号后,才能办理电子报税、领取电子发票、税收减免等税收相关事务。同时,电子税务登记也是税务机关搜集税收数据、进行税收监管、提供税收服务的基本依据。电子登记要求纳税人提供身份证、组织机构代码、银行账号、有关合同、章程、协议书等相关数据。纳税人在网上办理电子登记实际上是纳税人与税务机关之间进行信息的交换、核对的互动过程。

2. 电子报税

电子报税是电子税务服务的核心内容,也是为纳税人提供的主要税收服务。电子报税包括电子申报、电子纳税和电子结算。电子申报指纳税人利用计算机等相关报税工具,通过互联网、分组交换网等通信网络,登录税务机关虚拟报税机构,依托远程电子申报软件,直接将申报资料发送给税务机关,从而使纳税人不必到税务部门窗口,在网上即可完成纳税申报。电子纳税是指纳税人通过互联网登录税务机关网站直接进行纳税申报和税款自动划转。电子结算即电子纳税是指纳税人、税务机关、银行和国库间根据纳税人的税票信息,直接划拨税款的过程,这一过程实现了纳税信息的交换和资金的转移,即税款收付的电子化,同时还实现了纳税过程的无纸化和远程化,使传统的纳税过程变得更加简单、高效,也降低了税收成本。

3. 电子审批

电子审批是指纳税人登录税务机关的网站办理税收减免、税前扣除等审批事项。电子审批也是纳税人与税务机关之间信息交流、核对的过程。一方面,纳税人要根据税务机关要求将相关资料以电子信息的形式通过互联网传送到税务机关。另一方面,税务机关要对收到的纳税人的报批数据进行核对和处理,及时通过互联网将报批情况反馈给纳税人。税务机关将审批事项并行集中处理,提高了办事效率,也可以减少审批过程中可能出现的权力寻租行为。

4. 电子稽查

稽查工作是税务机关的一项重要任务,在传统方式下,税务稽查是指税务机关根据国家税法和财务会计制度的规定,对照纳税人的纳税申报表、发票领用情况、各种财务账本和报表等信息,确认稽查对象并进行稽查。税务稽查主要是为了监督纳税人的经济行为,防止税款流失,保证国家税款及时足额收缴。实施电子稽查后,税务机关可通过因特网获取纳税人所属行业信息、货物和服务交易情况、银行资金流转情况、发票稽核情况及关联企业情况等,提高稽查效率和准确性。另外,税务机关可以与网络银行资金结算中心、电子商务认证中心、工商行政管理部门以及公安等部门联网,共同构筑起电子稽查的监控网络。

专栏6.5

一个关于电子稽查的真实案例

2018年2月,北京市大兴区一家生产型企业被税务查出于2014—2017年间接受虚开增值税发票1000余万元,该企业在大兴当地属于重点税源户,事件被查出后,企业对外开出的发票和客户全部被联查,导致该企业经营出现重大问题。在本案例中,税务机关利用电子稽查系统建立数据模型进行比对,发现该企业存在两大问题:一是其财务费用科目中列支利息费用,未取得合法有效凭据,也未在企业所得税汇算清缴期做纳税调整,造成少计应纳税所得额;二是管理费用中的2014年董事会费未取得合法有效凭据,支付余额在年终所得税汇算时未做纳税调整。上述问题引发系统自动预警,形成风险任务,税务管理员直接核查企业并发现其虚开增值税发票。

5. 电子发票

发票是纳税人从事生产经营活动的凭据,也是税务机关进行监管的重要依据。电子发票是指税务机关通过互联网向纳税人发放的发票。电子发票的主要作用有三个:一是方便纳税人,纳税人可以不受时空限制,根据需要及时通过互联网取得电子发票;二是方便税务机关,通过互联网发放发票,税务机关可以及时管理纳税人取得发票的情况,并监控其生产经营状况,也可以节省管理成本;三是方便消费者,消费者可以方便地通过登录税务机关的网站在发票管理系统中查询发票的真伪。

6. 电子行政复议

电子行政复议是税务机关在互联网上为纳税人提供的行政复议服务,即纳税人向税务机关提出行政复议申请,并将相关资料信息以电子信息的形式传输到税务机关,税务机关将纳税人行政复议办理情况及复议结果反馈给指定纳税人,其功能包括行政复议的申请、行政复议资料的网络传输、行政复议工作进展情况的查询和行政复议决定书的送达。

7. 税收电子化服务

税收电子化服务,也可称为网上税收服务。税务机关通过建立税收服务网站,为纳税人提供优质、高效的服务。我国目前通过中央和地方各级政府的电子税务局提供税收电子化服务。主要提供的服务包括信息公开、办税服务、税收宣传和公众参与(见图6.1)。以信息公开为例,税务机关在网上发布信息是最基本,也是最早应用的纳税服务模式。目前税务网站上主要公开三类信息:一是税务机关的基本信息,如税务机关的部门设置、职能、业务范围、投诉电话、办税指南、办税程序等信息;二是税收工作的宣传信息,如税收工作新闻信息、生动形象的税法宣传、系统讲解税收和财务知识的多媒体信息资料等;三是税收政策、法规信息，如税收法规、政策和管理办法等。

图6.1 国家税务总局浙江省税务局网站首页截图

（三）实施电子税务的意义

第一，显著提高税收征管效率，降低税收征纳成本。主要表现在：电子税务突破了时间与空间的限制，可以让纳税人随时随地通过计算机直接向税务机关申报、纳税，并可通过网站获得税务机关的相应服务，既节省了报税纳税的成本，又可方便、快捷地办理涉税事务。电子税务使得税款征收和税款划拨从传统的手工化、纸面化操作向电子化、无纸化转变，由电子化票据代替传统的纸面实物票据，这会降低税务机关的征税成本。电子税务的实施和各种税收征管软件的运行，会提高税收征管数据的质量，提高税收征管的科学性和规范性，从而对提高税收征管效率、降低征纳成本起到重要的推动作用。

第二，电子税务有利于税务公开，更好地实现依法治税。实施电子税务对于促进税务公开具有重要的意义，它能够促使传统税收征管由原来的神秘、封闭走向透明、公开，成为阳光下的公正行为。电子税务对"依法治税"也能起到应有的作用。纳税人通过因特网可以更加全面、深入地了解自身的纳税义务，同时其生产经营活动也可以通过网络接受税务机关的监管。如纳税人在开户银行的资金流转情况就可通过网络直接反映到税务部门，这样有利于约束、规范纳税人的行为。税务执法人在电子税务条件下既要受到同一层面的执法人员在不同的执法环节的制约，又要受到来自上级机关的监管，同时还要接受纳税人的监督，这就在很大程度上有利于规范税务执法人员的行为，促进"依法治税"落到实处。

第三，电子税务有利于税务部门决策的科学化、民主化。税务机关是国民经济运行的重要职能部门，承担着大量的经济分析与决策任务。电子税务对提高税务部门决策的科学化、民主化水平具有重要意义。电子税务有利于税务机关获取更为全面的信息，同时借助信息技术进行数据分析，提高决策的科学化。同时，电子政务为税务部门加强与公民的交流提供了极为顺畅、便捷的通道，既有利于税务部门在决策时集思广益，听取公民的呼声，又有利于公民监督税务部门的决策，减少决策的盲目性和随意性，使各项决策更加符合实际工作的需要,更好地为经济和社会发展服务。

二、电子税务系统

电子税务系统是基于现代信息技术,以数字化、网络化、智能化、移动化方式提供税务服务和实现税务管理优化的信息系统。我国电子税务系统建设在金税工程的框架内不断推进。

金税工程目前已经实施了三期,一期工程始于1994年,主要由一个网络和四个软件系统组成,即覆盖全国国税系统的,区县局、地市局、省局到总局的四级广域网络,以及增值税防伪税控开票系统[①]、防伪税控认证系统[②]、计算机稽核系统[③]、发票协查系统[④],主要是解决增值税假发票、大头小尾发票等虚开增值税专用发票的问题。金税工程二期是在一期工程的基础上,从1998年开始建设,目标仍然是增值税管理,主要包括开票、认证、稽核、发票协查信息管理子系统四大系统,2001年7月1日在全国开通。金税工程三期于2008年9月正式启动,总体目标是根据一体化原则,建立"一个平台、两级处理、三个覆盖、四个系统"。一个平台指包含网络硬件和基础软件的统一的技术基础平台;两级处理指依托统一的技术基础平台,逐步实现数据信息在总局和省局集中;三个覆盖指应用内容逐步覆盖所有税种,覆盖所有工作环节,覆盖国地税局并与相关部门联网;四个系统指通过业务重组、优化和规范,逐步形成一个以征管业务系统为主,包括行政管理、外部信息和决策支持在内的四大应用系统软件。

目前的电子税务系统就是建立在金税工程三期的基础上,主要包括四个系统和一个统一的电子税务平台。

(一)税收业务征管应用系统

税收业务征管应用系统以税收业务为主要处理对象,是涵盖从基层税务机关到地市局、省(自治区、直辖市、计划单列市)局、总局的日常税收业务的税收征管执法应用系统。

---

① 增值税防伪税控开票子系统是运用数字密码和电子信息存储技术,通过强化增值税专用发票的防伪功能,监控企业的销售收入,解决销项发票信息真实性问题的计算机管理系统。这一系统将推行到所有增值税一般纳税人,也就是说,将来所有的增值税一般纳税人必须通过这一系统开票增值税发票。

② 税务征收机关利用防伪税控认证子系统,对增值税一般纳税人申请抵扣的增值税发票抵扣联进行解密还原认证。经认证无误的,才能作为纳税人合法的抵扣凭证。凡是不能通过认证子系统的发票一律不能抵扣。

③ 为了保证发票信息的准确性,销项发票信息由防伪税控开票子系统自动生成,并由企业向税务机关进行电子申报。进项发票数据通过税务机关认证子系统自动生成。进项销项发票信息采集完毕后,通过计算机网络将抵扣联和存根联进行比对。目前稽核的方法采取三级交叉稽核,即本地市发票就地交叉稽核,跨地市发票上传省级税务机关交叉稽核,跨省发票上传总局进行交叉稽核。今后将在税收规模较大、发票流量较多的区县增设稽核系统,实现四级稽核的管理模式。

④ 发票协查子系统是对有疑问的和已证实虚开的增值税发票案件协查信息。认证子系统和稽核子系统发现有问题的发票,以及协查结果信息,通过税务系统计算机网络逐级传递,总局通过这一系统对协查工作实现组织、监控和管理。

系统涵盖税收业务的各个部分,是对目前使用的各种税收业务系统的整合。另外,该系统还负责对外部信息交换子系统中传输进来的业务数据进行处理。以纳税人申报为例,纳税人申报信息进入外部信息交换子系统,该系统并不对数据进行处理,而是将其转化成标准数据流传输到征管业务子系统来完成纳税申报的整个流程。目前,在我国广泛使用的是中国税收征收信息系统(China Taxation Administration Information System,CTAIS),这是一套在广域网上运行的高平台税收征管主体软件,几乎涵盖了包括增值税管理在内的全面业务。该系统主要包括征收、稽查、处罚、执行、监控、救济和管理七大子系统以及三十五个功能模块(见表6.1),主要特点是存储大量数据和基础资料,实现信息共享;税务征收管理监管严密;增强税务征管稽查的法制性、有效性;税务业务处理实现阳光操作,促进税务干部的勤政、廉政建设;提高税务部门的管理水平和效率。

表6.1　中国税收征收信息系统子系统和模块

子系统	主要功能	系统模块
征收子系统	主要用于税中的事务处理	纳税申报、税款征收、纳税评估、出口退税管理、税收计划(含重点税源分析)、税收会计、税收统计、票证管理
稽查子系统	主要用于税后的事务处理	稽查选案、稽查实施、稽查审理、案卷管理以及反避税
处罚子系统	主要用于税前、税中、税后的违法违章的处罚的事务处理	处罚处理
执行子系统	主要用于前四大子系统产生的各类税务决定的执行与保全事务处理	一般执行、税收保全、强制执行
监控子系统	主要用于市局、省局、总局的纵向监控、指导、协调	日常业务、统计查询、分析监控、质量考核、报表管理、决策支持
救济子系统	主要用于对纳税争议的事务处理	行政复议、行政诉讼应诉、行政赔偿
管理子系统	主要用于税前的事务处理	税务登记、认定管理、发票管理、待批文书、税额核定、证件管理、档案管理、外部信息采集、咨询服务

(二)税务行政管理应用系统

税务行政管理应用系统以税务系统内部的行政管理事务为处理对象,实现跨部门信息共享和协同工作,包括综合办公、人力资源、财务管理、监察监督等功能。该系统是对于税务机关内部行政办公系统的整合。通过这个子系统可以进行公文流转和审批、档案管理、财务管理、人事管理、教育培训管理、后勤管理、图书资料管理、各类报表统计、各类信息的共享和交换、视频会议、电子邮件管理、网络服务等行政业务的处理。此外,系统还需要处理外部信息交换子系统传输来的外部行政信息。我国各地方的税务行政管理应用系统建设起步于20世纪90年代的办公自动化。如1999年底,广州市地税局正式将办公自动化建设作为管理上台阶的一项重要内容提上议事日程,成立了由市局办公室和信息中心相关人员参加的办公自动化开发小组。到2001年,系统覆盖当地21个基层单位。随后又开发了视频会议系统、人事考核系统等。此时子系统建设都是各地根据实际需要自行开发的,如无锡在同时期分别建设了税务工资系统、档案管理信息系统、目标责任制考核系统、电子台账系统、公文处理系统、执法预警系统等十一个子系统,各地建设标准不一。金税三期工程则以涉税数据全国大集中为核心,以规范的税收业务流程为主线,依托现代信息技术手段,借助包括部分行政管理部门和公共信息服务平台在内的社会资源,通过统一的纳税服务门户,形成一个业务统一、管理规范的全方位纳税服务体系。

(三)外部信息交换应用系统

外部信息交换应用系统以外部信息交换和为纳税人服务为主要处理对象,负责采集和传输外部信息,涵盖纳税人服务、外部门信息交换和国际情报交换等功能,它是税务机关与所有外部系统进行信息交换的接口。外部信息交换应用系统需要处理的信息是外部涉税信息,外部涉税信息是征税纳税双方之外的其他机关、企事业单位或企业个人提供的,与纳税人的生产经营活动以及税务机关的征税管理有一定联系的数据,这些信息分为直接信息和间接信息两类,直接信息是可以直接作为税收征收的依据和税务处罚证据的信息,而间接信息经过整理、加工和分析之后用于税收征管的信息。外部信息交换应用主要实现其他部门与税务机关通过信息传输通道进行数据信息的交换,包括涉税信息的传输、通信协议、数据格式转换、数据库读写等功能。系统建设的总体目标是实现税务机关与外部机构的信息和数据的可靠交换与共享,从而提高涉税信息的准确性,加强税源监控和监管,提供业务辅助审核,提高税务机关工作质量。另外,还能协助相关部门履行政府职能,在技术上促进电子政务水平的提升。在业务上,系统能充分利用现代化信息技术手段,建立起统一、科学、规范的外部信息业务交换平台和体系。具体来说就是采集数据源,然后建立外部涉税信息数据库,为税收征管业务提供快捷、简便的提取和比对依据,为核心征管、管理决策等业务提供数据来源和依据,从而为建立现代税收管理模式提供信息保障。此外,出于对整个系统的安全考虑,该系统只进行信息交换,不进行信息处理,在业务处理程序上,系统把交换得到的数据信息传输到征管业务子系统或行政管理子系统,同时把征管业务子系统或行政管理子系统的反馈数据返还给外部系统。

(四)决策支持管理应用系统

决策支持管理应用系统以税收分析和决策支持为主要处理对象,主要功能是为各级税务机关开展税收经济分析、监控、预测及决策提供支撑的税务数据分析。该系统建立在其他三个子系统之上,分析和挖掘从其他三个子系统中得到的数据,提供查询统计、综合分析、业务预警、税收预测等功能,以查询、分析、报表为一体,以三者不断循环深入为手段,实现税收宏观分析、税收收入分析、税收征管分析、出口退税分析、专用发票分析、纳税人分析、纳税人审计分析等。它可以分析经济和税收综合数据,研究经济与税收增长的弹性、发展的均衡性等数量关系,揭示税收收入、税收负担等重大指标的长期增长趋势、波动规律、发展速度、地区分布、行业分布,对税收收入、出口及出口退税等重大税收指标进行精确监控和科学预测,根据纳税人的生产经营情况和纳税情况对其申报的真实性进行量化评测和科学分类。该系统不仅有助于各级领导从宏观上把握税收征管工作所形成的各种信息,而且能纵深查询各纳税人的信息明细,实现上级机关对下级机关税收执法行为的全程和实时监控,增强决策的科学性、及时性和预见性。

四大业务系统平台将实现高阶一体化。信息系统平台的一体化可以分为三个层次:第一个层次实现数据共享;第二个层次达到数据共享和应用集成;第三个层次比前两个层次更进一步,增加了流程的集成。基于涉税数据全国大集中的四大业务系统平台的建设,将力图实现第三个层次的一体化,打破过去受信息技术制约所形成的业务边界,在"信息管税"战略路线的指导下,在一体化的税收管理业务架构的视图下,对现有的业务流程进行规范、整合、优化甚至再造,以应用之间的"最小耦合度"和数据之间的"最大共享度"为目标,实现各类税务管理应用之间的"无缝连接"和一体化。与此同时,金税三期工程为充分利用政府行政管理资源和公共服务资源而规划建立的政府各部门之间数据交换、信息共享、业务联动的运行机制,也将突破税务系统信息资源来源单一化的边界,推动政府各部门间信息资源一体化的进程(见图6.2)。

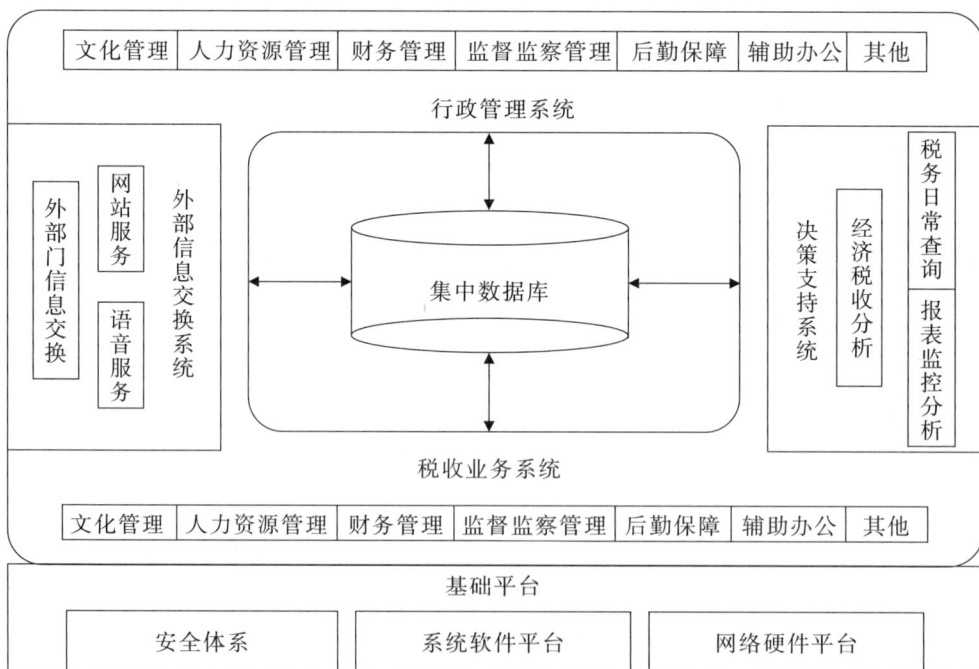

图6.2 电子税务四大业务系统关系图

（五）电子税务平台

从纳税人的角度来看,电子税务系统是在一个应用平台和一个门户网站的基础上,采取"一站式服务"的电子化的税务平台。在服务功能的实现上,电子税务平台应包括以下两个服务子系统:

一是税收公共服务子系统。它以行政管理子系统、外部信息交换子系统为基础,为纳税人提供全面、准确的涉税综合信息网上服务,主要应该包括以下内容:提供实时税法咨询发布系统,能够使纳税人在最快的时间里掌握最新的税法信息;建立工作监督系统,接受纳税人和社会公众的举报和投诉,加强对税务部门的工作和人员监督;提供快捷的在线交流方式,开设服务投诉、纳税咨询、违法举报等栏目,为纳税人提供更好的交流方式和空间;电子税务流程监控功能,纳税人在通过电子税务平台进行业务操作时,能够知道业务已经走到哪个环节、有什么问题,以提高办事效率,提高纳税监控能力。

二是税收征管服务子系统,这个系统建立在征管业务子系统的基础上,为纳税人提供从管理服务、税收监控、稽查管理到税务法制、税务执行全程的网上业务处理,实现全天候、一站式、个性化的服务。主要应该包括以下内容:提供网上申报、发票认证系统,并能够通过网上银行业务直接将税款划入银行,使纳税人能够足不出户完成报税工作和发票认证工作;建立网上文书申请处理系统,纳税人可以通过网络可以直接对诸如减免税、缓缴等文书进行申请,减少工作环节,提高工作效率;建立税票在线查询认证系统,纳税人在网上可直接对增值税发票信息进行查询,协助纳税人杜绝虚假增值税票,减少企业损失;提供手机短消息或E-mail通知业务,实现税款的自动催报催缴。此外,电子税务平台通过使用先进的用户认证技术,加强对用户使用内部信息资源的安全控制,同时使用户只用一次身份认证便可以进入不同的内部系统和信息资源库,充分体现一站式服务的精神。

我国目前已经将电子税务平台升级为电子税务局,它是电子税务发展的高级阶段。所谓电子税务局,是指利用信息技术,特别是互联网技术构建的可以完成实体税务局的各项管理与服务职能,并为纳税人提供更加方便、快捷、准确的涉税服务的电子化税务机构。电子税务局主要提供面向纳税人的网上服务,面向税务部门内部的网上服务和面向其他政府部门的网上服务。

"电子税务局"获评数字中国建设年度最佳实践

2018年4月,由国家税务总局推荐、福建省国税局报送的"金税工程·电子税务局"在数字中国建设峰会上获评"数字中国建设年度最佳实践"。项目主要围绕业务、流程、技术和管理方面创新,着力推进申报网络化、发票电子化,拓宽"最多跑一次""一次不用跑"服务,利用大数据云平台、发票电子底账和电子签章等技术打造"智慧税务"和"安全税务",进一步打破信息壁垒,提供更加便捷的网上办税服务。来自国家税务总局的统计数据显示,全国税务系统已100%开通网上办税服务厅,实现涉税信息采集、申报缴税等90%以上涉税事项网上受理。截至2017年底,全国范围内电子税务局共受理网上申报1527.67万户次,占纳税申报总数的95.83%,"网路"正逐渐成为纳税人办税的"主路"。

三、电子税务申报系统的功能模块设计

电子税务申报系统是指在互联网上完成整个税务申报业务的线上税务信息处理平台,它是税收业务征管应用系统的子系统。在传统的税务申报过程中,纳税人要根据自身经营情况核算申报税额,然后到当地相关税务窗口申报。税务部门受理以后要将缴款单打印后交由纳税人到银行缴纳税款,银行划扣税款后再将这笔资金转入税款财政账户。这种方式相对烦琐,会占用纳税人的大量时间与精力,为纳税人带来不便(见图6.3)。电子税务申报系统面对的对象是全部纳税人,任何具备条件的纳税人都可以使用电子申报系统。纳税人可以通过网络登录到税务申报系统中,然后缴纳各类税款。而申报系统也与银行等金融机构连接,从而形成一个流动的信息平台(见图6.4)。

电子税务申报的优势主要体现在五个方面:一是便利性,纳税人不用到税务部门窗口,而只需要通过网络和计算机就能够完成从税务申报到税款缴纳的整个过程,不用受到地点和时间的限制,为纳税人带来极大的便利。二是安全性,软件系统应用多种数据加密的方式,保护了数据的安全。三是准确性,申报系统会根据纳税人的情况自动计算和审核应缴税额,防止误缴、漏缴情况的发生。四是节约性,申报系统能够在极大程度上降低纳税人的经济成本和时间成本,对减少税务机关的日常工作量也有重要作用。五是扩展性,电子税务申报系统具有较强的延展性,这样系统不仅能够完成纳税人缴纳税款等基本操作,还可以和工商、房管、海关和土地等部门建立连接,从而有效地共享数据。

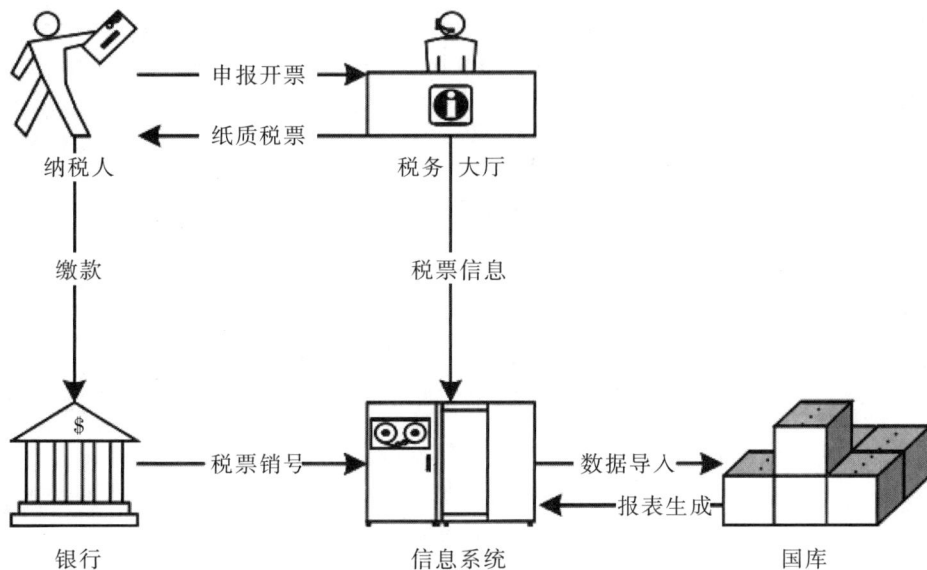

图6.3 线下税务申报业务流程图

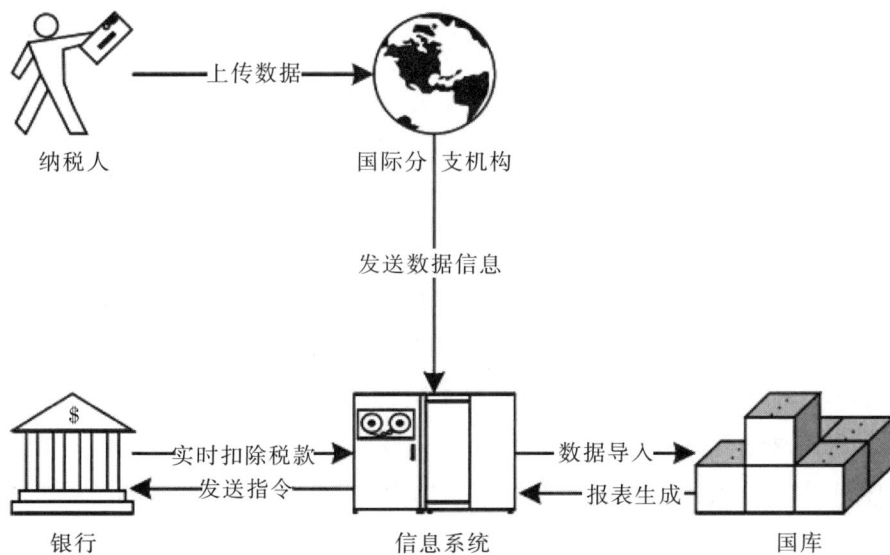

图6.4 线上税务申报业务流程图

具体到电子申报的过程,应由以下的功能模块构成。

(一)申报功能模块

电子税务申报系统能够实现所有税种的申报工作,不同税种的申报要使用不同的申报表单,然后由纳税人在线填写信息以使申报系统获得纳税人数据,以便进行后续的信息处理。根据相关规范,纳税人在电子税务申报系统申报纳税和在大厅申报纳税,具有相同的法律效力。同样,电子申报表单的主表也应该按照税务部门的规定进行填写,填写方式与在大厅填写的方式相同,并且不得空缺。各类附表也要按照规定,并结合实际情况有选择地填写。纳税人完成表单的填写以后,系统会根据税务稽查原则对各个表单进行核对,以确保信息的正确性,只有核对通过的信息方能进行申报。电子申报表单的填写项目要进行必要的说明,例如必填项要详细注明,这样才能保证信息的完整性。网上表单的填写按照选择申报表、填制申报表、保存申报表的流程进行,然后提交税务机关审核申报表,在这个过程中,申报模块还要明确如下事项。

申报期。所有税的申报和征收都要在规定时间内完成。纳税人应该严格遵守期限的规定,在限定期限内完成申报业务,否则需要缴纳一定的滞纳金。

申报范围。电子纳税申报只能受理已完成登记的税费项目,未登记项目或其他特殊业务(如税费减免等)不能在线完成。

信息修改。纳税人提交前的信息可以修改。但是修改后要进行检查,再次提交后不允许修改。

重复申报。在同一征收期限内,系统不受理重复申报,即同一征收期只能申报一次。

(二)纳税人识别功能模块

纳税申报系统会涉及很多纳税人的私人信息。只有识别通过的用户才能登录系统并浏览权限内的数据信息。

(三)申报信息审核功能模块

税务机关审核纳税人提交的申报表,审核通过后,由纳税人填写实缴税额。

(四)自动划拨税款功能模块

纳税人完成电子税务申报后,申报系统根据实际情况实时划扣相关税款。在这个过程中,申报系统会与银行等金融机构进行一系列的数据操作。为了能够保证税款的正常划扣,纳税人应该与银行签订相关协定,只有这样才能保证税务部门有权划拨税款。纳税人可以在电子税务申报系统中实时查询税款划拨情况。

(五)纳税信息查询功能模块

电子税务申报平台不仅能够满足纳税人的申报工作需求和税务部门划拨税款的需求,还为纳税人提供了一个与税务相关的信息查询平台。在国家相关法律法规的范围内,纳税人能够查询个人所有的涉税信息和相关政策法规。

(六)系统管理维护功能

电子税务申报系统应该具有完善的系统维护功能,包括信息管理、纳税业务管理、纳税人注册、系统参数维护、申报周期设定、系统账户管理等模块。

第三节　政府电子采购

随着科学技术的迅速发展,一种在互联网上创建专业供应商网络的方式——电子采购应运而生,并越来越多地应用于政府采购领域。政府采购手段出现了电子化的发展趋势,并且这一趋势受到各国的高度重视。

一、政府电子采购

(一)政府电子采购的概念

目前,对于政府电子采购的提法有很多,如电子化政府采购、电子采购、电子投标、电子招标等。按照多边发展银行和有关国际金融机构成立的工作小组的界定,政府电子采购的定义应该从三个层次分析。

第一个层次是政府电子采购的一般定义,即政府部门在采购过程中,通过现代信息技术,特别是互联网技术,从供应商手中购买商品、劳务和咨询服务等。

第二个层次是将政府电子采购区分为电子招标和电子购买两种不同的采购过程。其中,电子招标主要是通过电子化公开招标过程为政府部门采购数量小但价值高、有特殊要求的货物、工程、服务。电子购买则是为了方便政府部门采购量大但价值较低的标准货物和服务。

第三个层次是通过对电子招标或电子购买过程的每一个环节进行分析,对政府电子采购进行定义。电子招标允许采用阶段性实施的方式,电子购买因为采购量大,往往建立在没有弹性的标准交易模块上。采购至少要涉及行为、主体、技术三个元素。

我国《政府采购法》对政府采购进行了法定的规范定义,即政府采购是指各级国家机关、事业单位和团体组织,使用财政性资金采购依法制定的集中采购目录以内的或者采购限额标准以上的货物、工程和服务的行为。其中,该法所称的采购,是指以合同方式有偿取得货物、工程和服务的行为,包括购买、租赁、委托、雇佣等。

因此,政府电子采购是指政府部门通过信息技术,特别是互联网技术,以电子招标或电子购买的方式,与供应商交易货物、工程和服务等的行为。

(二)政府电子采购的特征

政府电子采购首先是政府采购行为,属于行政管理范畴;其次,由于是政府部门应用电子技术进行采购,因此,它不仅是电子商务在政府领域应用的重要形式,也是电子政务的重要组成部分,是电子商务和电子政务两个领域交叉形成的结合体。所以,政府电子采购兼具电子商务和政府采购的特征。

1. 具有电子商务的特征

政府电子采购具有电子商务的特征,包括全球性、全时性、集合性、即时性、互动性和有效性。这些特征与网络技术、多媒体技术、超文本技术等信息技术紧密相关。在技术的支持下,供应商与政府、顾客的距离只有一"点"之遥,没有时空限制。如加拿大联邦政府采用的电子招标系统就是每天运行24小时,每周工作七天,使用英、法两种语言滚动播出,是加拿大政府采购资源与信息中心,也是中小企业商业信息的主要来源。由于电子数据交换、电子公告、电子邮件等多种技术的应用,传统政府采购中的招投标、结算、支付等不同阶段的采购行为被集合成一个有机整体,在符合安全性的基础上,政府只要点击鼠标即可完成下单、付款的采购过程。如新加坡的政府采购交易平台,全面公布政府采购商品和服务的清单,供应商可以通过网站第一时间了解到政府的采购需求。

2. 具有政府采购的特征

政府电子采购具有政府采购的特征,包括主体特定性、资金来源的公共性、目的非营利性、对象广泛性、政策导向性、行为法定性和过程公开透明。

(1)主体特定性。主体特定性是指政府电子采购的主体都是依法确定的,而不是任何单位都有资格成为政府采购的主体。政府电子采购的主体应是政府采购过程中负有直接职责的参与者,主要是指在政府采购活动中享有权利和承担义务的各类主体,包括依法进行政府采购的国家机关、事业单位、团体组织、采购代理机构、供应商等。

(2)资金来源公共性。政府电子采购资金来源于财政性资金,即财政性拨款和需要由政府偿还的公共借款,这些资金都是来自纳税人的税收和政府公共收费。使用这些资金必须向公众负责,代表公众利益。特定的资金来源决定了政府采购与私人采购在管理、目的、人员责任等方面存在差别。

(3)目的非营利性。政府电子采购不是为了营利,而是为了使用,为了实现政府职能和公共利益。因此,政府电子采购中的采购是终极的,采购主体是最终用户,不具有商业目的。

(4)对象广泛性。政府电子采购对象涉及货物、工程和服务等领域,无论是有形产品还是无形产品,无论是民用产品还是军用产品,无论是标准化产品还是非标准化产品,无论是成品还是半成品,等等,都是政府采购的对象。

(5)政策导向性。由于政府是采购主体,是市场上最大的买主,在很多场合下其行为可以左右市场,政府利用其采购倾向可以鼓励或抑制国内产业的发展,从而实现政策目的。而且由于政府使用的财政性资金都要列入国家的财政预算,采购主体必须按照批准的预算进行采购活动,不得随意更改或变动。所以,政府电子采购是执行政府采购的政策和实现国家宏观经济政策的过程。

(6)行为法定性。政府电子采购不是一般的交易行为,而是需要通过一套完整的采购程序来完成的。采购当事人必须要严格按照政府采购法规定的程序进行,不能凭借个人的意志和偏好自行编制采购程序。

（7）过程公开透明。政府电子采购由于资金主要来源于纳税人的税收,因此必须公开其法律制度、采购程序、采购项目、采购标准、采购过程等,让纳税人了解他们的税金是如何使用的,让政府接受各方面的监督。因此,政府采购应当遵循公开透明、公平竞争、诚实信用和公正原则。

（三）政府电子采购的作用

1. 提高政府采购效率,降低采购成本

政府部门采用现代信息技术对整个采购工作流程实行自动化、网络化处理,整合了业务主管部门、财政部门、政府采购中心之间的信息资源,提高了业务处理速度;供应商通过网络及时获取招标信息、提交投标书,采购系统按照规定程序自动处理,确定中标供应商并及时公布结果,提高了政府采购的工作效率;在网络银行的支持下,政府采购机构、物资供应商、用户之间的结算可以实现网络化,缩短了购买周期,同时通过电子标书的形式革新了传统复杂繁琐的评标方式,使评标过程更加高效。此外,政府电子采购实现了政府办公业务的无纸化,减少了大量文档及书面材料等办公性耗材的消耗,降低了政府的采购成本。

2. 扩大采购范围,有利于分散采购

与传统政府采购相比,电子政府采购利用互联网络的开放性与广泛性优势,能促使尽可能多的供应商参与竞标,扩大了政府采购的范围。此外,政府大量复杂繁复的采购任务中涉及较多的是较小规模的分散采购,这类分散型小额采购活动多倾向于型号明确、标准既定、金额不高的商品,且采购结果往往依据价格的高低而确定。通过充分发挥采购系统自动化的优势,可以大大减少政府采购人员在分散采购过程中的工作量。

3. 提升政府形象,提高公众满意度

政府电子化采购的过程遵循公开、公平、公正的基本原则,不仅要公开发布招标信息,而且采购工作的每一步骤和完成时间均被系统记录,便于监督机构和社会组织的监督,减少采购过程的隐蔽性和暗箱操作,有利于政府阳光采购,树立清廉的形象。同时政府电子采购可以充分利用信息技术,建立客户关系管理模型,缩短响应时间,改善公共服务质量,提高公众的满意度。

4. 进一步全面推进G2B电子政务的发展

政府电子采购是G2B电子政务的核心组成部分,许多国家在政府信息化过程中都选择以政府电子采购建设作为突破口,从而进一步全面推进G2B电子政务的发展。如1997年,美国政府制定了"走进美国计划",要求从1997—2000年,在电子政务方面,完成150余项任务,其中包括实现政府采购供应商信息公布和政府采购预算的网上公开。2005年,美国政府开发了名为电子化网上询价系统的政府采购交易的信息系统,联邦政府的所有采购行为包括对货物、服务和工程的采购,都通过网上公开询价、报价等流程实现。新加坡

建设了 GeBIZ 系统,其核心职能就是实施电子采购,为供应商建立一站式中心,方便政府与企业之间的交易。韩国 G2B 电子政务推行计划直接以"政府电子采购系统"命名,反映了其在电子政务建设中的重要地位。

专栏6.7
韩国电子化采购系统的作用

韩国电子化采购系统"KONEPS"的全称为 Korea Online E-Procurement System。2013 年,KONEPS 的交易规模达到 73 兆韩元,2014 年的交易规模更是上升至 86 兆韩元,折合人民币约 4900 亿元。这一系统可以提供从投标到中标的全过程实时信息,从而真正实现公共采购的透明化。KONEPS 全年在线处理超过 50 万件与采购相关的文件,类别多达 160 种。与之前供应商在投标与签约时须反复提交营业执照、国税和地方税的完税证明、保证书、资格审查材料、法人注册簿等材料不同,使用 KONEPS 系统参与不同的招投标活动时,供应商无须重复提交此类材料。此外,韩国采购厅还通过非法电子采购的迹象分析与指纹识别电子采购等技术手段,引导各方在采购过程中公平竞争。

二、政府电子采购系统

所谓政府电子采购系统,是指各级政府机关及实行预算管理的事业单位和社会团体等以电子化方式与供应商进行采购、交易及支付处理作业的信息系统。我国政府电子采购系统是财政部建设的全国政府采购管理交易系统。《全国政府采购管理交易系统建设总体规划》明确指出,系统建设要以科学发展观为指导,围绕经济发展和财政改革的大局,坚持"统一领导、统一规划、统一标准、统一平台"的指导思想,本着"高起点设计、高技术标准、高灵活扩展、高程度兼容、高安全运行"的建设思路,统筹规划、突出重点、点面结合、协调推进,以信息化技术为支撑,全面提高政府采购科学化精细化管理水平,实现政府采购监督管理与执行交易各环节的协调联动,推动政府采购制度改革健康有序、深入持续发展。

(一)系统框架

在统一的全国政府采购标准化体系下,中央本级与省级政府采购系统实现基础数据共享。中央本级政府采购管理交易系统,主要由政府采购监督管理平台、政府采购执行交易平台和政府采购信息服务门户(中国政府采购网)三部分组成,并根据信息安全保密相关规定进行网络间的信息交换。政府采购监督管理平台主要处理政府采购监督管理日常业务,包括计划管理、数据分析与决策支持子系统,以及合同管理、监督预警、诚信体系管理子系统的部分功能。政府采购执行交易平台主要处理政府采购执行交易业务,包括电子评审、协议和定点采购(电子商场)子系统,以及合同管理、监督预警、诚信体系管理子系统的部分功能。政府采购信息服务门户,是执行交易平台的入口,提供信息公告、代理机构注册、评审专家注册、供应商注册、商品注册等服务功能及运维服务支持(见图6.5)。

图6.5　中国政府采购网首页截图

专栏6.8

新版中国政府采购网

中国政府采购网新版网站于2017年10月正式上线运行。新版网站共设置了政采法规、购买服务、监督检查、信息公告、GPA专栏和PPP六个频道,基本涵盖了政府采购政策、资讯、公告以及政府购买服务和PPP领域等相关信息。新版网站首页按照内容展示区和系统功能区进行设计,包括政府采购资讯、政府购买服务、政府采购信息公告、政府采购监管信息、系统登录和数据下载等板块。监管信息板块是新增板块,包括监督处罚、建议提案、财政部政府采购信息公告和分析研究四个栏目,旨在加强政府采购监管工作的信息披露,进一步加大对政府采购违法违规行为的处罚力度。

(二)主要内容和功能

全国政府采购管理交易系统建设的主要内容是：一个标准化体系、两个业务处理平台、四个共享基础数据库、八个主要子系统。"一个标准化体系"是指建立全国统一的政府采购系统功能规范、技术规范、数据规范，在统一标准规范的基础上，各地根据管理实际进行系统建设及信息交换。"两个业务处理平台"是指在政府采购管理交易系统中，按照统一的标准规范，建立政府采购监督管理和执行交易两个业务处理平台。"四个共享基础数据库"是指建立全国互联互通的代理机构库、评审专家库、供应商库和商品信息库。"八个主要子系统"是指计划管理、电子评审、协议和定点采购(电子商场)、合同管理、监督预警、诚信体系、数据分析与决策支持、信息服务门户(见图6.6)。

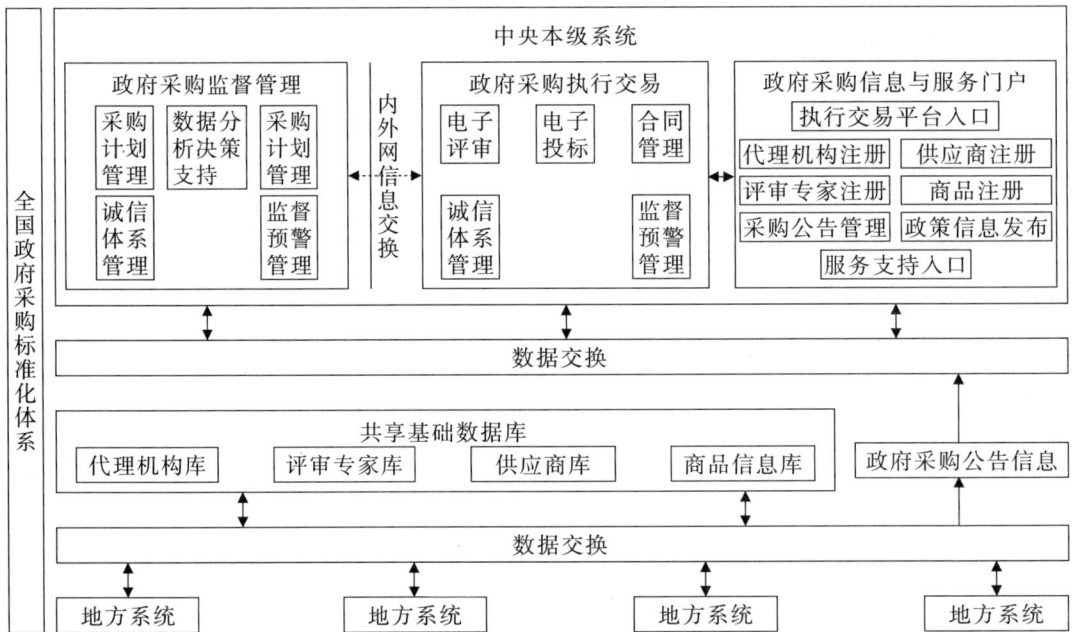

图6.6　全国政府采购管理交易系统示意图

全国政府采购管理交易系统建设要以"功能完善、资源共享、规范透明、安全高效"为总体目标，建成中央与地方系统相对独立运行、全国基础数据统一集中共享的大型网络化信息管理系统，不断提高政府采购工作质量和效率，促进政府采购管理科学化精细化。具体包括五大功能：

信息服务功能。以政府采购信息服务门户网站为载体，向社会公开政府采购政策法规、招标投标、供应商及商品、评审专家、代理机构等相关信息记录。通过"一站式"信息聚合和检索，为社会公众获取政府采购信息提供优质、方便、快捷的服务，增强政府采购透明度，便于社会各界对政府采购工作的有效监督。

监督管理功能。通过运用政府采购监督管理平台，为政府采购监管部门及其他部门提供全面的监督管理功能。科学设计管理流程、控制节点,建立严密的系统内控机制以及与执行交易平台的协调互动,实现政府采购业务从预算管理到采购计划、采购实施、方式变更、合同管理、统计分析、诚信体系等全流程的电子化管理,实现对监督管理、执行交易重点环节和关键业务的实时监控和自动预警。

电子交易功能。通过运用政府采购执行交易平台和全国共享基础数据库,为各采购主体提供安全高效的全流程电子化业务操作功能。采购人可通过网上电子竞价、实时价格比较的方式采购货物及服务,采购机构可对采购项目实行严格管理和电子化评审,供应商可一地注册、全国各地参与采购活动,评审专家可实行电子评标及跨区域评标。相关执行交易信息可实时传入政府采购监督管理平台。

决策支持功能。通过建立分析预测、监测预警、政策分析等数据模型,结合宏观经济数据,科学分析政府采购发展趋势,为深化政府采购制度改革,更好地实现政府采购政策功能以及财政宏观经济调控提供决策依据。

协作共享功能。通过运用财政业务基础数据规范和统一数据交换标准,逐步实现政府采购与预算管理、国库集中支付、资产管理等财政相关业务系统的有效衔接,不断完善财政支出管理体系;逐步实现政府采购管理交易系统与国家相关部门业务系统的信息共享,丰富政府采购业务管理功能。

专栏6.9
政府采购加快全程化步伐

近年,各地政府采购机构加快了政府采购全程电子化的步伐。2016年,天津市政府采购中心实现电子化采购项目3.6万个,其中完成招投标的项目近1700个,全部采购预算近86亿元,资金节约率达到14%,采购规模逐年递增,正是信息化、规范化、透明化的电子化模式激发了天津政采市场的活力。湖北省着眼于电子招标采购机制,先后建立了公共资源交易平台、服务平台、监督平台等三大电子平台。目前,已基本实现招标投标、国土矿产、政府采购、国有产权等公共资源交易信息集中发布,并在招标投标、矿产转让等交易活动中实现交易、服务、监管全流程电子化。此系统还可实现省内以及外省之间的远程异地评标,并于2019年实现全程电子化。

(三)子系统构成

政府采购计划管理子系统的主要功能是财政部门对采购人报送的采购计划进行审核批复或备案,包括对政府采购预算、采购组织形式、采购方式、进口产品采购及批量集中采购的管理,以及支持节能、环保、促进中小企业发展等政策的相关管理功能。

政府采购电子评审子系统的主要功能是根据政府采购计划信息,对公开招标、邀请招标、竞争性谈判、单一来源采购、询价等政府采购方式进行电子化管理,支持多种政府采购评审方法,从电子化投标文件中自动提取相关信息,辅助评审专家进行电子评审,自动记录相关信息并生成规范文档。

政府采购协议和定点采购子系统(电子商场)的主要功能是将通过公开招标确定的协议供货和定点采购信息在电子商场内展示,进行商品网上电子竞价,并提供商品搜索、商品比对等参考信息。

政府采购合同管理子系统的主要功能是根据中标通知书自动生成格式合同文件,与政府采购计划进行匹配确认,进行合同备案管理,逐步实现电子合同的网上签订,为政府采购监管与信息统计提供基础数据。

政府采购监督预警子系统的主要功能是对信息公告、评审专家、代理机构、供应商、商品、合同、诚信等政府采购业务关键流程节点与信息进行监控,根据预设规则提出预警,包括违规预警、远程视频监控等。

政府采购诚信管理子系统的主要功能是根据预设规则及相关质疑投诉,对采购人、供应商、采购代理机构、评审专家在政府采购活动中的行为进行评价,形成相应的信用等级,并根据相关法规及管理需要,实现诚信信息的共享。

政府采购数据分析与决策支持子系统的主要功能是对全国政府采购业务数据进行多角度的统计分析、报表查询、数据挖掘,进而实现对政府采购的决策支持,并为财政宏观经济调控提供相关数据。

政府采购信息服务门户子系统的主要功能是提供权威的政府采购公开信息,包括政务公开、信息发布、公告公示、信息申请、网上办事、交流互动、公众投诉等;为供应商、采购代理机构、评审专家等相关采购活动参与者,提供进入政府采购业务系统的统一登录入口和个性化服务支持。

三、政府电子采购系统的招投标流程和功能模块设计

政府电子采购中最为重要的环节为招标以及投标。政府电子采购招投标,又称网上招投标,主要是将电子信息技术纳入到政府部门原有的招投标体系中,借助电子平台进行招投标。

(一)政府电子采购招投标流程设计

政府电子采购招投标的流程分为六个步骤。

一是网上注册。投标企业在网上招投标平台进行会员注册,在网络上填写企业的相关资料,然后由招投标交易服务中心进行审核,审核通过后才能成为正式会员。

二是购买标书。网上招投标平台随时发布各类招标项目的相关信息,投标企业关注

到招标项目的发布,对有意向的项目以正式会员登录购买招标文件,经费支付可以选择在线支付。

三是网上付款。整个平台将自动链接银行企业网上银行系统进行付款,与其他转账汇款不同,通过网上支付的款项,银行柜台人员和平台工作人员均查不到资金来源相关信息。付款成功后由网上银行系统将支付结果信息自动反馈到网上招投标系统,对账过程全部由系统自动完成,无须人工干预。

四是下载标书。投标企业交费成功后,便可以在网上招投标平台以正式会员登录后自行下载标书。

五是支付保证金。投标企业入围以后在网上招投标平台选择支付保证金,操作过程同支付标书的工本费类似。

六是退保证金。开标以后招投标交易平台可根据中标情况,按要求原路退还保证金,有效杜绝了人工退款难以对账、易出现差错的情况。

(二)政府电子采购招投标的功能模块设计

根据网上招投标的业务流程设计,招投标平台功能模块由企业网上注册、招投标交易项目管理、网上支付工本费和投标保证金及退保、短信自动发送系统四大功能模块构成。

企业网上注册模块。该模块实现了招标人或代理机构、投标企业网上注册,所有潜在投标人在网上购买招标文件和网上答疑,招标人与投标人互不见面,潜在投标人的数量和名称只能在投标文件递交截止时间后才能获取,之前能够完全保密。最大限度地防止投标人围标和串标,防止招标代理机构人为操纵招标过程。

招投标交易项目管理模块。该模块包括网上公示、网上答疑和网上开标。其中网上公开模块可以实现投标人随时随地在网上查看招标公告、下载招标文件、清单、图纸、政策文件等相关资料,查看中标情况以及保证金是否已退还等情况。网上答疑模块可以实现投标人匿名在网上对标书、图纸等提出疑问,交易中心管理人员可统一在网上进行答复。网上开标模块可以实现的功能为:所有招标项目的相关情况在开标前全部由系统自动完成并保密存档,当投标文件递交的时间截止后,整个系统将在网上自动显示所有已缴纳投标保证金的潜在投标人,并实时地显示开标情况,确保项目顺利进行。

网上支付工本费和投标保证金及退保模块。网上招投标平台与银行在网上实现自动对接,企业投标时的工本费和保证金均通过网银在网上直接支付,平台以订单号对招标人的支付记录进行加密存档,退保时平台根据中标情况自动原路退还保证金,可有效防止重复退保和漏退保情况,同时能大大减少中心财务人员的工作量。

信息自动发送系统模块。对于投标人,系统能实现自动发送招标公告、补遗、答疑和中标公示等相关情况的短信,并能自由发送通知开会、领取资料等公告信息。对于评委专家,也是由系统自动发送信息、通知相关事务。

第四节　电子行政审批

电子行政审批是G2B电子政务建设的重要内容,电子工商管理、电子税务、电子外贸管理等都离不开电子行政审批。电子行政审批是目前政府在线业务办理的主要组成部分,它对政府加强监管、提高效率、改进服务具有积极作用。

一、电子行政审批

(一)行政审批

行政审批是我国政府实施行政管理,依法对社会、经济事务进行事前监督管理的一个重要手段,在我国政治、经济、文化和社会生活中发挥着重要作用。

行政审批是指根据法律规定的条件,由实际执法部门来审核是否符合条件的行为。行政审批是行政审核和行政批准的合称。行政审核又称行政认可,其实质是行政机关对行政相对人行为合法性、真实性进行审查、认可,实践中经常表现为盖公章;行政批准又称行政许可,其实质是行政主体同意特定相对人取得某种法律资格或实施某种行为,实践中表现为许可证的发放。行政审核与行政批准经常联系起来使用。行政审批的种类通常包括审批、核准、批准、同意、注册、认可、登记、检验、年检等。

行政审批的特点有:行政审批的主体(实施者)是行政机关、法律法规授权的组织、规章委托的组织,而不是其他自然人、法人和组织;行政审批是为实现行政管理目的服务的;行政审批主要是为了限制不利于公共利益的行为,防止公民和法人对权利和自由的滥用;行政审批是一项权力,更是一种职责和义务;行政审批具有一定的自由裁量权。

(二)电子行政审批

电子行政审批,又称网上行政审批,是指政府部门运用现代信息技术,在网上公开审批信息、统一受理公众申请、办理审批事项、实行在线反馈,并实时、同步、全程化监察网上行政审批行为。具体而言,电子行政审批通过先进的网络平台技术和设计构架,依托政府业务专网,紧密集成办公自动化系统,建立政府与企业、社会公众之间网上办事的信道,实现网上行政咨询、查询、申请、审批等业务功能,形成一个真正的网上办公、办事的服务平台。

通过网上行政审批的入口,企业和个人能够随时随地了解行政审批程序,提交项目审批申请和所需材料,查看审批状态及结果,或通过互联网与政府办事人员进行必要的信息沟通。项目申请人员填报、提交相关材料后,该项目申请将自动进入政府审批环节,按照预先设定的工作流程和条件,送至政府各相关部门和办事人员,由政府办事人员在线进行审批处理。政府各级业务领导,可以在网上查询了解企业办事的申请情况、统计数据和各部门的工作情况、办事效率。

（三）电子行政审批的作用

1. 提高政府行政效率和服务质量

与传统的行政审批方式相比，电子行政审批整合了内外部资源，实现行政审批中心与各政府机关之间的网上办公协作和信息共享，提高政府办事效率和服务的质量，降低社会成本和政府办公成本，拉近企业、社会公众与政府部门间的距离。它是现代行政管理和监督方式的重大变革，是行政体制改革的发展方向。

2. 加强权力监督制约，防止以权谋私

传统行政审批的事项过多过滥，审批环节多、时间长，审批行为不规范，自由裁量权过大，办事不透明。不但妨碍了市场机制作用的有效发挥，同时把国家权力部门化，部门权力个人化，为腐败的滋生提供了条件和土壤。电子行政审批按照"谁审批、谁负责"和权力与责任相统一的要求，明确审批机关的审批程序和应负责任，规范行政权力的行使，加强监督制约的机制。除国家法律法规明确规定不能公开的内容外，审批事项的设立、调整和取消，审批事项的依据、内容、权限、条件、程序、时限、收费标准等都及时在政府网站上公布，接受公众监督，进一步增加行政审批的透明度。

3. 推动我国电子政务的发展

电子行政审批已是全国各级政府机关电子政务建设的"必需品"，它的建设应用既是当前我国电子政务系统建设的重要组成部分，又是电子政务发展的重点和难点。因此，破解其中的重点和难点问题，完善电子行政审批系统及其运行机制，将进一步推动我国电子政务的发展。

二、电子行政审批系统

构建电子行政审批系统是在统一标准的前提下，将各部门现行的工作流程简化、优化后，通过信息化的手段逐步构筑起一个连接协调各委、办、局的横向统一的信息平台，并在此平台上，按照方便公众的原则实现政府部门"一站式"的流程整合，"一表式"的数据共享以及交互透明，从而实现从政府信息化到电子行政审批的升华。

（一）电子行政审批系统的建设阶段

我国电子行政审批系统建设分为三个阶段，不同阶段系统的建设内容也不同。

1. 由行政审批的主体部门在其网站上建立部门的行政审批系统

随着审批制度改革的深入，以及社会公众对审批需求的日益增加，各部门根据自身审批业务的特点开发了部门内部的业务系统，这类业务系统一般是各级统一使用一个系统，只能办理本部门的业务，主要提供各种审批项目的申报表格下载，并开通网上预审系统，项目申请人准备好必需的资料和表格后，再到审批中心办理审批项目。这样能够避免项目申请人因资料准备不全而产生的"来回跑"现象，但审批项目以单体审批为主，无法实现跨部门的串联审批和并联审批。由于是各个部门自行建立审批系统,因此各部门自行采集有关上报信息,没有信息共享,也无法进行数据共享和交换,不能实现真正的网上"批准"。

2. 建立基于数据交换系统和联合审批系统的行政审批中心

中心和政府各部门的网络连接,真正实现一站式服务。主要内容包括:以统一的软件部署到各级行政服务中心,并用该软件实现审批事项的申请、办理、办结等全部环节;以工作流来管理审批系统的流程,应对审批流程、人员的变化;以数据交换平台为依托,实现跨部门、跨区域之间的数据交换和共享,实现各级各部门之间的联合审批和业务协同;配套多个子系统,如电子公章系统、身份认证系统、短信通信系统、语音反馈系统等;配套多个管理制度,对人员、审批事项清理、审批行为、审批效能、收费等进行管理。

3. 建立从申报、审批到发放证照的一站式审批系统

建立一站式审批系统,即进一步规范行政许可程序,简化审批环节,通过应用先进的信息技术与网络通信技术,设计一个面向政府、企业与公众的交互、协同的网上审批系统,将各个政府职能部门行政审批事项进行信息化、网络化处理,系统以政府网站为门户,将各个职能部门的行政审批事项和各种数据统计报表业务统一流程、统一标准、统一管理、网上办理,将串联式的审批变为并联式协同审批,实现一网式、一站式、协同式的服务。系统通过简化审批手续,优化审批业务的流程,改变传统人工审批和分散审批状况,实现对审批项目的咨询、申报、受理、审批、收费和监督投诉的信息化与网络化,实现统一化、自动化的审批流程,实现政府职能部门审批业务的标准化、规范化与高效化。在审批支撑平台、系统管理、安全管理平台的基础上,构建审批受理、审批处理、实物管理、收费管理、网上报表、审批效能监管、信息发布与反馈、网上协同审批服务等子系统,实现一体化的协同审批。

> **专栏6.10**
>
> ### 辽宁政务服务中心"一站式"审批助力优化营商环境
>
> 2017年6月,辽宁省委、省政府把分散在各部门的审批服务事项集中到一起,进行统一运行管理,实行"一站式"审批。中心设窗口服务区、咨询服务区、投诉受理区、办理等候区、自助服务区等区域,共进驻40个省(中)直部门、422项审批服务事项,有142名工作人员,设置60个服务窗口。实行一个窗口工作模式,统一受理审批申请、送达审批决定,减少企业和公众办事成本,提高政府机关审批服务水平和效率。如进驻中心的辽宁省畜牧局部分审批事项完全实现了全流程网上审批。一个公司办理饲料添加剂批准业务,通过网上审批,足不出户即可完成事项申报、批复证照打印等工作,5个工作日便可拿到批复文件。

（二）电子行政审批系统的内容

从公众或企业（用户）的角度出发，一个完善的电子行政审批系统至少应该具备一站式服务、一单式信息填报和一次性信息审核三种功能。即申办业务的公众和企业只需在一个网络平台办理业务；只需填报一套表格，不需要向不同的部门填报不同样式的表格；对所报资料的真实性、准确性和完备性接受相关部门的一次性审核，不需要多次提出申请。从政府部门的角度出发，电子行政审批系统还需要实现不同部门之间的数据交换和信息交流，同时为避免行政审批权力自由裁量权过大甚至滥用，在审批的全过程都需要有相应的电子监察系统。因此，电子行政审批系统应该包括面向企业和公众的电子行政审批服务系统，面向政府内部工作人员的电子行政审批业务处理系统；不同部门间联合审批数据交换和协同审批系统；全过程监督的电子行政审批监察系统。电子行政审批监察系统一般设置在政府业务处理部门之外，是一个独立的系统，并与业务处理系统对接，便于相关部门监督。

电子行政审批服务系统主要是面向公众和企业提供网上审批服务，包括审批流程、材料、机构和相关法律法规在内的信息咨询；审批项目申办表格和相关资料的下载；在线申办项目、修改项目信息和项目撤销的项目办理；申报资格审核、材料审核、最终结果告知的信息反馈；在线调查、投诉建议、网上评议等的互动交流等。电子行政审批服务系统一般以统一的网上行政服务大厅或行政审批门户呈现，门户网站主要有网上咨询、办事指南、注册与认证、网上申报、表格下载、网上预审、办理进度查看、办理评价和意见反馈、审批公示和网上投诉等功能。对在网上行政服务大厅申办的材料，系统将做统一接件处理，接收区域内所有材料后，通过数据交换系统传递到相应的审批机构或审批业务处理系统（见表6.2）。

表6.2　电子行政审批系统的子系统及主要功能

子系统	主要功能
电子行政审批服务子系统	咨询服务、政策法规查询、表格下载、用户注册、项目审批、项目修改、项目撤销、网上收费、申报项目查询
电子行政审批业务处理系统	面向政府工作人员：项目受理、项目审核、意见反馈
	面向政府领导：分析统计
	面向监督部门：项目监督、项目催办
	通用功能：咨询服务、政策法规查询、信息服务
数据交换和协同审批子系统	数据交换、协同审批
电子行政审批监察（子）系统	实时纠错、预警监控、绩效评估、统计分析、公共服务

专栏6.11

成都武侯区推出3D虚拟实景行政审批政务大厅

2012年3月6日,武侯区正式推出全国第一个3D虚拟实景政务大厅。所谓3D虚拟实景政务大厅,即市民登录武侯区政务门户网站,点击进入3D虚拟实景政务大厅后,通过操作鼠标就可以在3D大厅找到所要办理事项的窗口。点击鼠标,一个虚拟的"诸葛亮"形象立刻前来服务,这是政务大厅的形象大使"亮亮",他将全程陪同引导用户办理手续。在上班时间,办事群众可与各个窗口的工作人员进行网上沟通,窗口的工作人员对群众提出的问题进行解答,帮助他们准备材料。下班以后,群众可以直接来到3D网上实景政务大厅,对所需办理事务的材料进行下载,提交预审材料。网上预审的出现,可以大大减少群众或企业因为材料准备而来回跑的问题。

电子行政审批业务处理系统主要面向政府内部工作人员在线办理审批事项。对于具体的办事人员,系统应具备项目预审、项目审批、项目查稿、意见反馈、现场勘查协作等功能。项目预审主要是对申报业务的用户进行资格审查,并对所提交材料的规范性和完整性进行审核,对符合规定的申请给予项目审批,对需要与其他部门协作的申请,则要通过预审的材料以业务流转的方式抄告或分配给相关部门,当一个部门审批完成后自动流转给下一个部门,直至推送给审批结果公示。最终审批结果将进行在线公示,公示期无异议的,予以办结,有异议的将反馈给办理审批业务的部门进行核实。对于政府部门的领导,则可利用系统的分析统计功能,分析一定时期内项目申办的数量、质量、实效、内容等,及时发现问题,辅助做出决策。系统还具有咨询服务、法律法规查询、综合查询服务、信息发送与接收等通用功能。整个业务处理的过程都面向监督部门,接收项目催办与监督,具有审批业务跟踪、审批流程监控、智能督办、投诉处理和审批业务考核等功能。因此,该系统可由窗口平台、独立部门审批平台、网上系统审批平台、三级联网审批平台、CA用户数字认证系统、电子签章系统、电子资料归档管理系统构成。此外,业务处理系统将在内外网同时运行,为实现审批业务的全网上办理,系统需要设置外网受理和反馈的接口,同时,为了保证网上业务处理的安全、保密,系统业务处理的功能要搭建在内网上,实现业务审批办理的核心功能。

数据交换和协同审批系统主要是面向不同行政部门间为协同办理项目而进行的数据交换,以及监督部门对业务处理部门行政审批过程监督的数据交换。从行政审批的协作性角度来看,可将行政审批的业务协作模式分为独立、并联、串联和混合四种审批模式。独立审批模式是指项目在某个职能部门内通过审阅申报的材料(或根据需要进行现场勘查)并按照相应的审批流程就可全部完成。并联审批模式是指项目需要多个部门配合审批,配合的方式可能是一家或多家作为前置部门。串联审批模式是指前置部门审批的结果将作为后置部门审批的依据。混合审批模式是指部分部门之间的审批可同时进行,而其他部门之间则互为前后置,共同组成审批流程。除了独立审批模式外,其他审批模式都需要进行数据交换,实现信息共享,并通过协同审批系统的不同部门共同处理审批业务。系统在技术上需要电子签章系统、电子公文交换系统、办公自动化系统的集成接口、数字证书、电子监察等技术的支持。

(三)行政审批电子监察系统

一般来说,一个完整的电子监察信息网络技术平台是由电子监察系统和综合监察系统构成的,前者是平台的核心部分,包含了电子监察的实时纠错、预警监控、绩效评估、统计分析、公共服务的功能。

电子监察系统的监察基础是各部门网上办公的系统,对行政审批电子监察系统而言,就是工商、卫生、质监等部门的网上行政审批系统,系统主要包括"受理—承办—审核—批准—办结"五个环节,电子监察系统在后台就这五个环节设置监察点,规定监察的具体标准,如时限、权限、程序等,并实现与行政审批系统数据的实时交换和自动采集,监测各部门执行操作的数据,一旦监测到的数据与预先设定的规范标准不一致,就发出警告,判定为可能的违规和违法行为。

监察机关接到警报后,要对相应的行为进行调查分析,具体核实后,责令相关部门限期整改,如拒不改正,或改正后仍不符合标准,就要对部门的主要领导者进行问责。目前我国各地方监察部门都实施先"黄牌警告"、后"红牌问责"的程序,即当发生违规行为的时候,电子监察系统会自动出示黄牌予以警告,提示相关责任人要纠正错误行为,当黄牌无效时,系统会出示红牌,监察部门介入追究具体人员的责任,电子监察系统在实时监控的同时也发挥了预警纠错的功能。

即使在监察过程中没有发现任何违法违规的行为,电子监察的数据结果也可以被运用到绩效考评及效能监察之中,系统可按照设定的时长,定期对各部门进行绩效排名。每月汇总统计当月各部门办件绩效(数量、质量、办结率、满意度、时限),由电子监察系统自动生成各单位排名,对排名靠后、工作绩效不高的部门,启动绩效问责机制。同时,把电子监察结果纳入各部门年度目标考核。这是电子监察系统后台运作的机制,在前台,行政审批通过行政服务大厅统一为公民、企业和其他社会组织服务提供行政许可、行政确认等服务,各个部门的行政审批系统统一联网到行政服务大厅,由大厅工作人员对外提供受理审批申请、流转申请以及办结申请等服务。不仅他们的工作内容和操作程序要接受电子监察系统的监控,他们的服务态度也要受视频监控系统的监督。

此外,为了弥补电子监察系统的技术盲区,有的地方还辅以综合监察系统,政府领导、人大、政协可以通过综合监察系统对具体事项行使督办、建议和提案的权力,监督具体执行部门的行政行为。有的地方则辅以效能监察,监察人员采用明察暗访、模拟办事、在线监察等方式,定期或不定期对上述部门进行督查。此外,监察部门通过行政监察网站,尽量将监察的过程和结果在网上公开,如预警信息、违规记录、提前办结率、网上评估、业务办结情况等,实行行政权力阳光化运行,同时还为公众提供各种便民的查询服务,接受公众监督(见图6.7)。

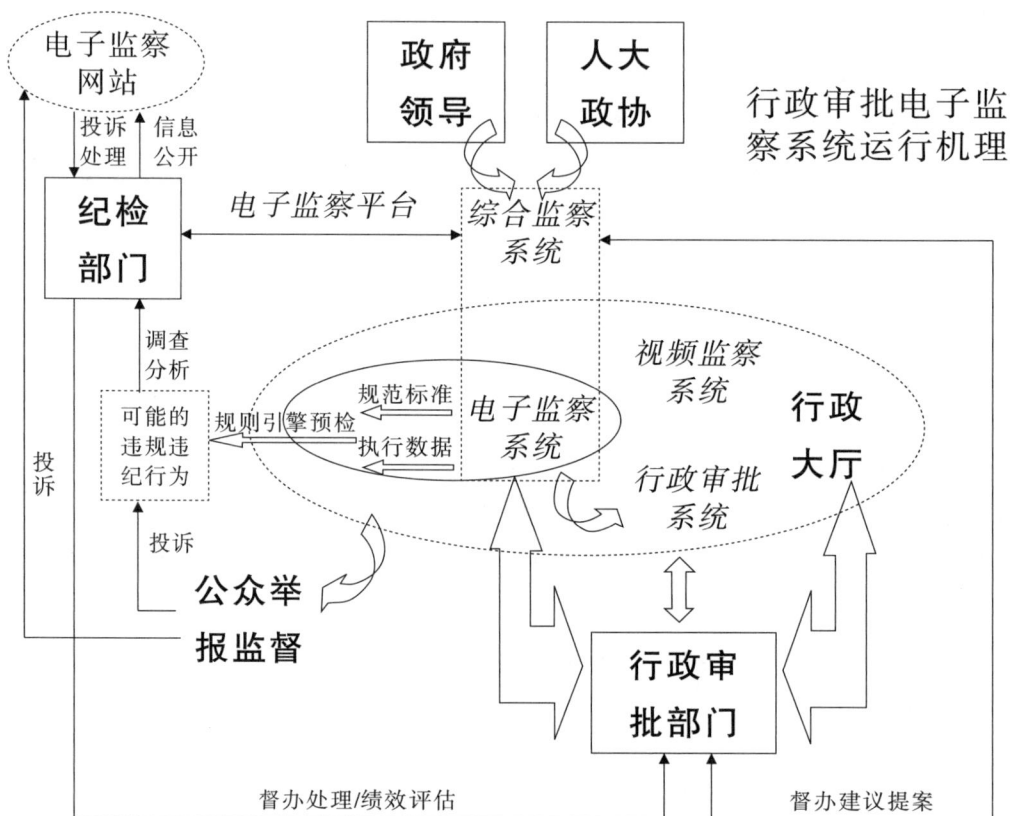

图6.7　行政审批电子监察系统运行机理图

三、电子行政审批业务处理子系统的流程设计

(一)独立审批的流程设计

行政审批按照协作模式可分为独立审批、串联审批、并联审批和混合审批,根据不同的审批模式,电子行政审批系统的流程类型也可这样划分。

独立审批流程一般包括受理、承办、审核、核准、收费、办结和发证七个环节。企业或公众作为申办人,按照业务流程指南填写和提交申报材料,政府部门内的业务处理人员核对申报材料,如果材料齐全,便进入承办环节,如果材料不齐全,则网上反馈给申办人补充材料。由于是部门独立办理,在承办环节只须受理部门单独审核项目,受理人将根据申办项目的性质和类型等在网上流转给承办人,承办人审核项目资质,符合要求的,予以核准,不符合要求的,网上反馈给申办人。核准后,如果需要收费,则通过银行系统转账,不需要收费的项目,直接办结并颁发证书(见图6.8)。

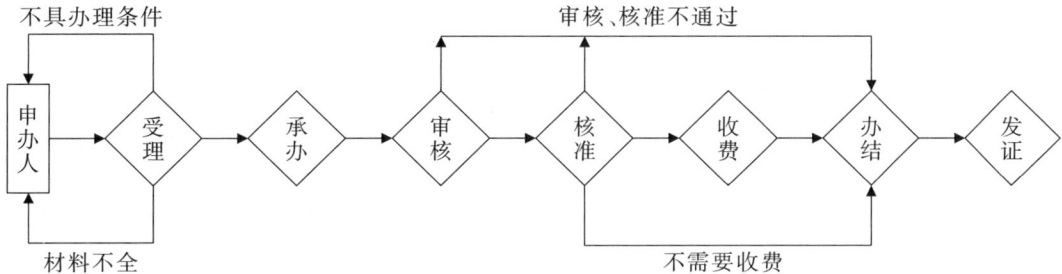

图6.8　独立审批流程图

(二)串联审批的流程设计

串联、并联和混合审批是多个部门联合处理行政审批事项,牵涉多个部门同时处理,处理过程相对比较复杂。

串联审批属于简单的跨部门审批事项。申办人只需要根据业务流程指南,在统一的电子行政审批服务系统或门户平台上申报相关资料,就可以取得所需业务事项的审批结果。在审批过程中,有关前置部门生成的审批结果等信息在数据交换系统可以自动提供给下一个审批部门,部门间审批由前部门审批结束后通知申办人转入下一个部门审核。在审批流程中,审批的环节不变,只是在审核环节会依次由串联部门先后办理后,才能转入核准办结环节。

在串联审批中,不仅有同级政府部门之间协同办理审批事项,而且还涉及上下级部门之间的协同,如县、市两级政府部门串联办理审批事项,上下级部门之间联合审批能够进一步共享信息,免去多重的数据交换,简化两级联动审批的程序。以县、市两级为例,联合审批的流程如下:首先,各县、市有关部门同时使用业务处理系统办理事项的申请。其次,县级部门在业务处理系统审批后,将需各市直部门继续审批的事项通过数据交换系统发送至协同审批系统,系统根据市、县串联审批流程将其转发给对应部门审批系统审批。需补交纸质文件的,由系统通过短信等形式通知申请人递交到指定部门窗口。最后,各市直部门审批后,通知申请人直接取证或将审批结果发送回县级审批系统,由县级审批部门授权发证。

(三)并联审批的流程设计

并联审批的业务流程应对外形成以牵头部门为基础的单一联办件,即一个联办件由主办部门牵头并拆分为多个独立的审批事项,由主办部门和协办部门各自独立完成,在保证并联审批件完整性的前提下,通过对各个部门独立的审批事项时限的要求,缩短联审事项的审批时间。在审批流程中,并联审批在独立审批的流程上,增加联办环节,如果需要联合办理,则系统流转到协办部门,主办部门和协办部门可同时审批申请事项,当所有并联审批部门完成受理,则由主办部门核准办结。对于重大投资项目、企业登记注册等复杂的跨部门审批事项,需在协同审批平台中事先制定调度流程,根据流程控制其在相关前置和后置部门间的流转,从而减少申请人上网的次数(见图6.9)。

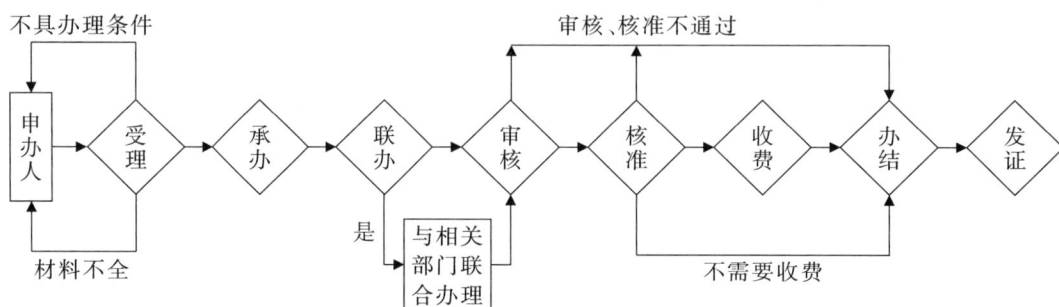

图6.9 并联审批流程图

在并联审批中,协同审批系统是整个平台的重点应用系统之一,运用信息和通信技术,对受理、承办、审核、批准、办结等行政审批过程的手段、方法以及流程进行改造和整合,从而构筑行政审批管理新平台。具有审批权限的审批工作人员进入系统后,可以看到来自互联网和服务大厅窗口用户的申请,相关单位的工作人员只能看到与该单位审批工作有关的审批申请。工作人员审阅上报材料并进行审批,如果审批通过,系统自动把审批结果通过多种方式反馈给申报者及下一个审批环节的相关人员;如果审批不通过,则返回给申报者相关的审批意见。在跨部门审批方面,设计了"一处受理,自动抄送""预先通知,预先介入"流程,以有效降低审批时长。同时,将允许同步审批的内容,采用并联方式进行审批。系统自动推送前置部门的相关受理、结果证照等信息,以及审批动态图给后置部门,实现链条上审批部门间的信息实时共享,从而尽可能地减少申报人重复递交纸制文件的份数,来往跑路的次数以及政府工作人员重复录入文件的工作量。

小　结

G2B电子政务就是政府对企业的电子服务。通过G2B电子政务建设,可以提升政府的服务质量,电子税务、电子行政审批、政府电子采购、电子外经贸管理、中小企业电子服务等是G2B电子政务的主要形式。

电子税务既能为纳税人提供优质的服务,同时又能利用现代化的管理体制,对纳税人和税务机关内部实施科学管理。电子税务的服务形式有电子登记、电子报税、电子审批、电子稽查、电子发票、电子行政复议、税收服务电子化。实施电子税务能提高税收征管效率，降低税收征纳成本，有利于税务部门决策的科学化、民主化。目前的电子税务系统建立在金税三期工程的基础上，主要包括四个系统和一个统一平台电子税务局，即税收业务征管系统、税务行政管理应用系统、外部信息交换应用系统、决策支持管理应用系统、电子税务平台。电子税务申报系统的功能模块可依据其服务对象和主要目标进行设计。

政府电子采购是政府部门通过信息技术，特别是互联网技术，以电子招标或电子购买的方式，与供应商交易货物、工程和服务等的行为。政府电子采购兼具政府采购和电子商务的特征。前者包括全球性、全时性、集合性、即时性、互动性和有效性等特征；后者包括主体特定性、资金来源公共性、目的非营利性、对象广泛性、政策导向性、行为法定性和过程公开透明等特征。政府电子采购能够提高政府采购效率，降低采购成本，扩大采购范围等。我国政府电子采购系统是财政部建设的全国政府采购管理交易系统。全国政府采购管理交易系统建设的主要内容是：一个标准化体系、两个业务处理平台、四个共享基础数据库、八个主要子系统。根据网上招投标的业务流程设计，招投标平台功能模块综合构成有企业网上注册、招投标交易项目管理、网上支付工本费和投标保证金及退保、短信自动发送系统四大功能模块。

电子行政审批，又称网上行政审批，是指政府部门运用现代信息技术，在网上公开审批信息、统一受理公众申请、办理审批事项、实行在线反馈，并实时、同步、全程化监察网上行政审批行为。电子行政审批有利于加强权力监督制约，防止以权谋私，同时有利于推动我国电子政务的发展。电子行政审批系统包括审批服务系统、审批业务处理系统、数据交换和协同审批系统、审批监察系统。一个完整的电子监察信息网络技术平台是由电子监察系统和综合监察系统构成的，前者是平台的核心部分，包含了电子监察的实时纠错、预警监控、绩效评估、统计分析、公共服务功能。电子行政审批系统可以根据不同部门之间的协作模式分为独立审批、串联审批、并联审批和混合审批，应根据不同模式设计相应的流程。

关键术语

G2B电子政务；电子税务；电子税务系统；政府采购；政府电子采购；全国政府采购管理交易系统；行政审批；电子行政审批；独立审批；串联审批；并联审批；混合审批

课堂讨论

1. 虚拟考察中国政府采购网，讨论我国政府采购门户网站的功能以及在政府电子采购系统中的作用。

2. 分组讨论如何设计混合审批的流程？

练习与思考题

1. 阅读案例《路桥税务：从"少跑腿"迈向"零跑腿"》，思考电子税务局的作用。

2. 阅读案例《江苏打造"放管服"升级版实现"不见面审批"》，思考电子行政审批系统如何支持"不见面审批"改革。

3. 简述 G2B 电子政务的形式和作用。

4. 简述电子税务的形式和作用。

5. 简述电子税务系统的构成。

6. 简述电子税务申办子系统的模块。

7. 简述政府电子采购的特征和作用

8. 简述政府电子采购系统的构成。

9. 简述政府电子采购招投标流程和功能的设计。

10. 简述电子行政审批的发展阶段和作用。

11. 简述电子行政审批系统的构成。

12. 简述独立审批、串联审批和并联审批的流程设计。

案例 1 路桥税务：从少跑腿迈向零跑腿①

2019 年以来，浙江台州市路桥区税务局不断深化"最多跑一次"改革，积极探索、细化电子税务局推广应用工作方案，建立电子税务局体验中心，加强数据集中处理，开展网格化区域推广，网上办税业务量逐月上升，办税效率大大提高，基本实现了"让数据多跑路，让群众少跑腿，甚至不跑腿"的目标。

路桥区电子税务局推广应用工作开展得比较早，也探索出了一套行之有效的工作方法。主要围绕知晓度、体验度、精准度、快速度，提高纳税人的满意度和获得感。

1. 全方位宣传提升电子税务局知晓度

市民走进路桥区税务局，在办税服务厅和电子税务局体验中心的显眼区域，能看到一本《电子税务局常用业务操作手册》和分事项的《电子税务局操作指南》折页。通过它们，能轻松上手税费常规申报、发票代开申请等业务操作。税务局编印操作手册、折页，在方便纳税人办税的同时，也可以提升市民对电子税务局的知晓度。目前，通过办税服务厅和体验中心发放各类宣传资料 8500 多份。

路桥区税务局还抽调业务骨干，组建了 10 支推广宣讲队，根据不同群体量身定制简单易懂的操作指南和培训教程，深入企业、市场、行业协会等，广泛开展宣讲与现场演示。该

---

① 黄方考：《路桥税务：从"少跑腿"迈向"零跑腿"》，《台州日报》2019 年 2 月 16 日，第 9 版。

局已将电子税务局业务列入新办纳税人培训必学课程,从源头上提高应用普及率。2019年以来,该局已开展各类辅导培训58场,参加学习的相关人员达4900多人次。

除了线下的宣传辅导,线上宣传推广也在同步进行。税务局将《电子税务局操作指南》转换成二维码,通过税企微信群、税企邮箱推送。同时,在"丁税宝—征纳沟通平台"开设"云课堂",精心录制操作培训小视频和课件,指导纳税人学习。此外,还建立了税企互动平台,实时解答纳税人应用中遇到的各类问题。

企业办税员是路桥区税务局电子税务局的最直接受益者,办税员可以在公司直接利用电子税务局申请发票邮寄,上午提交的申请,当天下午就能收到税务局寄来的增值税专用发票,基本做到不出门就完成办税业务。

2. 全功能设计增强纳税人体验度

2019年1月,路桥区税务局开辟200平方米专属区域,建成全省首个24小时电子税务局体验中心。该体验中心内设电子税务局操作体验区、自助办税终端区、需求响应区、税鸟学堂和休息区五大功能区块。

其中,改造后量身定制的14台新功能自助办税终端"一体机",在全省首次实现税控设备发行、增值税电子发票查询打印、纳税申报、完税证明查询打印等7项新功能业务。

台州市万和物业管理服务有限公司职员郑娅萍,主要从事税务代理业务,她说,以前为新办企业初次申请发票,需要到办税服务大厅窗口排队办理,需要花费大半天时间。现在可以通过网上电子税务局直接办理新办纳税人套餐,再到自助终端机上进行税控设备发行,前后加起来不超过1小时。

电子税务局运行后,各项业务办理耗时均比服务大厅人工窗口办理大大缩短,由原先单项办理耗时10分钟以上压缩至2分钟以内。由于办税方便快捷,能满足个性化需求,越来越多的企业和个人选择到体验中心自助办理有关业务。

数据显示,2月份,日均来体验中心办理业务感受体验的有270人次左右,自助办税终端共办理各类业务5960笔,而当地办税服务厅人工窗口业务办理量则环比下降了近4成。

3. 全流程梳理提高推广应用精准度

3月15日,台州市深化电子税务局推广应用现场会在路桥召开。与会人员到路桥区税务局办税服务厅参观,结果发现只有4个纳税人在人工窗口办理相关业务。服务大厅窗口的"冷清",与电子税务局的推广应用是分不开的。大家都在网上或手机上办税了,来窗口办事的人自然就少了。

去年国地税合并后纳税户骤增,办税服务厅压力很大,窗口排队拥挤现象非常普遍。为了方便群众办事、提高办税效率,路桥区税务局从去年下半年开始重点探索、推广电子税务局。

为了提高推广应用的精准度,路桥区税务局对涉税业务流程进行了全面梳理,逐项模拟操作电子税务局纳税人端的263项业务,整理分类出常办业务194项、特殊业务69项。并综合实际情况,建立了动态的"重点推广项目清单"和"引导推广项目清单"。目前纳入"重点推广项目清单"的共有70项,都是一些业务量大、易操作、使用频率高、范围广的项目。这些项目限期推广后,原则上要求必须通过电子税务局办理。据统计,2月份,该局重点推广项目办理量达44492笔,占网上办税总量的75%。那些不易操作、使用频率低、范围小的项目(目前有20项),则被纳入"引导推广项目清单",逐步引导纳税人转为电子税务局办理。

同时,根据确定的"重点推广项目清单",逐项分析前期办理这些项目业务的对象群体,筛选出上门办理频率高的纳税人名单,确定重点推广对象,采取上门辅导或电话、短信等方法提示纳税人通过电子税务局办理。

此外,加强电子税务局注册用户数据分析监控,动态掌握应用效果和推广进度,依据用户使用频率分类出"活跃用户、沉闷用户、流失用户",对后二类用户采取针对性个性化的宣传辅导策略,提高用户使用率。2月份,重点推广对象名单中的纳税人,有2055户(占36.7%)已开始使用电子税务局,新增网上办理业务3600笔。

4. 全集成处理保障业务办理快速度

如果说线下的电子税务局体验中心让企业实现自助网上服务,那么线上的电子税务局则让企业有关人员办税可以实现"足不出户"。

目前,路桥区的电子税务局已开通289项业务,涵盖了大部分的涉税事项。企业办理申报纳税、退税,缴纳税款,领购发票和证明出具等事项都可以在网上完成。税务部门还提供EMS免费邮寄发票服务。电子税务局推广应用后,大量简单机械性业务分流到网络办理,办税服务大厅的工作压力明显减轻,后台数据处理的工作量则急剧上升。

路桥区税务局已减少人工窗口人员12人,其中6人转为电子税务局数据集成处理,组建电子税务局数据处理中心,实行全区域集中受理、全流程集成处理,对接响应电子税务局纳税人端发起的业务流。数据处理中心主要从事网上申领(代开)发票邮寄等电子税务局税务端日常事务处理,以及税(费)业务综合协调、纳税人需求管理、业务咨询等工作职责。

路桥区税务局将电子税务局税务端日常事务处理,按业务关联性和业务量分为六大岗位模块,明确人员职责,提升后台数据处理效率。2月份,电子税务局办理发票申购相关业务1500多笔。同时,建立线上与线下无缝对接的快速响应机制,设立公开咨询电话,制定《发票(涉税文书)邮寄服务质量安全管理制度》《电子税务局业务流操作处理办法》《电子税务局工作督查考评制度》等制度,实现纳税人网上申购发票业务1小时内(工作日)完成邮寄发单、纳税人咨询需求当即响应、需人工录入系统的业务流30分钟内完成,为确保电子税务局各项业务高效运行、安全可控提供了制度保障。

随着企业网上办税、自助办税的增多,人工窗口办理的业务量出现锐减。路桥税务部门在对2019年前两个月的办税业务进行统计时发现,全区月平均办理总业务量5.9万笔,人工窗口仅办理4000笔左右,其余都通过自助终端机和电子税务局办理。自路桥区税务局推广电子税务局以来,目前通过电子税务局办理的业务量达到总业务量的93%以上。办税服务厅窗口拥挤现象消失,纳税人办税从"少跑腿"逐步迈向"零跑腿"。

案例2　江苏打造"放管服"升级版实现"不见面审批"[①]

江苏在推动"不见面审批(服务)"改革的过程中,注重审批全链条的整体推进,通过突破重点、攻关难点,最终形成改革的集成效应。"网上办"是"不见面审批(服务)"实现的主要形式;不能"网上办"的,通过代办制、快递送实现"不见面、集中批、联合审、区域评",能够最大限度地优化审批流程、推进信息共享,最大限度地减少需要见面的事项和环节,是实现"不见面审批(服务)"的重要举措。这些方面相互影响、相互促进,是全方位推进"不见面审批(服务)"改革的有机整体。

加快推进全程网上办理,变"面对面"为"键对键"。为加快推进"不见面审批服务(改革)",认真抓好江苏政务服务"一张网"建设,将全省13个设区市、96个县(市、区)和省直65个部门的政务网整合成全省统一的政务服务网,实现政务服务信息系统互联互通,打通"围墙",由分散的、独立的政务服务信息系统变成互联互通、业务协同、信息共享的"大平台"。2017年6月28日,江苏政务服务网正式上线运行。目前,省、市、县三级绝大多数审批服务事项都能够网上办理。南通市以政务服务网国税旗舰店为依托,以江苏电子税务局为平台,推出8大类200余项线上服务,行政许可事项办理全面实现"不见面",其他服务事项线上办理率达到80%。2017年4月,南京市栖霞区率先启动"不见面审批"工作,通过市场主体"不见面审批系统",仅用20分钟就办出全国第一张"不见面"营业执照,并通过快递直接送达本人。无锡市住房公积金管理中心与腾讯合作开发"实名+刷脸"的身份认证系统,在省内率先实现在线认证,申请人不用到柜台当面签订协议即可完成身份认证。

积极推动集中高效审批,变"多枚章"为"一个章"。在首批南通、苏州工业园区、淮安盱眙县、盐城大丰区4个国家级试点的基础上,2017年在苏州、无锡等4个设区市和南京江北新区、张家港、江阴等7个县(市、区),南京经济技术开发区等19个省级以上开发区开展第二批改革试点工作。全省共有5个设区市、17个县(市、区)、27个开发区成立了行政审批局,实现了13个设区市全覆盖。试点地区按照"撤一建一"的原则组建行政审批局,将市场准入、投资建设、复杂民生办事等领域的行政许可权划转至行政审批局行使,实现相关领域"一枚印章管审批"。当前,第三批试点工作也在有序开展。

大力推行联合评审,变"接力跑"为"齐步走"。省政府办公厅出台建设项目"多评合

① 俞军:《不见面审批:行政审批制度改革的"江苏品牌"》,《群众》2018年第10期。

一""多图联审"的指导意见,全省工业生产建设项目基本实现7个工作日完成审图,40个工作日完成评估。截至2018年4月,全省建设项目开展多图联审项目达6865件,多评合一项目达1030件。泰州市推动"大数据O2O审图云平台"建设,实现"网上办、联合审、不见面"审图新模式。目前,共受理审图项目1578个,完成闭合审查项目数1367个,为企业节约直接投资成本1000万元以上,节约工作时间在5000个工作日以上。巨腾电子科技(泰州)有限公司管理部负责人介绍:"巨腾二期项目,建筑面积15万平方米,施工图纸有近千张。通过审图平台上报之后,只用了12天,就完成了图纸审查,提高了效率,加快了建设进度。"

积极探索区域评估试点,变"独立评"为"集中评"。省政府办公厅出台《以"区域能评、环评+区块能耗、环境标准"取代能评环评工作机制试点工作的方案》,在环评、能评、安评等方面,探索开展区域评估,取代区域内每个独立项目的重复评价。连云港连云区通过政府买单、企业共享,投入110多万元编制了连云经济技术开发区地质灾害危险性评估、社会稳定风险评估、地下水水质监测等区域性评估报告,评估结果由开发区内项目全部共享使用,节约了项目落地时间,减轻了企业负担。截至2018年4月,全省建设项目开展区域评估达184件。

全面推行企业投资"代办制",变"企业办"为"政府办"。在全省开发区、高新区、乡镇(街道)率先推行企业投资建设项目"全程代办"制度,由各地公布代办事项目录,组建专业化代办队伍,为企业提供无偿帮办服务。截至2018年4月,全省代办项目达到8964件。南京市江宁区首创"预审代办"制度,全区总投资1047亿元的113个项目,节约4亿多元成本。南通市在全市101个街道(乡镇)全部组建代办队伍,普遍建立首问负责、限时办结、服务承诺等代办制度,为群众免费跑腿,2017年共代办投资建设项目1500多件。

加快推行审批结果"不见面"送达,变"少跑腿"为"不跑腿"。江苏邮政EMS快递服务已进驻全省121个政务服务中心,实现省、市、县三级政务服务中心全覆盖。群众和企业可自主选择政务服务办理材料上门快递揽收和办理结果快递送达服务。2018年以来,全省各级政务服务中心寄递审批结果150.6万件。连云港灌南县国税局积极推动税务发票区域集中配送,自2017年6月以来,已经有9767户次的纳税人从中受益,占领用发票纳税人总户次的70.64%。江苏汤沟两相和酒业有限公司财务总监介绍,实行发票区域集中配送以来,他再也不用为安排人员去县国税局办税服务厅领发票而发愁,腾出了人手,节约了办税成本。

实验操作1 电子报税

(1)进入"网上办税—企业所得税",选择"企业所得税",点击"确定"(见图6.10)。

XX省国家税务局网上办税服务厅
XX Provincial Office.SAT

欢迎道林纸业有限公司！

选择纳税所属期间：2016-10-01 　 至 2016-12-01

我要申报：○增值税　●企业所得税　○营业税　○消费税　○其他税种

纳税人识别号：	459555212254422
纳税人名称：	道林纸业有限公司
法定代表人：	王伟
行业：	纸业
登记注册类型：	民营企业
主管税务机关：	南京鼓楼分局
登记日期：	2002年06月07日

确定

图6.10　网上办税页面截图

（2）填写报表，完善所得税申报表，完成后，点击"正式提交报表"。确认信息，点击"确定"。

（3）报表提交后，缴纳公司所得税，点击"缴费"，确认缴纳（见图6.11）。

XX省国家税务局网上办税服务厅
XX Provincial Office.SAT

欢迎道林纸业有限公司！

——所属期间201701 应该申报报表列表——

全选	申报编号	报表名称	申报日期	报税状态	缴费状态
☑	12315445486545	企业所得税季度预缴纳税申报表	2017-01-09	已申报	未缴费
☐	15642313165465	企业所得税年度预缴纳税申报表	2017-01-08	已申报	已缴费
☐	46467845598484	企业基础信息表	2017-01-08	已申报	已缴费
☐	--	企业本期利润表	--	未申报	未缴费
☐	--	企业资产负债表	--	未申报	未缴费

纳税人识别号：	459555212254422
纳税人名称：	道林纸业有限公司
本期应缴企业所得税费：	壹拾万元整（100000.00）
委托代缴税费银行信息：	● 中国银行　156464763513213542 ○ 建设银行　156464763513213542

缴费

图6.11　企业所得税缴费页面截图

（4）查看已提交的报表，点击"查看报表"（见图6.12和图6.13）。

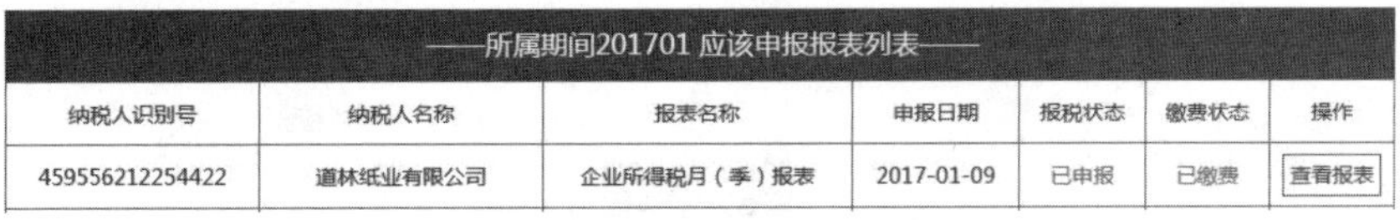

——所属期间201701 应该申报报表列表——

纳税人识别号	纳税人名称	报表名称	申报日期	报税状态	缴费状态	操作
459556212254422	道林纸业有限公司	企业所得税月（季）报表	2017-01-09	已申报	已缴费	查看报表

图6.12　企业所得税查看报表页面截图

中华人民共和国企业所得税季度预缴纳税申报表(A类，2015年版)

税检所属期间： 2016-10-01 至 2016-12-01

纳税人识别号： 459556212254422

纳税人名称： 道林纸业有限公司　　　　　　　金额单位： 人民币元(列至角分)

行次	项目	本期金额	累计金额
1	一、按照实际利润额预缴		
2	营业收入	300000.00	1625000.00
3	营业成本	150000.00	265000.00
4	利润总额	75000.00	1061000.00
5	加：特定业务计算的应纳税所得额	50000.00	50000.00
6	减：不征税收入和税基减免应纳税所得额	2000.00	2000.00
7	固定资产加速折旧（扣除）调减额	40000.00	40000.00
8	弥补以前年度亏损	8000.00	168000.00
9	实际利润额（4行+5行-6行-7行-8行）	75000.00	901000.00
10	税率（25%）	25%	25.00%
11	应纳所得税额（9行*10行）	18750.00	225250.00
12	减：减免所得税额	2000.00	2000.00

图6.13　企业所得税报表详细信息页面截图

（5）催缴未缴纳和未申报项目,点击"催办",填写催办通知单（见图6.14和图6.15）。

纳税人识别号	纳税人名称	报表名称	申报日期	报税状态	缴费状态	操作
459556212254422	道林纸业有限公司	企业所得税月（季）报表	2017-01-09	已申报	已缴费	查看报表
78946546515	舆图轮胎有限公司	企业所得税月（季）报表	2017-01-07	已申报	未缴费	已催办
56123446514	唯独纸业有限公司	企业所得税月（季）报表	--	未申报	--	已催办
45648796662	美研化妆品有限公司	企业所得税月（季）报表	--	未申报	--	催办
87455616998	七只羊精品肉有限公司	企业所得税月（季）报表	2017-01-02	已申报	未缴费	催办

所属期间201701 应该申报报表列表

下一步

图6.14　××省国家税务局网上办税服务厅企业所得税催办表页面截图

催办通知单

催办单位： 舆图轮胎有限公司

催办内容： ☑企业所得税报表　☑税费

催办原因： ☑逾期未申报　☑逾期未缴费

要求： 请该公司按照要求于本月30号之前，完成申报并缴税，以免影响业务开展。

×× 国税局

发送

图6.15　××省国家税务局网上办税服务厅企业所得税查催办通知单页面截图

（6）查看企业纳税凭证，确认信息后，点击"提交"（见图6.16）。

图6.16 企业所得税纳税凭证页面截图

实验操作2 政府电子采购

（1）进入"政府采购招投标—公开招标"，查看采购计划表，确认政府采购计划下达函，点击"确定"（见图6.17）。

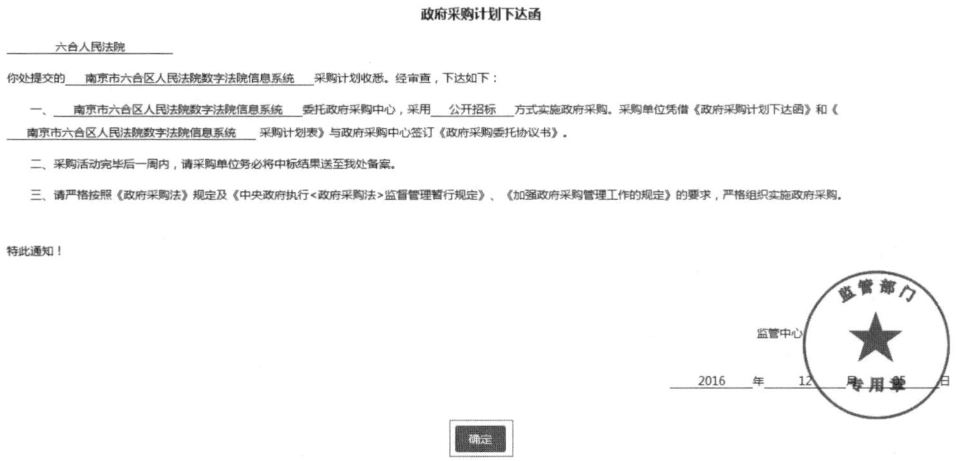

图6.17 政府采购计划下达函页面截图

（2）了解招标具体信息，下载招标公告、投标人须知、采购项目内容与要求、技术和商务要求、企业资质要求、采购合同和投标文件，查看评分说明，点击"提交"（见图6.18）。

* 技术和商务要求
请根据本次招投标项目制定技术和商务要求

技术和商务要求.docx
下载

* 企业资质要求
请选择投标企业的资质要求
ISO9001质量管理体系认证证书

* 采购合同
请根据本次招投标项目制定采购合同

采购合同.docx
下载

* 投标文件
请根据本次招投标项目制定投标文件，投标文件一般包括《投标函》、《投标报价表》、《技术要求响应表》、《商务要求响应表》、《投标人资质证明文件》等

投标文件.docx
下载

* 评标标准

包编号	包名称	评分说明
第1包	数字化法院信息系统	查看

提交

图6.18　招标信息页面截图

（3）查看招标公告，编辑标书费用和履约保证金。确认后，点击"发布"（见图6.19和图6.20）。

二、招标文件发布信息
1、招标文件发布时间：　2016年12月05日
2、招标文件发布方式：见政府采购中心招标网
3、招标标书费用：　300　元
4、招标项目履约保证金：　20000　元
5、其他有关事项：无

图6.19　招标文件发布信息页面截图

六、本次招标投标保证金
1、投标保证金金额：　贰仟伍佰元整　人民币
2、户名：政府采购中心
3、开户行：6225 4102 4568 4578 25
4、账号：中国工商银行
5、其他有关事项：无

七、其他说明事项（无）

2016　年　12　月　5　日

发布

图6.20　招标投标保证金页面截图

（4）审核供应商信息，查看供应商信息，进行审核。全部审核完成后，点击"确定"（见图6.21）。

资格审核

税务登记证：

企业资质：　ISO9001质量管理体系认证证书

* 审核结果

　　◉ 通过　　　○ 不通过

取消　　**确定**

图6.21　资格审核页面截图

（5）保证金管理，应标公司已缴费，点击"确定"（见图6.22）。

GP-20161205-0001 南京市六合区人民法院数字法院信息系统

企业名称	所投包编号	包名称	项目联系人	缴费日期	费用（元）		缴费状态
安徽联宏自动化系统工程有限公司	第1包	数字化法院信息系统	周波华 13852014179 Lh@163.com	2016-12-05	投标保证金 标书费用 履约保证金	2500 20000 300	已交
江西一诺股份有限公司	第1包	数字化法院信息系统	徐圈 13511583396 inock@vip.163.com	2016-12-05	投标保证金 标书费用 履约保证金	2500 20000 300	已交
上海百纳环境工程有限公司	第1包	数字化法院信息系统	蔡长根 13914131215 jsbnhb777@163.com	2016-12-05	投标保证金 标书费用 履约保证金	2500 20000 300	已交

确定

图6.22　保证金管理页面截图

（6）标书管理，点击"开标"（见图6.23）。

GP-20161205-0001 南京市六合区人民法院数字法院信息系统

第一包 数字化法院信息系统			开标
企业名称	项目联系人	提交日期	状态
安徽联宏自动化系统工程有限公司	周波华 13852014179 Lh@163.com	2016-12-05	已提交
江西一诺股份有限公司	徐圈 13511583396 inock@vip.163.com	2016-12-05	已提交
上海百纳环境工程有限公司	蔡长根 13914131215 jsbnhb777@163.com	2016-12-05	已提交

确定

图6.23　标书管理页面截图

（7）公司提交投标文件，点击"确定"（见图6.24）。

图6.24 公司提交投标文件页面截图

（8）选择评标专家，点击"发送邀请函"，邀请专家（见图6.25和图6.26）。

图6.25 评标专家页面截图

图6.26 评标邀请函页面截图

（9）专家评完标，对中标单位进行授权，点击"授权"，提交中标信息（见图6.27和图6.28）。

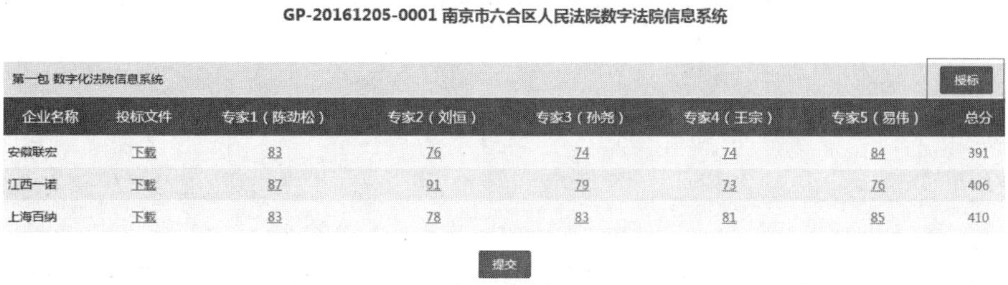

图6.27 专家授标表页面截图

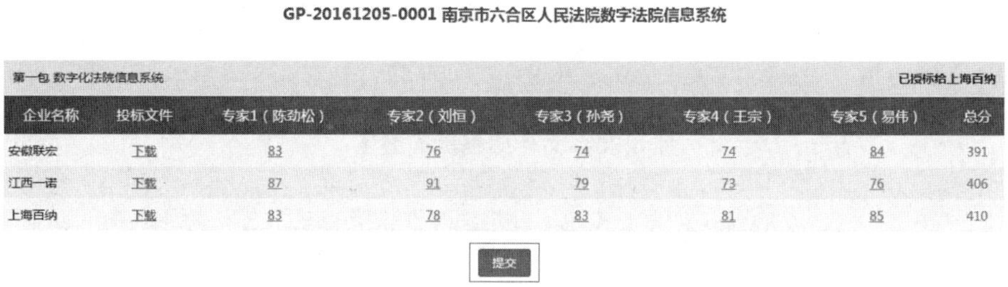

图6.28 中标结果页面截图

（10）发布中标公告和中标通知书，点击"发布"（见图6.29）。

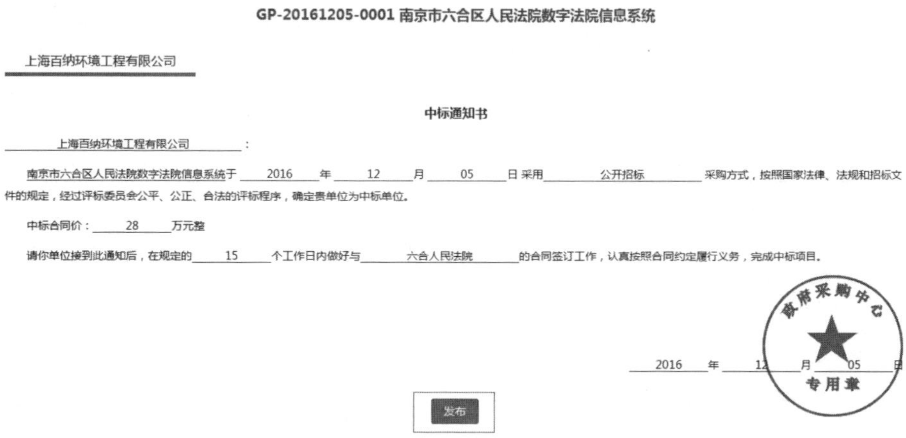

图6.29 中标通知书页面截图

（11）未中标单位退还保证金，点击"退还全部保证金"。

（12）下载中标单位招标文件，对所有信息进行归档（见图6.30）。

GP-20161205-0001 南京市六合区人民法院数字法院信息系统

投标保证金

企业名称	所投包编号	包名称	投标保证金（元）	项目联系人	缴费日期	状态
安徽联宏自动化系统工程有限公司	第1包	数字化法院信息系统	2500	周淑华 13852014179 Lh@163.com	2016-12-05	未退还
江西一诺股份有限公司	第1包	数字化法院信息系统	2500	徐鹏 13511583396 inock@vip.163.com	2016-12-05	未退还
上海百纳环境工程有限公司	第1包	数字化法院信息系统	2500	蔡长根 13914131215 jsbnhb777@163.com	2016-12-05	未退还

履约保证金

企业名称	所投包编号	包名称	履约保证金（元）	项目联系人	缴费日期	状态
安徽联宏自动化系统工程有限公司	第1包	数字化法院信息系统	300	周淑华 13852014179 Lh@163.com	2016-12-05	未退还
江西一诺股份有限公司	第1包	数字化法院信息系统	300	徐鹏 13511583396 inock@vip.163.com	2016-12-05	未退还
上海百纳环境工程有限公司	第1包	数字化法院信息系统	300	蔡长根 13914131215 jsbnhb777@163.com	2016-12-05	未退还

图6.30　文件归档页面截图

实验操作3　电子行政审批（企业注册登记）

（1）进入"行政审批—企业注册登记"，办理企业注册登记，了解办事指南（见图6.31）。

网上办理　　表格下载　　办事指南

我需要具备的条件　　我需要具备的材料　　我想知道办理流程　　我想了解法律依据　　我想了解收费标准

● **1、申办条件**

（1）申请设立有限责任公司应当具备的条件
1、股东人数为50人以下；
2、有符合公司章程规定的全体股东认缴的出资额；
3、股东共同制定公司章程；
4、有公司名称，建立符合有限责任公司要求的组织机构；
5、有公司住所。
（2）申请设立一人有限责任公司应当具备的条件
1、股东为一个自然人股者一个法人。一个自然人只能投资设立一个一人有限责任公司。该一人有限责任公司不能投资设立新的一人有限责任公司。一人有限责任公司应当在公司登记中注明自然人独资或者法人独资，并在公司营业执照中载明。
2、有公司名称；
3、有公司住所；
4、一人有限责任公司章程由股东制定。

● **2、申办材料**

有限责任公司设立登记提交材料规范
1、公司法定代表人签署的《公司登记（备案）申请书》。
2、《指定代表或者共同委托代理人授权委托书》及指定代表或委托代理人的身份证件复印件。
3、全体股东签署的公司章程。
4、股东的主体资格证明或者自然人身份证件复印件。
股东为企业的，提交营业执照复印件；股东为事业法人的，提交事业法人登记证书复印件；股东为社团法人的，提交社团法人登记证复印件；股东为民办非企业单位的，提交民办非企业单位证书复印件；股东为自然人的，提交身份证件复印件；其他股东提交有关法律法规规定的资格证明。
5、董事、监事和经理的任职文件及身份证件复印件。
依据《公司法》和公司章程的有关规定，提交股东会决议、董事会决议或其他相关材料。股东会决议由股东签署，董事会决议由董事签字。依据《公司法》和公司章程规定有职工董事和职工监事的，提交职工民主选举的证明，设立监事会的，应当提交股东会主席的任职证明。
6、法定代表人任职文件及身份证件复印件。
根据《公司法》和公司章程的有关规定，提交股东会决议、董事会决议或其他相关材料。股东会决议由股东签署，董事会决议由董事签字。
7、住所使用证明及经营性市场主体住所（经营场所）登记承诺书。

图6.31　办事指南表页面截图

(2)了解办理流程,下载表格。编辑基本信息,提交申办材料,点击"提交"(见图6.32和图6.33)。

图6.32 表格下载页面截图

图6.33 申报材料提交页面截图

(3)公司注册申请成功,点击"确定"。

(4)审核企业申请资料,点击"审核通过"。

参考文献

[1]白庆华.电子政务教程[M].上海:同济大学出版社,2009:185.

[2]洪勇,张永美,彭万峰.电子商务模式案例[M].北京:经济管理出版社,2013:86.

[3]刘宏.电子商务概论[M].北京:北京交通大学出版社,2010:291.

[4]沈玉平主编.税收理论与实践新论[M].北京:中国税务出版社,2002:446.

[5]谭荣华.税收信息化教程[M].北京:中国人民大学出版社,2001:223.

[6]吴爱民.电子政务教程[M].北京:首都经济贸易大学出版社,2004:9.

[7]徐双敏.电子政务概论[M].武汉:武汉大学出版社,2009:13.

[10]杨兴凯.电子政务[M].大连:东北财经大学出版社,2018:169.

[11]大众法律图书中心.新编常用法律词典[M].北京:中国法制出版社,2016:413.

[12]储济安,蒋知义,邹凯.我国政府电子采购系统初探[J].情报杂志,2006(6):141-143.

[13]丁筱频.互联网背景下构建政府电子采购招投标平台[J].现代经济信息,2017(3):303-304.

[14]刘书明,杨旭.电子税务:为纳税人提供最佳服务[J].中国税务,2002(7):5-7.

[15]倪天林.论信息化税收征管模式的建立与完善[J].经济经纬,2006(1):127-129.

[16]谭荣华,张婉,楚文海.金税三期工程四大业务系统平台解析[J].中国税务,2009(12):50-51.

[17]武玉雷,高峻.电子税务环境下的纳税服务模式分析[J].财经界,2016(21):332.

[18]张娟.电子税务信息系统建设研究[J].电脑知识与技术,2007(1):32-34.

[19]周仕雅.基于纳税人需求视角的电子税务局建设研究[J].财政科学,2019(8):81-88,116.

[20]李非零.重庆政府电子采购拍卖招投标的案例研究[D].成都:电子科技大学,2012.

[21]应贵勇.信息化视野下的我国政府电子采购问题探析[D].福州:福建师范大学,2007.

[22]智明.电子税务申报系统的设计与实现[D].长春:吉林大学,2016.

[23]张润东.行政审批信息化:基于PDCA理论的研究——以上海市网上行政审批平台建设为例[D].上海:复旦大学,2011.

第七章　**G2C电子政务与应用**

学习要求

　　明确 G2C 电子政务、电子社会保障、电子医疗和政民互动平台的概念、形式或作用；理解 G2C 电子政务的主要形式和作用；了解电子社会保障和电子医疗在我国的发展，分析它们的作用；分析社会保障卡信息系统、居民电子健康档案系统、政民互动平台系统的基本构成等；掌握和设计以上三种 G2C 电子政务系统子系统的业务流程或功能模块。

　　政府对公民的电子政务(G2C)覆盖公民与政府组织间的各种事务，是电子化公共服务的重要组成部分，主要包括电子身份认证、电子社会保障服务、电子民主管理、电子医疗服务、电子就业服务、电子教育培训服务等。G2C 电子政务的建设顺应了政府由管制型政府向服务型政府转变的要求。

　　在这一章中将回答以下问题：

　　◎G2C 电子政务的作用和主要形式有哪些？

　　◎基于金保工程的电子社会保障系统构成及其子系统的流程或功能是什么？

　　◎如何理解电子医疗的发展过程、表现形式以及居民电子健康档案系统的构成及其子系统的流程或功能？

　　◎如何理解政民互动平台的类型、特征及其子系统的流程或功能？

引　例

2019年4月，人力资源和社会保障部发布《关于全面开展电子社会保障卡应用工作的通知》,2019年,要在所有地市实现签发应用全国统一标准的电子社会保障卡,不低于10%的持卡人领取电子社会保障卡,所有地市均开通移动支付服务;2020年,不低于25%的持卡人领取电子社会保障卡,完成地方模式向全国社保卡服务平台统一支付结算模式的切换;2021年,形成实体社保卡与电子社会保障卡广泛协同并用的线上线下"一卡通"服务管理模式。

电子社会保障卡是社保卡的线上形态,与实体社保卡一样,是持卡人线上享受人社服务及其他民生服务的电子凭证和结算工具,可以代替实体社保卡在互联网上实现身份认证,与实体社保卡一一对应、唯一映射、状态相同、功能相通。

持卡人申领电子社会保障卡后,能够在互联网上查询社保参保信息、就业人才服务信息、个人就业信息、职业培训信息、职业资格信息、职业技能等级信息、创业担保贷款扶持信息等。还能申办线上业务,包括就业创业服务、社保服务、劳动用工服务、人才服务、调解仲裁服务等多类业务,可以在网上完成申办。

电子社会保障卡还可用于政务门户网站的快速注册和登录,例如在国家或省的政务服务平台、人社部门公共服务网站等的登录页,可以用电子社会保障卡扫二维码实现快速注册和登录。此外,电子社会保障卡同时具有移动支付功能,可用于线上参保缴费、考试缴费、培训缴费、医疗费结算等。许多城市已通过电子社会保障卡开通了就医购药服务功能,在就医时出示手机端电子社会保障卡,看病后不用排队就可直接进行线上结算,或者在购药时完成扫码支付。

电子社会保障卡还能向金融服务开放,提供电子社会保障卡缴费支付服务,实现相关民生缴费和待遇发放,探索社保卡银行账户线上应用、银行账户身份核验、信用服务等方面的合作。

截至2020年1月,电子社会保障卡签发总量过亿,目前已在全部地市开通,覆盖309个渠道,对接了全国社保服务事项、各地人社服务事项。[①]

第一节　G2C电子政务概述

G2C电子政务的核心内容是政府通过电子网络系统为公民提供各种服务。G2C电子政务的发展有利于提高政府服务效率,实现公共服务的均等化,因而成为政府电子政务建设的重中之重。

---

① 马瑾:《电子社保卡来了》,https://mp.weixin.qq.com/s/QaiKD3ix9QBtqRAlcSXDEA。

一、G2C电子政务的概念与作用

（一）G2C电子政务的概念

G2C的英文完整表达是government to citizen。目前国内学者对G2C电子政务的概念界定,存在不同的观点,代表性观点有以下几种:熊小刚、廖少纲认为,G2C电子政务,是指政府与公民之间的电子政务;徐双敏认为,政府对公民的应用模式即G2C;杨路明认为,G2C电子政务是政府通过电子网络系统为公民提供服务;汤志伟认为,G2C电子政务是指政府部门向公众提供的各种服务,公众在线获得政府信息和服务的电子政务模式;何振认为,G2C电子政务就是政府面向社会公众进行信息发布、意见收集和为社会公众提供必需服务的一个集成化信息平台,公众在这个平台可以搜索到自己所需要的政策信息内容,提高办事效率并监督政府。

综合上述观点,关于G2C电子政务概念的界定主要应注意以下问题:

首先,从主体来看,G2C电子政务是政府与公民之间的电子政务。一般认为,G2C电子政务的主体是政府和公民,是政府提供公共服务的一种形式,但是二者之间的活动到底是双向互动的过程,还是政府向公民单向提供服务的过程,学界还存在不同认识。有的学者认为G2C电子政务是政府与公民之间的电子服务,即是政府与公民之间双向互动的过程。有的学者认为它是政府对公民单向提供服务,公民对政府的服务应称作C2G,指出公民对政府的活动除了包括个人应向政府缴纳各种税款和费用、按政府要求填报各种信息和表格等,更重要的是开辟居民参政、议政的渠道,使政府的决策更科学、合理,使各项管理和服务工作更具有针对性,更具有效率。政府需要利用这个渠道来了解民意、监督自身、发展民主,以便更好地为公民服务。本书认为,在G2C电子政务的实践中,政府与公民之间是双向互动的,比如政府通过信息门户发布信息或者政策,也需要公民在信息门户提供意见和建议,这是不可分割的过程。而且无论是G2C还是C2G,都是以电子政务建设为基础的,可以说,C2G是G2C的衍生物,G2C是C2G的基础。因此,G2C电子政务是政府与公民之间的电子政务。

其次,学者们对G2C电子政务提供服务的形式和内容形成了较为一致的看法。从政府的角度看,是政府通过电子网络系统提供服务,政府需要基于信息技术建立专门的网络系统,通过内网完成业务处理,再在门户网站上提供相应的服务。从公民的角度看,公民就是在政府网站上获取所需要的服务。有的学者将G2C电子政务看作是政府提供的各种服务,有的学者将其看作是集成化的信息平台。本书综合以上观点认为,G2C电子政务是电子政务各种服务或者应用模式的分类,它通过集成化的信息平台提供服务。

因此,G2C电子政务是政府通过网络向公民提供各种电子化公共服务,以及公民通过政府网站获取相应服务的电子政务模式。

⚛ **专栏 7.1**

境外推行的 G2C 电子政务

公共服务电子化已成为世界趋势,国外政府已发展得相当成熟。如韩国政府,可提供约 3000 个可于网上申请的公共服务,多于香港地区五六倍。新加坡锐意成为智慧城市,不断改良政府内部系统,于 2017 年开始,启用第二代处级法院登记与信息管理系统和网上邻里纠纷调解机制,市民不用亲自上法庭,就能在网上递交投诉申请、查询个人权利及付款信息,获得调解服务。澳大利亚政府开展反"数字鸿沟"行动,面向特殊群体提供专门信息服务。专门建立了农村、偏远地区及老年人信息服务中心,并为残疾人等弱势群体提供特殊信息服务,如建立专门网站、开发盲人专用系统等。

(二)G2C 电子政务的作用

1. 有利于促进政府向服务型政府转变

服务型政府要求政府的职能是有限的,政府要还权于社会、还权于市场,政府主要是做市场和个人不能做、不愿做或做不好的事情,即主要提供维护性和社会性的公共服务。通过 G2C 电子政务,政府可以网络化、数字化和电子化地呈现公共服务职能,有利于政府职能转变。此外,政府可以将公共政策和公共服务项目公布在网上,在网上办公,增强政府管理的科学性和有效性,提高政府公共服务水平和监管能力,带动整个国民经济和社会的信息化发展。

2. 有利于促进公民参政议政和民主决策

通过 G2C 电子政务,政府除了能够为社会公众提供高质量的服务外,还可以为他们开辟参政议政的渠道,让公众的利益表达机制更为畅通;政府通过政府与社会公众的互动平台,能够更及时准确地了解公众需求,以进一步满足公众的需求。在政务公开的前提下,政府可以在决策过程中广泛地吸纳公众的智慧;公众也可以有充分表达意愿的机会和条件,这有利于公民参与和监督政府决策,从而促进决策民主,提高政府工作的透明度。

3. 有利于实现基本公共服务均等化

G2C 电子政务包括电子社会保障、电子医疗、电子就业等基本公共服务内容,在传统模式下,受地理位置、基础设施等因素制约,农村和偏远地区的公众较难获得相应服务。在 G2C 电子政务下,这些地区的公众如果有网络、电脑或者智能手机,就能获取服务,因而有利于促进基本公共服务的均等化。

二、G2C电子政务的主要形式

(一)电子身份认证

公民身份认证的电子化、网络化已成为必然趋势。电子身份认证可以记录个人的基本信息,包括姓名、性别、出生时间、出生地、血型、身高、体重及指纹等属于自然状况的信息,也可以记录个人的信用、工作经历、收入及纳税状况、养老保险等信息,使公民的身份能随时随地得到认证,既有利于人员的流动,又可以方便政府部门管理。公民电子身份认证还可允许公民个人通过电子报税系统申报个人所得税、财产税等个人税务,政府不但可以加强对公民个人的税收管理,而且可方便个人纳税申报。此外,电子身份认证系统还可使公民通过网络办理结婚证、离婚证、出生证、学历和财产公证等手续。

(二)电子社会保障服务

在我国,社会保障事业在近几年得到了很大的发展,并将逐渐成为政府工作的重点内容。因此,电子社会保障服务必将成为G2C电子政务的重要应用。电子社会保障服务主要指通过网络建立起覆盖本地区乃至全国的社会保障网络,使公民能够通过网络及时、全面地了解自己的养老、失业、工伤、医疗等社会保险账户的明细情况;政府也能通过网络公布并支付各种社会福利,如通过网络公布最低收入家庭补助、困难家庭补助、烈士军属抚恤和社会捐助等,以加大社会福利的透明度,并运用电子资料交换磁卡、智能IC卡等技术,直接支付给受益人,为弱势群体提供最大的方便。此外,电子社会保障服务还可以通过网络直接办理有关的社会保险理赔手续。因此,电子社会保障系统不但可以提升社保工作的透明度,还有助于加快社会保障体系的建立和普及进度。

(三)电子民主管理

电子民主管理也是G2C电子政务的重要应用。公民可以通过网络发表对政府部门和相关工作的看法,参与政策、法规的制定,而且还可以直接向政府部门的领导发送电子邮件,对某一具体问题提出意见和建议。与此同时,电子民主管理可以提高选举工作的透明度和效率。政府可以在网上公布候选人的背景资料,方便选举人查阅,选举人可以直接在网上投票。这样既可以大大提高选举工作的效率,又可以有效保证选举工作的公正和公平。

(四)电子医疗服务

网络技术在改善政府的医疗服务方面能发挥重要作用。政府医疗主管部门可以通过网络向当地居民提供医疗资源的分布情况,提供医疗保险政策信息、医药信息、执业医生信息,为公民提供全面的医疗服务。公民可以通过网络查询自己的医疗保险个人账户余额和当地公共账户的情况;查询国家新审批药品的成分、功效、试验数据、使用方法及其他详细数据,提高自我保健的能力;查询当地医院的级别和执业医师的资格情况,选择合适的医生和医院等。电子医疗服务既可以使病人方便地享受优质的医疗服务,又能有效促进当地医疗卫生事业的发展。

（五）电子就业服务

提供就业服务是政府的基本职能之一，也是维护社会稳定和促进经济增长的重要条件。政府可充分利用网络手段，通过电话、互联网或其他媒体向公民提供工作机会和就业培训，促进就业。如政府可开设网上人才市场或劳动力市场，提供与就业有关的工作职位缺口数据库和求职数据库信息，在求职者和用人单位之间架起一座就业服务的电子桥梁，使传统的、在特定时间和特定地点举行的人才和劳动力的交流会突破时间和空间的限制，做到随时随地都可以让用人单位发布用人信息，调用相关资料，应聘者可以通过网络发送个人资料，接收用人单位的相关信息，并可直接通过网络办妥相关手续。政府网上人才市场还可以在就业管理和劳动部门所在地与其他公共场所提供上网服务，为没有计算机的公民提供网上寻找工作职位的机会，帮助他们分析就业形势，指导就业方向等。

专栏7.2

中国就业网

中国就业网是由人力资源和社会保障部主办的集权威性、窗口性、综合性于一体的就业服务网站，也是国家级专业人力资源服务平台，旨在权威发布全国就业数据与分析报告，报道全国各地促进就业工作情况，提供就业相关信息等重要工作任务，已成为促进就业工作的重要平台和服务窗口，对推动就业政策落实、提高公共就业服务工作水平有重要意义。

中国就业网主要有资讯、业务、数据三大频道，涵盖政策法规、公共就业服务、创业、就业援助、招聘信息、高校毕业生、农民工就业、社区就业、高技能人才、创业培训、就业前培训、鉴定指导、鉴定质量、技能竞赛、表彰、季度发布会、权威数据、养老保险、医疗保险、失业保险等栏目，是人力资源和社会保障部政务公开和提高公众服务水平的重要载体。

（六）电子教育培训服务

社会主义市场经济的发展以及科学技术的迅猛发展使得公众对教育、培训的需求不断上升，越来越多的人认识到"终身学习"的重要性。但由于受到各种条件的限制，满足公众学习、培训的需求难度很大，对边远地区的群众来说困难尤其显著。利用网络手段为公众提供灵活、方便、低成本的教育培训服务，不仅是增强公民素质的有效途径，也是改善政府服务的重要内容。在提供电子教育与服务方面，政府可从以下三方面入手：一是出资建立全国性的教育平台，资助相应的教学、科研机构、图书馆接入互联网和政府教育平台；二是出资开发高水平的教育资源向社会开放；三是资助边远、贫困地区应用信息技术，逐步消除落后地区与发达地区之间业已存在的"数字鸿沟"。

三、G2C 电子政务与电子化公共服务

（一）电子化公共服务

公共服务是指为社会公众提供的基本的非营利性的服务。首先，公共服务是大众化的服务，不是只为特定少数人提供的服务。其次，公共服务是基本服务。如人们日常生活中离不开水、电、气、安全、教育、文化等方面的服务，否则，人们就不能正常地生活。公共服务是满足人们日常生活基本需求的服务。最后，公共服务是内容广泛的服务，公共服务既要提供物质产品（水、电、气、路、通信、交通工具等），又要提供非物质产品（安全、医疗、教育、娱乐等）。

电子化公共服务，又可以称为政府公共服务电子化、政府电子化服务、电子化的政府服务等。电子化公共服务在本质上仍是公共服务，但它提供公共服务的手段与传统公共服务又有区别，电子化公共服务是通过现代信息技术和网络技术为公众提供服务。所以，电子化公共服务是指政府部门以公众为中心，通过应用现代通信技术和网络技术等信息技术，向公众提供全方位、全天候、高效、优质的政府服务。

（二）电子化公共服务的特点

电子化公共服务仍属于公共服务，所以它具备传统公共服务的共性特征，但由于它又是一种新型的公共服务，所以它拥有与传统服务所不同的个性特征。

第一，在服务方式上，电子化公共服务与传统公共服务不同，前者突破了传统政府服务时间、空间的限制，通过网络向公众提供每天 24 小时不间断的服务。

第二，在服务途径上，电子化公共服务通过利用网络技术、计算机技术等现代技术，将众多政府部门所提供的服务整合起来，提供集成性、智能化的服务，这不仅方便了公众获得高效、全面的服务，也提升了政府形象，降低了服务成本。

第三，在服务内容上，政府公共服务的电子化可以提供个性化、自助化的服务。传统的公共服务由于受到人力、物力的限制，政府无法针对不同需求的个体，提供个性化的服务。而通过公共服务电子化，政府可以运用互联网向社会公众提供个性化的服务，使"一对一"的服务成为可能。电子化公共服务也提高了政府服务的自助化程度。通过互联网，公众不仅可以主动获取政府服务，还可以根据个人需求选择服务。比如在网上办理户籍申请，办理结婚、离婚手续等，公众不再需要奔波于各个政府部门之间办理这些手续，只需要在网上点击申请即可。

专栏7.3

看诊不少于8分钟 广东率先推进家庭医生智能化服务

2019年4月,广东省卫健委等四部门联合印发《关于进一步推进家庭医生签约服务政策措施落实的通知》,提出以智能化方式推进家庭医生签约服务政策措施的落实。未来广东家庭医生服务的提供者将不只是人,还有机器人。

在基层医院,不但要设立签约服务宣传咨询台和服务区,还将逐步部署智能化信息平台和信息采集设备。家庭医生签约服务将实现快速建档、多途径签约、规划服务管理路径、自助体检、自助取号、预约医生、个性化服务等功能,辅助社区规范、高效地完成履约工作。

在街道、居委,设立健康服务站点,投放健康自助终端机、自助体检机等设备。设备数据可回传至基层医院的信息系统,调动社区资源配合开展健康管理工作,社区有了智慧功能,就可将家庭医生服务延伸到"最后一公里"。

(三)G2C电子政务与电子化公共服务的关系

电子化公共服务按照服务对象可划分为面向企业的和面向公众的公共服务,与G2B和G2C电子政务相符合,所以G2C电子政务是电子化公共服务的重要组成部分,二者之间既有联系又有区别。

首先,两者基本目标相同,都是建设服务型政府。电子化公共服务的目标可以从四个方面概括:第一个目标是关于政府与公众之间的关系,即"更易接近的政府";第二个目标是关于服务的质量,即"更好、更可靠的服务";第三个目标是关于公众的认同和接受程度,即"建立在线服务的公信力";第四个目标是关于服务对象范围,即"为所有人服务"。服务型政府要求以公共服务为出发点和落脚点,要求更好地实现政府"社会管理"和"公共服务"的职能,G2C电子政务可以为政府向服务型政府转变提供机遇和平台。

其次,两者核心理念相同,即为公众服务。G2C电子政务的本质就是为公众提供服务,而电子化公共服务在本质上仍属于公共服务的范畴,其核心理念仍是为公众提供服务。同时,二者之间也存在明显区别。从应用范畴看,G2C电子政务是政府行政的范畴,电子化公共服务是公共服务的范畴。从职能的角度看,G2C电子政务仅涉及公共服务职能,电子化公共服务还包括市场监管的职能。

第二节　电子社会保障

社会保障系统是一个集国家、企业、个人三要素为一体的复杂大系统,它是社会安定的重要因素,是企业发展的必要保障,是个人生活稳定安全的重要前提。政府作为公共安全和社会秩序的维护者,必须承担起社会保障的任务。电子社会保障系统的目的就是要充分利用信息技术手段,为社会保障工作提供便利,最大限度地保障社会公民的权利和福祉。

一、电子社会保障

(一)电子社会保障的概念

社会保障是国家或社会团体以法律、规章确立对遇到疾病、生育、衰老、死亡、失业、灾害或其他风险的社会成员给予相应的经济、物质上的服务和帮助,以保障其生活需求的社会经济福利制度,该概念首次使用于1935年美国国会通过的《社会保障法》。社会保障概念的内涵和外延伴随着人类社会的进步和发展不断得到扩充和完善,世界各国根据自身的国情界定了不同的社会保障具体内容,综合归纳起来,即社会保障由社会救济、社会保险、社会福利、社会优抚组成。

概括地讲,电子社会保障就是要实现以上社会保障体系的信息化、网络化、智能化。关于电子社会保障的概念可以从三个角度理解。

一是从政府社会保障服务系统化和电子化的角度理解。电子社会保障就是实现社会保障法律法规的制定,社会保障管理机构的设置和监督,社会保障工作管理人员的培训,社会保险基金的筹集、管理、支付,职工社会保险档案的记载、保管、查询、转移,管理养老、失业、工伤、医疗等保险事务,建设劳动与社会保障的数据库,进行劳动与社会保障统计分析等工作的实施和处理电子化,并能通过互联网为保障对象服务。

二是从为公民提供社会服务的角度理解。电子社会保障,即电子社会保障服务,它主要是通过网络建立起覆盖本地区乃至全国的社会保障网络,使公民能够通过网络及时、全面地了解自己的养老、失业、工伤、医疗等社会保险账户的明细情况,政府也能通过网络把各种社会福利,运用电子资料交换、磁卡、智能卡等技术,直接支付给受益人。

三是从信息化与提供服务相结合的角度理解。电子社会保障就是利用信息和网络等技术手段实现社保业务经办服务管理过程的信息化,以此来提高社会保险公共服务的可及性、高效性和均等化水平。

电子社会保障的概念理解与电子政务的概念类似,应该从"电子+社保"的角度阐释,所谓"电子"可以笼统地理解为信息化技术,"社保"就是社会保障的具体内容,信息化建设和发展是电子社会保障的基础和载体,通过信息化,可以实现参保登记、社保费征收、待遇发放、转移接续、异地就医、社保权益记录等诸多管理实践的电子化,提高政府效率,其目的是提升公民对相关公共服务的获得感和满意度。因此,电子社会保障就是社会保障管理的信息化和电子化,其直接目的是提高公民获得相应服务的便利性和均等化水平。

(二)电子社会保障在我国的发展

电子社会保障在我国大致经历了三个主要发展阶段。

1. 社会保障管理的信息化发展阶段

20世纪80年代,中国开始进行社会保障管理信息化建设。1999年3月,原劳动和社会保障部信息化工作领导小组办公室向劳动保障系统省级单位发出了《关于进行劳动保障系统部省级信息网络建设的通知》,提出了基本的信息网络建设方案。该方案与"政府上网工程"采用相同的信息网络技术,利用"政府上网工程"提供的线路等有利条件,促进劳动保障系统内部信息系统的建设,同时推动"政府上网工程"的实施,加快整个劳动保障系统信息化建设。1999年6月,原劳动和社会保障部办公厅印发了《城镇基本养老保险管理信息系统建设实施纲要》,明确指出城镇基本养老保险管理信息系统(以下简称"养老保险管理信息系统")是用于城镇基本养老保险业务管理和服务的大型、分布式的全国计算机信息系统,是劳动和社会保险管理信息系统的重要组成部分。2000年2月,劳动和社会保障部信息中心发布了《关于在劳动保障系统实施"政府上网工程"的通知》,极大地推动了中国电子社会保障的发展进程。该通知表示,劳动和社会保障管理部门的业务范围涉及就业和再就业、职业培训、工资分配、劳动关系、社会保险等诸多方面,劳动保障信息网络化,是政府利用现代信息技术手段,提高劳动保障部门的工作效率、服务质量和社会效果的一条现代化之路。

2. 金保工程启动和实施阶段,初步形成全国统一的社会保障信息系统

2002年8月,《中共中央办公厅国务院办公厅关于转发〈国家信息化领导小组关于中国电子政务建设指导意见〉的通知》将电子政务社会保障工程劳动和社会保障信息系统分工程(即金保工程)列入国家"十五"期间重点发展的"十二金工程"之一。2003年8月,全国"金保工程"正式整体立项。金保工程作为劳动保障制度的信息系统是我国社会经济系统的重要组成部分,是我国社会管理和宏观经济调控的重要工具。全国统一规划、统一建设金保工程,统一设计、统一开发应用软件和各项业务系统,可以节省建设费用,充分发挥应用软件开发及维护的规模效应,也避免了因标准不统一、网络无法互联造成的资金浪费。2016年7月,"金保工程"二期建设启动。建设金保工程,是加强社会保障基金监督的需要,可减少业务经办过程中的人为干扰,提高基金征缴、支付和管理的规范化、制度化;切实防范和化解基金风险,加强基金监管力度;是改进劳动和社会保险业务处理方式和手段的需要,将社会保险登记、申报、审核、收缴、发放、稽核、账户、基金管理以及劳动力市场招聘、求职、就业登记、失业管理等诸环节纳入系统管理,实现劳动就业和社会保险业务管

理手段的现代化和管理程序的规范化;是实现劳动保障社会化管理的需要,利用信息技术手段搭建街道(社区)社会保障工作平台,有利于将劳动保障管理和服务的职能向基层延伸;是建立社会保障公共服务体系的需要,通过骨干网络和统一平台,可以跨地区、跨部门地向社会和全体公民提供各种公共服务,有利于增加劳动保障业务透明度,提供更广阔的服务空间,方便劳动者和参保人员。

3. 电子社会保障全面推进阶段

为了推动新技术在社保经办管理服务领域的应用,加快实现经办服务全程信息化,提供便民快捷的经办服务,人社部于2012年在深圳召开的网上经办现场会上提出建设电子社会保障的目标,并确定了以城市示范带动工作全局的思路。2013年,天津、上海、深圳、厦门、南京、杭州、大连、武汉、中山、舟山、苏州、潍坊、乌鲁木齐、淄博、合肥15个城市试点开展"电子社会保障示范城市"建设。2014年下半年,人社部结合八部委印发的《关于促进智慧城市健康发展的指导意见》,对各地提出了促进智慧社保应用,支撑大数据在社保相关政策制定和执行效果跟踪评价方面应用的新要求,于2015年10月启动第二批18个示范城市建设。近年来,各地大力推进"电子社会保障"等新型服务平台建设,打造网上办事大厅,加强各类数据和跨区域信息的核查比对,加快经办管理模式的转型升级。各地在实践中不断丰富网上业务经办功能。从信息查询、政策告知,到参保登记、缴费工资申报,再到业务办理预约、办事状态查询和网上支付,网上经办服务不断深化,正大步迈向"网厅一体化"的新阶段。

专栏7.4
电子社会保障示范城市建设枚举

各电子社会保障示范城市,按照一体化建设的思路,相继启动核心业务系统的改造升级工作。吉林、天津等省市以省级集中信息系统为依托,打造一体化经办管理服务平台,努力实现厅网社区(经办大厅、网上办事服务大厅和社区)、档案业务、财务业务、社保银行和办公经办等五个方面的一体化。厅网社区、社保银行的一体化,实现了业务的"上网"和"下沉",经办管理服务随着网络的延伸,离群众越来越近。湖南省的网上办事大厅按照"所有在经办大厅能够办理的业务均要实现网上办理"的基本思路打造,全省各级经办机构及人社行政部门办理养老保险业务共同使用一个网上经办服务大厅,灵活就业人员缴费、养老保险关系转移、待遇审核、领取养老金资格认证等核心业务环节均实现网上办结。

二、电子社会保障系统

(一)电子社会保障系统的概念

从信息管理的角度,电子社会保障系统被称为社会保障信息系统,它主要是通过计算机网络管理系统对社会保障工作进行信息化管理,涉及的管理内容包括就业服务与失业保险、养老保险、医疗保险、工伤保险、生育保险等,是整个社会保险工作的基础。

社会保障信息系统是电子社会保障实施的第二个阶段。在法律制度不断变化和社会保险覆盖面日益扩大的情况下,电子社会保障的实施步骤是:首先在社会保障管理组织内部实现办公自动化,如对社会保险中的统筹、计划、收费、登记、支付、调研、调整、统计及社区服务等工作,用计算机进行信息收集、储存和加工处理;其次,建立社会保障管理信息系统,该系统由计算机、通信网络、数据库、社保信息管理软件以及各种专业技术人员(系统分析人员、程序开发人员、系统使用和管理人员)共同组成,覆盖就业服务、社会保险、劳动工资、劳动关系等领域;最后,在全社会形成网络虚拟社区,直接通过网络、通信设备等为公众提供足不出户的社会保障工作服务。

专栏7.5

国外的电子社会保障系统

国外已经建立了相对完善的电子社会保障或社会保障管理系统。德国根据最初的医疗保险系统,逐步建立并完善了医疗保险信息管理护理系统;澳大利亚建立的信息管理服务系统也相对完善,国民可以根据自己的需求办理相关社会保险业务;美国采取集中社会保障管理系统模式,通过互联网将信息管理放在同一平台,实现全国范围内的信息共享;新加坡引进美国先进软件系统,在全国范围建立了养老保险金管理系统,整个系统具有统一性与集成性。另外,一些发达国家不仅建立了社会保险系统,还建立了福利系统、就业系统等。澳大利亚所建立的社会保障系统非常人性化,为了提高国民的满意度,不断更新,从而使得系统能够根据具体的需求情况进行更新换代,具有很好的服务效果。

(二)电子社会保障系统的应用系统

我国电子社会保障系统是建立在金保工程之上的,利用先进的信息技术,以中央、省、市三级网络为依托,支持劳动和社会保障业务经办、公共服务、基金监管和宏观决策等核心应用,覆盖全国的统一的劳动和社会保障电子政务系统。下文将在概述金保一期和二期工程的基础上,分别阐述全国社会保险信息系统、就业信息系统、人事人才管理信息系统、劳动关系信息系统、异地就医结算信息系统的内容。

金保工程一期建设的主要内容可以简要概括为"一个工程、两大系统、三级结构和四项功能"。"一个工程"指在全国范围建设一个统一规划、统筹建设、网络共用、信息共享、覆盖各项劳动和社会保障业务的电子政务工程；"两大系统"指建设社会保险子系统和劳动力市场子系统；"三级结构"指由中央、省、市三层数据分布和管理结构组成；"四项功能"指具备业务经办、公共服务、基金监管和宏观决策四项功能。具体地说，就是建立中央、省、市三级劳动保障数据中心。数据中心内部设立生产区、交换区和决策区三个逻辑工作区。搭建中央、省、市三级安全高效的网络系统，包括连接中央、省两级节点的全国广域主干网，连接省、市两级节点的省级广域主干网，以及市域网络。市域网络以城市劳动保障数据中心为中心节点，终端向下延伸到包括街道（社区）在内的各级经办窗口，同时连接定点医疗服务机构、银行、邮局、地税等相关单位。建立标准统一的四个应用子系统，包括实现对劳动保障业务经办全过程管理的业务管理子系统，实现向社会公众提供政策咨询、信息查询和网上办事等服务的公共服务子系统，用于支持各级劳动保障部门的非现场监督工作的基金监管子系统和为宏观决策提供支持的宏观决策子系统。

金保一期工程应用系统主要具备以下六大功能：一是业务处理与记载，实现劳动保障全部业务的信息化处理，记载处理轨迹，积累业务信息，规范业务操作；二是信息采集与提取，实现对下、对上、横向、本级各种信息的采集、提取、分析与交换；三是信息交换与共享，实现经办机构与服务机构以及相关部门之间的数据交换，实现中央、省、市三个层次的信息交换；四是信息发布与服务，通过各种渠道发布信息，满足公众对有关劳动保障信息的查询和咨询要求；五是宏观决策与分析，在对信息分析的基础上，实现对管理体制、经办成本、激励机制等宏观制度层面的决策分析，提供各种优化的决策方案；六是基金监督与控制，实现基金监督与控制功能，及时了解和掌握各地社会保险基金收支的最新动态，准确掌握基金运行情况，对基金的宏观调控提供信息支持。

金保工程二期的建设目标是依托国家电子政务外网和互联网，实现人力资源和社会保障部与省级人力资源和社会保障部门，以及与民政、卫生计生等部门的互通互联和信息共享，建立与国家人口库、法人库等信息共享机制，有效提升跨省区协作、跨业务协同、跨层级监管的全国一体化服务水平。金保工程二期建设内容包括建设社会保险信息系统、就业信息系统、人事人才管理信息系统（含收入分配、公务员管理）、劳动关系信息系统、异地就医结算信息系统等应用系统。扩建各级数据中心，扩充关键核心设备，提升数据中心承载能力，支撑各个应用系统运行。依托国家电子政务外网和互联网，实现部、省、市、县、乡5级业务互联互通和信息共享。建设完善人员、用人单位、管理服务机构、社会保障卡等基础数据库和社会保险、人力资源、劳动关系等业务数据库，开展与民政部、卫生计生委等相关部门的信息交换和共享。建设完善各级同城灾备中心和异地灾备中心，进一步完善信息安全支撑保障环境。制定完善技术应用、信息资源、信息安全、工程管理等规范标准

（见图 7.1）。

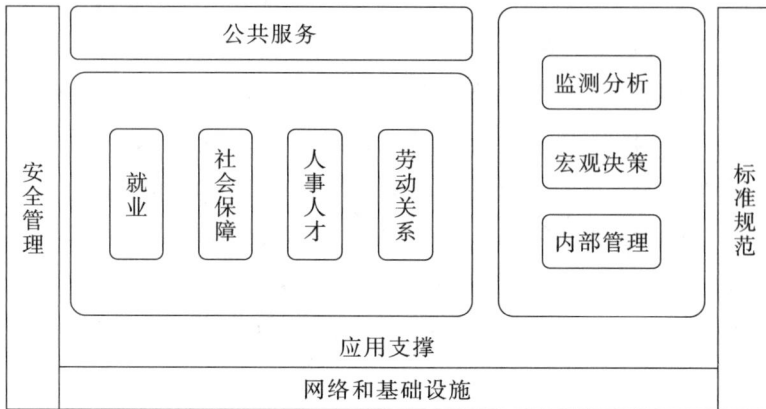

图 7.1　金保工程二期信息系统的总体架构

全国社会保险信息系统按照国家统一规划,由县级以上人民政府按照分级负责的原则共同建设。建设的目标是完成城市社会保险信息系统建设,推进社会保险全国联网。具体包括:第一,城市网建设。地级市建成统一的社会保险数据中心,建立标准统一的覆盖全部参保人员和参保单位的集中式资源数据库,网络终端延伸到各个经办窗口和定点医疗机构、定点药店等相关服务机构,实现养老、医疗等各项社会保险主要业务的全程信息化。第二,省级社会保险数据中心建设。建立覆盖全省的养老保险资源数据库、各类社会保险统计监测数据库和各项社会保险基金管理数据库,对跨统筹地区领取社会保险待遇的人员要建立社会保险省内异地交换数据库。省级数据中心要下联各城市数据中心,实现养老保险业务数据、各类社会保险统计监测数据的网上传输,支持社会保险异地信息交换,对全省社会保险基金进行监控。第三,全国社会保险数据中心建设。建立覆盖全国的统计监测数据库、社会保险跨省异地交换数据库,网络下联各省级数据中心,对各地社会保险基金进行监控,为宏观决策和异地信息交换提供支持。社会保险信息系统由异地业务系统、全国社保核查系统、内控稽核绩效系统、基金监管系统、社保业务管理信息系统、社保基金财务管理系统等子系统构成。

就业信息系统的建设目标是全面推进公共就业服务信息网络建设,实行统一规划,整体推进,建立健全以城市为核心、覆盖城乡的公共就业服务信息网络,实现就业服务经办信息化和就业扶持政策补助资金管理信息化,并逐步建立覆盖全国的公共就业服务信息网络。进一步完善公共就业服务信息服务制度,加强公共就业服务基本信息的收集、汇总和发布,并不断扩展就业信息覆盖范围,为社会提供更多更广的人力资源市场信息。就业信息系统包括就业跨地区管理服务系统、就业专项资金管理系统、就业绩效管理系统、人力资源市场管理系统、就业管理信息系统、职业培训和技能鉴定管理系统。其中,就业跨地区管理服务系统的功能有政策享受资格核验、异地就业服务和档案流动服务。就业管理信息系统的功能有就业政策管理、就业失业管理、就业服务、高校毕业生就业管理等。建成后的系统将实施就业政策和人才政策,对城乡所有劳动者提供公益性就业服务,对就业困难群体提供就业援助,对用人单位用人提供招聘服务,对就业与失业进行社会化管理等。

专栏7.6

青海省持续推进社会保险信息化建设

2018年10月,青海省率先在全国完成信息共享平台搭建以及人社与税务平台的对接。12月,省社保局向省税务局移交基本信息和参保信息2400万条,同时省社会保险费征缴职责划转模式确定,完成了平台和业务系统调整。2019年1月,省社会保险信息系统与商业银行系统对接平台(社银平台)、社会保险费信息共享平台正式上线运行,进一步提升社会保险基金监管能力,保障社保基金安全。截至2019年初,省社会保险服务局通过社银平台已发放部分企业职工养老保险,涉及参保人员11817人,金额3585万元;社会保险费信息共享平台已完成省本级和西宁、海东两市54家单位的社会保险费申报核定工作,并成功向税务部门传递112条缴费信息。

人事人才管理信息系统建设,来自原人事部的人事系统信息化建设,主要是通过"三网一库二平台"①建设,逐步实现人事系统信息网络畅通、信息资源共享、主要业务网上办理,为不断提高工作效率和工作质量提供有力的技术保障。人事人才管理信息系统建设的指导思想是以全方位、系统性服务人才需求为根本,通过资源整合系统集成提供便捷高效的人事人才公共服务,比如专业技术人员的职业资格考试、退伍军人的军转安置,以及包括公务员在内的人事管理、工资调控、人才服务等。人事人才系统由公务员管理系统和人事人才综合业务系统两个子系统构成。人事人才综合业务系统的功能有事业单位人事管理、机关事业单位工资管理、军队转业干部安置管理、人事人才考试管理、专业技术人才管理、高技能人才管理、人员调配管理。公务员管理系统采用全国统一的采集、报送标准,使用统一的应用系统软件,逐步形成各级组织部门和人力社会保障部门按照职能和管理权限分级、分类管理的数据库。建成后的公务员管理系统将实现公务员和参照公务员标

---

① 建立完善各级人事部门内部局域网,开通人事系统转网,加强人事部门国际互联网门户网站建设;建立全国人事人才基础信息数据库;依托人事系统专网和国际互联网,分别建成智能化的办公应用平台和服务社会公众的电子政务平台。

准管理的事业单位工作人员基本信息存储,并在此基础上,实现对机关事业单位和公务员队伍的总体状况、数量、结构、分布、流动状况、编制和职数使用情况的智能查询、统计和监督,为制定政策和宏观规划提供数据服务和决策支持。

劳动关系信息系统按照业务管理整体化、规范化和科学化的要求,以新的视角重新审视和调整信息流、管理流、技术流,提供用人单位和工作人员的关系协调、相关部门的劳动保障监察和调解仲裁等服务。劳动关系管理信息系统由劳动关系监督系统、劳动关系管理信息系统、异地案件协查系统、劳动保障监察应急指挥系统、用人单位及劳动者信息管理系统构成。劳动关系监督系统建设的目标是有效实施劳动保障监察,保障劳动保障法律法规贯彻实施,加强对用人单位劳动用工行为的监管,切实维护劳动者合法权益,形成覆盖城乡的劳动用工监控网,建立统一规范、高效便捷的劳动保障监察执法信息联系和监控管理平台,主要的功能有劳动用工监控管理、劳动保障监察执法监督、调解仲裁监督管理等。劳动管理管理系统建设的目标是保障劳动保障法律法规贯彻实施,维护劳动者合法权益,促进劳动关系和谐和社会稳定,主要的功能有劳动关系协调管理、劳动保障监察管理、劳动人事争议调解仲裁管理、行政复议管理和信访管理。

异地就医结算信息系统按照金保工程二期工程的总体规划,依托金保工程网络,以社会保障卡为载体,以"就医地目录、参保地政策""实时传大类,事后传明细"为原则,实现参保人员跨省就医费用直接结算。系统支持以就医地管理为主的两定机构费用审核和定期拨付,实现地区间定期清算划拨;支持跨省异地就医联网结算业务协同办理,为跨省就医人群提供便捷高效的医疗费用直接结算服务,有异地就医结算、统计分析、查询服务、协同管理四个子系统。系统作为跨省异地就医数据交换中心,承担各地数据交换功能。作为跨省异地就医基金清算中心,承担异地就医费用对账、清算、监控功能。作为跨省异地就医数据资源中心,承担参保人异地就医备案信息、基础目录信息、协议定点机构信息、就诊和结算支付信息存储功能,并进行数据分析应用。统一的医保信息系统将有助于提高医保经办、治理能力,推动全国药品、医用耗材价格公开透明,制定统一的医疗服务项目支付标准,深化医保支付方式改革,推进药品招采制度改革。

(三)电子社会保障系统建设的新进展

近年来,人社系统先后提出并推动从"人社信息化"向"信息化人社"转变,从"信息化人社"向"互联网+人社"升级,持续推进社会保障一卡通,全面推进信息系统在省级政府层面的集中建设,稳步推进信息共享和业务协同,信息化建设取得了明显成效。

支撑养老保险制度改革。截至2016年底,全国已有30个省份上线全国统一机关事业单位养老保险信息系统,32个省实现了城乡居民养老保险信息系统在省、市、区三级的整合。

建设完善的部级异地业务系统,包括异地就医结算系统、人脸识别自主认证、拓展社保关系转移系统功能、异地待遇资格认证系统。其一,国家异地就医结算系统为跨省异地就医费用结算工作奠定了关键基础。其二,我国进一步拓展人脸识别资助认证功能,支持参保人员足不出户完成认证。其三,拓展社保关系转移系统功能,提供跨地区、跨制度的电子化社保转移业务平台。从城镇企业职工基本养老保险逐步扩展到城乡居民养老保险、军人退役养老保险及城乡养老保险跨制度衔接。其四,所有省份接入异地待遇资格认证系统,支持跨省和省内异地协助认证办理,累计完成200多万人次的资格认证工作。截至2017年7月底,31省份和新疆兵团的393个地市(含省本级、新疆兵团各师)已接入国家异地就医系统,占全部统筹区的98%。各地已上传近80万异地安置退休人员信息,5000多家跨省异地定点机构信息,完成2000余笔持社保卡结算业务。

提供精确化管理辅助手段。一是组织建设全民参保登记系统,推动全民参保登记计划实施。二是医疗服务智能监控系统全面应用,截至2016年底,全国381个市级统筹地区中有275个已开展智能监控工作,覆盖率为72%。三是社会保险基金监管系统支持各级社保基金非现场监督工作,已在全国28个省份和新疆生产建设兵团应用,覆盖率接近91%。四是针对重复领取待遇、冒领死亡人员待遇等问题,建设基本养老保险参保待遇状态比对查询系统,支持各地待遇发放前实行核查,31个省份的年比对核查超过3000万人次。

大力提升公共服务能力。一是加快社会保障卡发行应用和管理服务。截至2017年6月底,全国社保卡持卡人数达10.12亿人,普及率73.2%;全国30个省份和新疆兵团的373个地市(含省本级、新疆兵团各师)已发行社保卡,地市覆盖率96.9%。社会保障卡在身份识别、缴费、领取待遇、医保结算、信息查询等方面得到广泛应用,全国102项社会保障卡应用目录平均开通率超过80%。二是大力推进公共服务信息化建设。各级人力资源社会保障部门大力推进公共服务信息化服务,90%以上的省级和77%的地市级人社部门开通网上服务,全国104个移动应用,共部署2.25万台自助终端机。

截至目前,人力资源和社会保障部已经开通社保账户查询、社保政策咨询、社保缴费、社保待遇发放、社保待遇认证、社保卡挂失解挂、电子档案、社保转移、医疗挂号就诊服务、医保待遇及时结算(异地就医)、两定机构管理、社保监督(稽核)、社保代理、社保绩效评价和社保数据挖掘分析等15项应用功能;可以满足公民10项相关需求,包括随时随地的账户查询,便捷的支付宝、微信等缴费方式,短信、微信、微博多媒介获知社保缴费提醒,方便的社保待遇认证方式(人脸等远程识别模式),尽量少提交非必要的相关证明,简化各种申报表格的填报,异地就医即时报销,预约办理社保业务,通过社保卡实现挂号、就诊、付费"一卡通"服务,支持电子档案、用户画像场景式应用服务。

三、社会保障卡信息系统的功能与流程设计

电子社会保障系统是个复杂的系统,在这里,我们仅讨论社会保障卡信息系统的功能和流程设计。

（一）社会保障卡信息系统功能模块设计

社会保障卡信息系统建设的总体框架是，建设社会保障卡基础数据库，整合医疗保险、生育保险、工伤保险、失业保险、企业养老保险、农村养老保险、机关养老保险等险种数据，统一参保入口，统一业务出口，统一通过社会保障卡信息系统进行业务的办理和操作，由社会保障卡信息系统面对参保人、业务经办人和社区社保专干提供服务。

社会保障卡信息系统分为两大部分：一为业务数据处理系统，针对现在社会保障业务系统数据进行统一处理，并为业务部门提供经办客户端；二为网上办事大厅，即针对公众的网上经办软件。系统的主要功能模块如下。

参保管理服务模块。借助互联网建立一个社会保障业务网上服务管理平台，为参保单位、参保人提供社会保障业务网上自助服务，实现人员异动、信息修改、缴费基数上报等业务的申报、审核工作。由参保单位申报、查询子系统、参保单位社会保障卡数据核对子系统、参保人网上查询子系统、参保人社会保障卡数据核对子系统、经办机构业务审核子系统、经办机构业务审核子系统组成。

社会保障卡业务接口模块。社会保障卡信息系统是基于原有各险种数据上建立的个人基础数据库，与各险种处于联动关系，在办理任何社保业务前，业务软件首先将通过社会保障卡业务接口模块，取得个人基础数据。由各险种接口子系统、同步管理子系统、纠错管理子系统、进程管理子系统构成。

社会保障卡应用业务接口模块。社会保障卡应用业务接口主要应用于外部门应用连接，是作为各险种业务的一个统一的出口，涉及医院药店、银行、公安民政、异地社保部门等公众应用领域。由银行接口系统、医院药店接口系统、公安接口系统、异地业务接口系统组成。

网上大厅系统模块。网上大厅系统分为个人业务和社区社会保障专干两个功能模块，分别针对社会个人和社区社会保障经办人员。社会个人和社区社会保障经办人员通过公网访问网上大厅的服务器，通过数据库服务器对个人数据进行确认、修改和查询。个人业务模块是直接面对公众的功能模块，涉及社会保险个人账户查询、信息确认、政策宣传等功能。社区社会保障专干模块是针对在每个社区里的社会保障专干，社会保障专干主要为一些行动不便、文化程度不高的参保人员提供社会保障业务上门服务。

（二）基于社会保障卡信息系统的养老保险参保登记、异地转移、异地医疗费用结算的流程设计

养老保险参保登记需要持社会保障卡在窗口录入申请信息，等待系统处理结果，最后确认登记成功。养老保险参保登记工作在养老信息系统中的流程为：资料登记—与公安户籍数据比对—与其他险种信息系统比对—自动审核—审核结果送前台—前台核对无误确认—入库—参保人签字确认—存档—完成（见图7.2）。

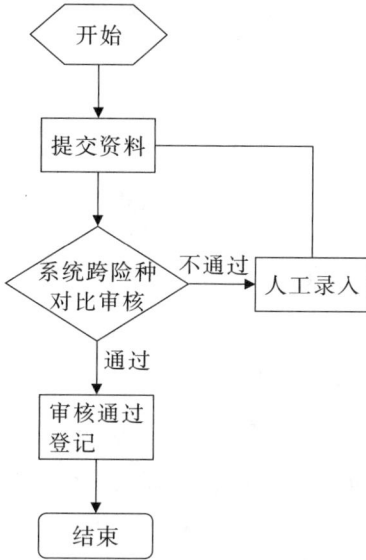

图 7.2　养老保险参保
登记流程图

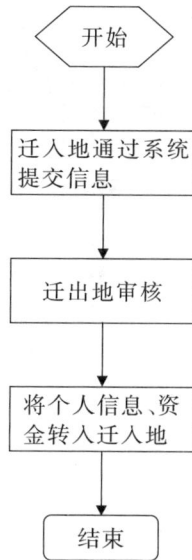

图 7.3　养老保险异
地转移流程图

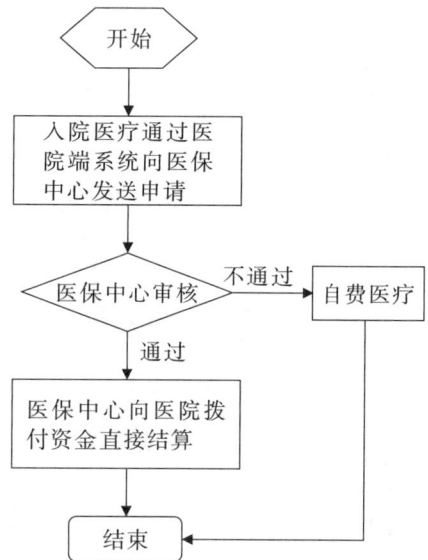

图 7.4　异地医疗费
用结算流程图

　　在养老保险异地转移的流程中,参保人持社会保障卡在迁入地提交资料录入系统,等待结果,确认迁入成功。养老保险异地转移工作在养老信息系统中的流程为:收到迁入地迁出请求—查找个人信息—自动审核—结果送迁出地服务窗口—前台确认—送窗口财务人员审核—财务通过—向迁入地转出个人信息、资金(见图7.3)。

　　在异地医疗费用结算流程中,持社会保障卡的病人异地入院登记,同时医院管理系统向参保地社会保障卡系统提出申请,通过后,在出院时医院直接跟医保中心结算医疗费用。异地医疗费用结算在医疗保险信息系统中的流程为:报备—提交申请—系统自动审核—确认拨付比例—结算—向医院拨付资金(见图7.4)。

　　社会保障卡信息系统整合生育保险、医疗保险、工伤保险、企业养老保险、农村养老保险、机关养老保险、失业保险业务数据,通过社会保障卡系统中间服务器将各险种标准不一的数据转换为统一的、全国通用的数据格式,再通过社会保障卡信息系统接口主机统一征缴基数,统一业务办理终端,统一个人数据,统一办理流程和软件,并通过全国社会保障业务专网以社会保障卡为纽带实现社会保障业务的全国办理。社会保障卡将代替医保卡、养老金存折、失业登记证、城镇居民登记证等多种社会保障凭证,实现医疗保险、养老保险、工伤保险、失业保险、生育保险、劳动就业、培训登记等的一系列社会保障功能应用的一卡通。

第三节　电子医疗

在信息化、网络化和智慧化的时代,电子医疗正逐步改变着传统的医疗模式,它的广泛应用有利于医疗信息和资源共享,提高医疗质量,降低治病成本。

一、电子医疗的概念和作用

(一)电子医疗的概念

关于"电子医疗"的概念,国内外研究有不同的看法。电子医疗这一概念的提出者约翰·米切尔认为,"电子医疗是信息和通信技术在医疗保健中的运用,主要包括电子资料的传输、检索及存储等主要部分"。在互联网不断普及的情况下,电子医疗的"电子"媒介从原来的信息及通信技术拓展到互联网技术,认为"电子医疗指的是利用互联网或相关技术提供医疗保健信息和服务的行为"。从具体服务范畴看,电子医疗不仅是电子化的医疗资料传输、检索及存储,还应包括"医疗保健、医疗技术和医疗商业"等。世界卫生组织将电子医疗定义为"应用信息通信技术的医疗保健"。国内学者认为,电子医疗是指互联网和信息通信技术在医疗保健领域的应用,其具体应用包括电子医疗记录、互联网健康信息服务和远程医疗等。

以上观点都是从技术手段和应用领域两方面界定电子医疗,但是其具体内涵随着电子信息技术、互联网技术的影响,以及这些技术应用在传统医疗领域的变化而不断变化。从这个角度看,电子医疗是一个动态的概念,它所使用的技术和应用的领域都在不断拓展。因此,电子医疗是应用互联网和信息通信技术的医疗保健,从医疗资料的电子化处理、电子医疗记录到远程医疗都可以是其应用的领域。

(二)相关概念辨析

电子医疗与移动医疗、智慧医疗和数字医疗既有区别又有联系。

1. 移动医疗

移动医疗是随着移动智能终端的普及而出现的。移动医疗作为远程医疗的一部分,以互联网为载体、移动设备为终端,通过对患者的电子病历、健康数据进行分析整理,从而提供医疗卫生服务,促进健康研究。移动医疗的产品及服务包括穿戴设备健康数据以及平台,它是以移动设备为终端并结合互联网技术加以运用,与电子医疗相比,其最明显的特征是运用了可移动的终端设备。

2. 智慧医疗

智慧医疗是医疗信息化的重要研究方向,融合了物联网、云计算与大数据处理技术,以"感、知、行"为核心,旨在建立一个智能的远程疾病预防与护理平台。智慧医疗通过打造以电子健康档案（EHR,Electronic Health Record）为中心的区域医疗信息平台,利用上述技术,实现患者与医务人员、医疗机构、医疗设备之间的互动,逐步达到全面信息化。无线医疗、移动医疗、物联健康等核心特征均属于智慧医疗范畴。

3. 数字医疗

数字医疗是把现代计算机技术、信息技术应用于整个医疗过程的一种新型的现代化医疗方式,是公共医疗的发展方向和管理目标。数字医疗设备的出现,大大丰富了医学信息的内涵和容量。从一维信息的可视化,如心电和脑电等重要的电生理信息;到二维信息,如彩超、数字X线机等医学影像信息;进而三维可视化,甚至可以获得四维信息,如实时动态显示的三维心脏。这些信息极大地丰富了医生的诊断技术,使医学进入了一个全新的可视化的信息时代。数字医疗不仅是数字化医疗设备的简单集合,是把当代计算机技术、信息技术应用于整个医疗过程的一种新型的现代化医疗方式。

在数字医疗中,病人能以最少的流程完成就诊,医生诊断准确率大幅度提高,病人病历信息档案记录着所有当前和历史病人的健康信息,这些可以大大方便医生诊断和病人自查,能真正实现远程会诊所需要的病人综合数据调用,实现快速有效服务,数字医疗还有一个很大的优点,就是可以实现医疗设备与医疗专家的资源共享。对于医疗机构而言,拥有完善健康信息的数据库更具有权威性,健康信息系统的建立,能极大提高竞争力。其基本特征是医疗设备的数字化、医疗设备的网络化、医院管理的信息化、医疗服务的个性化。可见,数字医疗侧重于运用计算机信息技术优化诊疗过程和医院管理,电子医疗则更侧重基于计算机信息技术的医疗服务。

电子医疗和移动医疗、智慧医疗、数字医疗均为传统医疗模式的突破形式,其内涵及外延存在一定的差异。随着技术的逐步升级,不同阶段技术侧重点不同,服务范畴各异,所以在不同阶段出现了不同的概念提法,但其核心仍是信息通信、网络、大数据、物联网、云计算等技术方法在医学领域的新尝试、新运用。因此,电子医疗的范畴更加宽泛,它包含移动医疗、智慧医疗和数字医疗等内容。

(三)电子医疗的作用

1. 电子医疗能够提高医疗质量

从最直接的数字化医疗设备到高层次的信息和知识共享,都直接或间接地提高了医疗诊治能力。各种数字化成像及后期处理技术使得疾病诊断更加直观和准确,机器人的出现也令手术过程更加精准,以各种内镜为代表的无创或微创操作大大减少了对患者的损伤。医护工作站、检验系统等临床信息系统的应用可以帮助医生方便及时地获取医疗信息,自动核对功能和智能化知识库的应用,可以有效防止医疗差错。各类网上医学信息资源的共享推动了循证医疗的开展,弥补了医生经验的不足,规范了医生的医疗行为。

2. 电子医疗能够创新医疗服务模式

通过网上远程会诊,患者不必转院就可获得多方专家的诊治。远程监护使得一些慢性病患者在家里就可以把随身监护仪的数据发给医院的监护人员。社区居民在家里可以进行网络预约挂号、预约上门服务、查阅检查结果、获得健康咨询。通过信息共享,实现患者在基层医疗机构和大型医院之间的双向转诊,建立起层次化的医疗保障体系。网上实时手术操作教学的开展开辟了远程医学教育的新模式。医疗管理机关则可通过网络数据汇总进行传染病监控、疫情暴发预警。所有这些新模式都将建立在电子医疗的基础之上。

3. 电子医疗有助于降低医疗成本

医疗信息共享可以减少患者在医疗机构之间转诊时不必要的重复检查、重复治疗。成立第三方检验、检查中心,通过网络传递申请和报告,实现医疗机构之间大型检查设备的共享,可以有效降低医疗成本。如电子病历推广后,各家医院的医疗信息得到共享,医务人员使用电子病历系统可以方便地存储、检索和浏览病历,这为医生提供了病人的重要和完整的医疗信息,有利于准确诊断,提高医疗质量,有利于病人早日恢复健康。

二、电子医疗的主要形式

(一)电子问诊

看病问题一直是人们关心的一个问题,随着看病难、挂号难等问题不断出现,人们开始有了看病不用上医院的愿望,进而也就出现了电话咨询等便利手段。再到后来,开始出现网上医生在线解答的方式,随着人工智能的发展和大数据的成熟,可以直接在网上向人工智能寻医问药,一般常见的病痛它都可以帮忙解答,甚至能提供药物,网上咨询买药一站式服务也较便利。在将来的发展中,电子问诊允许医疗提供者使用如电话和计算机之类的通用技术评估、诊断和治疗患者,从而为患者提供长距离的临床服务。

(二)远程医疗

远程医疗有多种形式,其中相对简单的一种类似于医生与病人之间的电子问诊,但远程医疗还能实现医生与医生之间的沟通,且治疗的时间更持久。这种方法很适合用于农村、偏远地区,或者其他常规医疗服务难以涉及的地区的患者管理和诊断。医生可以利用电子技术实时远程监测患者的健康状况,如患者的体重、血压、简单的心肺功能检查、心率、心电图等。这些远程监控方式,与虚拟的远程医疗面谈结合,极大地扩展了医疗服务的可及性和质量。此外,基于远程医疗的远程专业会诊,通常是一个医务人员寻求更有经验专家的建议,会诊可以利用多种手段,而不仅仅是视频会议,很多更低廉的技术也被采用。

专栏7.7
英国电子医疗和瑞典远程问诊应用

英国国家健康服务体系(National Health Service,NHS)推出网上App与医生面对面电子问诊,实现足不出户就诊的梦想。该网络平台将为伦敦市民提供每天24小时的医疗服务,NHS患者可以提前2个小时进行预约,通过使用智能手机等设备与医生视频对话来解决医疗困惑。此项改革已在伦敦巴比伦地区试点,并有350万当地伦敦市民参与。

瑞典用数字图像技术开展夜间专科医生咨询和病人转院的前期准备。如从哥特兰岛转移脑外伤病人到斯德哥尔摩大医院接受脑外科手术;举行临床视频会议,进行专科讨论;在瑞典边远地区的护士可以利用视频连接的设备,进行耳部检查,传输图像给远方的耳鼻喉科专家。

(三)电子健康档案

电子健康档案是以个人健康、保健和治疗为中心的数字记录,包括体检记录、门诊、病史、各种影像信息及相关的药物治疗信息跟踪。电子健康档案是居民健康管理(疾病防治、健康保护、健康促进等)过程的规范、科学记录,是以居民个人健康为核心、关注整个生命过程,涵盖各种健康相关因素、实现信息多渠道动态收集、满足居民自身需要和健康管理的信息资源。它以数字化方式汇集了个人的健康信息,任何时候都能提供给授权用户在医疗活动中使用,服务人员能以任意组合条件进行查询。这为更好地组织医疗保健设施、提供更有效和连续的医疗服务提供了新方法。

专栏7.8
德国电子健康档案应用

德国推出首个覆盖上千万名医保参保人员的电子医疗档案。通过一款名为Vivy的应用软件,参保人员可以免费储存医疗检查结果、实验室化验数据、X光片等资料,还能与其治疗医生共享这些医疗数据。启动初期,这一电子医疗档案共涵盖14家主要法定医保机构和两家私立医保公司的1350万名参保人员。未来预计还将有更多医保提供商加入,进而覆盖的参保人员可达2500万。Vivy除了储存医疗数据外,还可以提醒使用者接种疫苗、接受体检等。对于同时服用多种药物的患者,只要对药品包装盒进行扫码,软件就会提示患者所服药物是否相互排斥。这一电子医疗档案有助于避免重复的医疗检查,并增加医疗服务的透明度。

(四)电子病历

电子病历是指医务人员在医疗活动过程中,通过医院信息系统生成的文字、符号、图表、图形、数据、影像等数字化信息,并能实现存储、管理、传输和重现的医疗记录,是病历的一种记录形式。电子健康档案与电子病历既有区别又有联系。病历是健康档案的主要信息来源和重要组成部分,健康档案有对病历的信息需求,并非病例的全部,具有高度的目的性和抽象性。电子病历首先在20世纪60年代被美国麻省总医院开发并投入使用,它的推广则源于美国国家科学院医学研究所于1991年发表的题为《电子病历是医疗保健的基本技术》的研究报告,报告不仅总结了40年来实现病历记录计算机化的经验,还提出了推广电子病历的多项建议。世界各国政府对电子病历的建设都高度重视。通过电子病历实现关键医疗信息的共享,已成为医疗卫生业的发展趋势和医院信息化的核心。

> **专栏7.9**
> **电子病历在各国的推广**
>
> 1993年9月,法国马塞召开首次健康卡系统国际会议,研究该系统应用及发展等问题。1994年,西门子公司推出了多媒体电子病历记录系统。1995年,日本厚生省成立了电子病历开发委员会,当年度投入2.9亿日元用于开发电子病历系统。2004年,美国总统布什在众议院的年度国情咨文中,要求在10年内确保绝大多数美国人拥有共享的电子病历,还准备以此为基础,建立国家健康信息体系。2003年,美国13%的医院使用电子病历系统,到2004年底增加到19%。美国前总统奥巴马于2009年签署海泰克法案,鼓励医生使用电子病历,惩罚不使用的医生,同时投入270亿美元加快美国卫生保健信息技术的发展。目前,荷兰已经有98%的初级保健医生在使用电子病历。

(五)电子处方

电子处方(Electronic Prescription)是指依托网络传输,采用信息技术编程,在诊疗活动中填写药物治疗信息,开具处方,并通过网络传输至药房,经药学专业技术人员审核、调配、核对、计费,作为药房发药和医疗用药的医疗电子文书。电子处方与医药分开制度有关。比如美国是医药分开的国家,药店全部实行严格的处方药与非处方药分类管理。对处方药的销售,必须凭美国医生的(电子/纸质)处方。如果药店在没有处方的情况下出售处方药,或医生随意给病人开处方药,都将构成重罪。每个药店都可从联网计算机上查到全美医生的登记资料,若不确定处方是否为某个医生所开时,售货员需要致电医生,核实后才能卖出药品。

（六）医疗决策支持

医疗决策支持系统，通过和病人数据的交互，根据不同的病人需要，提供支持帮助。这方面应用最多的是对处方药物的支持帮助。例如，系统可以推荐安全的药物剂量，以及对两种药物相互的危险作用自动报警。决策系统也能够帮助提高诊治质量和降低药物费用。还有很多决策支持系统也已经在小范围应用。其中很重要的一个决策系统应用是，按照诊疗常规制定各种常见疾病的规范诊治流程，处理常见病患者。例如计算机化医嘱录入系统，就可以在电子病历的基础上帮助医生在临床上根据具体疾病协调药品的选择和使用，这种协调是在文献论证、患者需求和医院药房库存的基础上决定的。

三、中国电子医疗的发展

（一）医疗系统信息化的完善

首先是新型的数字化医疗设备得到广泛应用，医疗诊治手段因此大大提升。其次是医院信息系统在全国医院得到不同程度的应用，如有的医院安装了不同功能的临床信息系统，有的医院应用了药品等专业知识库等。在这些系统的支持下，医疗工作流程得到优化，医护人员可以方便及时地获得医疗信息，患者的就医流程更加简便。再次是各级医院基本建立了以费用结算为主的医院管理信息系统，并具备药品库存、配发药、病案管理等功能；各医保定点医院基本实现了与医保中心的费用在线结算管理。在网络建设方面，各级医院基本建成了院内局域网；三级医院已接入卫生虚拟专网；大部分二级以上医院建立了网站；部分区已开始建设区域性卫生网，其终端将延伸到社区；在信息安全性方面，医院内网与外网的连接采用一系列安全措施，有效避免黑客恶意侵入、病毒入侵等，保证网络运行安全和数据的安全可靠。医院信息化建设过程，为医院信息系统的开发和实施积累了丰富的经验，提高了医院管理水平、诊疗质量和效率。

（二）远程医疗的探索

中国从20世纪80年代开始远程医疗的探索。1995年，上海教科网远程医疗会诊应用项目启动，依靠上海医科大学雄厚的医科力量及网络技术的发展，在全国首次实现了远程医疗会诊。2002年开始建设的"白玉兰"远程医学管理中心已经在全国设置了近千个远程医学接收站点。2010年，我国推出面向西部的基层远程医疗系统和连接原12所部属医院的远程医疗系统两个重点项目，项目有力地推动了远程医疗的发展，也是我国第一次大规模投入远程医疗体系建设。

目前，远程医疗技术已经从最初的电视监护、电话远程诊断发展到利用高速网络进行数字、图像、语音的综合传输，并且实现了实时的语音和高清晰图像的交流，为现代医学的应用提供了更广阔的发展空间。不少医院开展了网上远程会诊服务。2014年8月，国家卫生计生委印发《关于推进医疗机构远程医疗服务的意见》，要求地方各级卫生计生行政部门积极推动远程医疗服务发展；明确服务内容，确保远程医疗服务质量安全；完善服务流程,保障远程医疗服务优质高效;加强监督管理,保证医患双方合法权益。并进一指出,要将发展远程医疗服务作为优化医疗资源配置、实现优质医疗资源下沉、建立分级诊疗制度和解决群众看病就医问题的重要手段;要将远程医疗服务体系建设纳入区域卫生规划和医疗机构设置规划,积极协调同级财政部门为远程医疗服务的发展提供相应的资金支持和经费保障,同时鼓励各地探索建立基于区域人口健康信息平台的远程医疗服务平台。

专栏7.10　远程医疗在地方的实践

随着城市社区基层医疗服务体系的建设得到重视,北京市东城区、上海市长宁区等相继建立了集中共享的社区卫生信息系统。在区域协同医疗方面,上海、厦门等地实现了部分医院的网络互连和部分医疗信息的共享。部分医院实现了网上挂号、网上(手机)检查结果查询、网上健康咨询等服务。浙江和新疆由省级大医院牵头建立"省—地—县"范围内的远程医疗体系。其中,新疆人民医院和新疆医科大学第一附属医院是新疆远程医疗的牵头医院,他们在2014年的远程医疗会诊量都达到1万次以上。除综合性远程医疗以外,还有垂直领域、专科领域的远程医疗,比如宁波所有乡镇医院和社区服务中心的影像、心电结果已经全部实现数字化,基层医院的医生只需要开检查单,检验的结果全部由上级医生进行诊断,大大提高了诊断的准确性。

(三)电子病历的推广

实施电子病历,对于提高医疗工作效率,发挥有限医疗资源效益,改善医疗服务,保障医疗质量和医疗安全等具有重要意义。从1999年起,上海市卫生局就在全市的医保定点医疗机构实行病历一本通,而上海中医药大学附属岳阳中西医结合医院则是国内最早实行电子病历的医院之一。随后,电子病历在我国被逐渐推广。为了规范电子病历的功能、基本校核和数据标准等,卫生部在2009年到2010年期间先后颁布了《电子病历基本架构与数据标准(试行)》《电子病历基本规范(试行)》《电子病历功能规范(试行)》三个规范文件。

2018年8月,国家卫健委发布《关于进一步推进以电子病历为核心的医疗机构信息化建设工作的通知》,指出为全面实施健康中国战略,将持续推进以电子病历为核心的医疗机构信息化建设。并进一步要求医疗机构要在住院病历、医嘱等系统的基础上,优先将电子病历信息化向门诊、药学、护理、麻醉手术、影像、检验、病理等各诊疗环节拓展,全面提升临床诊疗工作的信息化程度,实现诊疗服务环节全覆盖。

(四)居民电子健康档案的建设

我国主要从2009年开始推动居民健康档案全面建设,起步相对较晚。2009年版的《国家基本公共卫生服务规范》将居民健康档案的建设和管理列入基本公共卫生服务项目,要求逐步在全国统一建立居民健康档案,并实施规范管理。同年,《中共中央国务院关于深化医药卫生体制改革的意见》提出大力推进医药卫生信息化建设。以推进公共卫生、医保、药品、财务监管信息化建设为着力点,整合资源、加强信息标准化和公共信息平台建设,逐步实现统一高效、互利互通。要求自当年开始逐步为城乡居民建立健康档案。2018年12月,国家卫生健康委员会发布《关于加快推进电子健康卡普及应用工作的意见》,强调全面实现实名制就医和医疗健康服务"一卡/码通",鼓励以电子健康卡作为"互联网+医疗健康"服务和"三医联动"的入口,推动电子健康卡与电子医保卡、电子银行卡的"多卡/码合一"集成应用,结合建设区域共享网络支付平台,支撑基本医保、商业健康险及金融支付等医疗费用一站式结算。《意见》鼓励将电子健康卡作为居民获取家庭医生签约服务、基本公共卫生服务以及调阅个人健康档案的统一授权凭证,支撑电子健康档案向居民个人开放利用。

四、居民电子健康档案管理系统的功能设计

居民电子健康档案记录着居民的健康信息,便于医院调阅,提高诊疗效率。所以,居民电子健康档案系统应该是一个具有数据采集、加载、集成、查询、修改等功能的信息管理系统。具体而言,它可以分为系统管理模块、健康档案数据管理模块、医疗卫生服务模块、公共卫生服务模块和居民身份信息检索模块(见图7.5)。

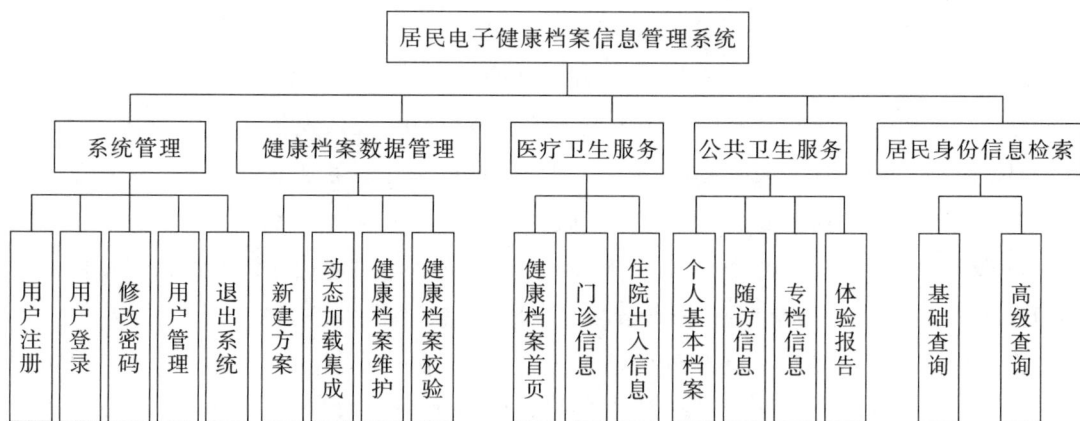

图7.5 居民电子健康档案信息管理系统功能设计图

（一）系统管理模块

系统管理功能模块主要是负责后台的用户管理等功能,包括用户注册、登录、账户信息修改、用户数据管理。

用户注册即系统提供给用户注册的接口,医院专业人员或卫生行政管理人员通过自身的身份信息以及工作单位、工号等信息,通过系统验证,审核通过后,便可成功注册居民电子健康档案管理系统账号。

用户数据管理主要是系统管理员可以通过登录系统的后台管理系统进行系统用户信息的维护,包括增加用户、删除用户、查询用户、用户信息修改、锁定用户、解锁用户、查看用户信息以及批量导入用户。

（二）健康档案数据管理模块

健康档案数据管理模块主要负责系统中的健康档案数据生成、加载、更新、修改等数据维护功能,主要有新建档案、动态加载集成、健康档案维护、健康档案效验等子模块。

新建档案。对于档案数据库中没有记录的居民,在医院或者诊所甚至是体检中心发生电子健康记录时,相应的工作人员具有新建档案的权利,但是最终新建的档案需要通过审核才能生效。

动态加载集成。系统维护人员如系统管理员,能够定期从医院、诊所、体检中抽取、加载还未共享集成的居民健康档案数据。

健康档案维护。当居民健康档案有变动时,参与变动的医疗工作人员可添加、修改、维护档案信息,如添加诊疗记录、住院记录、手术记录等。

健康档案校验。系统管理员和卫生行政管理员参与系统中数据的校验、审核,监督医疗卫生人员填写居民的健康档案数据的情况。

（三）医疗卫生服务模块

医疗卫生服务模块主要侧重于集成居民日常门诊就诊以及住院等过程中产生的信息,如健康档案首页、门诊就诊信息、出入院信息等。

健康档案首页。首页信息包含个人基本信息,过敏史信息,遗传病史,手术史,家族病史,居民生命周期信息,主要疾病和健康问题以及最近医疗服务活动信息。医院专业人员或者卫生行政人员可通过专门链接访问该居民对应的其他健康档案信息。

门诊就诊信息。医院专业人员或卫生行政人员同样可以通过专门链接访问居民某次的门诊就诊信息,如病历信息、检查检验信息、处方信息、费用信息等。

出入院信息。在访问方式相同的情况下,医院专业人员或卫生行政人员还可以访问居民的出入院信息,如病案首页信息、医嘱信息、检查检验信息、手术信息、住院费用信息等。

（四）公共卫生服务模块

公共卫生服务模块侧重于集成居民个人健康的具体档案以及与其相关的随访信息

等,主要是浏览个人基本档案、随访信息、专档信息以及体检报告等模块。公共卫生服务模块的主要信息包括儿童档案信息、孕产妇档案信息、糖尿病档案信息、高血压档案信息、老年人档案信息、肿瘤档案信息、传染病报告等。

(五)居民身份信息检索模块

医院专业人员或卫生行政人员登录系统后,可通过搜索居民唯一标示号、居民姓名、居民身份证号等信息搜索和查阅居民身份信息,系统搜索有基础查询和高级查询两种方式。

第四节　政民互动平台

政府与公众的传统沟通方式如会议、信件、电视台或报纸报道等的交流成本较高,参与人数有限,也较难形成实时、动态的信息沟通。而公众在互联网上与政府交流的方式,不仅能提高决策透明度,增强信息时效性,还有助于扩大公众参与范围,降低综合成本。

一、政民互动的含义及模式

政民互动就是为实现政府决策及其执行的公开化、透明化而形成的政府与公众双向沟通交流的过程和方法,它是由政府、政府信息、互动平台、社会公众构成的信息传播系统。理论上,政府与公众互动的模式有如下三种。

(一)管理型互动模式

管理型互动模式是在政府决策之后,在具体政策的执行或公共事务的管理过程中所形成的一种政民互动模式。与传统沟通方式相比,管理型互动模式在政府与公众沟通的过程中,充分利用了信息通信技术,如在政府门户网站开辟信息公开专栏等,从而使得二者之间的沟通在一定程度上打破了时空的限制,提高了信息传递的效率。特别是对于政府而言,这有助于消除政府与公众之间的隔阂,促进政府内部各机构之间的信息流动,减少部门之间的协调成本等。但是,这种互动是十分有限的,有时候仅限于政府网站等静态信息,以及表格下载等初级阶段的电子政务的职能。在管理型互动模式中,政府公共网络平台上的信息只能来源于政府,政府才具有发布公共信息的权威,公众只能通过公共平台选择性地使用政府所公布的信息。另外,政府信息的发布是自上而下的,这主要是为了提高管理效率的需要。政府根据管理目的和内容的不同发布信息,虽然也考虑了信息覆盖范围和公众需求等因素,但后者是服从前者的,因而公众在此种模式下是较为被动的。政民互动仍然停留在电子政务发展的初级阶段。

(二)协商型互动模式

从决策过程来看,协商型互动模式将公民参与政府事务的环节前移至政府决策环节,政府与公众共同协商做出决策。在这个过程中,政府在可控的范围内给予公众发表观点的机会,进而有利于政策制定和执行的科学化和民主化。进一步地,政府不仅能在一定程度上针对公众需求做出决策,而且还为公众提供了与政府直接交流的机会,缩短了政府与公众之间的社会距离。在电子政务中,可以表现为政府通过网站向公众征集意见和建议等。这与传统的会议沟通相比,公众可以借助网络匿名地、公开地表达个人意见,主动性要强于管理型互动模式。同时能避免传统沟通中因政府主导而出现的"一边倒"状况。此外,协商性互动模式还包括协商的过程,即政府与公众可以就公共事务或某项决策进行反复的意见表达和搜集,政府不断改进,直至达到双方都相对满意的结果。这个协商过程也可以是事后监督,即政府处理公共事务时主动或被动地接受公众监督,并可以开通网络举报通道等。也就是说,政府需要公开决策的过程,持续回应公众的意见和建议,这是它与管理型互动模式最大的不同之处。

(三)参与型互动模式

参与型互动模式即公民参与政府决策的全过程,不仅是后端的决策选择,而且还包括前期的问题确定、方案选择等。该模式强调政府与公众是平等的,二者之间不是上下的沟通,而是平等的交流,在这种模式下政府与公众的互动是多方位的、复杂的。在如今公众参与政府政策的技术已经逐渐成熟的背景下,信息社会有利于促进国家民主的发展。在此种模式下,政府向公众公开决策的全部信息(法律规定保密的除外);公众可以自行准备解决问题的相关信息,并通过虚拟形式参与讨论;只要公众有意愿,都可以参与政策的制定;最终的决定通过说服的方式产生;一旦政策被确立,全体公众需要协助政策的实施。该互动模式体现了政府与公众之间的互助与合作。参与型互动模式是在信息社会高度发达以及民主化程度较高的条件下形成的互动类型,是人们追求的理想的政府与公众互动的关系模式。

二、政民互动平台的界定、类型和特征

(一)政民互动平台的概念

政民互动平台是指在政府网站主页上构建的可供政府与公众共同参与的信息服务项目,如解答公众疑问、满足公众要求等,同时也是政府了解民意、听取公众意见、接受监督和信息反馈,实现其与公众双向互动的交流平台。政民互动平台可以理解为是一个以网络为载体供公众和政府沟通交流的具备操作性的信息处理平台。它既包括政府部门设置的专一政民互动平台,也包括政府和公众通过网络媒体进行沟通交流的其他问政平台,如论坛、博客、微博、网站等。它既可以通过传统的计算机终端接入,也能通过移动终端如手机、平板电脑接入。

(二)政民互动平台的类型

政民互动平台的形式,可以分为四种类型。

一是附属功能型政民互动平台。如在政府网站开辟市长邮箱或热线等板块。这是传统问政方式向互联网的简单延伸,其互动过程并没有公开。

专栏7.11

"昆明发布"微信上线创新政民互动新模式

"昆明发布"官方微信全面打通微博、微视和官方网站,增加了互动、服务和城市宣传的功能。公众可以在微信中通过"政府机构"板块直接浏览"昆明发布"及各县区微博动态;通过"市长热线"进行在线咨询或一键拨号;通过"政务动态"了解最新的政府动态信息、查看政府公报。昆明市委、市政府历来高度重视党务政务信息公开工作。近年来,在建立党委新闻发言人、网络发言人制度,充分利用市长热线、报刊、电视、政府网站等平台的同时,积极建设基于新媒体的政务信息发布和与公众互动交流的新渠道,在"知民心、汇民智、解民忧"方面取得了明显成效。

二是留言板型政民互动平台。如新闻媒体在其网站开辟问政栏目、人民网留言板等。互动模式是公众留言提问或者建言献策,相关部门和领导按周期阶段性回复留言。

三是专有平台型政民互动平台。政府统一建立政民互动的网站或官方微博,网络发言人和公众同台互动,发言人既发布政府的相关信息,也回复公众提问,互动方式较为丰富。

四是官员触网型政民互动平台。主要表现为部分党政领导人借助论坛、博客、微博或在线访谈等形式与公众沟通交流,如网上在线访谈、政务论坛等。

(三)政民互动平台的特征

1. 主动性

主动性有两个含义。其一是政府的主动性。政民互动平台由政府主动发起,因此平台先天带有政府主动性。这也表明政府希望通过政民互动平台问政于民,倾听公众意愿并接受监督。其二是公众的主动性。不管是哪一种类型的政民互动平台,首先是公众主动留言问政,然后才是政府对留言予以回复。这个过程,不仅是公众主动发表意见,也是在培养公众有序民主的意识。

2. 地域性

地域性体现为公众及所问政事的区域性。平台本身并没有对公众做地域限制,但在现实中,公众对其所生活区域的事情会更加关注,所"问"之"政",大多数与居住地域之"政"相关,登录的政民互动平台也是当地的。既然公众在当地的政民互动平台发表对当地政务的意见,当地政府当然要回复并解决。

3. 平等性

网络自身的特性及政府管理创新意识的转变,使得公众与政府在政民互动平台上处于平等的地位。平等性首先体现在问政的主方与客方在问政过程中身份的平等,平等的身份带来了彼此间的尊重,公众说真话,敢于畅所欲言就是对平等互动的最好诠释,政府重视网民意见,积极回应诉求使得这一平等互动活动能持续开展。平等性也体现在参与问政的公众不受社会地位高低、财产多寡等因素的影响,政府对他们一视同仁,扩大了网络问政的覆盖面。

4. 目的性

一方面,公众登录政民互动平台留言带有强烈的目的性,即希望政府能采纳自己的意见或解决自己的问题;另一方面,政府对公众留言的回复同样带有目的性,或是为公众排忧解难,或是告知处理意见,并给出理由,或是公开公众申请的信息等。一般来说,政民互动平台的发帖规则都会要求公众根据实际情况,完整地表述事件,实事求是地反映问题,并留下联系方式以便受理部门调查了解。在政民互动平台当中,公众留言的目的性使得政府更容易了解他们的需求,也能更好更快地响应他们的需求。

专栏7.12　人民网"地方领导留言板"

"地方领导留言板"创办12年来,不断帮助各级党政领导干部倾听网民心声、了解群众困难、吸纳百姓建议。无论是涉及停水、断电、遭遇欠薪的民生问题,还是关于城市规划、干部作风、扶贫工作的建议,网友都能通过这个平台留言,获得当地部门实打实的答复。2012年10月,留言板累计刊发10万项各地领导的回应,不到6年这一数字已经上升到100万;回复率也从2008年的不足10%,攀升到了2017年的接近80%。各地大力开展网上群众工作。江西省建立了"定期认领、限时办结、分级审核、媒体通报、回访复核"等工作机制;安徽省探索建立省、市、县三级办理人民网网友留言工作机制,确保群众合理诉求"事事有回应";四川省不断探索创新,涌现出成都市网上留言代理制、绵阳市留言办理第三方评价机制等做法,并及时总结推广。

三、政民互动平台的功能设计

为了满足实际的业务需求,政民互动平台应该被划分成两个模块,一是管理子模块,二是用户子模块。管理子模块主要是为了初始化操作用户子模块,对其进行常规维护,建立基础的内容与信息,赋予用户相应的权限。在此基础上,系统模块划分为网上调查模块、市民论坛模块、领导信箱模块与公共倡议模块四个部分。实际的部门业务不一样,用户的权限也有所区别,主要有公众对领导邮箱的查看、信息的回复和发布、政府可以通过系统平台发布相关的信息等功能。

用户管理模块。增添与删除用户信息属于基础操作内容,除此之外,用户管理模块中授权操作更加重要。相关人员在添加新用户时,需要以系统管理员的身份进入系统,编辑新增用户的相关资料,并保存、分配登录角色。该项操作完成后,系统管理员需要保存有关操作内容,并更新后台数据库,最终将所有操作结果反馈给用户。

领导信箱模块。公众注册为网站用户后,可以直接通过网上的领导信箱进行诉求登记与提交,领导信箱负责人进行审核,确定是否需要回复,需要回复的交给相关工作人员回复,公众可直接登录系统查询自己的信件答复。工作人员还可以公示公众比较关心的或具有代表性的问题答复。以公众向领导邮箱写信为例,当公众完成网上注册,并由政府工作人员(管理员)确认个人注册信息后,公众就可打开页面进入领导邮箱的前台页面,在系统里录入需要填写的文本内容,系统对填入的信息进行解析,生成能被数据库读取的格式,最后回到执行结果页面,让公众查看相关内容。

市民论坛模块。市民论坛模块是公众网上交流的快捷通道,公众有问题或建议、意见时,通过市民论坛模块,可在页面上向相关部门直接发表意见,管理部门以及有兴趣的其他公众可以就这些问题进行回复和讨论。

民意征集模块。民意征集模块的目的是政府邀请公众共同参与社会治理或政府建设,在政府门户网站上就特定专题向辖区居民征集意见或建议。在问题征集的有效日期内,公众通过征集系统就所征集的事项,发表意见或建议。

网上问卷调查模块。网上问卷调查模块即政府就某些事项向公众发布在线调查,系统收集调查结果并进行统计与分析。

小　结

G2C电子政务是政府与公民之间的电子政务,它有利于促进政府向服务型政府转变,促进公民参政议政和民主决策,有利于实现基本公共服务的均等化。G2C电子政务的主要形式有电子身份认证、电子社会保障服务、电子民主管理、电子医疗服务、电子就业服务、电子教育培训服务。G2C电子政务是电子化公共服务的重要组成部分。

电子社会保障就是社会保障管理的信息化和电子化,其直接的目的是提高公民获得相应服务的便利性和均等化水平。我国电子社会保障系统是建立在金保工程之上的,利用先进的信息技术,以中央、省、市三级网络为依托,支持劳动和社会保障业务经办、公共服务、基金监管和宏观决策等核心应用,覆盖全国的统一的劳动和社会保障电子政务系统。在金保工程二期中,主要建设社会保险信息系统、就业信息系统、人事人才管理信息系统(含收入分配、公务员管理)、劳动关系信息系统、异地就医结算信息系统等应用系统。近年来,我国持续推进社会保障一卡通,全面推进信息系统集中建设,稳步推进信息共享和业务协同,信息化建设取得了明显成效。

电子医疗是应用互联网和信息通信技术的医疗保健,从医疗资料的电子化处理、电子医疗记录到远程医疗都可以是其应用的领域。电子医疗从广义的范畴来看,它包含移动医疗、智慧医疗和数字医疗等内容。电子医疗能够提高医疗质量、创新医疗服务模式、降低医疗成本。电子医疗的主要形式有电子问诊、远程医疗、电子健康档案、电子病历、电子处方、医疗决策支持等。中国电子医疗的发展包括医疗系统信息化的完善、远程医疗的探索、电子病历的推广以及居民电子健康档案的建设。居民电子健康档案系统是一个具有数据采集、加载、集成、查询、修改等功能的信息管理系统,它分为系统管理功能模块、健康档案数据管理模块、医疗卫生服务功能模块、公共卫生服务模块和居民身份信息检索模块五个模块。

政民互动是为实现政府决策及其执行的公开化、透明化而形成的政府与公众双向沟通交流的过程和方法,它是由政府、政府信息、互动平台、社会公众构成的信息传播系统。政民互动有管理型互动、协商型互动和参与型互动三种模式。政民互动平台可以理解为一个以网络为载体供公众和政府进行沟通交流的具备操作性的信息处理平台,它具有附属功能型、留言板型、专有平台型、官员触网型四种类型和主动性、地域性、平等性和目的性四种特征。政民互动平台系统主要有公众对领导邮箱的查看、信息的回复和发布、政府可以通过系统平台发布相关的信息等功能。

关键术语

G2C电子政务;电子化公共服务;电子社会保障;金保工程;社会保障信息系统;电子医疗;居民电子健康档案;政民互动;政民互动平台

课堂讨论

1. 阅读并研究金保工程二期的课外资料,讨论我国社会保障信息系统建设的主要内容。

2. 虚拟考察我国地方政府的政民互动平台,讨论存在哪些问题及如何解决。

练习与思考题

1. 阅读案例《南京社会保障信息系统建设》,总结其系统建设的主要经验。

2. 阅读案例《澳大利亚"国家电子医疗战略"》,思考其对我国电子医疗战略的启示。

3. 简述 G2C 电子政务的主要形式和作用。

4. 辨析 G2C 电子政务与电子化公共服务的异同。

5. 简述电子社会保障在我国的发展阶段。

6. 论述我国社会保障信息系统的应用系统构成。

7. 说明社会保障卡信息系统的功能与流程设计。

8. 简述电子医疗的作用及主要形式。

9. 简述我国电子医疗服务建设的主要内容

10. 说明居民电子健康档案系统的功能模块设计。

11. 简述政民互动的模式和特征。

12. 举例说明政民互动的主要形式。

13. 说明政民互动系统的功能模块设计。

案例1 南京社会保障信息系统建设①

南京社会保障信息系统建设是从 2000 年 4 月正式开始立项组织实施的。遵循"金保工程"建设要求,项目建设涵盖南京市各级社会保障部门承担的各项职能和经办的各项业务,建成架构理念最新、覆盖面最广、功能最全、运行效率最高、投资最省、安全保障最可靠、服务社会最便捷、"金保工程"建设最先进的信息系统。2005 年 9 月完成了系统项目验收工作,系统被认定具有经济、实用、安全和高效的特点,符合国家"金保工程"总体要求及验收有关各项规定。2006 年 6 月,经市发改委发文同意南京社会保障信息系统实施新一轮升级改造。完成了整个系统的主要架构布局,完成了市级资源数据库的整合、系统安全体系建设。实现了养老、医疗、工伤、失业和生育等五大险种的统一征缴和分别支付,完成了就业、社会保障监察、综合工资、劳动争议仲裁、社会保障网站、南京社会保障卡、信息咨询中心等应用系统的建设并投入运行,该信息系统对全面提升南京市社会保障工作的管理水平和工作效率,发挥着越来越重要的作用。

南京社会保障信息系统的设计遵循了以下的指导思想:一是依托社会保险和劳动力市场系统,建设一个全面的社会保障系统平台,为南京社会保障信息系统提供技术支撑和数据支撑。系统平台整合南京市劳动、社会保障等各类系统基础数据、业务信息、需求功

---

① 李琦:《基于 SOA 的社会保障信息系统架构研究》,南京大学博士学位论文,2011 年。

能,在数据、管理、服务等各方面提供统一的支撑平台。系统平台实现社会保障数据的录入、保存、更改、集成、分发和共享,以及提供备份、应用级容灾等信息服务的基础环境。为了保障系统的效率和安全,根据"金保工程"要求,宏观分析数据交换数据与业务数据分别建立决策支持区、业务生产区和数据交换区,全部在存储设备内分区独立存放。二是建立以资源数据库为基础的数据中心,建立以一体化业务为基础的服务中心,完成单位、个人信息信息一体化、劳动、保障业务一体化、社会保障一体化;构建业务管理系统、公共服务系统、基金监管系统和宏观决策系统;实现数据统一、流程统一、接口统一、管理统一、服务统一。

南京社会保障信息系统设计中的关键问题如下。

1. 充分保护现有软硬件投资,规划统一数据中心

在现有生产中心和容灾中心的基础上,设计一个高效、实时、安全、可靠的统一数据中心,满足人力资源和劳动保障范围不断扩大,三区两县数据集中要求,实现海量数据的高速处理,生产区、交换区、公共服务区和容灾中心数据同步和业务逻辑实时联动。资源数据库作为南京社会保障信息系统的核心,主要储存个人、单位的档案信息,办理劳动和保险业务的共享自然信息。在各个业务系统之间起到桥梁的作用,各业务系统的业务数据、事务经办,通过统一的资源数据紧密地结合起来,是实现数据共享、业务关联的关键,是实现业务一体化的基础。

2. 充分保持现有系统优势,在现有基础上进行系统建设

以现有南京社会保障信息系统为基础。目前市本级及区(县)间劳动保障政策待遇存在差异,为实现养老、医疗、工伤、生育保险的信息系统市级统筹工作,开发统一、标准的一体化信息系统,在业务流程全市统一的基础上,基于现有南京社会保障信息系统,对现有业务流程进行重组和优化,实现政策参数化,建立规则库,提供统一的接口,适应市级统筹系统的发展、变化。

以"金保工程"标准和技术指标为基础。建立全市统一的各类编码、参数,统一数据指标体系、统一数据集中存储、统一资源数据库、制定数据迁移规则,制定现有的编码和参数向新的编码和参数转换的规则,建立统一的信息项指标体系。建立以资源数据库为基础的数据中心,为社会保障业务系统提供统一的基础数据;建立以一体化业务为基础的服务中心,全面整合社会保障各类业务,在统一的系统中提供完整业务服务。

3. 充分满足业务变化的要求

南京社会保障信息系统集成社会保障两大类系统,在统一的系统平台实现所有业务功能,通过需求分析、功能细化、组件抽取、流程重组等一系列活动,统一相似的业务、管理、服务后,形成一体化的面向服务的业务系统,为提升服务水平、实现"一站式、大窗口的服务"打下技术基础。在充分满足业务变化需求的前提下,实现劳动就业和社会保障业务一体化,社会保障卡功能一体化,个人、用工单位基础信息一体化。

4. 提升信息技术，实现业务架构、技术架构、应用架构和数据架构的统一

统一业务架构。通过统一的业务架构，分析设计市本级和三区两县的劳动保障和人事管理业务经办流程，统一现有的全市劳动保障业务以及人事管理的业务规范和流程标准。通过在社会保障部门内部系统之间的整合，建设一个整体的业务系统平台，对外形成统一的接口界面，对外数据接口和信息发布都部署在新建的资源数据库平台上，现有不同渠道的数据对外发布将根据需要和可能分期分批逐步融入一体化运行平台，进行统一的管理和资源配置。

统一技术架构。基于J2EE平台多层体系结构，架构新一代的南京市信息化平台；以统一、规范、标准的业务流程为基础，保证同一业务在不同区域内操作过程的统一。在业务一体化的基础上，分析各类业务流程，整合社会保障共同的业务处理逻辑，形成通用的业务组件。优化原有流程，简化办理手续，避免重复操作，以统一的流程提高服务水平。

统一应用架构。整合各区县分散的应用系统，建设统一应用平台，统一应用部署，实现劳动保障城乡一体化，实现同人同城同库。通过流程的统一，提取出业务系统一致的需求，归纳、统一原分布在社会保障各系统中的共同业务需求，进而实现其管理的统一，在业务数据的上层，保证了业务政策、业务经办的一致性。

统一数据架构。整合目前市本级和三区两县的劳动就业、社会保险等数据库，建立覆盖各项人事和劳动保障业务的统一资源数据库，建立统一的信息项指标体系以及业务管理应用。以资源数据库为基础实现数据统一，整合南京市社会保障各类应用系统，单位、个人档案信息统一管理、集中存储，共用业务数据系统能够根据其已办理的社会保障登记，识别判断出后续各个业务部门应该办理的业务，并通知各业务经办人员办理。通过这种服务方式的变化，能够实现真正面向服务的业务系统，实现一站式大窗口服务的目标。

5. 提升业务管理水平

业务经办管理。支持劳动就业、社会保险、人事的主要核心业务，跨区域业务（包括异地转移、异地退管、异地就医）的业务受理、后台业务处理。实现社会保险和劳动力市场各项业务的全程信息化，即健全业务管理手段，执行统一的业务流程，规范各业务管理子系统，全面支持职业介绍、就业管理与服务、职业培训、养老保险、失业保险、医疗保险、工伤保险、生育保险等业务经办。整合社会保险和劳动两大业务系统，全面支持社会保障工作的管理服务社会化。

业务管理。支持对社会保障体系核心业务领域的各项业务办理过程、业务办理人员以及基金进行统一的行政管理。通过过程信息记录，加强业务追溯性，进一步实现业务量统计、内控、绩效考核。

公共服务应用。建设由基于业务管理系统的相关数据和政策法规等静态信息共同组成的公共服务数据库，由"12333"电话咨询服务、网站等相关模块和软件构成，为社会公众提供社会保障政策法规咨询、信息发布与查询、网上参保和缴费基数申报、信访举报投诉、

退休人员社区管理等社会化服务。该系统对应的核心应用软件包括公共查询和服务软件、社会化平台软件等。

基金监管应用。用于支持社会保障基金的本级和上级非现场监督。通过实时采集、审核社会保障基金管理数据、分析评价基金管理和制度运行状况,及时发现可能存在的问题,有效地防范和化解基金风险。通过建立有机结合、相互推动的现场监督与非现场监督格局,将实现社会保险基金的全方位监控,确保基金存放和使用的安全。该系统相对应的核心应用软件包括社会保障基金监管软件等。

宏观决策应用。一是总体规划,根据全局业务进行业务层次的划分,从单种业务分析逐步扩展至业务间的关联分析;系统前期立足于数据的统计分析、动态监测,后期逐步向趋势预测方向发展。二是建立系统分析体系。根据人力资源和社会保障业务内容进行行业务模块的划分,设立主题及专题分析,通过对关注指标的状态、控制、增减、预测的分析及与其他指标的关联分析等满足用户了解业务开展情况、分析趋势等方面的要求。三是立足系统效能,做好后台数据管理及应用开发的规范及实施工作。制定决策系统数据的流向规则,确立生产库、交换库、数据仓库的关系。做好开发工具的论证、选型,科学构建数据仓库及数据模型,实现辅助决策平台的准确性、稳定性、全面性和灵活性。四是立足系统应用,做好数据分析形式的设计及实施工作。通过设立单个指标数据的多维分析、多个指标的主题性分析等方式,采用图表展现、数据钻取、联动分析、即席查询功能进行数据展现。

案例 2　澳大利亚"国家电子医疗战略"[①]

澳大利亚的电子医疗起步较早,发展较快,体系较完善,处于世界领先水平。

近年来,澳大利亚实施"国家电子医疗战略",建设标准化和电子化的全民健康信息系统,创建超级诊所,实施全国性电子医疗系统,史无前例地投入资金,对我国电子医疗建设有借鉴意义。

1."国家电子医疗战略"的制定

近年来,澳大利亚卫生部高度重视电子医疗的建设发展。2008年12月,卫生部长委员会(Australian Health Ministers' Conference)公布了《全国电子医疗战略纲要》(*Summary of the National E-Health Strategy*,以下简称《纲要》)。2012年9月,《纲要》得到了进一步的补充和更新。至2016年,电子医疗在澳大利亚已经形成规模,渗透到偏远的城市和乡村。"国家电子医疗战略"的制定基于医学界、学术界一系列的磋商。因此,"国家电子医疗战略"的制定具有广泛的社会基础,是在充分调研和征求各方意见的基础上公布的。

---

① 宋洪国、司庆燕:《澳大利亚"国家电子医疗战略"对我国的启示》,《医学与哲学》2017年第1期,第68—70页。

2."国家电子医疗战略"的目标

澳大利亚"国家电子医疗战略"涉及四个关键的利益群体：一是电子医疗消费者，包括接受电子医疗护理服务的人及其参与医疗护理的家人和朋友等；二是电子医疗提供者，主要是指提供电子医疗服务的个人或医疗组织；三是电子医疗管理者，包括澳大利亚卫生部门的临床管理人员、卫生服务经理、医疗研究人员和决策者等；四是电子医疗供应商。战略围绕上述利益群体确定了较为详细的实施目标。

第一，电子医疗消费者。98%的医疗消费者或亲属能经常与医疗卫生部门在网上互动，有访问个人电子医疗的记录；50%的医疗消费者及亲属能使用这些记录管理他们的医疗信息系统；超过80%的电子医疗处方、测试单以电子化方式提供给医疗消费者；20%以上的医疗消费者具备使用电子咨询或远程医疗的能力。

第二，电子医疗提供者。超过95%的电子医疗提供者有相应的计算机基础设施，用来支持交换电子医疗信息；国家统一认证电子医疗的要求和标准，电子医疗提供者必须达到专业的认证要求；90%的电子医疗提供者采用临床实践管理系统；国家临床医学门户网站被认为是一个世界级的综合性和最新的临床治疗和证据信息的来源；建立医疗信息学教育体系，电子医疗教育人员了解各类电子医疗解决方案并获取公认的医疗信息学专业资格。

第三，电子医疗管理者。医疗卫生管理者可以获得高质量、全面的电子医疗数据，及时进行分析、改造、决策和研究；管理人员利用先进的数据报告和分析工具，实时监控卫生系统的医疗活动和结果；绝大多数数据报告能通过正常的健康护理服务流程和收集功能整合和重组数据，完成数据收集。

第四，电子医疗供应商。明确定义供应商的标准和条件，供应厂商都必须根据市场发展提供电子医疗产品的兼容方案，并达到国家规定的相关标准。

3."国家电子医疗战略"的基本内容

战略自2009年起正式实施，分为短期、中期和长期三个阶段。

第一阶段，短期建设(3年)。包括加强电子医疗的基础设施建设，制定电子医疗的程序标准，制定统一的国家监管框架；在基础设施投资方面，设置国家/地区资金分配方案，基础设施建设要达到统一的认证要求；设立发展基金，建立电子医疗门户网站，拥有合法、科学的医疗信息资源，能够提供处方服务；制定激励机制，推出优惠政策；制定专业认证和实践标准，出台电子医疗专业发展计划，加强电子医疗教育和训练，建立电子医疗的参照医疗群体；政府积极培育国家电子医疗实体，建立并完善卫生医疗法规，实施医疗管理功能。

第二阶段，中期完善(6年)。根据形势发展，制定新的电子医疗的程序标准，提高实施标准；实施"国家宽带网络"计划，使宽带覆盖进一步扩展，基础设施得到进一步更新，执行必要的认定要求；培育电子医疗优先级解决方案，同意并实施新的认证要求；实施电子医疗教育和培训计划，成立电子医疗参考和咨询机构等。

第三阶段，长期巩固(10年)。在原有建设成果的基础上，继续加强电子医疗的标准化建设,维护电子医疗的基础设施,建立电子医疗的长效机制;针对电子医疗的新需求,给予提供电子医疗服务的个人和组织更多的权益;进一步加强对医疗消费者和提供者的电子医疗教育和培训等。

4."国家电子医疗战略"的实施效果

目前,"国家电子医疗战略"第一阶段已经完成,战略实施处于第二阶段。澳大利亚在整合医疗卫生信息资源、促进卫生信息系统互联互通方面做了大量工作。2011年,澳大利亚斥资6.2亿澳元实施远程医疗计划,用于投资建立医疗专家和患者之间的视频连接,为使用远程电子医疗技术的专家、医生、护士等提供奖金。近年来的"国家宽带网络"建设令视频医疗会诊,查看和发射高清病情图片更为轻松、方便。2015年,澳大利亚政府批准财政预算4.85亿澳元(约合23.23亿元人民币),重启上届政府已耗资数十亿澳元创建的电子医疗档案系统。一个完备有效的全国电子医疗体系将在十年内为纳税人节省25亿澳元(约合119.75亿元人民币),同时每年为政府节省16亿澳元(约合76.64亿元人民币)。

总之,澳大利亚高标准的电子医疗基础设施建设已经得到了进一步的巩固和加强;政府、基金会及社会各界对电子医疗的投资已实现法制化、经常化、多样化;一些电子医疗培训和咨询机构兴起,参与电子医疗的供需双方的能力和素质有了明显提高;战略的实施兼顾了国家和地区、公共和私人卫生部门,体现了实施电子医疗在一个共同框架下的最大化效益和效率。战略实施推动了澳大利亚联邦现有的医疗合作,战略确定的一些优先领域,已经逐步扩展到澳大利亚医疗改革的方方面面,组成了州和地方政府服务国民健康体系的核心基础。

实 验 操 作 1　城乡居民养老保险

(1)进入"社会保障—城乡居民养老保险",填写参保申请,完善登记表,点击"提交"(见图7.6)。

图7.6　城乡居民养老保险个人申请页面截图

（2）登记申报，居委会提交意见，点击"审核通过"（见图7.7）。

图7.7 居委会审核页面截图

（3）登记审核，乡镇（街道）提交审核意见，点击"审核通过"。

（4）参保缴费，申请特殊群体，无须缴费，直接领取，点击"确定"（见图7.8）。

图7.8 特殊群体无须缴费提示截图

（5）查看账户信息、个人基本信息，确认后，点击"提交"（见图7.9）。

图7.9 城乡居民养老保险个人基本信息页面截图

实验操作2 政民互动平台

(1)进入"政府信息门户网站—政民互动",选择"在线咨询",填写咨询内容,点击"提交"(见图7.10)。

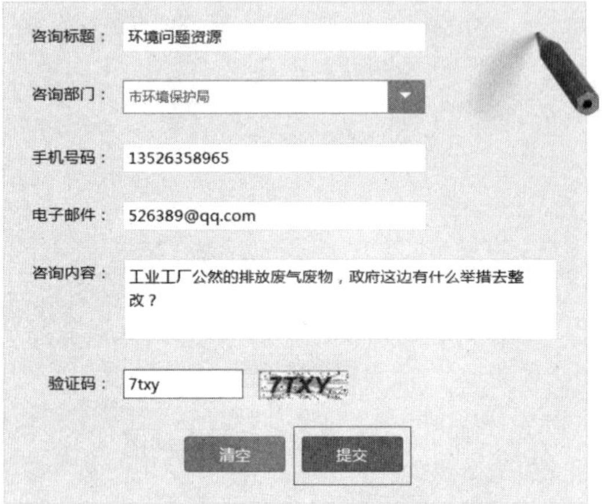

图7.10 在线咨询页面截图

(2)选择"我要投诉",填写投诉内容,点击"提交"(见图7.11)。

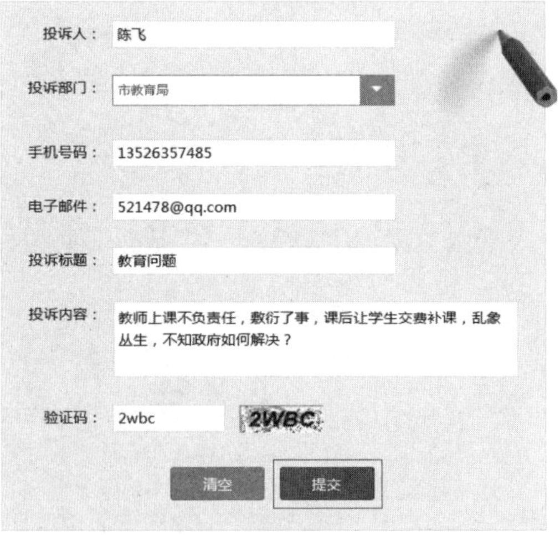

图7.11 "我要投诉"页面截图

(3)选择"问卷调查",填写问卷内容,点击"提交"(见图7.12)。

某区政府网站改版的调查问卷

您好！XX区政府门户网站完成网站改版。此次改版在基本架构、内容分类、栏目设置、版式风格等诸多方面进行了调整，以期提升本网服务水平。欢迎您积极参与本次改版效果调查活动，帮助我们进一步完善网站功能，提高网站服务质量。本次调查大概需要花费您5分钟的时间，感谢您的配合。

1.您对此次网站改版整体评价：（单选）
◉好评，眼前一亮，耳目一新　○中评，还行，凑合吧　○差评，网站设计、信息内容等一般　○暂不评价

2.您从新版网站获取目标信息和服务的时间：（单选）
◉缩短了　○差不多　○略为延长　○明显延长

3.您对政务公开栏目板块评价：（单选）
○好评，信息公开很及时，内容很全面　◉中评，公开信息基本能满足我的需求　○差评，公布的信息没用，想要的信息没有　○暂不评价

4.您对为民服务栏目板块评价：（单选）
○好评，服务内容很全很详细　◉中评，需要查询的服务都有　○差评，没有提供在线服务办理　○暂不评价

5.您对互动交流栏目栏目评价：（单选）
◉好评，回应关切很及时　○中评，借助微博、微信实现即时沟通　○差评，反映的问题没人处理　○暂不评价

[提交]

图7.12　问卷调查页面截图

（4）政府回复，回复咨询处理，点击"提交"（见图7.13）。

咨询标题：　环境问题资源

咨询内容：　工业工厂公然的排放废气废物，政府这边有什么举措去整改？

联系电话：　13526358965

电子邮箱：　526389@qq.com

咨询回复：　我们将加大政治力度，严惩违规企业，感谢您的监督！

[提交]

图7.13　咨询回复页面截图

（5）回复投诉处理，编辑内容，点击"提交"（见图7.14）。

投诉标题：　教育问题

投诉内容：　教师上课不负责任，敷衍了事，课后让学生交费补课，乱象丛生，不知政府如何解决？

联系电话：　13526357485

电子邮箱：　521478@qq.com

投诉回复：　我们将尽快了解相关情况，及时处理，感谢您的参与。

[提交]

图7.14　投诉回复页面截图

（6）查看调研问卷结果，提交后对公众公布，点击"提交"（见图7.15）。

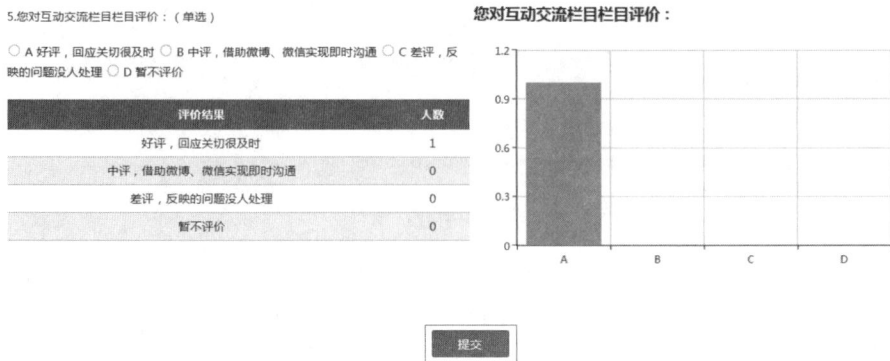

图7.15　调研问卷结果页面截图

（7）公众进入信息网，查看回复，点击"完成查看"（见图7.16）。

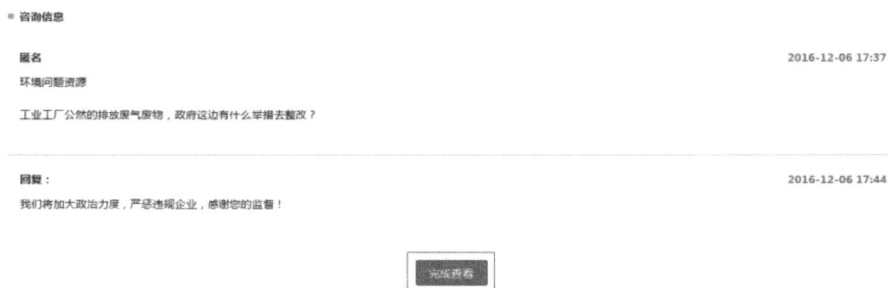

图7.16　公众查看回复页面截图

参考文献

[1]何振.电子政务基础[M].长沙:湖南大学出版社,2014:125.

[2]胡永佳.治理的创新:电子政府的理论与实施[M].北京:学习出版社,2002:283-289.

[3]路云.社会医疗保险信息系统的统筹规划[M].南京:东南大学出版社,2013:55.

[4]吕晓阳,周胜安,丁旭等.电子政务理论与应用[M].北京:清华大学出版社,2015:16.

[5]汤志伟.电子政务[M].北京:高等教育出版社,2016:8.

[6]王立华.电子政务概论[M].西安:西安交通大学出版社,2011:12.

[7]熊小刚,廖少纲.电子政府新论[M].上海:复旦大学出版社,2015:18.

[8]徐双敏.电子政务概论[M].武汉:武汉大学出版社,2009:14.

[9]杨路明.电子政务(第二版)[M].北京:电子工业出版社,2010:15.

[10]冯向春.广东省地方政府政民互动建设平台与服务研究[J].大学图书情报学刊,2015
（1）:65-70.

[11]郜凯英,杨宜勇.中国互联网+社会保障信息系统构建——基于大数据挖掘视角[J].经
济与管理研究,2016(5):83-89.

[12]国家信息中心.中国信息协会.中国信息年鉴 2017年[J].北京:中国信息年鉴期刊
社,2017:181.

[13]吕晓阳,王会.构建问政云平台促进政民互动与信息处理集约化——基于对奥一网及
惠州政民互动平台的研究[J].电子政务,2014(12):37-43.

[14]叶千红,王玉荣.电子医疗:现状问题及政府治理策略[J].电子政务,2017(10):29-
37.

[15]陈贤师.政民互动系统的设计与实现[D].厦门:厦门大学,2014.

[16]李琦.基于SOA的社会保障信息系统架构研究[D].南京:南京大学,2011.

第八章　新技术与电子政务

　　明确大数据、"互联网+"、"互联网+政务服务"、区块链的概念和特点;理解和说明上述新技术在电子政务领域的主要应用;掌握大数据对政府治理的影响;分析大数据、"互联网+"和区块链在电子政务领域建设的重点内容。

　　随着大数据、"互联网+"和区块链等新技术广泛应用于各领域,它们对政府治理和电子政务也产生了积极的影响。我国在政府决策、市场监管、社会管理、公共服务等领域积极应用大数据,同时与"互联网+"结合,力求建设"互联网+政务服务"的全新电子政务模式。虽然区块链技术的应用还处在试点阶段,但是拥有广泛的应用前景。

　　在这一章中将回答以下问题:

　　◎如何理解大数据、"互联网+"和区块链?

　　◎这些新技术在电子政务领域的应用有哪些?

　　◎这些新技术在我国电子政务领域建设的重点内容是什么?

引　例

　　随着创新驱动发展战略的深入实施和"互联网+政务服务"的深入推进,中央和地方政府出台一系列相关政策,推动互联网与政务服务深度融合,对深化"放管服"改革、优化营商环境、促进大众创业、万众创新发挥了重要作用。

　　2018年5月国务院办公厅印发《关于进一步压缩企业开办时间的意见》,要求积极推进电子营业执照在"互联网+"环境下跨区域跨领域跨行业应用,广泛推行企业登记全程电子化应用,努力提升无纸化、智能化程度。同年7月,国务院印发《关于加快推进全国一体化在线政务服务平台建设的指导意见》,明确要求深入推进"互联网+政务服务",加快建设全国一体化在线政务服务平台,优化营商环境、便利企业和群众办事、激发市场活力和社会创造力。

各级地方政府也出台政策不断深化"互联网+政务服务",持续优化营商环境,切实提升企业获得感。如陕西省印发《陕西省优化提升营商环境工作三年行动计划(2018—2020年)》,提出推动政务信息系统整合共享,建成政务信息共享交换平台体系,加快建设并推广集"审批、监管、服务、信用"于一体的政务服务平台等目标,为优化提升营商环境、推动创新创业高质量发展提供了坚实支撑。

在各项政策措施的推动下,规范透明、高效便捷的"互联网+政务服务"体系平台有序建成,准入便利、健康平稳的营商环境逐步形成,富有活力、覆盖全面的创新创业浪潮此起彼伏。

在福建厦门,"一门式一网式"政府服务和网上办事大厅的效率不断提升,"i厦门"平台建设不断加快。厦门市以更快更好方便企业和群众办事创业为导向,适应互联网发展趋势,围绕直接面向企业的服务事项,创新移动服务模式,提升线上政务服务水平,不断优化办事创业和营商环境。

在贵州贵阳,政务自助服务大厅开始运行。企业和群众可在服务大厅自助办理贵阳市公积金查询、增值税普通发票代开、涉税信息查询、网上申报、网上缴费、办事进度查询、办事指南打印、营业执照自助打印等服务。

在河南济源,新开办一家企业只需4小时。济源市将新开办企业涉及的职能部门办事窗口集中到一起,采取优化业务流程、实现不同部门间数据共享等措施,最终将新开办企业时间成功压缩至4个小时以内,真正实现立等可取。

"互联网+政务服务"体系平台的建设,变"群众跑腿"为"信息跑路"、变"企业四处找"为"部门协同办",切实提高了政务服务质量与实效,优化了营商环境,释放了创业创新活力,让大众创业、万众创新更顺畅。[1]

第一节 大数据与电子政务

自从大数据技术被计算机领域的科学家研发、证明其可行性之后,就被各个行业和领域所关注。国内外的实践案例为大数据背景下政府治理面临的机遇和挑战提供

---

[1] 中共江苏省委网络安全和信息化领导小组办公室:《"互联网+政务服务":营造新环境,让创新创业更顺畅》,https://baijiahao.baidu.com/s?id=1625538634803082800&wfr=spider&for=pc。

了有益的借鉴。

一、大数据

(一)大数据的概念

大数据自20世纪80年代提出,到21世纪第一个十年的兴起与引发广泛的关注,直至如今的爆发式发展,大数据的定义也一直在变化之中,具有代表性的观点有:

国际数据公司(International Data Corporation,IDC)提出大数据的"4V"特性,即海量的数据规模(Volume)、快速的数据流转和动态的数据体系(Velocity)、多样的数据类型(Variety)、巨大的数据价值(Value)。

研究大数据的先驱麦肯锡公司在其报告《大数据:创新、竞争和生产力的下一个新领域报告》中给大数据下的定义是:大数据指的是大小超出常规的数据库工具获取、存储、管理和分析能力的数据集,但并不是说一定要超过特定TB值的数据集才能算是大数据。

亚马孙公司的大数据科学家约翰·劳瑟(John Rauser)给出的定义相对简单,即大数据是任何超过了一台计算机处理能力的数据量。

全球最具权威的信息技术研究咨询公司高德纳公司(Gartner Group)指出,大数据作为一系列技术而存在,并不是孤零零的一项专门的技术,它是一个富有生命循环周期的、系统性的技术。

专栏8.1 **大数据的发展阶段**

大数据发展历程大致可分为四个阶段。一是20世纪90年代至21世纪初的萌芽期,重点关注数据挖掘技术。随着数据挖掘理论和数据库技术的不断成熟,数据仓库、专家系统等商业智能和知识管理技术的普及,大数据研究主要关注模型模式的建立和识别功能的实现。二是2003年至2006年的突破期,重点关注非结构化数据研究。尽管此时对非结构化数据的处理系统和数据库架构没有形成统一的共识,但研究者已经对非结构数据在外来信息处理中的重要性有了清晰的认识。三是2006年至2009年的成熟期,重点关注并行计算和分布式系统研究。四是2009年至今的拓展期,重点关注应用拓展。大数据不断向社会各行各业渗透,成为颠覆性创新的原动力和助推器。

2015年国务院印发的《促进大数据发展行动纲要》指出,大数据是以容量大、类型多、存取速度快、应用价值高为主要特征的数据集合,正快速发展为对数量巨大、来源分散、格

式多样的数据进行采集、存储和关联分析,从中发现新知识、创造新价值、提升新能力的新一代信息技术和服务业态。

"数据"的含义最开始是代表"有意义的数字",但随着信息技术和通信技术的不断发展,其定义早已经不再受限于数字本身的范畴,而是包括了所有被表示或被储存的信息,视频、音频、图像、文字等都是数据。而所谓"大数据",通俗来讲,就是指巨量的数据集。从狭义上看,是指"无法在一定时间内用常规软件工具对其内容进行收集、管理和分析的数据集合"。而从广义上看,则是从含有大量噪声的种种巨量的异构信息中高速有效分析出有价值信号的能力,这种能力的出现将使得人类的思维与决策能力进入更高的级别。

(二)大数据的特征

1. 数据规模巨大

当前,数据量迅猛增长的原因有三:一是互联网的快速发展及其应用的普及,使得更多的群体能参与到数据的采集、分享中来。二是科技发展促使各种传感器收集数据的能力增强,复杂数据的收集量激增。早期的数据是对事物的描述进行抽象压缩,形成了以文本、数字和音频为主的简单模式,这些数据的维度低,存储、处理的方式简单,相对而言其数据量也十分有限。随着复杂传感器的广泛使用,尤其是三维扫描设备和动作捕捉设备的普及,图像、视频等二维数据的收集、使用成为现实,这使得对事物的描述越来越形象、具体,数据量本身也成几何倍数增长。三是数据量的巨大导致了处理数据的思维方式发生了根本性的转变。之前,由于受数据量和数据处理方式的限制,人们在分析问题时往往采用抽样分析法,部分采样使得对复杂多变的事物的分析变得不够准确。大数据的发展使得样本数量接近原始的总体数据,甚至开始不再进行抽样分析,而是直接处理全部数据,这使得对事物的描述更加精细、准确,同时数据量也会激增。

2. 数据类型繁多

数据格式不仅仅包括数字、文字,还包括视频、图像等。数据的来源也趋于多元化,不但有来自系统内部运作和关联作用的所有组分与过程的数据,也有来自系统外部或作用于系统的数据。传统数据以数字、符号、表格等结构化数据[①]为主,而大数据的数据种类增多,大量半结构化、非结构化的数据被收集、存储、处理。据统计,这部分数据的占有量已达到数据总量的75%以上,而且其增长速度远远大于结构化数据。半结构化、非结构化的数据没有一致的结构属性,无法用数字等简单的结构来呈现,增加了数据存储、处理的难度,传统的数据处理方式已不再适用,大数据因而迅猛发展。

3. 价值密度低

随着物联网的兴起与发展,相比于传统的信息系统,数据的产生变得更加泛在,在巨

---

① 结构化数据是指把所描述的事物抽象成类型单一的数据,以便于存储、处理和查询,之后新增的数据也不必更改存储、处理和查询的方法,只需按照之前固有的秩序进行排列。

量的设备中产生的数据绝大部分对于我们想要了解的主体来说是一种噪声,尽管在这些前所未有的数据中可以发现非常有用的信息,但相比较噪声而言就呈现出大数据的低密度价值特征。对数据进行研究、挖掘的最终目的是解决现实问题。传统数据是在对所描述事物进行抽象压缩的基础上形成的,所采用的处理方式是抽样分析法,所以样本中每项数据都具有价值。而大数据的处理方式是对全部数据进行分析,数据量大、种类纷繁复杂,而且这些数据也没有经过抽象处理,其中夹杂着许多"无用"的信息,所以相对传统数据而言,大数据在处理某一特定具体问题时价值密度较低。例如公安机关在追踪犯罪嫌疑人行踪时,会调取嫌疑人所驾驶的车辆经过监控摄像头下的卡口信息,而每天被监控摄像头记录的车辆数以万计,对于这次追踪而言,有价值的卡口图片可能只有一两张,其价值密度就显得低了很多。

4. 大数据的生成和处理速度快

随着互联网和传感器的飞速发展,数据的产生越来越便捷,速度也越来越快,这要求数据的处理速度必须加快,否则数据就无法有效利用,甚至会因为庞大的存储量而影响数据处理结果。与此同时,大数据所产生数据流是快速实时的,其价值往往会随着时间的推移而迅速降低,如果不能进行及时有效的处理,大量的数据就不存在价值了。此外,在现实应用方面要求数据的处理速度加快。心理学家通过实验证明,用户在互联网获取信息的等待时间为瞬间,这要求大数据的处理速度不能超过1秒钟,否则处理结果就是过时的、无效的,这种实时的处理要求促使流处理模式应运而生。

(三)大数据的应用

最早涉足大数据技术应用并且目前发展最好的领域就是商业领域。世界著名的零售商沃尔玛超市拥有世界上最大的数据仓库系统,它将顾客的原始交易数据收集起来,通过大数据分析技术来预测消费者的购物习惯以期为他们提供更加优质的服务。通过大数据技术分析得出的结果可以使商家能够快速了解客户经常购买的产品,并根据顾客喜好增减商品的种类或是决定续购什么类型的商品。像类似"啤酒和尿布"这样看似毫不相关的产品摆放在一起却创造了销售奇迹的案例正是经大数据技术分析后得出的结果。除此之外,这些企业还可以利用大数据技术实时跟踪每天产品的出库情况,从而方便及时补充库存。

国内商业领域大数据技术的领头羊是电子商务的开拓者阿里巴巴公司,它旗下的淘宝购物网站记录着交易时间、价格、消费者的个人偏好、年龄层次及顾客住址等数以万计的数据。在淘宝商家那里,这些与交易有关的数据经过大数据分析后就会变得很有价值,不仅可以用来了解市场的整体走向、相关商家投资品牌的经营状况,还可以轻松实现对目标客户的精准定位与广告地有效投放。而阿里巴巴公司也正是发现了利用大数据技术的这一好处,及时地推出了淘宝数据魔方,从而利用大数据技术分析行业数据,帮助淘宝网上的注册商家实现数据化运营,事实上,购买了分析结果的商家的获利显著增加。

大数据也可用于医疗实践。医疗行业每天从保存的病例、协议书和与病人有关的数据中产生大量数据。被电子化了的数据可以通过大数据技术被储存起来,当医生需要对病人的资料进行分析时,便可以随时查阅。一家医院可以基于其他医院和相关医疗机构以往对病人的临床记录来给予病人最快的治疗,使药物的副作用降到最低,并且可以省去复查的程序帮助病人减少支出;可以利用及时更新的数据在病毒性疾病扩散之前了解他们的扩散情况和集中的区域,以便指导人们采取必要的防护措施。当然,医生也可以从与病人有关的数据记录中看到治疗的效果,以此判断诊断是否有效,是不是要应用到其他的病人身上。从这个角度来看,大数据技术可以帮助政府建立起全民范围的公共健康服务平台,推动医疗事业的进步和发展,而这在以往是不可想象的。

大数据还可应用于金融领域。青岛银行是山东省最大的法人银行,是英国银行家杂志评出的世界银行500强之一。但是近年来,随着业务量的不断增加,青岛银行面临着业务类型的增加、用户要求的不断提升等挑战。2013年,青岛银行与IBM达成合作协议,为了迎接和应对这些挑战,以先进的PD(Pure Data for Transaction)专家集成系统支持公司数据中心建设,用以整合银行内部的大数据、支持公司数据建设。因为PD整合了青岛银行内几十个数据库系统,并在大数据的基础上进行相应的分析,所以能够使银行在最快的时间对地区扩张及突发的业务高峰做出反应。除此之外,大数据技术的使用也使银行运营体系更加简化,从而便于管理。

二、大数据与政府治理

大数据的迅猛发展向政府治理提出新的要求,需要政府以数据为重要的治理依据、资源和工具,通过创新政府治理的顶层设计,开展数据全生命周期的分析和管理,推进数据的汇聚、整合、共享、开放和应用,并从理念、制度、技术、保障等方面提供支撑。

（一）大数据驱动政府树立全局数据治理理念

首先,全局数据有利于政府快速获得信息,服务公众。信息化的发展让政府从"样本数据"走向海量的"全局数据",从以前的依靠样本数据分析到现在的通过全局数据判断。通过对海量、动态、高增长、多样性数据的高速处理,政府能够快速获得有效信息,服务社会和公众。一是通过各种手机端、移动端收集民意数据,除了向公众推送资讯和提供服务以外,还为公众向政府进言献策、监督行政执法提供了便捷畅通的渠道。二是通过互联网数据,政府既可以掌握舆情和社情,有效监控网络信息,及时预防和干预危机的发生,也可以掌握电商的销售数据,加强企业服务和监管。三是联网物联网数据,政府可以跨部门整合辖区内布控在环保、水利、气象、食品安全、公共治安、建筑工地等业务领域的物联网感应器资源及非结构化感知数据,建成多源、实时、标准化、规范化的物联网数据库应用平台,在智能分析和综合研判后,能够更加有效、精准、即时地提供服务,完善管理,提升政府治理水平和能力。

其次,全局数据有利于促进政府走向公开透明。现代治理强调公开与协作,透明化和公开化成为政府治理的必然趋势。全局数据的开放性,即以公开和透明的方式化解治理矛盾,让暗箱操作失去可能,是遏制权力寻租和腐败的重要手段,亦是政府治理现代化的重要途径。全局数据促进政府走向公开透明,能有效弥补传统科层制模式下政府对政府治理对象的模糊认知。政府通过数据分析庞大的对象规模和复杂的内在关系,能为更好地服务国家利益如国际气候谈判、能源谈判等提供依据、掌握先机,数据的公开透明也能促进政府超越科层制层层信息传递模式,实时掌握重大安全、危机和风险的动态信息,实现有效预判和预防。

（二）大数据驱动政府建立数据融合的体制

首先,大数据有利于汇集消融部门边界。我国政务信息化建设始于20世纪80年代末90年代初,发展至今已累积了大量原始、权威的数据,但由于条块分割,使这些数据无法发挥应有价值。政府职能部门独立承担、开发信息化工程,建成内部的业务系统、专网,形成政府部门内部"条"状数据资源,地方政府的委、办、局对应的信息系统构成了"块"状数据的横向切割。这些"条""块"的数据系统由于开发者不同,数据库、操作系统、应用软件等都不相同,导致系统异构、数据标准制式不一致,造成数据割据的局面。大数据为消融条块分割、部门边界提供了技术层面的实现机遇。在大数据、云计算、物联网和移动通信高度发达的条件下,"数据共享、互联互通"成为政府数据管理与建设的发展趋势。通过数据资源的汇集和统筹,把散落在各个部门的数据汇集到一个平台上,奠定数据的应用基础;在汇集的基础上,建立数据共享开放的标准和机制,打破数据孤岛;数据挖掘开发更多的应用,使融通的数据相互印证,聚合推动政府各部门流程变革,促进政府简政放权、优化服务的具体实施。

其次,政府内部多维的数据关联能够极大地提升协同治理的效能。通过基础数据库和数据交换共享平台,可以实现政府各部门业务系统内人口、地理、经济等数据的汇集,形成跨部门协同应用的完整体系。基于数据统筹的前提,建立连接政务网、互联网和物联网的全数据库的超级平台,使不同系统间的数据能够交互使用,实现组织"人、事、物"等全要素的常态化管理和服务。如果说数据汇集解决了纵向统筹和横向联通的问题,那么多维交互实现的是协同治理,通过全面整合职能部门与各级政府组织的数据资源,促进信息共享和业务协同,提升政府综合治理水平,降低行政成本,激发社会参与,这对于当前简政放权、放管结合、提升服务的改革具有极大的理论价值和实践意义。此外,大数据有助于驱动政府部门建立统一的云平台和数据中心,在一定程度上实现对外信息服务和共享的纵深拓展,促进政府部门之间的信息流通和共享共治,消除各自为政、信息孤岛的现象,从而实现内部协同的整体运作,提升政府管理效能。

（三）大数据驱动政府治理创新和提升治理能力

首先,大数据驱动政府决策方式的创新。政府决策是政府进行公共事务管理的中心环节,政府决策水平的高低在很大程度上关系到政府治理的成败。而数据和信息是制定决策的依据,离开数据和信息支持的决策是盲目的、不科学的,可能会使制定出的政策偏离最初的目的。传统决策主要依据抽样调查的小范围数据分析和决策者的经验,存在一定局限。而在大数据背景下,经过全体数据分析得出的数据才更加令人信服。因此,大数据决策取代经验决策已经成为必然趋势。在辅助科学决策方面,政府的大数据应用需求主要包括以下三个方面:一是将数据作为科学决策的重要支撑单元,对日常社会运行进行检测,提高政府决策的及时性和准确性。二是依赖大数据获取综合信息,提高政府决策效率和准确性,特别是在应急处理中大数据更能发挥重要作用。三是依赖于数据反馈对政府决策效果进行实时反馈,辅助政府及时调整和优化决策。利用大数据分析手段和可视化技术,可以对相关数据的变化进行实时监控和可视化,决策实施效果可以更快反馈,辅助政府决策部门根据实施效果总结决策经验,并适时调整决策从而提升决策的实施效果。此外,政府在制定决策时运用大数据技术将会使制定的决策更加贴合实际,符合民意,回应性更强,更加公平,促进政府决策的科学化。

专栏8.2 **政府决策科学领域大数据应用的案例**

美国的推持、社交网络、搜索引擎等的用户众多,积累了海量数据。美国人口、交通、医疗等公共部门通过对这些新媒体数据的挖掘,实现了对人口流动、交通拥堵、传染病蔓延等情况的实时分析。佛罗里达州迈阿密戴德县将数十种关键县政工作和迈阿密市紧密联系起来,帮助政府在制定治理水资源、减少交通拥堵和提升公共安全等方面的决策提供信息支撑。2004年,英国设立水平扫描中心项目,以提升政府处理跨部门和应对多学科挑战的能力。2011年,水平扫描中心启动气候变化对未来国际影响计划,通过多数据源的深度分析,研究解决气候变化对食品和水的可获得性,以及对地区和国际形势的影响。研究综合提高了英国政府的决策科学化水平。

其次,大数据有利于提升社会治理的能力。社会管理是政府职能的重要组成部分,是政府对社会构成的各个领域及社会发展的各个环节进行组织、协调、监督、推进和管理的行为过程。在社会管理方面,政府大数据应用需求主要包括两个方面:一是提升社会管理效率的需求。政府通过信息化和自动化相结合的方式构建数据集成网络,能够最大程度降低数据非系统误差,保证分析结果的准确性和真实性;数据去噪技术可以帮助管理者自动去除海量信息中的错误、无用及重复信息,提高数据资源的价值密度,提升数据管理的

效率。数据可视化技术可以将社会运行的信息实时展示在管理者面前,据此管理者可以减少应急情况的反应时间,更加及时地处理社会管理中的紧急情况。大数据技术极大提升了数据处理速度,并能实现多源数据的综合整理,为日常社会管理效率的提升提供帮助。二是提升社会管理能力的需求。政府运用多维多源的数据对社会进行全视域监控,并借助实时流动的数据监测进行同步分析和计算,能够实现管理的实时性、实效性和准确性。通过大数据挖掘和分析,可以辅助社会管理者发现日常管理中的盲点,找出新问题、新隐患,进而提升社会管理者的管理能力。通过构建传感器网络,可获取更多的社会运行数据,这些数据的采集可进一步提升社会管理者的管理范畴。

再次,大数据推动政府公共服务的精细化和个性化。随着社会的进步和物质生活水平的提高,公民对公共服务的要求也在不断提升,所以提供更加精细化、个性化的公共服务被提上了政府治理创新的日程。大数据特有的准确、全面、实时分析数据的能力,为公共服务的精准化提供了相应的技术支持。政府通过分析各类公众信息,直观并精确地掌握其生存状况和发展趋势,能够为公众提供更契合内在需求的公共政策,这将极大地提高公众的获得感。大数据推动政府公共服务更加精细化和个性化的实践活动还可以应用在特殊人群的有效管理和服务,以及治安、民政等多个领域,通过对与这些领域内相关的部门数据进行分析,政府可以准确判断公民的个性化需求,从而提供有针对性的服务,这样可以在降低公共服务成本的同时实现服务质量的提升。

> ⚛ **专栏8.3**　**大数据在政府治理中的应用**
>
> 在西班牙首都马德里,政府整合警察、消防、医疗系统,使救援时间大幅度缩短,巡逻队、消防车、救护车能够在8分钟内到达81%的突发事件现场。在新加坡,智能交通综合信息管理平台在预测交通流速和流量方面有高达85%的准确率,能通过有效的引导和干预,显著提升高峰时段的车辆通行效率。德国联邦劳工局对大量失业人员的失业情况、干预手段和重新就业等历史数据进行分析,使得其能够区别不同类别的失业人群,采取有针对性的手段来进行失业干预,大大提高了公共服务提供的效率。该做法使得该局能够在每年减少100亿欧元相关支出的情况下,减少失业人员平均再就业所需时间,大大改善了失业人群的求职体验。

(四)大数据驱动政府实现多元共治

首先,大数据有利于政府实现多元共治。大数据不仅是一种战略资源,更是一种催化变革和创新的驱动力量,它颠覆了传统的经济关系、政治关系和社会关系的形成与发展方式。大数据的出现和深层渗透,带来了社会形态和社会结构的改变,大量的数据信息在公众和社会组织、企业中传递,去中心化的治理模式获得了技术实现路径,多元共治迎来了崭新的时代。在新的社会发展中,政府只是其中的一个数据节点,企业、公共组织、公民个体都将是构成整个数据大网格中不可或缺的各个节点。因此,政府治理需要以大数据带来的公共性、分享性、去中心性为前提,通过大平台,形成多元参与、权力分散、责任分担、利益共享的治理机制和逻辑。对于公共治理,大数据的能量通过空间和时间的延展,不断累积层层放大,为政府、企业和公众带来更为广阔的合作领域,共享共治的愿景、路径更为明晰。通过开发整合、挖掘和利用跨部门、行业及个人的各类数据,可以实现不同区域和城市系统要素的融合,将企业、社会组织及公众都纳入治理体系的主体中,共同提高社会公共治理的有效性。

其次,多元共治的路径之一是通过数据共享实现公众参与。数据的开放和共享会让政府和社会的边界逐渐消融,更多的组织和公民主动参与社会的管理。随着数据和信息的自由流动,知识和权力也将随之开放和流动,知识由专家学者传播给每个学习者,权力从政府分散到社会个人。数据开放还被认为是加强政府公信力、提升政府服务能力、公民自我管理的重要手段。政府数据的开放性将分析和使用数据的权利与公众分享,"民主共治"变得更加切实可行。从"信息孤岛"到"数据开放",是从封闭式思维到开放式思维的转变。开放性思维打开了数据的发展形势,突破了价值的有限性,政府数据不开放不流动,不与外部数据进行聚合,就会成为僵死的数据,无法衍生价值,更无法创造价值。政府的重大基础数据是社会的数据基础,按照"数据之和的价值远远大于数据价值之和"的定律,将其与社会不同领域的数据聚合并开放,将成为多元共治的利器。政府的数据开放为公民积极参与公共治理提供了可靠的路径,其民主、公开的逻辑确保了多数公众的利益,有利于实现"数据制衡"。

再次,大数据开创了政府治理的新生态,治理主体多元化的势能逐渐积聚。数字经济、平台体系、共享理念的发展使得单一的传统的由政府实施的治理方式无法满足新经济发展的需求,在新的生态圈中,社会各主体都参与公共治理,分享治理权力,贡献治理效能。这种治理主体的多元化和权力的分散化,依赖于共享共联的价值信仰,各方通过协同与分享实现紧密合作并达成各自的利益追求。就政府方面而言,从制度上破除体制机制障碍,推进数据的互联互通对新经济的发展而言显得更为有利。在新经济的环境下,新技术不断涌现,公共治理需要新理念、新手段和新方法与之相适应。政府不应充当"家长角色",而应该成为利益相关方的总协调人。政府的职能应该更多地表现为顶层设计能力、统筹能力、协同能力、规制能力、社会动员能力等方面,充分利用市场和社会的力量推动合作共治局面的出现。

（五）大数据驱动政府保障数据安全与个人隐私

大数据带来了复杂的权责关系,产生数据的个人、各类企业及公共组织,与拥有数据实际管理权的服务商和拥有行政管辖权限的政府之间,在数据问题上的法律权责不明确,实际使用数据的能力也参差不齐。如何用法律来规范数据的使用,保障国家安全和公民隐私,是一个当下急需解决的问题。要保护数据安全,首先要厘清包括国家、企业、部门和公民个体等不同层面的数据归属权限。从国家层面来看,国家是信息主权的重要组成部分,是一个国家对本国网络、数据中心和信息系统的自主管理能力。从企业层面讲,互联网企业基于相关法律规定,可以通过提供服务对用户及其个人数据进行合理使用,提升企业管理能力。从公众个体层面来讲,个人拥有隐私和敏感数据信息不受侵犯的权利。要保障数据在应用过程中各拥有者的权利,政府就要加快制定各类数据产权归属、数据保护、数据采集、数据存储、数据加工等法律法规,明确数据拥有者、使用者、管理者各自的权限和自由及隐私的边界。通过数据立法,清晰界定数据的所有权、管理权、使用权、出让权等,为数据开放共享和作为资产属性的商品流通提供法理基础,建立与个人信息保护相关的法律法规,探索数据安全标准和数据应用规范,推动数据安全、隐私立法。

三、大数据与电子政务

（一）国外基于大数据战略的电子政务建设

欧、美、日等发达国家纷纷将大数据的发展和应用作为夺取新一轮国际竞争制高点的重大战略举措。大数据上升为国家战略已成为世界各国的共识。美国在2012年启动"大数据研究和发展计划",联合国在2012年推出"数据脉动"计划,日本在2013年公布以大数据为核心的新信息技术国家战略。英国启动"数据权"运动,欧盟提出《开放数据战略》,澳大利亚发布《公共服务大数据战略》。在政务领域,各国政府利用大数据也开展了各种应用推广工作。

美国数据开放一直走在全球前列,2010年,美国总统科学技术顾问委员会在《规划数字化的未来》中建议联邦政府的每一个机构和部门,都要制定一个应对"大数据"的战略。2011年,美国总统科技参谋委员会提出,大数据在未来的国家战略中具有其他信息技术无法超越的优势。之后,美国政策研究科技办公室成立了相应的监督机构来负责政府对大数据的投资。2012年3月29日,科技政策办公室制定的《大数据研究和发展计划》正式公开,这也标志着美国成为将大数据上升为国家战略的少数国家之一。该计划的首要目的就是运用大数据技术对海量数据进行收集、维护、分析和管理;培养具有专业技能的大数据人才。联邦政府的能源部、地质勘探局等众多部门都参与其中,旨在提高政府从大型复杂的数字数据集中提取知识和观点的能力,进而加快美国在科学与工程中的步伐,加强国家安全。2014年5月,美国白宫发布《大数据:抓住机遇、守护价值》,鼓励按数据创造更多的社会价值,同时强调需加强对个人隐私的保护。美国这一行动也激发英国等众多国际政府部门相继推出类似举措。

英国一方面力推数据公开，为商业企业和研究机构提供数据支持，另一方面，政府在资金和政策上支持大数据在医疗、农业、商业等领域的发展。2011年11月，英国政府发布了对公开数据进行研究的战略政策。2012年5月，英国政府注资十万英镑，支持建立了世界上首个开放式数据研究所ODI(The Open Data Institute)。2013年，商业部、农业部均加大了对大数据研究的资金支持。英国在积极推动大数据实践中已取得显著成效。英国政府为了占领在数据挖掘和分析方面的世界领先地位，实现为国民和政府机构创造更多的价值的目标，在2013年10月制定了《把握数据带来的机遇：英国数据能力战略》，并对实施的具体措施和步骤进行了周密的部署。据统计，该政府通过高效使用公共大数据技术，每年可节省330亿英镑，相当于英国每人每年节省500英镑。其中，通过优化政府部门的日常运行可节省130亿—220亿英镑，减少福利系统的诈骗行为和错误数量可节省10亿—30亿英镑；追收逃税漏税可节省20亿—80亿英镑。

澳大利亚政府信息管理办公室(AGIMO)实施政府2.0计划，为公众获取政府数据提供渠道，政府2.0计划推出政府信息公开网站，通过这一网站，让公众便捷、高效检索和获取政府数据。2013年2月，澳大利亚政府信息管理办公室为了更好地进行服务传递和科学决策，成立了大数据工作组，其任务就是提高政府相应机构的数据分析能力。澳大利亚政府设定了制定信息资产登记册，追踪大数据分析技术进展，确立了大数据实践方针，归纳明晰大数据分析面临的各类挑战，加强大数据分析技术和经验等较为具体的计划战略，并于2014年7月前基本完成。

在欧盟，法国自2006年以来，政府投资部已经支持了16个重大的数据中心项目。2011年12月，法国政府推出的公开信息线上分享平台data.gov.fr正式上线。2013年，法国政府决定投入1150万欧元用于促进大数据领域的发展。同年，法国教育部推出四项数字化服务，进一步提升教育服务平台的建设和服务效率。德国信息通信体系的建设一直走在欧洲各国的前列，为大数据的发展创造了有利条件。早在2006年和2010年，德国政府就开始了开放政府数据的尝试，同时德国非常关注数据的保护。2009年，通过对现行《联邦数据保护法》的修订，进一步加强了对个人隐私的保护力度。

此外，一些亚洲国家也在积极突进大数据技术的应用和桂冠。新加坡政府于2004年发布风险评估和水平扫描计划，2007年正式开放风险评估和水平扫描实验中心，通过大数据提升政府对国家安全的保障能力。印度政府将2010—2020年作为"创新十年"，并组建了国家创新委员会，提出借助大数据应用跻身全球科技强国的构想。2009年，印度政府建立了用于身份识别管理的生物识别数据库，联合国全球脉冲项目已研究对如何利用手机和社交网站的数据源来分析预测从螺旋价格到疾病暴发之类的问题。韩国大数据的应用推广主要由科学、通信和未来规划部主导。2011年，韩国政府提出打造"首尔开放数据广场"，力图通过建设大数据中心，快速提高科技企业的技术水平，任何人均可通过该中心对大数据进行提炼和分析。

(二)中国基于大数据战略的电子政务建设

我国大数据的战略制定和应用推广主要由工业和信息化部及国家发展和改革委员会主导。中央各部委在同一规划下,逐步启动大数据平台的开放和应用。如2013年,国家统计局与上海钢联电子商务股份有限公司等11家企业签署战略合作协议,共同启动"国家统计局大数据合作平台"。国家工商总局连同有关企业构建"企业发展工商指数",国家发改委与中国科学院共同启动了"基础研究大数据服务平台应用示范项目",推动大数据技术研究和应用推广。

在中央政府层面,政府也非常重视大数据的规划,自2014年开始的《政府工作报告》都将大数据作为重要议题。2014年7月至2015年6月,国务院部署大数据在电子政务领域的应用,涉及的领域包括企业信息监管、小微企业信息系统建设、健康医疗、社会保障、疾病防治、灾害预防、服务贸易和在线审批等。《政府工作报告》明确提出,运用大数据优化政府服务和监管,提高行政效能。2015年9月,国务院印发《促进大数据发展行动纲要》,将数据平台作为具有战略性和全局性的体制机制做出了前瞻性的部署,提出通过数据融合、技术融合、政策融合、跨界融合等举措实现大数据系统化、体系化发展的政策,是我国大数据发展的顶层设计。文件规划了我国大数据发展的总体战略,树立了"用数据说话、用数据决策、用数据管理、用数据创新"的理念,并确立加快实现法治政府、创新政府及服务型政府的目标,以便逐步实现政府治理能力的现代化。《促进大数据发展行动纲要》具体提出2020年底前逐步实现与民生保障服务相关领域的政府数据集与公众共享,政策逐步完善,内容不断细化。2016年,"十三五"规划明确提出,实施网络强国战略、"互联网+行动计划"、智能制造2025和国家大数据战略,将大数据纳入国家战略。

专栏8.4 **我国地方政府相继成立大数据管理局**

省级层面已有广东省、浙江省、山东省、贵州省、福建省、广西壮族自治区、吉林省、河南省、江西省、内蒙古自治区、重庆市、上海市12个地区设立了省级的大数据管理机构。如2017年2月,贵州省将省公共服务管理办公室职责全部划入贵州省人民政府办公厅,将贵州省经济和信息化委员会承担的有关数据资源管理、大数据应用和产业发展(除电子信息制造业外)、信息化(除"两化融合"外)等职责,整合划入省大数据发展管理局。此外,贵州省信息中心(省电子政务中心、省大数据产业发展中心)调整为由省大数据发展管理局管理。

在地方政府层面,据不完全统计,已有20多个省级地方和10余个部委出台了本地区、本行业的大数据发展规划。在国务院《关于运用大数据加强对市场主体服务和监管的若干意见》发布后,在出台的大数据发展政策中,各地区纷纷将顶层设计细化落实。如《贵州省大数据发展应用促进条例》《北京市大数据和云计算发展行动计划(2016—2020)》《上海市大数据发展实施意见》《浙江省促进大数据发展实施计划》《广东省促进大数据发展行动计划(2016—2020)》等。一些地方还成立了专门的大数据管理部门,如广东省于2014年2月率先成立了大数据管理局,省会城市广州、沈阳、成都、兰州、贵州、银川和非省会城市保山、黄石、咸阳也先后建立了大数据管理局或大数据局,有的隶属工信委,有的直接隶属于当地政府。

(三)中国基于大数据的电子政务创新

大数据时代的政府治理范式将在新公共管理、新公共服务、整体治理、数字化治理、网络化治理等多种治理模式的基础上,以"智能化"重新塑造政府治理模式。中国基于大数据的电子政务创新主要有以下五个方面。

1. 政府信息资源的社会化利用创新

政府是数据资源的最大拥有者,利用已有数据资源,借助大数据技术,为公众和社会服务,是电子政务创新的主要领域之一。比如,北京市特别关注大数据应用对政府治理能力的提升作用,在治理大气污染、交通拥堵等方面探索基于数据驱动的精细化管理模式。运用大数据技术来分析车流量信息,以期优化城市的道路规划,从而解决城市交通拥堵顽疾;还运用大数据技术实现的"智慧警务"为社会治安提供准确的动态监控和科学预警。2013年,北京市政府数据资源网正式开通。作为"大数据"惠民的一项重要探索,为政府信息资源的社会化开发利用提供数据支持。在该平台上,用户不仅可以下载到包括科研教育、医疗健康、社会保障等17个大类的众多数据资源,此外还可获取网站提供的数据API,并同网站管理者进行互动。该网站还提供了包括上下班路况、交通英雄、游北京等多种便民App。截至2014年11月,该网站中点击量最高的是由北京国土资源局提供的"土地用途分区"数据。其他热门资源依次是高校、星级饭店、轨道交通路线和机场班车路线。

2. 大数据网络和服务平台的创新

大数据网络和服务平台是电子政务建设的基础,创新的重点在于建立符合大数据思维的信息系统。比如,上海市选取了部分有迫切需求的重点行业,提出建设五大信息系统,包括面向互联网的大数据分析和服务系统、数字生活大数据服务系统、公共设施大数据服务系统、制造业大数据系统、发电厂数字仿真模型。借助在数据资源、研究实力、产业布局等方面的优势,通过加速公共服务平台建设,逐步推进大数据行业应用,探索"数据、平台、应用、终端"四位一体的大数据商业模式,实现基于大数据的产业发展升级。2012年,上海建成政府数据服务网。

3. 基于大数据的市场监管服务创新

市场监管服务是 G2B 电子政务的重要内容,基于大数据的市场监管服务有利于探索和建立电子政务应用的新模式。比如,重庆市提出要在民生服务、城市管理和电子商务、工业制造、金融电信、交通物流、传媒等数据资源丰富的行业,以及外包服务等重点领域开展大数据示范应用。重庆依托大数据资源,在全国率先探索建立注册登记监测预警机制,对市场准入中的外地异常投资、行业异常变动、设立异常集中等异常情形进行监控,对风险隐患提前介入、先行处置,有效遏制了虚假注册、非法集资等违法行为。同时,积极推动法人数据库与地理空间数据库融合运用,建设市场主体分类监管平台,将市场主体精确定位到电子地图的监管网格上,并集成基本信息、监管信息和信用信息。平台根据数据模型,自动评定市场主体的监管等级,提示监管人员采取分类监管措施,有效提升了监管的针对性和科学性。

4. 基于大数据的城市管理服务创新

目前,智慧城市建设成为电子政务建设的新领域,大数据有利于优化城市管理服务,推进智慧城市走上大数据治理的道路。比如,重庆市綦江区规划局委托上海复旦规划建筑设计研究院,并与重庆移动共同开展,利用重庆移动相关数据及綦江相关统计年鉴数据对綦江中心城区人口、住宅、商业、公共服务配套等进行大数据分析,量化綦江房地产库存,从城市建设角度提出改进策略,完善城市功能,促进城市健康发展。经过多次尝试,重庆移动率先将手机信令数据引入城市规划,通过建立人口迁移模型,提供 2013—2015 年期间綦江区人口的流入流出情况(包括国际、省际、市内流动),建立职住模型提供綦江区居住及工作人口的分布,通过监控道路周边基站人口流动情况,反应綦江区全天 24 小时道路人口流动情况,识别出各个时段的道路堵点。

5. 基于大数据的公共应急管理和决策创新

基于大数据的公共应急管理有利于打破原有政务分割的格局,形成统一的跨域治理的格局,因而也成为各地电子政务创新的重要领域。比如,江苏省环境保护厅的太湖流域水环境信息共享平台应急处置管理系统,主要提供饮用水源地应急监测管理、引江济太调水通道监测数据管理、太湖水污染突发事故应急预案管理、太湖水环境预警管理等,对太湖应急期间的监测数据进行查询分析,共享发布。以太湖蓝藻监测为例,通过传感器捕获太湖水质情况,可以得到溶解氧、水温、电导率、氨氮、pH 值等参数作为参考,还需要结合视频图像、人工采集和卫星遥感等数据分析,为政府提供各种应急措施或决策支持。

四、中国基于大数据的电子政务建设思路

数据是基础性资源,也是重要生产要素。在大数据背景下,如何推进电子政务建设,我国仍处于探索阶段。分析我国政府大数据应用的现状和特点,借鉴国外有益经验,推动我国电子政务的建设,应着重从以下四个方面开展。

1. 强化电子政务的大数据思维和管理体系改革

首先,在大数据背景下,电子政务如果要真正发挥政务管理与为民服务的作用,就需要政府运用大数据思维解决传统电子政务的瓶颈问题。如政府应如何应用大数据消除信息孤岛、数据鸿沟现象;如何利用大数据强化政府政务管理效率,辅助政府决策;如何及时感知社会热点问题,为民众服务;等等。据统计,目前人类生产的数据只有5%是结构化的,也能够用于传统数据库进行分析和挖掘,剩余95%的非结构化数据在传统的方法论中被看作没有价值或价值不大,而大数据时代我们需要接受这种大容量、混乱的数据组合。在以前的政府决策中,追求的是"是什么"就够了,而在大数据时代,我们不必非得知道现象背后的原因,而是要让数据"说话",更应该去寻找事物及其现象间的相关关系。

其次,大数据在加速推进电子政务革新的同时,也给电子政务的管理体系带来了挑战。大数据推进电子政务管理模式转型,政府必须加快推进与之匹配的大数据管理体系的建设进程,调整现有政府机构设置,提高政府数据管理能力。拓宽大数据的来源渠道和信息总量,改进调查方法。在调查制度上,改变以往的线下存储和统计制度,加大对互联网的信息实时更新的运用,加大线上实时获取信息和统计的投入,发展多渠道,多种类,实时收集和云端数据平台的数据收集制度。政府内部大数据管理体系内容的一个重中之重就是,建立切实可行的统一的应用标准,标准建设不足,将阻碍政府机关部门对大数据管理应用的进程,更会影响政府跨部门的数据共享和合作。因此,必须从国家战略角度出发制定大数据统一标准规范,制定政府大数据的收集、交换、存储和共享的规范标准,加强大数据流通的安全性措施建设,保障政府大数据管理体系的规范性。

2. 加快电子政务数据管理技术的建设

大数据时代数据管理的工作量非常之大,电子政务和公共服务的改善都以大数据作为决策分析基础。加快电子政务数据管理技术和平台建设,就需要做到大数据的及时分析和运用,政府部门间需要数据共享和协同合作,在建立数据安全的良好环境的措施下,及时对外公开信息,完善政府对大数据管理的服务平台建设作为技术设施支撑。

首先,构建数据资源基础数据库,实现数据在逻辑上的统一。按照政务信息数据类别,将人口数据、空间地理数据、经济数据、医疗数据等进行统一的汇集,建立统一的目录体系标准,实现政务数据资源的编目、注册、审核、发布、查阅、运维、监控等功能。

其次,立足于当下的发展背景,应该从国家战略角度出发,创建数据收集、监督、处理、管控功能集合的数据运行模式,深层次促进数据分析能力的质变。综合运用云计算等新一代的信息技术推动异构环境下跨部门的数据融合、重组、关联和转换,推动技术平台与资源目录平台联动,协调分散的、异构的操作系统和数据库环境下数据资源的共享交换和管理。

再次,构建数据备份平台以保障数据存储安全,建立数据信息安全保障系统,以整体性的预防策略来保护数据的运行安全和维护安全。一体化平台除了包括政府政务数据平台,还应该整合互联网和物联网的数据,为政府治理和社会发展提供更为强大的支持体系。

最后,创造有利的大数据产业环境,更新政府数据分析的软硬件设备,通过借助互联网、云计算、超级计算机等,进一步推进大数据在经济、民生、城市管理中发挥其价值作用。加强政策引导,鼓励拥有大数据技术应用的IT和互联网行业进一步发展和技术创新,建立产学研一体化培养,政府和企业共同合作的大数据产业体系,积极推进政府对大数据管理服务平台的建设进程。

3. 加强电子政务硬件基础和数据应用技术的升级

政府需加快布局大数据管理技术所需的软硬件设施,实现基础设施技术升级,从而确保政府获取数据的真实性和全面性,加强数据的实时分析能力强度,实现部门间大数据信息共享,有效维护和使用大数据,进而实现传统法律规范和技术标准与大数据技术应用的对接。

首先,政府要不断完善政府专网、宽带以及网络系统的建设,并要构建科学、合理的骨干通信网络与社区带网,加大对无线通信网络以及呼叫中心等一系列技术的研发与革新,以此来有效提高政府网络系统与专网的建设水平。同时加大基础设施建设,如网络带宽的持续增加、存储设备性价比不断提升,为大数据的存储和传播准备硬件基础。政府还可以进一步提高互联网的产业化程度,让各个部门以及更多的机构共同参与到电子政务建设的过程当中,确保电子政务安全工作不受影响,并在此基础上,加强与各大企业的有效合作,实现企业与政府的共同发展。

其次,相比于西方国家对大数据技术的研究,国内对大数据技术的扩展应用还不是很充分,所以政府必须加快大数据应用技术的升级。政府可以通过引进第三方设施和技术,加强自身技术应用的进一步延伸,加速推进大数据应用发展进程,需持续地更新政府大数据管理的软硬件基础设施和应用设备,加强自主创新,优化产业环境。一方面,政府通过政策引导,依托社会第三方力量的支持,有效调动第三方对大数据深水区的研究进程,保障安全前提下向市场购买数据信息和应用技术。政府可以通过政策支持,鼓励国内具备一定水平的大数据产业技术基础的信息技术和互联网企业,联合社科院、高校科研机构等具备大数据处理分析能力的智库,由政府部门统一指挥管理,建设由国家高度统一指挥的大数据集成管控和研究中心,破除大数据核心技术应用壁垒。另一方面,在加速技术引进和购买过程中,积极开展技术自主创新,推进数据资源进一步高效整合分析的深度。另外还可以学习国内外积累的大数据应用技术,在政府对大数据管理进程中逐渐摆脱技术障碍壁垒,研发和创新适应我国电子政务数据治理情况的大数据技术,最终目标是开发拥有自主知识产权的大数据应用技术。

4. 加强以公众需求为导向的政务服务平台建设

政府数据本质上是国家机关在履行职责时所获取的数据,采集这些数据的经费来自公共财政,因而这些数据是公共产品,归全社会所有,应取之于民,用之于民。因此,政府大数据必须充分考虑到公众的实际需求,而不仅仅是将原来分散管理的业务数据集中起来提供给政府部门内部办公使用。例如近年来各地政府部门推广实施"一号一窗一网",将大数据引入电子政务,解决群众"办证多、办事难"等问题,就是通过数据资源畅通流动、开放共享,推动管理体制、治理结构更加合理优化、透明高效。在大数据时代,对于政府来说,一方面应建设政府大数据,实现政务数据资源的公开和共享,另一方面应承担起引领、推动大数据产业发展的使命。通过开放政府数据,供社会进行增值开发和创新应用,可以激发大众创新,万众创新,推动大数据产业发展。

第二节　"互联网+"与电子政务

"互联网+"正在掀起一场影响世界政治、经济、文化、社会的变革,正在冲击各个传统领域。"互联网+"不仅影响了人们的思维模式和生活方式,更重要的是改变了政府的行为模式和服务模式。

一、互联网+

(一)概念提出

"互联网+"的概念首先被易观国际的创始人于扬提出,他在2012年11月易观第五届移动互联网博览会发言时指出,在未来,"互联网+"公式应该是我们所在行业的产品和服务,在与我们未来看到的多屏全网跨平台用户场景结合之后产生的这样一种化学公式。"互联网+"理念与2007年出现的"互联网化"概念一脉相承,强调互联网与各传统产业进行跨界深度融合。

2015年3月,在全国"两会"上,人大代表马化腾提交了《关于以"互联网+"为驱动,推进我国经济社会创新发展的建议》的议案,对经济社会的创新提出了建议和看法。他认为,"互联网+"是指利用互联网的平台、信息通信技术把互联网和包括传统行业在内的各行各业结合起来,从而在新领域创造一种新生态。他希望这种生态战略能够被国家采纳,成为国家战略。

在此次"两会"的政府工作报告中首次提出"互联网+"行动计划,明确提出制定"互联网+"行动计划,推动移动互联网、云计算、大数据、物联网等与现代制造业结合,促进电子商务、工业互联网和互联网金融健康发展,引导互联网企业拓展国际市场。这使得"互联网+"迅速升温,成为一个社会热词为各界所关注。2015年7月,国务院印发《关于积极推进"互联网+"行动的指导意见》,指出,"互联网+"是把互联网的创新成果与经济社会各领域深度融合,形成更广泛的以互联网为基础设施和创新要素的经济社会发展新形态,是推动互联网由消费领域向生产领域拓展,加速提升产业发展水平,增强各行业创新能力,构筑经济社会发展新优势和新动能的重要举措。

(二)基本内涵

对"互联网+"的内涵理解,主要有以下三个方面。

首先,"互联网+"是新技术的应用。它是指以移动互联网、云计算、大数据、物联网等为代表的互联网2.0技术以及整个互联网平台在经济、社会生活各部门的扩散、应用过程。

其次,"互联网+"是一种新业态和新形态。它是知识社会创新2.0推动下的互联网形态演进及其催生的经济社会发展新形态。通俗地说,"互联网+"就是"互联网+各个传统行业",但这并不是简单的两者相加,是利用信息通信技术以及互联网平台,让互联网与传统行业进行深度融合,创造新的发展生态。作为一种新业态,它指依托互联网技术和传统行业的结合,以优化资源配置、创新业务服务体系、重构商业模式等途径来实现提高生产力和经济社会转型升级。比如互联网金融,由于与互联网的相结合,诞生出了很多普通用户触手可及的理财投资产品,余额宝、理财通等。互联网将成为第三次工业革命的一部分,就像带来第二次工业革命的电力一样,与各行各业之间并不是替代关系,而是提升关系。目前在民生、医疗、教育、交通、金融等领域,互联网对传统行业的提升作用越来越明显。

> **专栏8.5**
> **"互联网+"交通运输新业态融合发展**
>
> 随着移动互联网技术的快速发展,以及与交通运输的深度融合,交通运输领域各种新业态、新服务模式相继出现。"互联网+货运物流"更高效。交通运输部采取多项举措,积极推进铁路货运一票制、无车承运人平台、中介服务商平台、物流技术服务平台建设,促进货运物流更高效。"互联网+城乡客运"更便捷。铁路、民航网络售票便民利民。各地涌现定制客运、定制公交、"门到门"平台等特色服务,满足旅客多样化出行需求。"互联网+出租车"发展迅速。自2014年7月以来,一批互联网企业相继推出基于移动互联网平台的"专车"服务。"专车"等新业态的出现,有效整合了供需信息,改善了乘客出行消费体验,较好满足了乘客多样化出行需求,还能促进传统出租汽车行业转型升级。

再次,"互联网+"是互联网思维的进一步实践成果,它代表一种先进的生产力,推动经济形态不断地发生演变,从而增强社会经济实体的生命力,为改革、创新、发展提供广阔的

网络平台。"互联网+"概念的中心词是互联网,它是"互联网+"计划的出发点,"互联网+"计划具体可分为两个层次的内容来表述:一方面,可以将"互联网+"概念中的文字"互联网"与"+"分开理解。符号"+"意为加号,即代表添加与联合。这表明了"互联网+"的应用范围为互联网与其他传统产业,它是针对不同产业间发展的一项新计划,应用手段则是通过互联网与传统产业联合和深入融合的方式进行。另一方面,"互联网+"作为一个整体概念,核心在于强调一种互联网思维方式。从外延和内涵来看,"互联网+"的外延是互联网加上传统产业,从内涵来看,着眼点在于产业升级和经济转型,并通过智能升级、服务升级、运营升级来达成。

(三)"互联网+"的特征

一是跨界融合。"互联网+"中的"+"强调跨界、变革、开放和重塑融合。传统产业创新的基础是跨界融合,它能促进不同行业、产业的协同,激发智力资源,走从研发到产业化发展的路径。此外,融合本身也指代不同角色的融合,客户由消费转化为投资,成为企业的重要伙伴并参与创新。

二是创新驱动。长久以来,粗放的资源驱动型增长是促进我国经济发展的主要模式,但是也因此付出了巨大代价。因此,"互联网+"是不同于传统粗放增长的导论,它通过跨界融合、创新驱动转变我国经济增长的道路。这正是互联网的特质,用互联网思维来寻求自我变革。

三是重塑结构。信息革命、全球化、互联网已经打破原有的社会结构、经济结构、地缘结构、文化结构,也引起不同结构域中权力、议事规则、话语权的不断变化,"互联网+"社会治理需要重构原有结构,促进新经济和新业态的成长。

四是开放生态。生态性是"互联网+"非常重要的特征,而生态的本身就是开放的。推进"互联网+",就是打破产业的圈层,逐渐消解制约创新的因素和环境,把孤岛式创新连接起来,形成开放的生态链。

五是连接一切。"互联网+"的目标是连接一切,但连接是有层次的,可连接性是有差异的,连接的价值也有比较大的差异。

二、互联网+政务服务

(一)"互联网+政府服务"的概念和意义

"互联网+"的概念提出后,很快被引入政务服务领域。2016年的政府工作报告指出,要把"互联网+"引入到政务工作上,提出"互联网+政务服务"的理念,实现各政府职能部门之间的数据共享。2016年9月,国务院出台《关于加快推进"互联网+政务服务"工作的指导意见》,指出加快互联网与政府公共服务体系的深度融合,推动公共数据资源开放,促进公共服务创新供给和服务资源整合,构建面向公众的一体化的在线公共服务体系。并要求至2017年底前,各省区市人民政府、国务院有关部门建成一体化网上政务服务平台,全面公开政务服务。因此,"互联网+政务服务"是电子政务的一种高级发展形式,它是指在提供政府信息发布的基础上,结合大数据、云计算等新型互联网技术,将政府数据信息高效整合,并以政府门户网站、网上办事大厅、实体行政服务中心、微信微博平台、政务 App 客户端等多样化形式为公众提供公共服务,将传统以政府为中心的服务模式转变为以公众需求为中心的新型服务模式,不断优化政务服务质量和效率,致力于实现政务服务的精细化、便捷化、高效化。

"互联网+政务服务"成为现阶段电子政务发展的新方向和新形态,这主要表现在以下三个方面。

一是"互联网+政务服务"促进电子政务顶层设计的创新。在确保信息安全和政府系统良性运行的基础上,"互联网+政务服务"将电子政务中面向社会公众的公共服务转移到互联网平台上,创新传统的电子政务服务方式,搭建"互联网+政务服务"的电子政务发展新模式,从而为公众提供更加优质高效的公共服务,依托互联网,从顶层设计的层面不断实现电子政务上的创新。

二是"互联网+政务服务"促进电子政务的发展理念更加贴近互联网思维的本质。"互联网+"的思维实际是"用户思维",即为用户提供"人性化"的优质产品和服务。所以,"互联网+"视域的电子政务也必须以公众需求为核心,才能真正提高政府服务效率和质量。特别是在我国电子政务从基础设施建设阶段向更高阶段发展的背景下,就更需要电子政务在发展理念上融入"互联网+"思维,构建更加贴近公众需求的"互联网+政务服务"新模式。

三是"互联网+政务服务"促进电子政务更加注重政务服务网络平台的建设。"互联网+政务服务"在推进政府利用互联网技术发展的过程中,有助于政府从单一的工具性思维上升到更能体现互联网本质的价值性思维。在不危及信息安全的前提下,借助已有的互联网基础设施和不断变革创新的信息技术,打造一个信息高度公开、透明、共享、协同的综合性基本公共服务的网络平台,从而及时反馈和响应民众需求,并通过部门间的协同合作提高公共服务产品的供给质量和效率。

(二)"互联网+政务服务"的特征

1. 在线化

在线化特征主要体现在服务的网络化、监督的在线化和互动的在线化。电子政务首先要通过服务内容数字化、服务流程代码固化以及服务平台的虚拟化,将线下重资产性的服务窗口有效映照到互联网平台上,让用户随时随地进入线上服务通道。其次,政府通过大数据分析,对公众的在线办事进度、评价、结果等实现过程监控,有效提升办事服务水平,为在线服务创新提供依据,为科学决策提供支撑。最后,用户可以登录政府服务平台、微信、微博及相关新媒体平台进行诉求反馈。

2. 云端化

"云端化"首先是来自政府采购模式的改变,从"政府购买产品"到"政府购买服务"。其次是政府对公众服务供给模式的改变,从"软件即服务"转向"基础设施即服务"和"按需服务"。"云端化"在一定程度上降低了软硬件设施建设的成本,节省了维护和修缮的费用。更重要的是对于公众而言,云端化不仅可以提供稳定的随时获取的服务,而且可以吸纳社会创新力量加入政务服务模式与应用创新,打造政务服务的云端开放平台。

3. 移动化

政务服务作为社会人必然需要接触的社会活动部分,自然会受到移动互联网的影响。"移动化"正在分解和重组政务服务的固有形式,通过对优势服务、高频服务进行移动端的搭载和输出,依托于微信、微博等海量的用户平台,更贴近用户的需求和体验。

4. 智能化

"智能化"能减少资源的重复利用,在一定程度上降低了成本;也可以提升工作的效率和准确率。当前政务服务平台在智能化方面的作用主要体现在服务推荐与在线互动上。在服务推荐方面,平台通过记录用户的在线行为,对用户的服务需求做出判断,通过沉淀数据的分析为用户推荐精准服务。在在线服务方面,政务服务平台通过归纳汇总用户的咨询和建议,与服务目录匹配和对接,以及采用客服机器人的服务模式,自动为用户推送相关服务信息。

5. 数据化

"数据化"是"互联网+政务服务"创新发展的根基与动力。首先,政府能根据公众需求数据提供相应的服务,简化了政府的服务环节,提升了服务质量。其次,"数据化"可以推进大数据的深度挖掘和分析,为政务服务和公共事件预防与应对提供支持,可以真正实现智慧政务。再次,"互联网+政务"在"数据化"应用的推动下掀起了政府数据开放的热潮,推动民生大数据应用开发进入新阶段,我国已经加快大数据开放的步伐,将有助于推动创新性社会的实现。

6. 集约化

"互联网+政务"的"集约化"特征包括集群式平台建设、集约化应用服务、集合数据信息、集成在线平台、集聚网络运维、集中统一管理,在泛在化的时代打造统一的网络政府平台。"互联网+"时代的政务服务平台成为基于顶层设计的、技术统一、功能统一、结构统一、资源向上归集的一站式、面向多服务对象、多渠道(PC网站、移动客户端、微信、微博、有线电、触摸屏等)、多层级、多部门的综合性平台。

7. 生态化

"互联网+政务服务"的生态化发展趋势首先体现在平台的生态化。政府服务平台从政府网站向社交平台、新媒体平台等不断延伸,不同阶段的平台形态、服务模式、服务能力均有不同特征,而政务服务平台与社交平台、新媒体平台的关系有逐步生态化的特征。越来越多层出不穷的新媒体应用、模式,与政务服务平台之间的关系不再只是简单的"能力延伸"的关系,而是"价值创新"的开始。其次是治理的生态化,在治理生态化的视角下,政务服务主要需要通过合理的机制,有效的引导与利的平衡,趋利避害地维护政务服务生态的和谐。

8. 自服务化

在"互联网+"时代,24小时"ATM"的便民服务将逐渐成为服务主体的共识,以全时化的线上服务满足公众即时的办事需求,从政府与公众的"供求关系",转换为政府与公众的"合作关系",从"政府向我"转向"政府与我"。更重要的是"互联网+政务服务"将服务流程完全置于互联网的"玻璃空间",实现"阳光政务",推动政务服务的办事过程可监督、办事速度可跟踪、办事绩效评价,不仅提升了公众的参与感、获得感,同时还将有效激发公众的创造力,更广泛地调动参与完善服务内容的积极性。

专栏8.6 **北京7个区投放100台政务服务自助终端**

2019年11月,北京市政务服务局在城六区及通州区政务服务中心和部分街道、社区配置100台自助服务终端。自助终端具备双目红外摄像头、多点触控屏等多种设备,企业和市民可自助办理电子营业执照影印件打印、单位社保缴费信息查询及打印、住房公积金个人缴存提取查询和住房贷款调整月还款额办理、个人权益记录信息查询等107个政务服务事项。还可以缴纳水、电、气、宽带等费用。100台自助终端预计每年办件量可达24万件左右,可节省办事成本。年内争取实现为办事企业和市民提供不少于150项的便民政务服务事项自助办理。

三、中国"互联网+政务服务"的实践阶段

我国"互联网+政务服务"的具体实践可划分为三个发展阶段,分别是探索起步阶段、发展融合阶段和智能协同阶段。

(一)探索起步阶段

探索起步阶段的实践重点是政府部门内部通过对接平台扩渠道和简化流程增效能实现相互"联通",打破数据壁垒。

对接平台扩渠道。政府充分利用"互联网+"跨界融合、连接一切的特点,打通不同职能部门间各自为政的"数据"壁垒,建立统一的政务服务平台。比如,青岛市作为全国唯一

"互联网+政务服务"城市试点,积极统筹各部门资源,完成试点任务的落地工作。成立统一用户身份认证平台,并对接工商、人社、公安等部门的网上服务系统,并与市财政局完成对接,实现非税收入网络支付功能。完善全市证照批文数据库建设,积极拓宽网上政务服务渠道,主动与支付宝、微信等移动平台对接,满足群众"互联网+政务服务"的客观需要。并率先开展"互联网+政务"的绩效评估工作,极大地加快了全市的行政体制改革进度,为全国创新政务服务工作起到了良好的示范作用。

简化流程增效能。政府简化行政审批流程,减少中间环节,促进公民参与监督,提高政府效能。辽宁省大连市行政服务中心工商局首推"三证合一"登记制度改革,将营业执照、组织机构代码证和税务登记证三证合并,简化窗口的办事流程,加强后台的运作效率,大大缩短了办理时限,提升了政务服务效能。此外,大连市公共服务中心还将涉及行政审批的30个单位全部整合到中心办理,将涉及多部门联合审批的政务流程简化,将"现实中心"与网上审批"虚拟大厅"紧密结合,开设民意网、天健网等信息服务平台,真正实现将"互联网+"应用于民生领域及对社会的综合治理。

(二)发展融合阶段

发展融合阶段实践的重点是统一权力运行平台和统一公共服务平台,它是在政府部门内部服务"联通"的基础上,进一步实现政府不同层级之间,以及政府对外服务上的一体化。

统一权力运行平台。统一权力运行平台是在上一阶段简化流程的基础上,统一省、市、县三级政府权力运行标准,在纵向上实现数据流转顺畅与及时监督。比如,上海市交通执法App集合了现场取证、拍摄记录、信息咨询、案件受理以及勤务调派、监督核查等执法需求,于2016年11月起正式投入使用。作为全国首创的政务执法App,为进一步规范执法流程,提高执法效率提供了全方位的技术支撑。又如,安徽亳州市政府通过高效整合具有审批权力和管理职责的44个政府部门,约6.5亿多条数据,建立网上办事大厅,精简行政审批流程,使市民随时可通过网络操作实现个性化的政务需求。借助物联网、互联网、大数据等新兴技术,深层次变革原有权力运行模式,建成省、市、县标准统一的政府权力运行平台,重新对机构编制进行优化配置,建立了针对政府效能监察、民众满意度测评、电话投诉受理业务为一体的权力运行电子监察系统,打造政府权力清单运行平台,将互联网技术应用于政府内部运作机制中,以政府组织架构为模板,绘制了政府权力运行流程图,解决办事流程中的常见问题,真正实现服务的数据化、扁平化、实时化、透明化。

统一公共服务平台。"互联网+政务服务"的落脚点是为公众提供标准化的、易于操作的电子化公共服务,政府通过建立统一的公共服务平台、多元化的平台接口,为公众提供在线服务。比如,2016年初"新北京网"信息平台正式上线,该平台以"互联网+"为运营内核,聚合政府、社会企业的公共服务资源,并与支付宝、新浪微博、微信三大平台对接,共同为市民提供便捷的政务服务,真正实现市民办事"足不出户"。"北京通"是集交通、医疗、金融、教育等基础社会功能于一身的市民卡,成功解决了公共服务分散的问题,北京市"法人一证通"是利用数字证书作为唯一的标识和接口,使法人用户仅需凭借数字证书便可在网络平台实现跨部门业务的办理,减少出行次数,避免反复提交资料,真正实现一证通行。又如,上海市浦东新区北蔡镇创新社区治理模式,"北蔡易生活"社区服务平台以众筹众创为理念,以微信客户端为平台,将资源整合到线上,提供家政信息、机电维修、室内装潢、医药咨询等服务,在线下启动便民直通车,提供快递、送餐、代缴、代办等12项服务,实现市民需求的线下对接,打造开放式市民服务模式,为市民提供便捷、实用的社会生活服务。

(三)智能协同阶段

智能系统阶段就是网上与往下、政府与公众、内网管理与外网服务、不同应用工具等等公共服务电子化供给的智能化、云端化、集约化,形成良性的"互联网+电子政务"的生态环境。

政务服务O2O新模式。O2O即线上线下或在线离线(Online TO Offline),是把线下的政务服务与互联网相结合,让互联网成为线下提供公共服务的平台。比如,佛山市行政服务中心首创"互联网+政务服务"4.0模式,"市民之窗"网上办事自助服务终端,实现了用户线上预约办理、实时查询进程及线下实体指导等综合服务,将12345热线与375个政府各级部门并线联通,形成集服务、指挥、规划、监督、应用为一体的"五统一"运作机制,最大限度地满足公众所有政务需求。该模式以用户为中心,以服务为导向,以需求为驱动,以整合为手段,以"一厅五页"(即网上办事大厅、市民个人网页、企业专属网页、社会组织专属网页、事业单位专属网页、政府机关网页)为架构,整合政府、事业单位、社会组织、市民及企业的数据资源,实现从"以政府为中心"到"以用户需求为核心"的转变。行政服务中心还与邮政合作打造行政服务专递,为网上受理政务材料提供高效便捷的物流服务,着力打造政务服务O2O新模式。在全市部署微信"城市服务"网络,打造政务微平台,将政府各职能部门的数据集中整合到微平台上,为市民提供了便捷、高效的政府服务。

政务云平台。政务云(Government Cloud)是指运用云计算技术,统筹利用已有的机房、计算、存储、网络、安全、应用支撑、信息资源等,发挥云计算虚拟化、高可靠性、高通用性、高可扩展性及快速、按需、弹性服务等特征,为政府行业提供基础设施、支撑软件、应用系统、信息资源、运行保障和信息安全等综合服务平台。比如,贵州省政府大力推进"互联网+政务服务"的实践,依托阿里云飞天平台,与中软国际合作联手打造"云上贵州平台",以"'互联网+政务'云""工业云""环保云""智慧交通云""旅游云""食品安全云"与"电子商务云"等云应用为基础,不断创新政务服务模式,打造"7+N"政务云应用新模式,深化政府数据资源的汇集和共享,优化政务民生服务,提升政府治理能力。贵州省网上办事大厅通过建立"一网四系统"实现了智能高效的政务服务,打造"贵博士"智能服务新功能。审批服务系统负责实现对行政事项的网上审批;监管服务系统承担对审批结果的监管功能;辅助服务系统涵盖信息通信业务及数据分析等功能;互联网服务系统负责提供全方位的公共服务,深入推进"互联网+政务服务"的一站式、一体化服务,构建协调联动的政务服务新模式。又如,浙江省政务服务网建设引领全国"互联网+政务服务"的实践,是统一管理、多级联动、集行政审批、流程管控、效能监管、互动交流等功能于一体的网络政务平台,其功能性强、实用性广,被市民称为当今的"政务淘宝"。在制度构架上,集中进驻权力事项,实现政务集中服务和信息资源共享,打造数据集成化的智慧政府;在内容管理上,以部门和服务对象为依据,对政务资源进行划分,并开设相应的专项政务模块,建立互动评价体系,公布了全国首张省级政府权力清单,接受公众的监督;在技术层面上,借助阿里云技术,实现海量存储、计算处理及集约化管理;着力打造以信息技术为支撑的政务管理体系,对于公路违章罚款、水电气费用等服务,开启支付宝缴费功能,未来还将有更多缴费项目介入。以上实践极大地促进了法治政府、廉洁政府、服务政府和创新政府的建设。

四、"互联网+政务服务"的建设重点

"互联网+政务"开启了电子政务发展的新模式,能够推动电子政务变革创新,增强政府的社会治理和公共服务能力。不过,要想实现"互联网+政务"模式的成功落地,政府还需要重点做好以下两个方面工作。

（一）推进"一网、一门、一次"的政务服务建设

"互联网+政务服务"的核心要义是促进互联网与政府公共服务体系的深度融合,因而要加快构建面向公众的一体化在线公共服务体系,提升公众获取服务的便捷性和政务服务的办事效率;要加强政府与公众的沟通交流,提升政府科学决策能力和社会治理水平;要打通政府部门、企事业单位之间的数据壁垒,利用大数据分析手段,提升各级政府的市场监管和社会治理能力。在具体实施方面,就是要进一步推进"一网、一门、一次"的政务服务建设。"一网、一门、一次"即"一网通办、只进一扇门、最多跑一次"。"一网"包括全国一体化网上政务服务平台的构建、各级政府政务服务资源的整合、统一公共入口的接入;"一门"一方面体现了物理集中的基本要求,将省、市、县、乡各个部门的"多门"集中为"一门",另一方面是逻辑集中的效能要求,将各部门的业务统一到一个窗口,实现前台综合受理、后台分类办理;"一次"是要做到"最多跑一次",除了精简办事流程,还要推动基于互联网、自助终端、引动终端的政务服务入口全面向基层延伸。目标是促进公共服务的多方协同合作、资源共享和制度对接,构建方便快捷、公平普惠、优质高效的公共服务体系,提升各级政府公共服务和社会管理能力。

专栏8.7
《进一步深化"互联网+政务服务"推进政务服务"一网、一门、一次"改革实施方案》工作目标

到2018年底,"一网、一门、一次"改革初见成效,先进地区的成功经验在全国范围内得到有效推广。在"一网通办"方面,省级政务服务事项网上可办率不低于80%,市县级政务服务事项网上可办率不低于50%;在"只进一扇门"方面,市县级政务服务事项进驻综合性实体政务大厅比例不低于70%,50%以上政务服务事项实现"一窗"分类受理;在"最多跑一次"方面,企业和群众到政府办事提供的材料减少30%以上,省市县各级30个高频事项实现"最多跑一次"。到2019年底,重点领域和高频事项基本实现"一网、一门、一次"。在"一网通办"方面,省级政务服务事项网上可办率不低于90%,市县级政务服务事项网上可办率不低于70%;在"只进一扇门"方面,除对场地有特殊要求的事项外,政务服务事项进驻综合性实体政务大厅基本实现"应进必进",70%以上政务服务事项实现"一窗"分类受理;在"最多跑一次"方面,企业和群众到政府办事提供的材料减少60%以上,省市县各级100个高频事项实现"最多跑一次"。

在此基础上,政府还应该继续强化建设线上线下结合的O2O政务服务体系。相关部门可以借助有着巨大影响力的微博、微信等移动App,提高政务服务效率;构建高效畅通、线上线下服务有机结合的O2O电子政务模式,推动"互联网+政务服务"的进一步拓展。具体而言,政府需要创新电子政务服务模式,将大量线下事项转移到线上,从专业窗口、单独受理、被动受理的服务模式转变为综合窗口、统一受理和主动服务的政务模式,对电子政务服务流程进行优化再造,提高效能。同时,运用大数据、云计算等最先进的互联网技术和思维,以民众需求为中心,精准感知和把握基本公共服务方面的供需差距和电子政务事项办理的痛点,建立起"线上预约和办件状态查询,线下实体服务"的O2O政务服务模式,为人们提供更加优质、高效、便捷、全面、个性化和均等化的电子政务服务。

(二)加强互联网+政务服务的基础保障

一是建设面向公众服务的统一网络入口。"互联网+政务服务"的推进,将会有更多纵横联动、跨部门、跨地区的政务服务应用需要部署在网络上,以及越来越多与民生服务、市场监管、社会管理紧密相关的重要业务应用从政府涉密网络和内部专网中转变为面向社会公众的服务。这就需要有一张网络,既能与互联网有机融合,方便公众访问政府网站及时高效获取政务服务,又能够与各级政府部门的非涉密工作网安全互联,承载跨地区、跨部门的重要应用。

二是建设部门协同的数据交换共享系统。政务服务要实现就近办理、同城办理、异地办理，就需要搭建形成全国统一的数据交换平台，与人口、法人、空间地理、电子证照、社会信用等基础信息库和社保、医疗、就业、教育、文化、住房等领域业务信息库联通，以及与各级共享交换平台对接，实现涉及政务服务事项的信息跨部门、跨区域、跨行业互通共享，支撑各级政府部门协同服务。如果要促进各层级、各部门间的衔接配合和业务联动，就需要打破政府部门业务应用独立部署的传统模式，打通信息孤岛，推动平台资源整合和多方利用，避免分散建设、重复投资。这就要求政府部门能通过分级互联的政务云支撑体系来为业务应用整合和流程优化提供统一的基础运行环境，进而为数据交换共享奠定基础。

三是建设有利于公众办事的统一身份认证体系。政府服务要实现多渠道服务的"一网"通办，首先就是要建立统一的身份认证体系。在实现法人、人口国家基础信息库依托政务网络部署的基础上，实现电子证照库在政务网络的部署，以公民身份号码为唯一标识，结合个人实名制，形成基础证照的信息多元采集、互通共享、多方利用。运用网络身份识别等技术，联通整合各种渠道的用户认证，形成基于公民身份号码的线上线下互认的公众办事统一身份认证体系，实现公众办事多渠道的统一认证、无缝切换。

四是构建在线政务服务的标准化体系。随着互联网和信息化技术的发展与普及，我国政府的电子政务发展已经走过了最初的网络平台开发和基础设施建设阶段，很多政府只是将互联网作为政务服务事项公开的一个平台和工具，而没有真正构建出全流程、一体化的政务服务事项的在线办理模式。同时，由于不同地区和部门间各自为政，导致众多政务服务事项的在线办理流程不规范、不统一，降低了互联网在线服务的效能，也削弱了人们对政府在线服务的认可度与满意度。因此，构建"互联网+政务服务"的发展新模式，需要政府对不同部门的业务权限、办理事项和流程、办事指南等与政务服务事项有关的各种信息进行全面系统的梳理，对不同部门进行协调、整合，厘清不同部门的政务服务职责，进而建立统一、规范的在线政务服务标准体系，提高政府治理和服务效能，为民众打造全流程、一体化的政务服务事项在线办理平台，提高民众的认可度和满意度。

第三节　区块链与电子政务

区块链技术是将全新加密认证技术与互联网分布式技术相结合，提出了一种基于算法的解决方案，推动互联网从信息向价值的转变。世界各国都十分重视区块链技术在公共管理和电子政务领域的探索和应用前景。

一、区块链概述

(一)区块链的含义

区块链技术最初是从比特币应用中衍生出来的,起源于中本聪(Satoshi Nakamoto)在2008年发表的奠基性论文《比特币:一种点对点电子现金系统》。这一技术在不断发展的过程中引起了其他行业的广泛关注,目前已经延伸到物联网、智能制造、供应链管理、数字资产交易等多个领域。

到目前为止,关于区块链技术还没有行业公认的统一定义。不同研究者对区块链的解读也不尽相同。总的来说,分为以下四种。

第一,区块链是一项应用协议。即区块链类似于互联网上的一项应用协议,而协议的作用是价值交换和传递。

第二,区块链是一种记录方式。区块链是一种按照时间顺序将数据区块以顺序相连的方式组合成的一种链式数据结构,也是以密码学方式保证的不可篡改和不可伪造的分布式账本。

第三,区块链是一种技术方案。区块链不是一种单独的技术,是多种技术整合的结果。它是指不依赖第三方、通过自身分布式节点进行数据交互、验证、存储的一种技术方案。区块链技术不是单一的信息技术,而是依托于现有的点对点网络技术、非对称加密算法、数据库技术、数字货币等技术加以组合及创新,从而创造出新的记录模式与管理方法。

第四,区块链是一种管理范式。区块链技术是一种去中心化的、无须信任积累的信用建立范式。从广义上看,区块链技术是利用块链式数据结构来验证与存储数据,利用分布式节点共识算法来生成和更新数据,利用密码学的方式保证数据传输和访问的安全,利用由自动化脚本代码组成的智能合约来编程和操作数据的一种全新的分布式基础架构与计算范式。在这种管理范式中,任何互不了解的个体通过一定的合约机制都可以加入一个公开透明的数据库,通过点对点的记账、数据传输、认证或是合约,而不需要借助任何一个中间方来达成信用共识。这个公开透明的数据库包括过去所有的交易记录、历史数据及其他相关信息,所有信息都分布式存储且透明可查,并以密码学协议的方式保证其不能被非法篡改。

上述观点都是从区块链的某一特质入手界定其概念。从狭义的角度来看,区块链可以从记录方式的角度出发,把它看成是运用区块链技术所生成的数据或数据分析。从应用协议、技术方案的角度界定,主要是对区块链技术本身的分析,而不涉及其生成的结果。从整体上来看,从管理范式的角度定义区块链技术是比较全面、广泛的。在现有的研究和实践中,所提到的区块链一般是指管理方式角度下的含义。

(二)区块链的特征

去中心化。区块链是去中心化的、公开透明的交易记录总账。去中心化是区块链技术不同于以往其他数据库的最大特点,它是由全网各个节点组合而成的,采用纯数学方式而非中心化管理方案,因而它没有中心化的特定硬件或管理机构。具体而言,区块链中的数据是分布式存储的,并没有所谓的中心存储数据库,而是由所有的网络节点共享数据库,并由全网共同监督。这种设计使区块链系统的可靠性较高,一个或几个网络节点发生故障不影响整个区块链系统的运行,也不会对其他节点造成影响。值得指出的是,区块链并不是数据库。虽然区块链也有能够被用作存储数据的系统,但当前区块链技术在数据存储和计算方面消耗的资源还比较高,且计算效率偏低,它的重点是要解决来自多方面的互信问题。

公开透明。区块链是按照时间顺序将数据区块以顺序相连的方式组合而成的一种链式数据结构,并以密码学的方式确保其不被篡改、不被伪造。区块链采用对称加密和授权技术,存储在区块链上的各类交易信息是公开的,整个区块链系统也是开放的,但是具体参与交易的账户身份信息是加密的,只有在数据拥有者授权的情况下才可以访问数据。在保证交易的私密性和数据安全的同时,区块链的数据对所有人公开,任何人都可以通过公开的接口查询区块链数据和开发相关应用,因此整个区块链系统信息高度透明。

可编程的智能合约。区块链中数据的生成与交换依靠的并非是人为的裁决,而是机器与机器之间的协议,是基于区块链中可信的不可篡改的数据去自动化执行的一些预先定义好的规则和条款,是可编程的智能合约。

(三)区块链技术在公共管理领域的探索

区块链技术被认为是继大型机、个人电脑、互联网、移动/社交网络之后信息技术范式的颠覆式创新,很可能在全球范围引起一场新的技术革新和产业变革。除了在金融行业推广之外,区块链在其他行业的应用尚处于起步阶段。目前,在公共管理领域,区块链与政府治理、公共服务相结合的应用和研究成为新议题。

美国、英国、日本等国已经陆续开展相关探索。2016年1月,英国政府发布研究报告《分布式账本技术:超越区块链》,评估了区块链技术在改变公共和私人服务方面的巨大潜力,指出基于区块链技术的政府数字改造规划方案对于重塑政府与公民之间的数据共享、透明度和信任等的重要意义,表明英国已将区块链政府建设提升到了国家战略高度。2016年3月,日本产业经济省出台的《区块链技术及相关服务的调查报告(2015)》指出,区块链技术极有可能成为未来所有工业领域的新一代平台应用技术。美国特拉华州开展了"特拉华州区块链倡议行动",其中一个措施就是与特拉华州律师协会合作,探索将区块链技术与该州法律体系结合起来,择机开始将特拉华州的企业档案管理记录转移到分布式账本体系的尝试。2017年3月,美国亚利桑那州颁布了相关立法,赋予通过区块链和智能合同进行担保的签名以合法签名资格。同年,美国疾病控制与预防中心实施国家电子疾病监测系统现代化计划,计划之一就是探索在公共卫生和疾病监测项目中引入区块链,特别是发挥其分布式账本系统的独特作用,扩大其访问隐藏在电子健康档案中的信息,进而

改善实时疾病监测体系

随着区块链技术的不断发展和各类社会化运用的出现,各国也开始探索对区块链技术的社会化运用。瑞典、爱沙尼亚等国家已率先开展了区块链技术在政务领域的尝试,将区块链技术用于选票统计、土地登记、数字化身份认证、结婚登记、出生登记及商务合同登记等政府业务或公共服务业务中。如爱沙尼亚政府已经在税收系统以及商业注册系统中使用了区块链技术,并将区块链技术运用到公民电子健康记录系统中。瑞典正在将区块链技术用于土地所有权的监管。乌克兰政府则将政府数据放在区块链上,希望解决公众关注的政府透明度和问责制问题。2016年10月,迪拜智能办公室推出了"迪拜区块链战略",目标是到2020年使用区块链执行所有适用的政府交易,从签证申请、账单支付到许可证续签,都将转换成区块链上的一个数字。2017年9月,迪拜推出全球首个官方加密货币EmCash,用于支付政府和非政府服务费用。如今,迪拜已经有88项使用区块链技术的政府应用,如购买或租用物业、学生注册、医疗服务,覆盖了身份管理、健康医疗、金融科技等多个领域。

专栏8.8
佛山市禅城区打造基于区块链的电子政务服务平台

2016年7月,广东省佛山市禅城区人民政府联合北京世纪互联宽带数据中心有限公司和广东佛盈智慧大数据科技有限公司签署了战略合作协议,立足于已经开展两年多的禅城区人民政府"一门式"政务改革成果,联手打造全国首家基于区块链的电子政务服务平台。禅城区主要将区块链技术运用到食品安全、"一门式"政务平台以及经济领域等方面。具体来说,禅城区对区块链技术在电子政务中的应用方向是构建唯一的数字身份ID,无论是数字身份平台的构建,还是目前已经开始投入使用的"食安菜妈"项目,都是利用区块链技术不可篡改、全网通报的特性,让电子政务建设更上一个台阶。

我国工业和信息化部于2016年10月出台第一份关于区块链技术应用的文件《中国区块链技术与应用发展白皮书(2016)》,总结了区块链的发展现状和趋势,分析其核心关键技术及在金融、供应链管理、文化产业、智能制造、社会公益、教育就业等领域的典型应用场景,将区块链定位为提升社会治理水平的有效技术手段。在我国电子政务领域,也已经出现对区块链应用的理论探索及实践案例。南京市已率先上线全国第一批基于区块链技术的电子证照共享平台。贵阳发布了《贵阳区块链发展和应用》白皮书,制定了区块链发展规划。雄安新区在2017年直接将区块链技术引入政府治理,希望通过区块链技术构建

一个全方位监管体系,以建立一个廉洁、透明、高效的政府;2018年则将其用于居民租房管理,通过加密算法保护租户隐私;2019年又将区块链技术用于建设资金管理,以确保资金安全,提高资金使用效率。目前区块链技术在中国政府治理中的应用主要以试点为主,并主动探索更多的治理应用。

二、区块链技术在电子政务中的应用与优势

(一)公民身份认证

公民身份认证需要由国家权威部门核定,平时主要由居民身份证和社保卡等来确认个人身份,在办理银行、证券、电信、医疗、教育等涉及个人业务的事项时,需要出示身份证件证明个人身份。区块链建立在互联网基础上,任何接入互联网的端口均可接入区块链,任何证件、实物或无形资产、私人记录、证明,甚至公共记录都可迁移到区块链上,形成"数字身份证"。依赖于可靠、不可篡改的数据库,区块链将彻底改变人们身份、资产等相关信息的登记与验证方式,各类数据信息和社会活动将不再依靠第三方个人或机构来获得信任或建立信用,全网的多方验证形成了数据信息的"自证明"模式。由于区块链具有去中心化管理的特征,因此个人身份不受任何机构的控制。且在区块链的运作下,没有人可以改变任何一项记录,只能追加新的纪录,因此身份具有不可改变性。当身份认证区块链系统记录个人身份之后,网上业务处理所需信息可以直接通过区块链系统和个人记录的数据核对。

基于区块链技术的电子证照技术具有以下优势:一是提升证照信息防伪能力。区块链是一种分布式记账技术,在政府管理机构中,相当于每个用户都有一份独立的账本——"电子证照库",由他们共同参与电子证照库的记录和使用。每一次记账,要对所有的参与者进行广播,待所有人确认后才能被记录到账,这种方式保证了数据不能够随意进行篡改,并且数据能够被追溯。二是保障证照信息安全。在信息安全上,基于区块链技术的非对称性加密的特征,信息加密时密钥公开,解密时私钥只有信息加密者掌握。加密信息时,拥有私钥才能解密,防止信息泄露。在系统安全上,区块链技术让每个人手上都有账本,即使单点故障,其他人手上的账本也可以保障系统的正常使用。三是快速检索,提升服务效率。通过电子证照目录体系的建立,将海量的证照数据拆分为城市内信息和全国检索信息,分别放置在相应的链上,实现快速检索的功能,规范电子证照的管理,提升服务效率。四是实现全面信息归集。由于政府各部门职能差别,数据归集管理不同,因此证照数据分散在各部门系统中。电子证照基于区块链技术的平权、共建的特点,以共建共享的原则,可实现全省、全市、全国范围内跨区域与跨部门的数据归集,建立数据共享交换的生态圈。

(二)公民和机构的诚信管理

诚信是社会和谐发展的基石,个人和机构进行商业往来、借贷等业务时,如果没有诚

信则寸步难行。由于社会各行各业的信息存在信息孤岛现象,一些公民和机构在一些事物上的不守信情况登记在具体的业务管理系统里,如银行征信系统、旅游管理系统等。目前还没有一个窗口能够查到公民或机构的全部诚信信息。如果引入区块链技术,在区块链系统登记个人信息的同时,也把个人的征信情况记录下来,这些信息在网络里对所有端口开放,在办理涉及个人的商业往来、借贷等事项时,通过区块链系统可以随时查询到个人和机构的全部诚信记录。比如,一段时间内的税务信用等级、销售收入、利润、增值税、企业所得税等关键指标能够反映企业的信用状况和盈利能力,适用于作为银行评估中小微企业贷款能力的一个指标与凭证。为了确保企业纳税凭证的真实有效,税银贷款业务通常以纸质材料形式办理。将区块链技术应用于在线税银贷业务,由贷款企业授权银行查询纳税数据后,银行根据内部风控模型给予企业授信额度,以此快速实现税、银、企三方数据对接。采用区块链技术,不仅能够实现电子纳税凭证的鉴真,而且智能合约可保证数据使用授权执行、控制操作权限,并存证全流程应对争议。

区块链构建了一种全新的信用体系,这个体系不再依赖于政府、银行等第三方机构进行信用担保,而是通过应用非对称加密技术、智能合约等技术形成新的信用认证范式,以区块链技术体系为信用背书。具体来说,区块链技术加密储存了信用交易双方完整的交易记录,成为各自信用资料的一部分,同时也明确了双方对数据的所属权,这就可以构建出每个人、每个机构产权清晰的信用资源,而无须通过第三方机构对这些信用资料进行认证。以区块链为底层技术支撑的信用系统将囊括企业或个人行为的永久记录,成为社会网络成员交往互动过程中可靠的信任依据。首先,这个信用体系可以完整记录个体(包括自然人、法人)的基本信息、征信情况等,使个体可以在区块链系统中实现"自证清白",无须奔走于不同机构之间收集证明资料,政府则依靠这些信用记录来进行行政审批。其次,信用体系的构建促进社会不同个体之间良好的合作与互动秩序,形成基于诚信的价值激励机制,区块链平台有助于促进良币驱逐劣币的社会信用氛围。这将可以形成全新的社会信用体系,促进政府治理等各项活动的有序进行。

(三)食品溯源监管

区块链技术可提供一套交易双方都能接受的信用体系,可以用于产品防伪。数据不可篡改与交易可追溯两大特性相结合,可根除供应链内产品流转过程中的假冒伪劣问题。比如一袋东北非转基因大豆,消费者可通过大豆包装上的独特二维码,查到这袋大豆从种植的土地到播种施肥,再到物流仓储等信息。如果应用区块链技术,政府管理部门建立食品区块链监管平台,给每一个食品都配上唯一的身份标签,从生产环节的具体情况,包括土地污染信息、当地水质信息,运输的时间和环节,到销售环节,把各个环节的信息都记录到区块链上,政府监管部门和消费者可以随时查询、验证,最终确认其来源。因此,使用区块链技术进行食品安全溯源后,当食品安全问题出现时,可快速追溯问题根源并对市场在售问题食品进行下架处理,即使食品已流入消费者手中,也可精准及时地通知消费者,最终实现生产者、运输者、销售者及消费者的互信关系重塑。

专栏8.9

食品安全技术的应用

我国当前食品安全溯源技术主要有RFID无线射频技术、二维码技术及条码＋批次认证技术三种。RFID无线射频技术主要是通过在食品包装上加贴带芯片标志从而实现食品运输信息的采集和记录；二维码技术则是向消费者提供食品信息的查询入口；条码＋批次认证技术则只是对食品的生产日期、批号等信息进行了描述。以上三种技术可能会相互结合使用。尽管如此，当食品安全问题出现的时候，仍然很难利用已有信息实施有效的跟踪追溯、控制和召回。而利用区块链技术则有可能提供一个更可靠的解决方案。2017年9月，中兴云链研发了国内首个基于区块链技术的有机食品溯源和防伪系统。12月，沃尔玛、京东、IBM及清华大学电子商务交易技术国家工程实验室共同宣布成立中国首个安全食品区块链溯源联盟。区块链技术正被尝试运用于食品安全溯源中。

利用区块链技术建立食品溯源体系的优势在于：一是区块链技术提供了一种标准化的记账方式，食品在生产、销售、运输等各个环节的信息录入后不可修改，结合零售商的销售系统，甚至可把每件食品与消费者的关联信息记录在账。二是"公开账簿"中的信息是透明的，产业链中养殖户、物流、加工厂、检测机构、监管部门、批发商及零售商等各参与者均具有食品由产至销的监督权限，各节点信息录入者相互监督，造假成本大大提升。三是由于使用了区块链技术的食品生产过程信息更加透明，消费者可随时查询食品养殖种植、生产制作、出厂、运输及上架销售等所有过程信息。

（四）政务信息公开

政府的主要职能在于经济管理、市场监管、社会管理和公共服务。而电子政务就是要将这四大职能电子化、网络化，利用信息技术对政府进行信息化改造。通过电子政务，政府可以将社会公众关注的事项及时公开，接受社会公众的监督。由于区块链技术能够保证信息的透明性和不可更改性，有助于社会公众对政府公开信息的信任，对政府信息公开的落实有很大的作用。如在土地登记方面，使用区块链记录将能保证完整的土地流转信息，包括登记土地的位置、大小、权属、交易记录等。如车辆交通违章，一旦违章信息登记入区块链系统，则违章的车牌号、违章时间、违章地点、违章处罚等一直记录在区块链上，不会因为任何人员的干预而被人为删除，保证了交通管理制度对所有人的威慑力。

应用区块链技术推动政府信息公开的进程，其优势主要有四个方面。首先，区块链所具有的数据不可篡改性为政府信息公开提供信息安全性、可靠性保障,可以将更多涉及公共利益的信息进行公布。而这些关乎民生数据的公布,不仅拓宽了政府信息公开的范围,也进一步保障了公民的知情权,更好地维护公共利益。其次,区块链的非对称加密技术可以为政府信息公开及利用提供权限保障,保障公民知情权的同时也确保信息的合理利用。政府部门通过相应的公钥和私钥来验证对方的身份,消除了交换密码环节,提高了政府数据库遭受攻击和信息泄露的技术难度。区块链的条件准入特性赋予不同个体不同的信息利用权限,政府可以将更多的信息资源公布出来,使其更好地服务于社会。再次,区块链的散列处理等加密算法可以将一些数据进行脱敏处理,以保护涉及敏感的个人隐私的内容,通过精细化授权,有利于建立数据横向流通机制,也使得更多的政务信息可以被公开出来。既降低信息公开的建设成本,又保障了信息的可靠性、完整性。最后,区块链作为一种按照时间顺序排列的"时间轴数据库",可以避免有效数据的收集和清洗,大大降低数据的收集成本。结合大数据技术,可以对区块链中丰富的海量数据进行深度挖掘与分析,这将会极大提升区块链数据的价值和使用空间。在政务信息联通、公开、深度挖掘和合理利用方面,区块链都能发挥巨大作用。

三、区块链技术在电子政务中的建设重点

(一)建立区块链的技术标准

区块链技术是全球范围内的新一轮技术革命,国内外在区块链领域还没有通用的标准,这就意味着对于区块链的认识、应用、推广等方面还没有较为统一而全面的指导。区块链应用中的安全性、兼容性、规范性等问题亟待探讨与解决。

《中国区块链技术与应用白皮书》中对区块链在我国不同行业的应用进行了相应的分析,指出了行业痛点,并提出基于区块链技术的解决方案,这是对区块链应用标准化探索的开始。区块链标准化能打通应用通道、防范应用风险、提升应用效果,对于解决区块链发展问题、推进区块链应用起到重要作用。因此,为促进区块链应用的有序、健康和长效发展,很有必要及早推动开展区块链的标准化工作。2016年4月,澳大利亚非政府组织澳大利亚标准协会(Standards Australia)针对区块链和分布式账本技术提出了全新的国际标准化方案,并且提交给了国际标准委员会。

我国也应该根据实际情况,尽早出台适合我国的区块链应用标准。政府要大力发展和支持中国自主知识产权的软硬件核心技术的研发和运用,特别是在区块链的算力、存储带宽、吞吐量等技术不成熟的方面加大攻关,建立一套全球通用、中国特色的技术标准和安全规范。特别是在电子政务领域,政府部门的工作涉及社会管理的各个方面,将区块链在电子政务应用中的术语、管理架构、应用指南等进行规范,有助于政府尽快制定相关政策及加强监管,也有利于在企业、个人之间推广。

（二）完善区块链应用与治理的制度

制度是规范确定性规范与控制不确定性的规则,健全区块链应用政策规范和制度体系是推进电子政务应用区块链技术的重要保障。

首先,理顺区块链技术与现行法律规范的关系,形成区块链应用的制度环境。当前,区块链的去信任化与智能合约等技术特性与现行的《物权法》等法律相冲突,并且区块链在数据治理的分类标准、个人隐私权利、知识产权以及数据责任主体等方面对现行的《政府信息公开条例》做出修订要求。政府立足公共利益和立法要求,根据区块链的技术特性,对照现行的法律规范,定期审核和修订不适应区块链发展的法律法规,培育支持区块链发展的制度环境。

其次,加强区块链应用在政府数据治理的顶层规划,探索地方立法。目前,区块链技术在数据治理方面缺乏专门性的法律规范,缺少政府对数据治理应用区块链的政策扶植和法律保障。因此,政府要加强顶层规划,系统谋划区块链在政府数据治理中的应用前景,出台政府数据治理与区块链应用的政策文件。同时,鼓励省级政府先行先试,探索政府数据治理中区块链应用的地方立法,研究出台应用条例,明确各方职责和规范,及时把地方经验提升总结为国家制度。

再次,明确区块链技术应用过程中的管理制度。在电子政务活动中,不能仅依靠区块链技术来承担信息安全保障的重担,还需要通过管理制度来确保应用的有序运行。一旦出现私钥丢失或者管理纠纷等情况,就需要有相应的管理制度来弥补技术上的不足。否则,这些缺陷一旦在电子政务活动中出现,将会引起一定的混乱。在区块链账本的发布、维护、使用、回收或长期保存的整个过程中,都需要管理制度来明确活动方式、职责分工以及容错纠正等关键问题,这样才能保证区块链在社会不同个体之间的广泛应用,确保电子政务管理活动有序、高效进行。

（三）建设区块链的安全保障体系

安全性、完整性、长期可用性,应该是区块链生成数据的重要要求。安全体系的构建,可以从多个层面确保数据不被篡改、不被非法获取与使用、不被丢失等情况的出现。如果说标准化建设是从本质上认识区块链技术本身,制度化建设是从管理上规范区块链技术的应用,那么安全化就是通过外部手段为区块链技术的应用保驾护航。

首先,树立主权区块链理念,维护数据安全。区块链技术可以无国界,但是区块链必须得有主权。这意味着一国可以独立自主、免于他国干涉地进行区块链治理活动,处理区块链政府治理事务,对区块链攻击行为实施防范、自卫和打击,对本国区块链政府网络进行管辖、控制和监督。与数据主权一样,区块链技术的基础设施、参与群体与应用场景都应建立在国家主权的范畴之内。主权区块链同样具有点对点,信任、透明和不可篡改的特点。与一般区块链不同的是,主权区块链强调网络空间上的国家主权和网络主权,凸显网络的分散多中心化,接受网络和账户的可监管性,实行法律框架下的智能合约等。在构建网络命运共同体的时代背景下,主权区块链理念汲取区块链的技术优势,克服绝对去中心化、去信任化带来监管与安全的不足,有助于维护数据安全,实现区块链技术优势与劣势的最大公约数。

其次,努力建设区块链应用的安全体系。区块链应用的安全体系包括物理安全、数据安全、应用系统安全、密钥安全、风险控制等多个方面,缺一不可,应该多管齐下,才能保证生成的数据事前受控、事后可审计、长期可利用。政府要加强与高校、科研机构的合作,共同致力于区块链技术的开发、应用以及安全体系建设。如目前的政府数据公有链存在不能关闭、安全漏洞以及错误修复的问题,政府要加强公有链[①]数据平台建设,构建公有链的技术平台标准,明确数据开放的程序和标准,发布数据质量要求,扩大数据的获取范围,提高政府数据的质量和安全。

小　结

大数据是从含有大量噪声的种种巨量的异构信息中高速有效分析出有价值信号的能力,这种能力的出现将使得人类的思维与决策能力进入更高的级别。大数据的规模巨大、类型繁多、生成和处理的速度快,但价值密度低。大数据为政府治理带来了变革的新契机,能驱动政府建立全局数据治理理念、建立数据融合的体制、提升治理能力、实现多元共治,以及保障数据安全与个人隐私。欧、美、日等发达国家纷纷将大数据的发展和应用作为夺取新一轮国际竞争制高点的重大战略举措。大数据上升为国家战略已成为世界各国的共识。我国政府也非常重视大数据的规划,并部署其在电子政务领域的应用。中国基于大数据的电子政务创新主要有政府信息资源的社会化利用创新、大数据网络和服务平台的创新,以及基于大数据的市场监管、城市管理、公共应急管理创新。我国基于大数据的电子政务建设思路为强化电子政务的大数据思维和管理体系改革,加快电子政务数据管理技术的建设,加强电子政务硬件基础和数据应用技术的升级,加强以公众需求为导向的政务服务平台建设。

"互联网+"是一种新业态和新形态,具有跨界融合、创新驱动、重塑结构、开放生态、连接一切的特点。"互联网+政务服务"是电子政务的一种高级发展形式,它能够促进电子政务顶层设计的创新,促进电子政务的发展理念更加贴近互联网思维的本质,促进电子政务的发展方式更加注重政务服务网络平台的建设。"互联网+政务服务"有在线化、云端化、移动化、智能化、数据化、集约化、自服务化的特征。我国"互联网+政务服务"的具体实践可

---

① 公有链进行完全的去中心化,不受任何组织的操控,利用加密的技术来保证数据的安全,具有挖矿能耗高、节点信息传递速度慢、不可篡改及公开透明等特点。

划分为三个发展阶段,分别是探索起步阶段、发展融合阶段和智能协同阶段,不同阶段的具体内容不同。"互联网+政务服务"的建设重点是,推进"一网、一门、一次"的政务服务建设和加强"互联网+政务服务"的基础保障,包括建设面向公众服务的统一网络入口、建设部门协同的数据交换共享系统、建设有利于公众办事的统一身份认证体系、构建在线政务服务的标准化体系。

区块链技术具有去中心化、公开透明、智能合约等特点。随着区块链技术的不断发展和各类社会化运用的出现,各国也开始探索对区块链技术的社会化运用,如将区块链技术用于选票统计、土地登记、数字化身份认证、结婚登记、出生登记及商务合同登记等政府业务或公共服务业务中。其中,典型的应用是公民身份认证、公民和机构的诚信管理、食品溯源监管和政务信息公开。区块链技术在电子政务中的建设重点包括建立区块链的技术标准、完善区块链应用与治理的制度、建设区块链的安全保障体系。

关键术语

大数据;互联网+;互联网+政务服务;"一网、一门、一次";区块链

课堂讨论

1. 讨论大数据和区块链在我国电子政务领域的应用。

2. 收集学校所在城市"互联网+政务服务"的案例,并讨论存在的主要问题。

练习与思考题

1. 阅读案例《大数据助力广州12345政府服务热线》,总结其建设经验。

2. 阅读案例《浙江模式:统一建设,多级联动,全省政务服务"一张网"》,思考"互联网+政务服务"建设需要解决好哪些问题。

3. 简述大数据的特点。

4. 论述大数据对政府治理的影响。

5. 论述我国基于大数据的电子政务建设思路。

6. 简述"互联网+政务服务"的特点。

7. 论述我国"互联网+政务服务"具体实践的内容。

8. 论述我国"互联网+政务服务"的建设重点。

9. 简述区块链的主要特点。

10. 举例说明区块链技术在电子政务领域的应用。

11. 论述区块链技术在电子政务中的建设重点。

案例1 大数据助力广州12345政府服务热线①

2017年,广州市人民政府政务管理办公室通过构建12345热线大数据的管理机制,量化各类参数指标,自动生成监测、评价结果,实现对热线运营的实时监控、对市民诉求承办进度的实时跟踪、对热点问题的精准定位、对政府服务效能的精准分析、对城市治理突发事件的及时预警等功能。

多数据源采集能力。广州12345政府服务热线共有5个队列以及微信、网站、短信、自助服务等多渠道数据来源,目前这些数据存在于异构业务系统的不同数据库中,项目建设打通不同的数据管理模式,实现对话务数据、工单数据、互联网信息、微信客服数据、网站客服数据、知识库数据、录音文件、视频文件、图片文件、文档文件等数据源的采集、存储、识别、分析和集中管理。

整合平台现有的分类系统。传统构建数据管理思维是根据不同业务不同数据分类建设不同的运营管理系统,新构建的结构化大数据分析系统在兼容和整合现有运营管理系统的基础上,结合历史分类数据,将现有分类数据作为查询条件进行高级搜索。同时根据业务发展需要,设置不同的归类条件进行分类统计,丰富结构化大数据分类的功能,包括市民诉求总量及环比、任务单总量及环比、诉求办结量及环比、按时办结率及环比、市民满意率及环比、区属单位工单受理量排名、市属单位工单受理量排名、市民诉求热点前十、当日受理工单量分时趋势等。

分类标签非结构化数据。通过人工干预和机器学习相结合的方法,对多数据源的非结构化数据进行分类标签,业务部门可通过标签快速发现问题,并对问题发生的范围、性质进行定量分析,协助解决问题。机器学习的分类标签可以反馈应用到现有的固定分类标签系统,作为现有标签系统的有效补充,进一步提升业务水平往纵深方向发展。

聚类分析非结构数据。针对全部或一定范围的非结构化数据开发自动聚类功能,自动生成和发现热点信息,分析热点信息间的相关度。通过对一段时间的热点信息聚类,得到热点信息发展的趋势,分析热点出现和消亡的规律以及热点之间互相递进式发展的过程,包括市民诉求的关键热点问题、咨询类热点问题、投诉类热点问题、诉求热点问题的对比和变化趋势、各业务分析热点的对比、六大分类问题分析,分析热点问题的发生时间、持续时间、区域分布等。

可视化展现语义概念分析。区别于传统的结构化信息报表的展现,新构建的结构化大数据分析系统能准确区分非结构化数据,实现特点跟踪功能并进行可视化展现,包括统一搜索、整合分类、自动分类、数据聚类、趋势分析、交互分析等功能。同时,开发自助式大

---

① 大数据助力广州12345政府服务热线,https://mp.weixin.qq.com/s/rqqRwLpFD1XEl2Urte86Hw。

数据分析工具,根据个人需要自定义快速处理海量数据,形成丰富多样的分析需求场景。

架构合理、可扩展性强。系统建设采用世界上先进、成熟的非格式化信息采集、分析、挖掘技术与工具。通过先进技术和工具应用提高工作效率、工作质量,解决当前工作中的"老大难"问题。针对大数据特点,系统的软硬件平台在设计伊始需具备良好、完备的体系架构,硬件平台需具备充足的扩展能力,软件系统需具备集群部署能力。

广州12345政府服务热线大数据创新应用以提升行政服务效能、改善行政服务水平为目标,通过梳理已有政务数据以及借鉴相关成果,建立适合政务热线大数据的行政服务效能的理论模型,构建行政服务效能的数据管理方法,倒逼承办单位提效能促改革。据统计,2017年,通过大数据挖掘发现行政效能类投诉共46302件,其中在话务前台一次性解答工单13995件,通过热线业务系统转派工单32307件;对于转派工单,承办单位及时回复市民,办结率达100%。

2015至2017年,广州12345政府服务热线连续三年荣获"中国最佳客户中心奖";2017年6月,广州12345政府服务热线项目被国家标准委员会评定为国家级社会管理和公共服务标准化试点单位;2017年9月,经有关第三方评估平台对全国31个省(市)的334条12345热线的服务质量进行监测,广州12345政府服务热线在全国334个城市评比中获综合排名第一;2017年11月,广州12345政府服务热线大数据创新应用获广东省电子政务优秀案例。

案例2　浙江模式:统一建设,多级联动,全省政务服务"一张网"[①]

1. 总体建设情况介绍

浙江政务服务网是在全国开"互联网+政务"先河的政府网站,是最早以全省一体化理念打造的在线公共服务平台。该网站于2014年6月上线运行,目前注册用户达1200多万,后台工作人员账号超过10万。浙江政务服务网是集行政审批、便民服务、政务公开、互动交流、效能监察等功能于一体,省市县统一架构、多级联动的网上政务服务平台,由于为公众提供综合性、一站式服务,被喻为"政务淘宝","云计算政务超市",并被国务院办公厅等列为改革试点,在全国形成了示范效应。

浙江政务服务网整合全省43个省级部门、11个市、90个区县、35个开发区、2000多个乡镇街道,建立了全省统一的政务服务门户,按个人办事、法人办事两条主线实现全口径汇聚,开设了行政审批、便民服务、阳光政务、数据开放等主题板块,实现全省行政服务管

---

① 金震宇、房迎:《"互联网+政务服务"的当下探索》,科学技术文献出版社2017年版,第52—55页。陈广胜:《以"互联网+"撬动政府治理现代化——以浙江政务服务网为例》,《中国行政管理》2017年第11期,第19—21页。

理事项和便民服务事项的一站式网上办理与全流程效能监督；打造平台统一、资源共享、纵向联动、横向协同、服务规范、体验优良的全省政务服务"一张网"。

2. 统一云平台构架，以"入驻"代替"自建"

为满足全省集约化建设的需要，浙江政务服务网整体采用了云平台技术架构，由数据中心进行统一的资源分配、负载均衡、部署部件、安全控制等，将政务服务网及相关业务系统部署在由计算机群构成的弹性计算资源池上，建设全省统一的政务服务云平台。浙江政务服务网通过建设四个统一平台让"一张网"变为可能。

统一互联网服务门户平台。浙江政务服务网初步建成了基于云计算的政府网站集约化支撑平台，形成了站点复制、信息发布、网上互动、统一搜索、智能问答、网上评价等通用服务体系，让用户能够在一个汇聚了海量服务资源的平台上快速定位服务；建设了全省移动政务服务汇聚的技术支撑平台，可对各地各部门移动端应用进行统一部署、安全接入和统一运维监控。

统一身份认证和支付平台。建设全省统一的网上实名认证技术支撑体系，形成"浙江通行证"统一用户认证平台，实现公民、法人单位和政府工作人员在政务服务网平台各项应用中一次登录、多点漫游，减少公众、企业法人网上办事多次注册、多次登录的问题。另外依托统一身份认证，建设全省统一的公共支付体系，实现财政部门、人民银行、执收单位、代收机构、收款银行之间的信息共享和支付结算，在公安、人力社保、教育等部门率先实现非税收入网上收缴。

统一行政权力运行平台。建设全省统一的行政权力库、行政权力运行系统和电子监察系统，实现全省行政权力事项按照"统一认证、统一申报、统一查询"的要求一站式网上运行；形成权利从事项入库、在线运行，到结果公告的事前、事中、事后闭环管理；实现部门纵向信息系统与地区权力运行平台之间的数据实时互通共享，支撑联合审批业务，推动协同监管、综合执法。

统一数据交换平台。基于省电子政务外网，按省、市、县三级部署，建设全省统一数据交换平台，打造应用层的数据物流体系，支撑省、市、区县、乡镇街道、村庄社区五级应用，实现全省权利事项办件数据、公共服务事项办件数据、投资项目监管数据、部门业务数据等的横向和纵向贯通。

3. 浙江政务服务网的服务内容

推动行政权力网上规范运行。一是建设全省统一的行政权力事项库。依据清单将省市县三级4000余个政府部门的权力事项基本信息、详细流程都梳理入库，对权力名称、事项类型、法定依据等进行规范比对和动态管理，在全国率先做到"同一事项、同一标准、同一编码"。二是建设全省统一的行政权力运行系统。除涉密事项外，省市县行政审批、行政处罚等事项全面纳入"一张网"运行。三是建设全省统一的电子监察系统。对行政审批办件公示、受理、承办、审核、批准、办结等进行全过程监督，设置预警提醒、督办纠错、绩效考核等环节予以把控。

促进政务流程优化再造，以"最多跑一次"改革为牵引，按照事项名称、办事材料、工作流程、数据流程"四统一"的要求，全面梳理权力运行业务流。政务服务网对在线运行的事项，根据电子化程度予以星级评定。尤其是围绕群众和企业到政府办事少跑腿的要求，推行"网上申报、信任在先、办结核验"和"网上申报、在线办理、快递送件"等业务模式。推广电子签章、电子证照、电子档案等应用，促使更多事项全流程在线办理。另一方面，依托政务服务网推进"一窗受理、集成服务"改革，紧扣投资项目联合审批、企业注册证照联办、不动产登记等跨部门协同业务需求，完成100多个条块信息系统与统一受理平台的对接联通。目前，不动产登记由原先到建设、国土、税务等部门跑8次，变为到1个窗口跑1次；二手房交易过户手续，前台受理后一般不超过50分钟即可办结。

优化在线服务用户体验。一是打造便民服务专区。在政务服务网设置婚育生养、教育培训、求职执业、社会保障、就医保健等16类重点专题，汇聚各级政府及社会机构在线公共服务资源，实现便民事项"一网通办"（见图8.1）。二是不断升级移动端服务。顺应移动

图8.1　浙江政务服务网截图

互联网发展潮流,加速迭代浙江政务服务App,每年上线新版,每季度数次"微改进"。构建统一架构、分级运营的移动政务服务平台,集成各地各部门150多项政务移动端服务,形成一站式"掌上政府"。三是率先构建统一公共支付平台。紧贴公众网上缴费的需求热点和堵点,整合线上线下各类支付渠道,建设政务服务网统一公共支付平台。至今覆盖交通违章罚款、执业考务费和学费、社会保险费等缴纳项目,已为全省3000余万人次提供缴费服务。四是加强与知名网络平台联动。以政务服务网为统一支撑,在全国最早向支付宝、微信"城市生活"输出所有设区市的在线公共资源,让政务服务触手可及。

全面深化政务公开。浙江政务服务网专设"阳光政务"板块,向社会公示行政许可、行政处罚办理过程和结果信息,公开"三公"经费、项目招投标等重点信息。建设财政专项资金管理系统,对每笔资金流向从源头至末端予以监控,在网上推出城乡居民财政补助资金查询服务。以在线互动促进公众参与,连续3年开展省政府十方面民生实事网络意见征集和项目投票活动,就交通治堵、污水治理等工作进行在线民意调查。依托政务服务网和"12345"电话,探索构建全省统一的政务咨询投诉举报平台,整合了除110、119、120之外的各类政务服务热线以及网上信箱等在线渠道,提高公共管理、公共服务的响应速度和处理能力。

加强公共数据归集和开放共享。基于政务服务网推进公共数据汇聚,以业务流带动数据流,是浙江政务大数据建设的鲜明特色。在梳理政府信息资源目录的基础上,建设省市县一体化的公共数据交换共享平台。公布两批《省级公共数据共享清单》,向政府机关开放57个省级单位、3600余个公共数据项的共享权限,并积极对接国家部委数据库。省教育厅学籍管理系统与公安部人口基础库信息实现共享后,办理学籍转入的信息核验从几天缩短到几秒。在政务服务网开辟"数据开放"板块,向社会公众集中开放68个省级单位和杭州市等行政机关的650项数据类目,推出电子证照、档案数据、空间地理、信用信息等专题应用。

推进电子政务基础设施集约建设。完善项目审核机制,严格控制不符合电子政务统筹规划和集约共享要求的建设项目。以政务服务网为依托,构建省市两级架构、分域管理的政务云平台。加快电子政务网络改造升级,建设覆盖省市县乡的电子政务视联网。建立政务服务网实名用户身份认证体系,实现各级行政机关250多个办事系统"单点登录、全网漫游"。制定《浙江省公共数据和电子政务管理办法》,通过地方立法为电子政务集约建设、公共数据开放共享提供法律保障。

参考文献

[1]许欢,孟庆国.大数据推动的政府治理方式创新研究[J].情报理论与实践,2017(2):52-

57.

［2］李征坤.互联网+政务服务——开启智慧型政府新时代［M］.北京：中国铁道出版社，
　　　2017：2-4.

［3］周民，贾一苇.推进"互联网+政务服务"，创新政府服务与管理模式［J］.电子政务.2016
　　　（6）.73-79.

［4］侯衡.区块链技术在电子政务中的应用：优势、制约与发展［J］.电子政务，2018（6）：22-
　　　30.

［5］冯珊珊.区块链：信任背书大数据时代的可能性［J］.首席财务官，2016（6）：14-17.

［6］袁勇，王飞跃.区块链技术发展现状与展望［J］.自动化学，2016（4）：481-494.

［7］巢乃鹏.外区块链技术的政府实践与治理［J］.学术前沿，2018（6）：44-50.

［8］砳之.区块链赋能社会治理的海外实例［J］.群众，2019（24）：66-68.

［9］杨柠聪，白平浩.区块链技术的政府治理实践：应用、挑战及对策［J/OL］.党政研究（电子
　　　版），http://kns.cnki.net/kcms/detail/51.1755.D.20200110.1648.004.html

［10］王毛路，陆静怡.区块链技术及其在政府治理中的应用研究［J］.电子政务，2018（2）：2-
　　　14.

［11］戚学祥.区块链技术在政府数据治理中的应用：优势、挑战与对策［J］.北京理工大学学
　　　报（社会科学版），2018（5）：105-111.

［12］毕瑞祥.基于区块链的电子政务研究［J］.中国管理信息化，2016（23）：148-151.

［13］彭子非.区块链技术在政务及公共服务领域的应用研究［J］.计算机应用，2018（7）：77-
　　　78.